U0799079

21世纪高等院校教材

线性代数与解析几何

冯良贵　戴清平
李　超　谢端强　编著

科学出版社
北京

内容简介

本教材以教育部新制定的"工科类本科数学基础课程教学基本要求"为指导思想，以适应新型人才培养和现代教学方式为基本原则，在保证教材系统性和科学性的前提下，着重解决了线性代数与空间解析几何的有机结合问题，数学软件、几何直观和应用实例的相互融合问题，以及矩阵、线性方程组和向量空间编写顺序的合理安排问题.

全书共分5章. 主要内容包括：行列式、矩阵、向量与线性空间、相似矩阵、二次曲面与二次型等.

本书可供工业院校各专业、军队院校和财经院校的相关专业使用，也可供科技工作者阅读参考.

图书在版编目(CIP)数据

线性代数与解析几何/冯良贵等编著. —北京：科学出版社，2008

21世纪高等院校教材

ISBN 978-7-03-020081-5

Ⅰ. 线… Ⅱ. 冯… Ⅲ. ①线性代数-高等学校-教材 ②解析几何-高等学校-教材 Ⅳ. O151.2 O182

中国版本图书馆CIP数据核字(2007)第204926号

责任编辑：李鹏奇 王 静 杨 然 / 责任校对：宋玲玲

责任印制：师艳茹/ 封面设计：陈 敬

科学出版社 出版

北京东黄城根北街16号

邮政编码：100717

http://www.sciencep.com

三河市荣展印务有限公司 印刷

科学出版社发行 各地新华书店经销

*

2008年1月第 一 版 开本：B5(720×1000)

2018年7月第十二次印刷 印张：13

字数：246 000

定价：19.00元

(如有印装质量问题，我社负责调换)

前　言

数学素质的培养是大学生创新素质培养的基础和重要组成部分.以提高学员数学素质为宗旨,国防科技大学数学与系统科学系代数组自 2000 年以来一直致力于建设新型代数系列课程和编写与其相适应的优秀教材,并先后获得了学校和理学院的教学项目资助.这部《线性代数与解析几何》的付稿凝聚了代数组全体同仁多年教学经验.

线性代数和解析几何联系紧密,线性代数为研究二维和三维几何问题提供了有效工具,而解析几何为线性代数中许多重要概念提供了几何直观,将这两门课合二为一有利于学员理解线性代数中的抽象概念,又可使学员学会用抽象方法去研究具体的几何问题.线性代数与解析几何旨在培养学员抽象思维和形象思维能力以及学会把握这两种思维之间的关系.鉴此,本教材以教育部新制定的"工科类本科数学基础课程教学基本要求"为基本指导思想,以适应新型合训人才培养和现代教学方式为基本原则,在保证教材系统性和科学性的前提下,着重解决了以下三个问题:(1)线性代数与解析几何的有机结合问题;(2)数学软件、几何直观和应用实例的互相融合问题;(3)矩阵、线性方程组和向量空间编写顺序的合理安排问题.

编写教材时,充分吸收了国内外现有教材的优点,全书力求做到:知识引入自然合理,文字叙述通俗易懂,推导论证严密流畅,例题、习题充实新颖.

教材第 1 章和第 3 章由戴清平编写,第 2 章由冯良贵编写,第 4 章由李超编写,第 5 章由谢端强编写,全书由冯良贵和戴清平统稿.

最后,感谢国防科技大学校、部和学院三级领导对本教材编写的支持和指导,感谢 NCET 的资助,感谢科学出版社为本书的问世所做的大量工作.同时还要感谢陈挚、刘春林、卢世荣和李颖老师,他们认真阅读了本教材,并提出了许多修改意见,特别是陈挚老师在试用本教材时对教材编排的合理性和习题配备的实用性等方面提出了独到的见解.

限于作者水平,加之成书仓促,书中不妥之处在所难免,敬请读者批评指正.

编　者

2007 年 6 月

目　录

第1章　行　列　式

在初等数学中,用代入消元法或加减消元法求解二元和三元线性方程组所得的解都可以用未知量系数与常数项来表示.在引入二阶和三阶行列式后,解和未知量系数与常数项的关系可以用公式表达.本章先给出二阶和三阶行列式的概念,然后把该概念推广到 n 阶,并讨论相关性质,进而把 n 阶行列式应用于解 n 元线性方程组.行列式是最基本和最常用的数学工具,在数学和其他学科中有着广泛的应用.

1.1　二、三阶行列式

用消元法解二元线性方程组

$$\begin{cases} a_{11}x_1 + a_{12}x_2 = b_1, \\ a_{21}x_1 + a_{22}x_2 = b_2. \end{cases}$$

当 $a_{11}a_{22}-a_{12}a_{21}\neq 0$ 时,可以求得

$$x_1 = \frac{a_{22}b_1 - a_{12}b_2}{a_{11}a_{22} - a_{12}a_{21}}, \qquad x_2 = \frac{a_{11}b_2 - a_{21}b_1}{a_{11}a_{22} - a_{12}a_{21}}.$$

为叙述和记忆方便,引入记号

$$D = \begin{vmatrix} a_{11} & a_{12} \\ a_{21} & a_{22} \end{vmatrix} = a_{11}a_{22} - a_{12}a_{21}. \tag{1.1}$$

称 D 为**二阶行列式**,记 $D=\det[a_{ij}]$,它是两项的代数和.称 D 中出现的 $a_{ij}(i,j=1,2)$ 为行列式的**元素**. D 有两**行**两**列**,从左上角到右下角的对角线叫**主对角线**,从右上角到左下角的对角线叫**副对角线**. a_{ij} 表示第 i 行和第 j 列交叉处的元素,i 称为**行标**,j 称为**列标**. D 可以用**对角线法则**来表示,主对角线上元素的乘积取正号,副对角线上元素的乘积取负号. D 也称为线性方程组的**系数行列式**.

用 D_i 表示把 D 的第 i 列换成常数列得到的二阶行列式,即

$$D_1 = \begin{vmatrix} b_1 & a_{12} \\ b_2 & a_{22} \end{vmatrix} = a_{22}b_1 - a_{12}b_2,$$

$$D_2 = \begin{vmatrix} a_{11} & b_1 \\ a_{21} & b_2 \end{vmatrix} = a_{11}b_2 - a_{21}b_1.$$

因此，当 $D\neq 0$ 时，二元线性方程组的解唯一地表示为下面的公式

$$x_1=\frac{D_1}{D},\qquad x_2=\frac{D_2}{D}.$$

例 1.1　用二阶行列式解线性方程组

$$\begin{cases}2x+5y=1,\\3x+7y=2.\end{cases}$$

解　计算二阶行列式

$$D=\begin{vmatrix}2&5\\3&7\end{vmatrix}=-1,\quad D_1=\begin{vmatrix}1&5\\2&7\end{vmatrix}=-3,\quad D_2=\begin{vmatrix}2&1\\3&2\end{vmatrix}=1.$$

因 $D\neq 0$，线性方程组有唯一解

$$x=\frac{D_1}{D}=\frac{-3}{-1}=3,\qquad y=\frac{D_2}{D}=\frac{1}{-1}=-1.$$

下面用消元法解三元线性方程组

$$\begin{cases}a_{11}x_1+a_{12}x_2+a_{13}x_3=b_1,\\a_{21}x_1+a_{22}x_2+a_{23}x_3=b_2,\\a_{31}x_1+a_{32}x_2+a_{33}x_3=b_3.\end{cases}$$

用加减消元法消去 x_2,x_3 得

$$(a_{11}a_{22}a_{33}+a_{12}a_{23}a_{31}+a_{13}a_{21}a_{32}-a_{13}a_{22}a_{31}-a_{12}a_{21}a_{33}-a_{11}a_{23}a_{32})x_1$$
$$=b_1a_{22}a_{33}+b_3a_{12}a_{23}+b_2a_{13}a_{32}-b_3a_{13}a_{22}-b_2a_{12}a_{33}-b_1a_{23}a_{32}.$$

记上式中 x_1 的系数为

$$D=\begin{vmatrix}a_{11}&a_{12}&a_{13}\\a_{21}&a_{22}&a_{23}\\a_{31}&a_{32}&a_{33}\end{vmatrix}$$
$$=a_{11}a_{22}a_{33}+a_{12}a_{23}a_{31}+a_{13}a_{21}a_{32}-a_{13}a_{22}a_{31}-a_{12}a_{21}a_{33}-a_{11}a_{23}a_{32}.\tag{1.2}$$

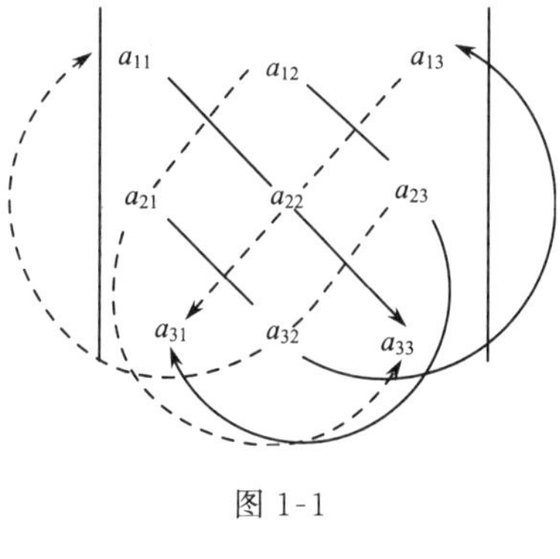

图 1-1

称 D 为**三阶行列式**，它是六项的代数和，每一项都是三个不同行不同列元素的积.

可以用对角线法则来表示 D(图 1-1)，主对角线上三个元素之积及平行于主对角线的三个元素之积取正号(实线连接)，副对角线上三个元素之积及平行于副对角线的三个元素之积取负号(虚线连接). 二阶行列式也可以用对角线法则计算.

记

$$D_1=\begin{vmatrix} b_1 & a_{12} & a_{13} \\ b_2 & a_{22} & a_{23} \\ b_3 & a_{32} & a_{33} \end{vmatrix}$$

$$=b_1a_{22}a_{33}+b_3a_{12}a_{23}+b_2a_{13}a_{32}-b_3a_{13}a_{22}-b_2a_{12}a_{33}-b_1a_{23}a_{32},$$

则当 $D\neq 0$ 时，$x_1=\dfrac{D_1}{D}$，同样可计算出：$x_2=\dfrac{D_2}{D}$，$x_3=\dfrac{D_3}{D}$，其中 D_i 表示把 D 的第 i 列换成常数列得到的三阶行列式.

以后我们可以发现对角线法则只适用于二、三阶行列式的计算.

例 1.2 用三阶行列式解线性方程组

$$\begin{cases} x_1-2x_2+x_3=-2, \\ 2x_1+x_2-3x_3=1, \\ -x_1+x_2-x_3=0. \end{cases}$$

解 用对角线法则计算行列式得

$$D=\begin{vmatrix} 1 & -2 & 1 \\ 2 & 1 & -3 \\ -1 & 1 & -1 \end{vmatrix}=1\times 1\times(-1)+1\times 2\times 1+(-2)\times(-3)\times(-1)$$

$$-1\times 1\times(-1)-1\times 1\times(-3)-(-2)\times 2\times(-1)$$

$$=-1+2-6+1+3-4=-5.$$

同样利用对角线法则可以求出

$$D_1=\begin{vmatrix} -2 & -2 & 1 \\ 1 & 1 & -3 \\ 0 & 1 & -1 \end{vmatrix}=-5,\quad D_2=\begin{vmatrix} 1 & -2 & 1 \\ 2 & 1 & -3 \\ -1 & 0 & -1 \end{vmatrix}=-10,$$

$$D_3=\begin{vmatrix} 1 & -2 & -2 \\ 2 & 1 & 1 \\ -1 & 0 & 0 \end{vmatrix}=-5,$$

所求的解为 $x_1=\dfrac{D_1}{D}=1$，$x_2=\dfrac{D_2}{D}=2$，$x_3=\dfrac{D_3}{D}=1$.

习 题 1.1

1. 利用对角线法则计算下列三阶行列式

(1) $\begin{vmatrix} 2 & 0 & 1 \\ 1 & -4 & -1 \\ -1 & 8 & 3 \end{vmatrix}$；(2) $\begin{vmatrix} a & b & c \\ b & c & a \\ c & a & b \end{vmatrix}$；(3) $\begin{vmatrix} 1 & -3 & x \\ x & -2 & x \\ -4 & x & x \end{vmatrix}$.

2. 用行列式解下列线性方程组

(1) $\begin{cases} x_1\cos\theta - x_2\sin\theta = a, \\ x_1\sin\theta + x_2\cos\theta = b; \end{cases}$ (2) $\begin{cases} x+y+z=10, \\ 3x+2y+z=14, \\ 2x+3y-z=1. \end{cases}$

1.2 n 阶行列式的定义

在式(1.2)的展开式中,$a_{11}a_{22}a_{33}$ 与 $a_{11}a_{23}a_{32}$ 前面所带的符号不同,在将要定义的 n 阶行列式中,同样会存在一般项的符号问题. 为了阐述 n 阶行列式展开项的符号规律,我们引进 n 元排列的逆序数和奇偶性的概念.

1.2.1 排列的逆序数与奇偶性

自然数 $1,2,\cdots,n$ 按一定次序排成一列,称为一个 **n 元排列**,记为 $i_1i_2\cdots i_n$. $12\cdots n$ 称为**自然排列**. n 元排列总共有 $n!$ 个. 在一个 n 元排列 $i_1i_2\cdots i_n$ 中,若一个小的数排在一个大的数的后面,则称这两个数构成了一个**逆序**. 一个排列的逆序个数的总和称为这个排列的**逆序数**,记为 $\tau[i_1i_2\cdots i_n]$. 若排列的逆序数是奇(偶)数,称该排列为**奇(偶)排列**.

例 1.3 求下列排列的逆序数并判断排列的奇(偶)性

(1) 32541; (2) $n\ (n-1)\cdots 2\ 1$.

解 求一个 n 元排列 $i_1i_2\cdots i_n$ 的逆序数一般有四种方法:从前往后依次考虑 $i_k(k=1,2,\cdots,n)$前面比 i_k 大的数的个数,再求和;从后往前依次考虑 $i_k(k=n,n-1,\cdots,1)$前面比 i_k 大的数的个数然后求和;依次考虑 $k(k=1,2,\cdots,n)$前面比 k 大的数的个数,再求和;依次考虑 $k(k=n,n-1,n-2,\cdots,1)$前面比 k 大的数的个数,再求和.

$$\begin{aligned}(1)\ \tau[32541] &= 0+1+0+1+4=4+1+0+1+0 \\ &= 4+1+0+1+0=0+1+0+1+4=6.\end{aligned}$$

32541 是偶排列.

$$\begin{aligned}(2)\ \tau[n\ \ (n-1)\ \ \cdots\ \ 2\ 1] &= 0+1+2+\cdots+(n-1) \\ &= (n-1)+(n-2)+\cdots+1+0=\frac{n(n-1)}{2}.\end{aligned}$$

当 $n=4k,4k+1$ 时,$n\ (n-1)\cdots 2\ 1$ 是偶排列;当 $n=4k+2,4k+3$ 时,$n\ (n-1)\cdots 2\ 1$ 是奇排列.

互换排列中某两个数的位置,其余的数不动,则得到一个新排列,这个过程称为一个**对换**. 而相邻两个数的对换称为**邻换**. 对换有如下的性质.

定理 1.1 一次对换改变排列的奇偶性.

证 首先证明一次邻换改变排列的奇偶性. 设 n 元排列为$\cdots ij\cdots$,将相邻两个数 i,j 对换后得到新排列$\cdots ji\cdots$.

计算逆序数时考虑三种情况：若 $i>j$,则新排列中 i 与 j 不构成逆序,原排列中 i 与 j 构成逆序，若 $i<j$,则新排列中 i 与 j 构成逆序,原排列中 i 与 j 不构成逆序,因此新排列和原排列的 i,j 之间的逆序变化为 1;i,j 与其他数字之间的逆序关系不变;其他数字之间的逆序关系也不变. 总之一次邻换改变排列的奇偶性.

其次,设 n 元排列为$\cdots ia_1a_2\cdots a_sj\cdots$,对换 i,j 后得到新排列$\cdots ja_1a_2\cdots a_si\cdots$. 我们可以先把 j 与 a_s 邻换,再把 j 与 a_{s-1} 邻换,…, j 与 a_1 邻换, j 与 i 邻换,一共进行 $s+1$ 次邻换,最终得到$\cdots jia_1a_2\cdots a_s\cdots$. 然后把 i 依次与 $a_1,a_2,\cdots,a_s$ 作邻换,此过程进行 s 次邻换,最终得到了$\cdots ja_1a_2\cdots a_si\cdots$. 两个过程一共进行 $2s+1$ 次邻换,再由一次邻换改变奇偶性即得定理结论.

推论 1 如果一个 n 元排列经过一定次数的对换变为自然排列,那么所作对换的次数与该排列有相同的奇偶性.

证 由于 $12\cdots n$ 是偶排列,而一次对换改变奇偶性,因此若 $i_1i_2\cdots i_n$ 是奇(偶)排列,那么它必须作奇(偶)次对换才能变为自然排列 $12\cdots n$.

推论 2 全体 $n(n\geqslant 2)$元排列的集合中,奇排列和偶排列各占一半.

证 假设全体 n 元排列的集合为 W,其中全体奇排列构成集合 S,S 中所含奇排列的个数为 s,全体偶排列构成集合 T,T 中所含偶排列的个数为 t,那么 $W=S\cup T,S\cap T=\varnothing,s+t=n!$. 我们将 S 中的每个排列都把第一和第二个数字对换,那么 S 中每个奇排列都变为了偶排列,并且所得到的偶排列互不相同. 这说明 $s\leqslant t$,用同样方式可以说明 $t\leqslant s$,因此 $t=s$.

值得一提的是,n 个不同的字母(或数)也可以考虑其排列及其相关问题.

1.2.2 n 阶行列式的定义

首先我们来分析式(1.2)展开式的特点：

①一共有 3! 项;②每一项是三个元素的乘积,这些元素来自不同行不同列;③有三项取正号,三项取负号.

在式(1.2)中 $a_{11}a_{22}a_{33}$,$a_{12}a_{23}a_{31}$,$a_{13}a_{21}a_{32}$,$a_{13}a_{22}a_{31}$,$a_{12}a_{21}a_{33}$与 $a_{11}a_{23}a_{32}$的行标按自然顺序排列,列标排列分别为 123,231,312,321,213 与 132,其中 123,231,312 是偶排列,321,213,132 为奇排列,相应地 $a_{11}a_{22}a_{33}$,$a_{12}a_{23}a_{31}$,$a_{13}a_{21}a_{32}$前面带正号,$a_{13}a_{22}a_{31}$,$a_{12}a_{21}a_{33}$,$a_{11}a_{23}a_{32}$前面带负号,因此式(1.2)可以写成

$$D=\begin{vmatrix} a_{11} & a_{12} & a_{13} \\ a_{21} & a_{22} & a_{23} \\ a_{31} & a_{32} & a_{33} \end{vmatrix}=\sum_{i_1i_2i_3}(-1)^{\tau[i_1i_2i_3]}a_{1i_1}a_{2i_2}a_{3i_3},$$

其中$\sum\limits_{i_1i_2i_3}$表示对全体 3 元排列求和.

下面把三阶行列式这种形式的定义推广到 n 阶行列式的情形.

定义 1.1　把 n^2 个数 $a_{ij}(i=1,2,\cdots,n;j=1,2,\cdots,n)$ 排成 n 行 n 列，按照下式

$$D=\begin{vmatrix} a_{11} & a_{12} & \cdots & a_{1n} \\ a_{21} & a_{22} & \cdots & a_{2n} \\ \vdots & \vdots & & \vdots \\ a_{n1} & a_{n2} & \cdots & a_{nn} \end{vmatrix}=\sum_{i_1 i_2 \cdots i_n}(-1)^{\tau[i_1 i_2 \cdots i_n]} a_{1i_1} a_{2i_2} \cdots a_{ni_n} \tag{1.3}$$

计算所得的结果，称为 ***n* 阶行列式**，简记作 $\det[a_{ij}]$. 其中 $\sum\limits_{i_1 i_2 \cdots i_n}$ 表示对所有 n 元排列求和.

当 $n=1$，定义 $|a_{11}|=a_{11}$（这里 $|a_{11}|$ 表示一个元素构成的行列式，不是绝对值）. 式(1.3)中每一项的 $a_{1i_1} a_{2i_2} \cdots a_{ni_n}$ 中的元素来自不同行不同列；在行标按照自然排列的前提下，若 $i_1 i_2 \cdots i_n$ 是偶排列，对应项取正号，若 $i_1 i_2 \cdots i_n$ 是奇排列，对应项取负号；行列式 D 中共有 $n!$ 项，带正负符号的项各一半.

考虑行列式 D 的一般项 $(-1)^{\tau[i_1 i_2 \cdots i_n]} a_{1i_1} a_{2i_2} \cdots a_{ni_n}$. 列标排列 $i_1 i_2 \cdots i_n$ 经过 N 次对换变成自然排列 $12\cdots n$ 的同时，相应的行标排列 $12\cdots n$ 经过 N 次对换后变成 $j_1 j_2 \cdots j_n$，即

$$a_{1i_1} a_{2i_2} \cdots a_{ni_n}=a_{j_1 1} a_{j_2 2} \cdots a_{j_n n}.$$

另外，对换次数 N 与 $\tau[i_1 i_2 \cdots i_n]$ 有相同的奇偶性，而 N 与 $\tau[j_1 j_2 \cdots j_n]$ 也有相同的奇偶性，所以

$$(-1)^{\tau[i_1 i_2 \cdots i_n]} a_{1i_1} a_{2i_2} \cdots a_{ni_n}=(-1)^{\tau[j_1 j_2 \cdots j_n]} a_{j_1 1} a_{j_2 2} \cdots a_{j_n n}.$$

因此行列式也可以定义为

$$D=\begin{vmatrix} a_{11} & a_{12} & \cdots & a_{1n} \\ a_{21} & a_{22} & \cdots & a_{2n} \\ \vdots & \vdots & & \vdots \\ a_{n1} & a_{n2} & \cdots & a_{nn} \end{vmatrix}=\sum_{j_1 j_2 \cdots j_n}(-1)^{\tau[j_1 j_2 \cdots j_n]} a_{j_1 1} a_{j_2 2} \cdots a_{j_n n}. \tag{1.4}$$

例 1.4　计算下三角行列式（主对角线以上的元素都为零的行列式）

$$\det[a_{ij}]=\begin{vmatrix} a_{11} & 0 & 0 & \cdots & 0 \\ a_{21} & a_{22} & 0 & \cdots & 0 \\ a_{31} & a_{32} & a_{33} & \cdots & 0 \\ \vdots & \vdots & \vdots & & \vdots \\ a_{n1} & a_{n2} & a_{n3} & \cdots & a_{nn} \end{vmatrix}.$$

解　考虑一般项 $(-1)^{\tau[i_1 i_2 \cdots i_n]} a_{1i_1} a_{2i_2} \cdots a_{ni_n}$ 中可能不为 0 的项，因为 $a_{1j}=0(j\geqslant$

2)，所以 $a_{1i_1}=a_{11}$. a_{2i_2} 只能取 a_{22}，这是因为 a_{21} 和 a_{11} 处于同一列. 以此类推 a_{3i_3} 只能取 a_{33}，…，最后 a_{ni_n} 只能取 a_{nn}. 最终得到

$$\det[a_{ij}]=(-1)^{\tau[12\cdots n]}a_{11}a_{22}\cdots a_{nn}=a_{11}a_{22}\cdots a_{nn}.$$

同样可计算**上三角行列式**(主对角线以下的元素都为零的行列式)

$$\begin{vmatrix} a_{11} & a_{12} & a_{13} & \cdots & a_{1n} \\ 0 & a_{22} & a_{23} & \cdots & a_{2n} \\ 0 & 0 & a_{33} & \cdots & a_{3n} \\ \vdots & \vdots & \vdots & & \vdots \\ 0 & 0 & 0 & \cdots & a_{nn} \end{vmatrix}=a_{11}a_{22}\cdots a_{nn}.$$

特别地有**对角行列式**(主对角线以外元素都为零)等于主对角线上元素的乘积，即

$$\begin{vmatrix} a_{11} & 0 & 0 & \cdots & 0 \\ 0 & a_{22} & 0 & \cdots & 0 \\ 0 & 0 & a_{33} & \cdots & 0 \\ \vdots & \vdots & \vdots & & \vdots \\ 0 & 0 & 0 & \cdots & a_{nn} \end{vmatrix}=a_{11}a_{22}\cdots a_{nn}.$$

习　题　1.2

1. 计算

(1) $$D=\begin{vmatrix} 0 & 0 & \cdots & 0 & 0 & a_{1n} \\ 0 & 0 & \cdots & 0 & a_{2,n-1} & a_{2n} \\ 0 & 0 & \cdots & a_{3,n-2} & a_{3,n-1} & a_{3n} \\ \vdots & \vdots & & \vdots & \vdots & \vdots \\ 0 & a_{n-1,2} & \cdots & a_{n-1,n-2} & a_{n-1,n-1} & a_{n-1,n} \\ a_{n1} & a_{n2} & \cdots & a_{n,n-2} & a_{n,n-1} & a_{nn} \end{vmatrix};$$

(2) $$D=\begin{vmatrix} 0 & 1 & 0 & \cdots & 0 \\ 0 & 0 & 2 & \cdots & 0 \\ \vdots & \vdots & \vdots & & \vdots \\ 0 & 0 & 0 & \cdots & n-1 \\ n & 0 & 0 & \cdots & 0 \end{vmatrix}.$$

2. 给出按照定义计算行列式所需要的乘法总次数的计算公式.

1.3　行列式的性质

一般情况下，按照定义计算行列式所需要的乘法总次数为 $(n-1)n!$. 例如 $n=$

25,有 $24\times25!\approx3.7227\times10^{26}$,这是一个很大的数字.因此按照定义计算行列式,计算量非常大,必须寻求计算行列式的新方法.这一节给出可以化简行列式计算的性质.

设

$$D=\begin{vmatrix} a_{11} & a_{12} & \cdots & a_{1n} \\ a_{21} & a_{22} & \cdots & a_{2n} \\ \vdots & \vdots & & \vdots \\ a_{n1} & a_{n2} & \cdots & a_{nn} \end{vmatrix},$$

把 D 的行与列互换得到的行列式记为

$$D^{\mathrm{T}}=\begin{vmatrix} a_{11} & a_{21} & \cdots & a_{n1} \\ a_{12} & a_{22} & \cdots & a_{n2} \\ \vdots & \vdots & & \vdots \\ a_{1n} & a_{2n} & \cdots & a_{nn} \end{vmatrix},$$

称 D^{T} 为 D 的**转置行列式**.显然 $(D^{\mathrm{T}})^{\mathrm{T}}=D$.

性质 1.1　行列式与其转置行列式相等,即 $D^{\mathrm{T}}=D$.

证　设 D^{T} 的第 i 行与第 j 列交叉处的元素为 b_{ij},按照转置的定义有 $b_{ij}=a_{ji}$,再由式(1.4)有

$$D^{\mathrm{T}}=\sum_{j_1j_2\cdots j_n}(-1)^{\tau[j_1j_2\cdots j_n]}b_{j_11}b_{j_22}\cdots b_{j_nn}=\sum_{j_1j_2\cdots j_n}(-1)^{\tau[j_1j_2\cdots j_n]}a_{1j_1}a_{2j_2}\cdots a_{nj_n}=D.$$

性质 1.1 说明行列式的行和列具有相同的地位,对行成立的性质对列也成立,反之也对.以下的性质讨论都只要对行进行证明.

性质 1.2　若行列式 D 互换两行(列)得到 D_1,则 $D=-D_1$.

证　设互换 D 的 i,j 两行得到 D_1

$$D=\begin{vmatrix} a_{11} & a_{12} & \cdots & a_{1n} \\ \vdots & \vdots & & \vdots \\ a_{i1} & a_{i2} & \cdots & a_{in} \\ \vdots & \vdots & & \vdots \\ a_{j1} & a_{j2} & \cdots & a_{jn} \\ \vdots & \vdots & & \vdots \\ a_{n1} & a_{n2} & \cdots & a_{nn} \end{vmatrix},\quad D_1=\begin{vmatrix} a_{11} & a_{12} & \cdots & a_{1n} \\ \vdots & \vdots & & \vdots \\ a_{j1} & a_{j2} & \cdots & a_{jn} \\ \vdots & \vdots & & \vdots \\ a_{i1} & a_{i2} & \cdots & a_{in} \\ \vdots & \vdots & & \vdots \\ a_{n1} & a_{n2} & \cdots & a_{nn} \end{vmatrix},$$

考虑 D 中项 $a_{1i_1}\cdots a_{ip}\cdots a_{jq}\cdots a_{ni_n}$ 前面带的符号

$$(-1)^{\tau[i_1\cdots p\cdots q\cdots i_n]},$$

与之对应的 D_1 中项 $a_{1i_1}\cdots a_{jq}\cdots a_{ip}\cdots a_{ni_n}$ 前面带的符号为

$$(-1)^{\tau[i_1\cdots q\cdots p\cdots i_n]}.$$

由定理 1,有

$$(-1)^{\tau[i_1\cdots p\cdots q\cdots i_n]}=(-1)(-1)^{\tau[i_1\cdots q\cdots p\cdots i_n]},$$

即 D 和 D_1 的对应项符号相反,所以 $D=-D_1$.

推论 若行列式 D 的某两行(列)相同,则 $D=0$.

性质 1.3 若用数 k 乘以 D 的某行(列)得到 D_2,则 $D_2=kD$.

证 假设 D 的第 l 行乘以 k 得到 D_2,考虑到 D 的一般项为

$$(-1)^{\tau[i_1\cdots i_l\cdots i_n]}a_{1i_1}\cdots a_{li_l}\cdots a_{ni_n},$$

D_2 的一般项为

$$(-1)^{\tau[i_1\cdots i_l\cdots i_n]}a_{1i_1}\cdots(ka_{li_l})\cdots a_{ni_n}=k(-1)^{\tau[i_1\cdots i_l\cdots i_n]}a_{1i_1}\cdots a_{li_l}\cdots a_{ni_n},$$

由此可以得到 $D_2=kD$.

这个性质表明行列式某一行(列)的公因子可以提到行列式外面. 于是有下面推论:

推论 1 若行列式 D 的某一行(列)的元素全部为 0,则 $D=0$.

推论 2 若行列式 D 的某两行(列)的元素对应成比例,则 $D=0$.

性质 1.4 若行列式 D 的某一行(列)的每个元素都可以表示为两个数的和,则 D 可以按照下列方式表示为两个行列式的和

$$\begin{vmatrix} a_{11} & a_{12} & \cdots & a_{1n} \\ \vdots & \vdots & & \vdots \\ a_{i1}+b_{i1} & a_{i2}+b_{i2} & \cdots & a_{in}+b_{in} \\ \vdots & \vdots & & \vdots \\ a_{n1} & a_{n2} & \cdots & a_{nn} \end{vmatrix}=\begin{vmatrix} a_{11} & \cdots & a_{1n} \\ \vdots & & \vdots \\ a_{i1} & \cdots & a_{in} \\ \vdots & & \vdots \\ a_{n1} & \cdots & a_{nn} \end{vmatrix}+\begin{vmatrix} a_{11} & \cdots & a_{1n} \\ \vdots & & \vdots \\ b_{i1} & \cdots & b_{in} \\ \vdots & & \vdots \\ a_{n1} & \cdots & a_{nn} \end{vmatrix}.$$

证 考虑左边行列式的一般项

$$\begin{aligned}&(-1)^{\tau[i_1i_2\cdots i_n]}a_{1i_1}a_{2i_2}\cdots(a_{ip}+b_{ip})\cdots a_{ni_n}\\ =&(-1)^{\tau[i_1i_2\cdots i_n]}a_{1i_1}a_{2i_2}\cdots a_{ip}\cdots a_{ni_n}+(-1)^{\tau[i_1i_2\cdots i_n]}a_{1i_1}a_{2i_2}\cdots b_{ip}\cdots a_{ni_n}.\end{aligned}$$

这刚好是右边两个行列式对应的一般项之和.

性质 1.5 若将行列式 D 的某行(列)的倍数加到另一行(列)得到 D_1,则 $D_1=D$.

这个性质可以由性质 1.4 和性质 1.3 的推论 2 得到.

例 1.5 已知 $abcd=1$,证明

$$\begin{vmatrix} a^2+\frac{1}{a^2} & a & \frac{1}{a} & 1 \\ b^2+\frac{1}{b^2} & b & \frac{1}{b} & 1 \\ c^2+\frac{1}{c^2} & c & \frac{1}{c} & 1 \\ d^2+\frac{1}{d^2} & d & \frac{1}{d} & 1 \end{vmatrix}=0.$$

证 等式左边的行列式用 D 表示. 考虑到 $abcd=1$,利用性质 1.3 我们有

$$D=(abcd)^2D=a^2b^2c^2d^2D=\begin{vmatrix} a^4+1 & a^3 & a & a^2 \\ b^4+1 & b^3 & b & b^2 \\ c^4+1 & c^3 & c & c^2 \\ d^4+1 & d^3 & d & d^2 \end{vmatrix},$$

其中 a^2 乘以第一行每个元素,b^2 乘以第二行每个元素,c^2 乘以第三行每个元素,d^2 乘以第四行每个元素. 利用性质 1.4,分解为两个行列式的和(称为**分拆法**),即

$$D=\begin{vmatrix} a^4 & a^3 & a & a^2 \\ b^4 & b^3 & b & b^2 \\ c^4 & c^3 & c & c^2 \\ d^4 & d^3 & d & d^2 \end{vmatrix}+\begin{vmatrix} 1 & a^3 & a & a^2 \\ 1 & b^3 & b & b^2 \\ 1 & c^3 & c & c^2 \\ 1 & d^3 & d & d^2 \end{vmatrix}.$$

再利用性质 1.3、性质 1.2 以及 $abcd=1$ 变换上式右边的第一个行列式

$$\begin{vmatrix} a^4 & a^3 & a & a^2 \\ b^4 & b^3 & b & b^2 \\ c^4 & c^3 & c & c^2 \\ d^4 & d^3 & d & d^2 \end{vmatrix}=abcd\begin{vmatrix} a^3 & a^2 & 1 & a \\ b^3 & b^2 & 1 & b \\ c^3 & c^2 & 1 & c \\ d^3 & d^2 & 1 & d \end{vmatrix}=\begin{vmatrix} a^3 & a^2 & 1 & a \\ b^3 & b^2 & 1 & b \\ c^3 & c^2 & 1 & c \\ d^3 & d^2 & 1 & d \end{vmatrix}$$

$$=-\begin{vmatrix} 1 & a^2 & a^3 & a \\ 1 & b^2 & b^3 & b \\ 1 & c^2 & c^3 & c \\ 1 & d^2 & d^3 & d \end{vmatrix}=\begin{vmatrix} 1 & a^2 & a & a^3 \\ 1 & b^2 & b & b^3 \\ 1 & c^2 & c & c^3 \\ 1 & d^2 & d & d^3 \end{vmatrix}=-\begin{vmatrix} 1 & a^3 & a & a^2 \\ 1 & b^3 & b & b^2 \\ 1 & c^3 & c & c^2 \\ 1 & d^3 & d & d^2 \end{vmatrix},$$

因此 $D=0$.

计算时,使用下面的记号:$r_i \leftrightarrow r_j$ 表示交换第 i 行与第 j 行;kr_i 表示第 i 行乘非零数 k; r_i+kr_j 表示第 j 行乘数 k 加到第 i 行. 对应地,$c_i \leftrightarrow c_j$ 表示交换第 i 列与第 j 列;kc_i 表示第 i 列乘非零数 k;c_i+kc_j 表示第 j 列乘数 k 加到第 i 列.

例 1.6 计算 $D=\begin{vmatrix}4&1&2&4\\1&2&0&2\\10&5&2&0\\1&1&1&7\end{vmatrix}$.

解

$$D=\begin{vmatrix}4&1&2&4\\1&2&0&2\\10&5&2&0\\1&1&1&7\end{vmatrix}\xlongequal{r_1\leftrightarrow r_4}-\begin{vmatrix}1&1&1&7\\1&2&0&2\\10&5&2&0\\4&1&2&4\end{vmatrix}\xlongequal[r_4-4r_1]{r_2-r_1,\ r_3-10r_1}-\begin{vmatrix}1&1&1&7\\0&1&-1&-5\\0&-5&-8&-70\\0&-3&-2&-24\end{vmatrix}$$

$$\xlongequal[r_4+3r_2]{r_3+5r_2}-\begin{vmatrix}1&1&1&7\\0&1&-1&-5\\0&0&-13&-95\\0&0&-5&-39\end{vmatrix}\xlongequal[(-1)r_4]{r_4-\frac{5}{13}r_3}\begin{vmatrix}1&1&1&7\\0&1&-1&-5\\0&0&-13&-95\\0&0&0&\frac{32}{13}\end{vmatrix}=-32.$$

例 1.6 所用的方法称为**三角化方法**. 计算机计算行列式时,通常采用这种方法. 计算机计算行列式一般说来只能计算具体的行列式(给定阶数和元素).

现在比较流行的数学计算软件有 Mathematica,Maple,Matlab 等. 它们可以进行一些常用的计算.

***例 1.7** 用数学软件 Mathematica 计算例 1.6.

解 启动 Mathematica 6,输入

```
Det[{{4,1,2,4},{1,2,0,2},{10,5,2,0},{1,1,1,7}}]
```

按 Shift+Enter(或小键盘的 Enter),输出结果为:

```
-32
```

***例 1.8** 用数学软件 Mathematica 计算

$$\begin{vmatrix}a^2&ab&b^2\\2a&a+b&2b\\1&1&1\end{vmatrix}.$$

解 输入

```
Det[{{a^2,a*b,b^2},{2a,a+b,2b},{1,1,1}}]
```

按 Shift+Enter,输出结果为:

$a^3-3a^2b+3ab^2-b^3$

需要注意的是必须输入 a * b,或者 a 与 b 之间插入空格,否则,计算机把 ab 当作一个变量. 即:

输入

```
Det[{{a^2,ab,b^2},{2a,a+b,2b},{1,1,1}}]
```

按 Shift+Enter,输出结果为:

$a^3 - 2a\ ab - a^2b + 2ab\ b + ab^2 - b^3$

下面分析三角化方法的计算流程和计算复杂度.

* 计算流程：

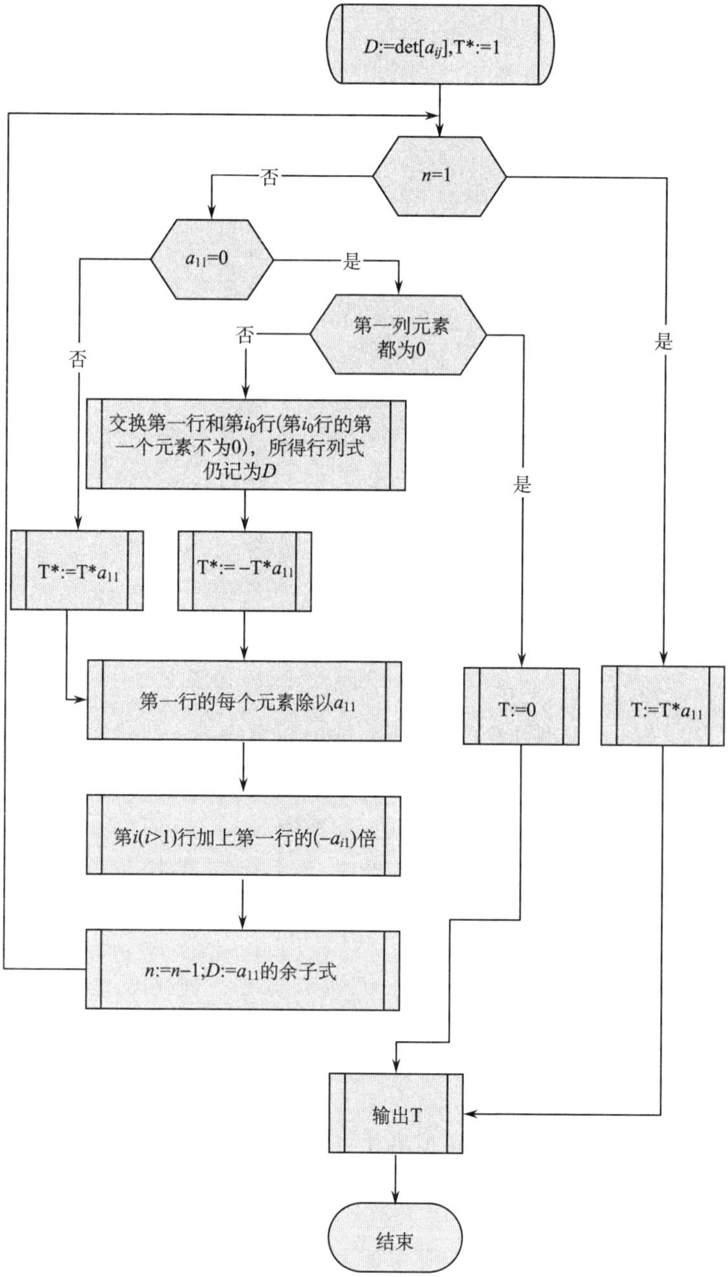

图 1-2

根据上面计算流程，可以计算出这种方法所用的乘除次数最多为：计算 T 所用乘法次数为 n；D 的第一行第一列位置的元素变为 1 所用除法次数共为 $n+n-1+\cdots+2+1$，化为上三角行列式所用乘法次数共为 $n\times(n-1)+(n-1)\times(n-2)+\cdots+3\times2+2\times1=n^2+(n-1)^2\cdots+2^2-(n+n-1\cdots+2)$，总共为 $\frac{n(n+1)(2n+1)}{6}+n$. 例如，$n=25$ 时，结果为 5550.

读者稍微思考一下，就可以知道这样计算所使用的乘除法次数比用定义计算行列式所使用的乘法次数少得多.

为了对行列式的定义作进一步的研究，先研究三阶行列式的展开.

$$
\begin{aligned}
D=&\begin{vmatrix} a_{11} & a_{12} & a_{13} \\ a_{21} & a_{22} & a_{23} \\ a_{31} & a_{32} & a_{33} \end{vmatrix} \\
=&a_{11}a_{22}a_{33}+a_{12}a_{23}a_{31}+a_{13}a_{21}a_{32}-a_{13}a_{22}a_{31}-a_{12}a_{21}a_{33}-a_{11}a_{23}a_{32} \\
=&a_{11}(a_{22}a_{33}-a_{23}a_{32})+a_{12}(a_{23}a_{31}-a_{21}a_{33})+a_{13}(a_{21}a_{32}-a_{22}a_{31}) \\
=&a_{11}(-1)^{1+1}\begin{vmatrix} a_{22} & a_{23} \\ a_{32} & a_{33} \end{vmatrix}+a_{12}(-1)^{1+2}\begin{vmatrix} a_{21} & a_{23} \\ a_{31} & a_{33} \end{vmatrix}+a_{13}(-1)^{1+3}\begin{vmatrix} a_{21} & a_{22} \\ a_{31} & a_{32} \end{vmatrix},
\end{aligned}
$$

即三阶行列式可以用它的第一行元素与第二、三行元素组成的三个二阶行列式表示，每一项的符号由第一行元素的行标与列标之和来确定.

为了把这种按照一行展开的方法得到推广，下面引进相关的定义.

定义 1.2 在 n 阶行列式 D 中任取 $k(i_1<i_2<\cdots<i_k)$ 行与 $k(j_1<j_2<\cdots<j_k)$ 列，将这些行和列交叉处的元素按原来相对位置构成的 k 阶行列式

$$
\begin{vmatrix} a_{i_1j_1} & a_{i_1j_2} & \cdots & a_{i_1j_k} \\ a_{i_2j_1} & a_{i_2j_2} & \cdots & a_{i_2j_k} \\ \vdots & \vdots & & \vdots \\ a_{i_kj_1} & a_{i_kj_2} & \cdots & a_{i_kj_k} \end{vmatrix}
$$

称为 D 的一个 k **阶子式**，记为 N. 划去这些行和列后所剩下的元素依原来次序构成的 $n-k$ 阶行列式称为 N 的**余子式**，记为 M. 称

$$
A=(-1)^{i_1+i_2+\cdots+i_k+j_1+j_2+\cdots+j_k}M
$$

为 N 的**代数余子式**.

特别地，当 $k=1$ 时，即 $N=a_{ij}$. 记 a_{ij} 的余子式为 M_{ij}（划去第 i 行和第 j 列后所剩下的元素依原来次序构成的 $n-1$ 阶行列式），记 a_{ij} 的代数余子式为 A_{ij}，即

$$
A_{ij}=(-1)^{i+j}M_{ij}.
$$

例如,对四阶行列式

$$D=\begin{vmatrix}1&2&0&2\\-1&3&2&1\\0&4&3&1\\5&2&1&1\end{vmatrix},$$

取 1,3 行与 2,4 列,得到一个二阶子式

$$N=\begin{vmatrix}2&2\\4&1\end{vmatrix}=-6,$$

N 的余子式为

$$M=\begin{vmatrix}-1&2\\5&1\end{vmatrix}=-11,$$

N 的代数余子式为

$$A=(-1)^{1+3+2+4}M=-11.$$

第三行第二列的元素 4 所对应余子式和代数余子式分别为

$$M_{32}=\begin{vmatrix}1&0&2\\-1&2&1\\5&1&1\end{vmatrix}=-21,\quad A_{32}=(-1)^{3+2}M_{32}=21.$$

再例如考虑

$$D=\begin{vmatrix}a_{11}&a_{12}&\cdots&a_{1n}\\a_{21}&a_{22}&\cdots&a_{2n}\\\vdots&\vdots&&\vdots\\a_{n1}&a_{n2}&\cdots&a_{nn}\end{vmatrix}$$

的第一行元素 $a_{1k}(k=1,2,\cdots,n)$的余子式 M_{1k} 和代数余子式 A_{1k} 为

$$M_{1k}=\begin{vmatrix}a_{21}&\cdots&a_{2,k-1}&a_{2,k+1}&\cdots&a_{2n}\\a_{31}&\cdots&a_{3,k-1}&a_{3,k+1}&\cdots&a_{3n}\\\vdots&&\vdots&\vdots&&\vdots\\a_{n1}&\cdots&a_{n,k-1}&a_{n,k+1}&\cdots&a_{nn}\end{vmatrix}=\sum_{i_2i_3\cdots i_n}(-1)^{\tau[i_2i_3\cdots i_n]}a_{2i_2}a_{3i_3}\cdots a_{ni_n},$$

$$\begin{aligned}A_{1k}&=(-1)^{1+k}\sum_{i_2i_3\cdots i_n}(-1)^{\tau[i_2i_3\cdots i_n]}a_{2i_2}a_{3i_3}\cdots a_{ni_n}\\&=(-1)^{k-1}\sum_{i_2i_3\cdots i_n}(-1)^{\tau[i_2i_3\cdots i_n]}a_{2i_2}a_{3i_3}\cdots a_{ni_n}\\&=\sum_{ki_2i_3\cdots i_n}(-1)^{\tau[ki_2i_3\cdots i_n]}a_{2i_2}a_{3i_3}\cdots a_{ni_n},\end{aligned}$$

其中，$i_2 i_3 \cdots i_n$ 表示 $1,2,\cdots,k-1,k+1,\cdots,n$ 的任意一个排列.

现在考虑把

$$D=\det[a_{ij}]=\sum_{i_1 i_2\cdots i_n}(-1)^{\tau[i_1 i_2\cdots i_n]}a_{1i_1}a_{2i_2}\cdots a_{ni_n}$$

中含 a_{11} 的项放在一起，再把 a_{11} 提出来；含 a_{12} 的项放在一起，再把 a_{12} 提出来；…，即

$$\begin{aligned}D&=\sum_{i_1 i_2\cdots i_n}(-1)^{\tau[i_1 i_2\cdots i_n]}a_{1i_1}a_{2i_2}\cdots a_{ni_n}\\&=a_{11}\sum_{1i_2\cdots i_n}(-1)^{\tau[1i_2\cdots i_n]}a_{2i_2}\cdots a_{ni_n}+\cdots+a_{1k}\sum_{ki_2\cdots i_n}(-1)^{\tau[ki_2\cdots i_n]}a_{2i_2}\cdots a_{ni_n}\\&\quad+\cdots+a_{1n}\sum_{ni_2\cdots i_n}(-1)^{\tau[ni_2\cdots i_n]}a_{2i_2}\cdots a_{ni_n}\\&=a_{11}A_{11}+\cdots+a_{1k}A_{1k}+\cdots+a_{1n}A_{1n}.\end{aligned}$$

因此我们得到一个结论：行列式 D 等于它的第一行的元素与其代数余子式的乘积的和. 这个结论被称为**按第一行展开**. 事实上我们有更一般的结论.

性质 1.6 行列式 D 等于它的任一行(列)的元素与其代数余子式的乘积的和，即

$$\det[a_{ij}]=\sum_{j=1}^{n}a_{kj}A_{kj}=a_{k1}A_{k1}+a_{k2}A_{k2}+\cdots+a_{kn}A_{kn}\ (k=1,2,\cdots,n).$$

$$\det[a_{ij}]=\sum_{k=1}^{n}a_{kj}A_{kj}=a_{1j}A_{1j}+a_{2j}A_{2j}+\cdots+a_{nj}A_{nj}\ (j=1,2,\cdots,n).$$

证 为简单起见，记

$$D=\begin{vmatrix}* & * & \cdots & *\\ \vdots & \vdots & & \vdots\\ a_{i1} & a_{i2} & \cdots & a_{in}\\ \vdots & \vdots & & \vdots\\ * & * & \cdots & *\end{vmatrix},\quad \Delta=\begin{vmatrix}a_{i1} & a_{i2} & \cdots & a_{in}\\ \vdots & \vdots & & \vdots\\ * & * & \cdots & *\\ \vdots & \vdots & & \vdots\\ * & * & \cdots & *\end{vmatrix},$$

其中，Δ 是把 D 的第 i 行依次与 D 的第 $i-1,i-2,\cdots,2,1$ 行交换得到. 因此 $\Delta=(-1)^{i-1}D$. 把 Δ 按照第一行展开得

$$\Delta=a_{i1}(-1)^{1+1}(\Delta M)_{11}+a_{i2}(-1)^{1+2}(\Delta M)_{12}+\cdots+a_{in}(-1)^{1+n}(\Delta M)_{1n},$$

其中，$(\Delta M)_{1k}$ 表示 Δ 第一行的第 k 个元素的余子式. 同样我们用 $(DM)_{ik}$ 表示 D 中第 i 行的第 k 个元素的余子式. 显然 $(\Delta M)_{1k}$ 与 $(DM)_{ik}$ 相同，因此

$$\begin{aligned}\Delta&=a_{i1}(-1)^{1+1}(\Delta M)_{11}+a_{i2}(-1)^{1+2}(\Delta M)_{12}+\cdots+a_{in}(-1)^{1+n}(\Delta M)_{1n}\\&=(-1)^{i-1}D,\end{aligned}$$

$$D=a_{i1}(-1)^{i+1}(DM)_{i1}+a_{i2}(-1)^{i+2}(DM)_{i2}+\cdots+a_{in}(-1)^{i+n}(DM)_{in},$$

即 $\det[a_{ij}]=\sum_{j=1}^{n}a_{kj}A_{kj}=a_{k1}A_{k1}+a_{k2}A_{k2}+\cdots+a_{kn}A_{kn}(k=1,2,\cdots,n)$.

由性质 1.1 知对列的情形也成立.

推论　行列式 D 的某一行(列)的元素与另一行(列)对应元素的代数余子式的乘积之和为 0,即

$$\sum_{j=1}^{n}a_{ij}A_{kj}=a_{i1}A_{k1}+a_{i2}A_{k2}+\cdots+a_{in}A_{kn}=0(i\neq k).$$

证　不失一般性,证明第一行元素乘以第二行对应元素的代数余子式的乘积之和为 0. 设

$$D=\begin{vmatrix}a_{11}&a_{12}&\cdots&a_{1n}\\a_{21}&a_{22}&\cdots&a_{2n}\\\vdots&\vdots&&\vdots\\a_{n1}&a_{n2}&\cdots&a_{nn}\end{vmatrix},\quad \Delta=\begin{vmatrix}a_{11}&a_{12}&\cdots&a_{1n}\\a_{11}&a_{12}&\cdots&a_{1n}\\\vdots&\vdots&&\vdots\\a_{n1}&a_{n2}&\cdots&a_{nn}\end{vmatrix},$$

其中,Δ 是保持 D 的第 $1,3,\cdots,n$ 行不变,它的第二行与 D 的第一行相同. 显然 $\Delta=0$. 而 Δ 的第二行元素对应的代数余子式与 D 的第二行元素对应的代数余子式相同. 把 Δ 按第二行展开得

$$a_{11}A_{21}+a_{12}A_{22}+\cdots+a_{1n}A_{2n}=0.$$

为了方便起见,引入 Kronecker 符号 $\delta_{ij}=\begin{cases}0, & i\neq j,\\1, & i=j.\end{cases}$ 可以把性质 1.6 及其推论的结论写成下面两个公式:

$$\sum_{j=1}^{n}a_{ij}A_{kj}=a_{i1}A_{k1}+a_{i2}A_{k2}+\cdots+a_{in}A_{kn}=\delta_{ik}D, \tag{1.5}$$

$$\sum_{i=1}^{n}a_{ij}A_{ik}=a_{1j}A_{1k}+a_{2j}A_{2k}+\cdots+a_{nj}A_{nk}=\delta_{jk}D. \tag{1.6}$$

例 1.9　设 $D=\begin{vmatrix}-1&1&2&5&7\\1&3&1&3&1\\3&4&5&6&2\\2&4&2&4&2\\6&-1&3&5&3\end{vmatrix}$,证明 $A_{31}+A_{33}+A_{35}=0$.

证　把 D 的第三行换成第二行得到 D_1,即令

$$D_1 = \begin{vmatrix} -1 & 1 & 2 & 5 & 7 \\ 1 & 3 & 1 & 3 & 1 \\ 1 & 3 & 1 & 3 & 1 \\ 2 & 4 & 2 & 4 & 2 \\ 6 & -1 & 3 & 5 & 3 \end{vmatrix} = 0.$$

按第三行展开得

$$(A_{31} + A_{33} + A_{35}) + 3(A_{32} + A_{34}) = 0.$$

把 D 的第三行换成第四行得到 D_2，即令

$$D_2 = \begin{vmatrix} -1 & 1 & 2 & 5 & 7 \\ 1 & 3 & 1 & 3 & 1 \\ 2 & 4 & 2 & 4 & 2 \\ 2 & 4 & 2 & 4 & 2 \\ 6 & -1 & 3 & 5 & 3 \end{vmatrix} = 0.$$

按第三行展开得

$$2(A_{31} + A_{33} + A_{35}) + 4(A_{32} + A_{34}) = 0.$$

联立所得的两个方程解得 $A_{31}+A_{33}+A_{35}=0$.

例 1.10 设 $D-\begin{vmatrix} 3 & -5 & 2 & 1 \\ 1 & 1 & 0 & -5 \\ -1 & 3 & 1 & 3 \\ 2 & -4 & -1 & -3 \end{vmatrix}$，求 $A_{11}+A_{12}+A_{13}+A_{14}$.

解 $$A_{11}+A_{12}+A_{13}+A_{14}=\begin{vmatrix} 1 & 1 & 1 & 1 \\ 1 & 1 & 0 & -5 \\ -1 & 3 & 1 & 3 \\ 2 & -4 & -1 & -3 \end{vmatrix} \xlongequal[c_4-c_1]{c_2-c_1 \atop c_3-c_1} \begin{vmatrix} 1 & 0 & 0 & 0 \\ 1 & 0 & -1 & -6 \\ -1 & 4 & 2 & 4 \\ 2 & -6 & -3 & -5 \end{vmatrix}$$

$$= \begin{vmatrix} 0 & -1 & -6 \\ 4 & 2 & 4 \\ -6 & -3 & -5 \end{vmatrix} \xlongequal{c_3-6c_2} \begin{vmatrix} 0 & -1 & 0 \\ 4 & 2 & -8 \\ -6 & -3 & 13 \end{vmatrix} = \begin{vmatrix} 4 & -8 \\ -6 & 13 \end{vmatrix} = 4.$$

计算行列式时，将行列式某一行(列)化为只含一个非零元素，然后按照该行(列)展开，化为较低阶行列式的计算. 这种做法称为**降阶法**. 这是用得非常多而且最基本的方法.

我们可以把按某行(列)展开的方法推广为如下定理，其证明略去.

定理 1.2(Laplace) 在 n 阶行列式 D 中，任取 k 行(列)，由这 k 行(列)所组成的一切 k 阶子式与它们的代数余子式的乘积的和等于行列式 D.

例 1.11　证明

$$D=\begin{vmatrix} a_{11} & \cdots & a_{1k} & & & \\ \vdots & & \vdots & & O & \\ a_{k1} & \cdots & a_{kk} & & & \\ c_{11} & \cdots & c_{1k} & b_{11} & \cdots & b_{1n} \\ \vdots & & \vdots & \vdots & & \vdots \\ c_{n1} & \cdots & c_{nk} & b_{n1} & \cdots & b_{nn} \end{vmatrix}=D_1D_2,$$

其中，$D_1=\begin{vmatrix} a_{11} & \cdots & a_{1k} \\ \vdots & & \vdots \\ a_{k1} & \cdots & a_{kk} \end{vmatrix}$，　$D_2=\begin{vmatrix} b_{11} & \cdots & b_{1n} \\ \vdots & & \vdots \\ b_{n1} & \cdots & b_{nn} \end{vmatrix}$.

证　选定第1,2,…,k 行,在这 k 行中再任意选定 k 列一共可以构成 C_{n+k}^{k} 个不同的 k 阶子式,但是除选定 1,2,…,k 行和 1,2,…,k 列的 k 阶子式外,其他 k 阶子式中至少有一列的元素全部为 0,因此由定理 1.2 有

$$D=D_1(-1)^{1+2+\cdots+k+1+2+\cdots+k}D_2=D_1D_2.$$

习　题　1.3

1. 计算 n 阶行列式 $D=\begin{vmatrix} a_{11} & a_{12} & \cdots & a_{1,n-2} & a_{1,n-1} & a_{1n} \\ a_{21} & a_{22} & \cdots & a_{2,n-2} & a_{2,n-1} & 0 \\ a_{31} & a_{32} & \cdots & a_{3,n-2} & 0 & 0 \\ \vdots & \vdots & & \vdots & \vdots & \vdots \\ a_{n-1,1} & a_{n-1,2} & \cdots & 0 & 0 & 0 \\ a_{n1} & 0 & \cdots & 0 & 0 & 0 \end{vmatrix}$.

2. 在例 1.10 中求 $M_{11}+2M_{21}-3M_{31}+4M_{41}$.

3. 证明：$\begin{vmatrix} a+b & c+d \\ e+f & h+k \end{vmatrix}=\begin{vmatrix} a & c \\ e & h \end{vmatrix}+\begin{vmatrix} a & d \\ e & k \end{vmatrix}+\begin{vmatrix} b & c \\ f & h \end{vmatrix}+\begin{vmatrix} b & d \\ f & k \end{vmatrix}$.

4. 下列命题是否正确?

(1) 若 n 阶行列式 $D=0$,则 D 有两行元素成比例;

(2) 若二阶行列式 $D=0$,则 D 的两行元素成比例;

(3) 若 n 阶行列式 $D=0$,则 D 有一行元素全为 0;

(4) 若 n 阶行列式 D 的元素至少有 n^2-n+1 个为 0,则 $D=0$.

5. 计算下列行列式,并用 Mathematica 软件验证

(1) $\begin{vmatrix} 2 & 1 & 4 & 1 \\ 3 & -1 & 2 & 1 \\ 1 & 2 & 3 & 2 \\ 5 & 0 & 6 & 2 \end{vmatrix}$;　　(2) $\begin{vmatrix} -ab & ac & ae \\ bd & -cd & de \\ bf & cf & -ef \end{vmatrix}$;

(3) $\begin{vmatrix} a & 1 & 0 & 0 \\ -1 & b & 1 & 0 \\ 0 & -1 & c & 1 \\ 0 & 0 & -1 & d \end{vmatrix}$； (4) $\begin{vmatrix} 246 & 427 & 327 \\ 1014 & 543 & 443 \\ -342 & 721 & 621 \end{vmatrix}$；

(5) $\begin{vmatrix} a^2 & (a+1)^2 & (a+2)^2 & (a+3)^2 \\ b^2 & (b+1)^2 & (b+2)^2 & (b+3)^2 \\ c^2 & (c+1)^2 & (c+2)^2 & (c+3)^2 \\ d^2 & (d+1)^2 & (d+2)^2 & (d+3)^2 \end{vmatrix}$； (6) $\begin{vmatrix} 1-a & a & 0 & 0 & 0 \\ -1 & 1-a & a & 0 & 0 \\ 0 & -1 & 1-a & a & 0 \\ 0 & 0 & -1 & 1-a & a \\ 0 & 0 & 0 & -1 & 1-a \end{vmatrix}$.

6. 证明：$\begin{vmatrix} ax+by & ay+bz & az+bx \\ ay+bz & az+bx & ax+by \\ az+bx & ax+by & ay+bz \end{vmatrix} = (a^3+b^3)\begin{vmatrix} x & y & z \\ y & z & x \\ z & x & y \end{vmatrix}$.

7. 设 $f(x)=\begin{vmatrix} x-2 & x-1 & x-2 & x-3 \\ 2x-2 & 2x-1 & 2x-2 & 2x-3 \\ 3x-3 & 3x-2 & 4x-5 & 3x-5 \\ 4x & 4x-3 & 5x-7 & 4x-3 \end{vmatrix}$，求 $f(x)=0$ 的根.

8. 已知 1326，2743，5005，3874 都能被 13 整除，不需要计算出行列式，试证：四阶行列式 $\begin{vmatrix} 1 & 3 & 2 & 6 \\ 2 & 7 & 4 & 3 \\ 5 & 0 & 0 & 5 \\ 3 & 8 & 7 & 4 \end{vmatrix}$ 也能被 13 整除.

9. 计算 $\begin{vmatrix} a_1 & 0 & 0 & b_1 \\ 0 & a_2 & b_2 & 0 \\ 0 & b_3 & a_3 & 0 \\ b_4 & 0 & 0 & a_4 \end{vmatrix}$.

10. 证明 $D=\begin{vmatrix} a_{11} & a_{12} & a_{13} & a_{14} & a_{15} & a_{16} \\ a_{21} & a_{22} & a_{23} & a_{24} & a_{25} & a_{26} \\ a_{31} & a_{32} & a_{33} & a_{34} & a_{35} & a_{36} \\ 0 & 0 & 0 & 0 & a_{45} & a_{46} \\ 0 & 0 & 0 & 0 & a_{55} & a_{56} \\ 0 & 0 & 0 & 0 & a_{65} & a_{66} \end{vmatrix}=0$.

11. 形如 $D=\begin{vmatrix} 0 & a_{12} & a_{13} & \cdots & a_{1n} \\ -a_{12} & 0 & a_{23} & \cdots & a_{2n} \\ -a_{13} & -a_{23} & 0 & \cdots & a_{3n} \\ \vdots & \vdots & \vdots & & \vdots \\ -a_{1n} & -a_{2n} & -a_{3n} & \cdots & 0 \end{vmatrix}$ 的行列式称为**反对称行列式**，其元素满足 $a_{ij}=-a_{ji}$，特别是当 $i=j$ 时有 $a_{ii}=0$. 证明：奇数阶反对称行列式为 0（提示：在 D 的每一行提出一个 -1 后，所得行列式是 D 的转置行列式，因此 $D=-D$）.

1.4　行列式的计算

某些特殊的行列式,可以用行列式的定义来计算. 一般的数字行列式,如果阶数是确定的,先用行列式性质将行列式某一行(列)化为只含一个非零元素,然后按照该行(列)展开,化为低阶行列式(降阶法). 在计算机计算时通常采用三角化方法. 对 n 阶数字或字母行列式,通常要建立递推式. 常用的方法有:分解法、归纳法、递推法、加边法等.

例 1.12　计算 n 阶行列式 $D=\begin{vmatrix} a_1+\lambda & a_2 & \cdots & a_n \\ a_1 & a_2+\lambda & \cdots & a_n \\ \vdots & \vdots & & \vdots \\ a_1 & a_2 & \cdots & a_n+\lambda \end{vmatrix}$ $(\lambda\neq 0)$.

解一　D 的每个列写成两个子列之和.

$$D=\begin{vmatrix} a_1+\lambda & a_2+0 & \cdots & a_n+0 \\ a_1+0 & a_2+\lambda & \cdots & a_n+0 \\ \vdots & \vdots & & \vdots \\ a_1+0 & a_2+0 & \cdots & a_n+\lambda \end{vmatrix}.$$

D 可以分解为 2^n 个行列式的和,其中每个行列式的一列取自 D 的相应列的第一子列或第二子列,如果这个行列式至少取了两个第一子列,则该行列式为 0. 因此

$$D=\begin{vmatrix} a_1 & 0 & \cdots & 0 \\ a_1 & \lambda & \cdots & 0 \\ \vdots & \vdots & & \vdots \\ a_1 & 0 & \cdots & \lambda \end{vmatrix}+\begin{vmatrix} \lambda & a_2 & \cdots & 0 \\ 0 & a_2 & \cdots & 0 \\ \vdots & \vdots & & \vdots \\ 0 & a_2 & \cdots & \lambda \end{vmatrix}+\cdots$$

$$+\begin{vmatrix} \lambda & 0 & \cdots & a_n \\ 0 & \lambda & \cdots & a_n \\ \vdots & \vdots & & \vdots \\ 0 & 0 & \cdots & a_n \end{vmatrix}+\begin{vmatrix} \lambda & 0 & \cdots & 0 \\ 0 & \lambda & \cdots & 0 \\ \vdots & \vdots & & \vdots \\ 0 & 0 & \cdots & \lambda \end{vmatrix}$$

为 $n+1$ 个行列式的和. 故

$$D=\lambda^{n-1}(\lambda+a_1+a_2+\cdots+a_n).$$

这种方法称为**分解法(分拆法)**.

解二　所有列都加到第一列,则有

$$D=\begin{vmatrix} a_1+\lambda & a_2 & \cdots & a_n \\ a_1 & a_2+\lambda & \cdots & a_n \\ \vdots & \vdots & & \vdots \\ a_1 & a_2 & \cdots & a_n+\lambda \end{vmatrix}=\begin{vmatrix} a_1+a_2+\cdots+a_n+\lambda & a_2 & \cdots & a_n \\ a_1+a_2+\cdots+a_n+\lambda & a_2+\lambda & \cdots & a_n \\ \vdots & \vdots & & \vdots \\ a_1+a_2+\cdots+a_n+\lambda & a_2 & \cdots & a_n+\lambda \end{vmatrix}$$

$$=(a_1+a_2+\cdots+a_n+\lambda)\begin{vmatrix} 1 & a_2 & \cdots & a_n \\ 1 & a_2+\lambda & \cdots & a_n \\ \vdots & \vdots & & \vdots \\ 1 & a_2 & \cdots & a_n+\lambda \end{vmatrix}$$

$$=(a_1+a_2+\cdots+a_n+\lambda)\begin{vmatrix} 1 & 0 & \cdots & 0 \\ 1 & \lambda & \cdots & 0 \\ \vdots & \vdots & & \vdots \\ 1 & 0 & \cdots & \lambda \end{vmatrix}=(a_1+a_2+\cdots+a_n+\lambda)\lambda^{n-1}.$$

解三 先把第一行乘以-1加到以下各行,再把后面各列加到第一列.

$$D=\begin{vmatrix} a_1+\lambda & a_2 & \cdots & a_n \\ a_1 & a_2+\lambda & \cdots & a_n \\ \vdots & \vdots & & \vdots \\ a_1 & a_2 & \cdots & a_n+\lambda \end{vmatrix}=\begin{vmatrix} a_1+\lambda & a_2 & \cdots & a_n \\ -\lambda & \lambda & \cdots & 0 \\ \vdots & \vdots & & \vdots \\ -\lambda & 0 & \cdots & \lambda \end{vmatrix}$$

$$=\begin{vmatrix} a_1+a_2+\cdots+a_n+\lambda & a_2 & \cdots & a_n \\ 0 & \lambda & \cdots & 0 \\ \vdots & \vdots & & \vdots \\ 0 & 0 & \cdots & \lambda \end{vmatrix}=(a_1+a_2+\cdots+a_n+\lambda)\lambda^{n-1}.$$

解四 首先人为地加上一行一列,化为一个$n+1$阶行列式.

$$D=\begin{vmatrix} a_1+\lambda & a_2 & \cdots & a_n \\ a_1 & a_2+\lambda & \cdots & a_n \\ \vdots & \vdots & & \vdots \\ a_1 & a_2 & \cdots & a_n+\lambda \end{vmatrix}=\begin{vmatrix} 1 & a_1 & a_2 & \cdots & a_n \\ 0 & a_1+\lambda & a_2 & \cdots & a_n \\ 0 & a_1 & a_2+\lambda & \cdots & a_n \\ \vdots & \vdots & \vdots & & \vdots \\ 0 & a_1 & a_2 & \cdots & a_n+\lambda \end{vmatrix}$$

$$= \begin{vmatrix} 1 & a_1 & a_2 & \cdots & a_n \\ -1 & \lambda & 0 & \cdots & 0 \\ -1 & 0 & \lambda & \cdots & 0 \\ \vdots & \vdots & \vdots & & \vdots \\ -1 & 0 & 0 & \cdots & \lambda \end{vmatrix} = \begin{vmatrix} 1+\sum\limits_{i=1}^{n}\dfrac{a_i}{\lambda} & a_1 & a_2 & \cdots & a_n \\ 0 & \lambda & 0 & \cdots & 0 \\ 0 & 0 & \lambda & \cdots & 0 \\ \vdots & \vdots & \vdots & & \vdots \\ 0 & 0 & 0 & \cdots & \lambda \end{vmatrix}$$

$$= \left(1+\sum_{i=1}^{n}\frac{a_i}{\lambda}\right)\lambda^n.$$

这种解法被称为**加边法**.

例 1.13　证明**范德蒙德**(Vandermonde)**行列式**

$$V_n = \begin{vmatrix} 1 & 1 & \cdots & 1 \\ x_1 & x_2 & \cdots & x_n \\ x_1^2 & x_2^2 & \cdots & x_n^2 \\ \vdots & \vdots & & \vdots \\ x_1^{n-1} & x_2^{n-1} & \cdots & x_n^{n-1} \end{vmatrix} = \prod_{1\leqslant j<i\leqslant n}(x_i - x_j),$$

其中，$\prod$ 表示连乘号，即

$$\begin{aligned}\prod_{1\leqslant j<i\leqslant n}(x_i - x_j) = &(x_n - x_1)(x_{n-1} - x_1)\cdots(x_3 - x_1)(x_2 - x_1)\\ &(x_n - x_2)(x_{n-1} - x_2)\cdots(x_3 - x_2)\\ &\cdots\cdots\\ &(x_n - x_{n-2})(x_{n-1} - x_{n-2})\\ &(x_n - x_{n-1}).\end{aligned}$$

证　用数学归纳法证明. 当 $n=2$ 时有

$$\begin{vmatrix} 1 & 1 \\ x_1 & x_2 \end{vmatrix} = x_2 - x_1.$$

结论成立. 假设结论对 $n-1$ 阶成立，下证对 n 也成立. 从最后一行开始，每一行依次减去上一行的 x_1 倍，得

$$\begin{vmatrix} 1 & 1 & \cdots & 1 \\ 0 & x_2 - x_1 & \cdots & x_n - x_1 \\ 0 & x_2(x_2 - x_1) & \cdots & x_n(x_n - x_1) \\ \vdots & \vdots & & \vdots \\ 0 & x_2^{n-2}(x_2 - x_1) & \cdots & x_n^{n-2}(x_n - x_1) \end{vmatrix}.$$

然后按第一列展开，并依次提取各列元素的公因子，得

$$V_n=(x_n-x_1)(x_{n-1}-x_1)\cdots(x_3-x_1)(x_2-x_1)\begin{vmatrix}1&1&\cdots&1\\x_2&x_3&\cdots&x_n\\x_2^2&x_3^2&\cdots&x_n^2\\\vdots&\vdots&&\vdots\\x_2^{n-2}&x_3^{n-2}&\cdots&x_n^{n-2}\end{vmatrix}.$$

上式右端的行列式是 $n-1$ 阶范德蒙德行列式，由归纳假设得

$$\begin{aligned}V_n&=(x_n-x_1)(x_{n-1}-x_1)\cdots(x_3-x_1)(x_2-x_1)\prod_{2\leqslant j<i\leqslant n}(x_i-x_j)\\&=\prod_{1\leqslant j<i\leqslant n}(x_i-x_j).\end{aligned}$$

例 1.14 计算 $D_n=\begin{vmatrix}\alpha+\beta&\alpha\beta&&&&\\1&\alpha+\beta&\alpha\beta&&&\\&1&\alpha+\beta&\alpha\beta&&\\&&\ddots&\ddots&\ddots&\\&&&1&\alpha+\beta&\alpha\beta\\&&&&1&\alpha+\beta\end{vmatrix}$.

解 按照第一行展开得

$$D_n=(\alpha+\beta)\begin{vmatrix}\alpha+\beta&\alpha\beta&&&\\1&\alpha+\beta&\alpha\beta&&\\&\ddots&\ddots&\ddots&\\&&1&\alpha+\beta&\alpha\beta\\&&&1&\alpha+\beta\end{vmatrix}-\alpha\beta\begin{vmatrix}1&\alpha\beta&&&\\&\alpha+\beta&\alpha\beta&&\\&&\ddots&\ddots&\\&&&\alpha+\beta&\alpha\beta\\&&&1&\alpha+\beta\end{vmatrix}.$$

再把第二个行列式按照第一列展开得 $D_n=(\alpha+\beta)D_{n-1}-\alpha\beta D_{n-2}$. 因此

$$\begin{aligned}D_n-\alpha D_{n-1}&=\beta(D_{n-1}-\alpha D_{n-2})=\beta^2(D_{n-2}-\alpha D_{n-3})\\&=\cdots=\beta^{n-2}(D_2-\alpha D_1)=\beta^n.\end{aligned}$$

$$\begin{aligned}D_n&=\alpha D_{n-1}+\beta^n=\alpha(\alpha D_{n-2}+\beta^{n-1})+\beta^n=\alpha^2D_{n-2}+\alpha\beta^{n-1}+\beta^n\\&=\alpha^3D_{n-3}+\alpha^2\beta^{n-2}+\alpha\beta^{n-1}+\beta^n=\cdots=\alpha^n+\alpha^{n-1}\beta+\alpha^{n-2}\beta^2+\cdots+\alpha\beta^{n-1}+\beta^n.\end{aligned}$$

这个例题所用的方法称为**递推法**.

一般地,如果有一个序列满足 $x_n=px_{n-1}+qx_{n-2}$,可以用递推法求出其通项.这只要令 $\alpha+\beta=p,\alpha\beta=-q$,求出 α 与 β,再按照例 1.14 所用的方法即可求出 x_n.

例 1.15 证明两个 n 阶行列式的乘积公式

$$\begin{vmatrix} a_{11} & a_{12} & \cdots & a_{1n} \\ a_{21} & a_{22} & \cdots & a_{2n} \\ \vdots & \vdots & & \vdots \\ a_{n1} & a_{n2} & \cdots & a_{nn} \end{vmatrix} \cdot \begin{vmatrix} b_{11} & b_{12} & \cdots & b_{1n} \\ b_{21} & b_{22} & \cdots & b_{2n} \\ \vdots & \vdots & & \vdots \\ b_{n1} & b_{n2} & \cdots & b_{nn} \end{vmatrix} = \begin{vmatrix} c_{11} & c_{12} & \cdots & c_{1n} \\ c_{21} & c_{22} & \cdots & c_{2n} \\ \vdots & \vdots & & \vdots \\ c_{n1} & c_{n2} & \cdots & c_{nn} \end{vmatrix},$$

其中,$c_{ij}=a_{i1}b_{1j}+a_{i2}b_{2j}+\cdots+a_{in}b_{nj}=\sum\limits_{k=1}^{n}a_{ik}b_{kj}$,即上式右边$(i,j)$处的元素 c_{ij} 等于左边的第一个行列式的第 i 行与第二个行列式的第 j 列对应元素乘积的和.

证 构造一个 $2n$ 阶的分块三角行列式

$$N=\begin{vmatrix} a_{11} & a_{12} & \cdots & a_{1n} & 0 & 0 & \cdots & 0 \\ a_{21} & a_{22} & \cdots & a_{2n} & 0 & 0 & \cdots & 0 \\ \vdots & \vdots & & \vdots & \vdots & \vdots & & \vdots \\ a_{n1} & a_{n2} & \cdots & a_{nn} & 0 & 0 & \cdots & 0 \\ -1 & & & & b_{11} & b_{12} & \cdots & b_{1n} \\ & -1 & & & b_{21} & b_{22} & \cdots & b_{2n} \\ & & \ddots & & \vdots & \vdots & & \vdots \\ & & & -1 & b_{n1} & b_{n2} & \cdots & b_{nn} \end{vmatrix}.$$

将行列式 N 第 1 列的 b_{11} 倍加到第 $n+1$ 列,第 1 列的 b_{12} 倍加到第 $n+2$ 列,…,第 1 列的 b_{1n} 倍加到第 $2n$ 列;第 2 列的 b_{21} 倍加到第 $n+1$ 列,第 2 列的 b_{22} 倍加到第 $n+2$ 列,…,第 2 列的 b_{2n} 倍加到第 $2n$ 列;…;第 n 列的 b_{n1} 倍加到第 $n+1$ 列,第 n 列的 b_{n2} 倍加到第 $n+2$ 列,…,第 n 列的 b_{nn} 倍加到第 $2n$ 列.最终得

$$N=\begin{vmatrix} a_{11} & a_{12} & \cdots & a_{1n} & c_{11} & c_{12} & \cdots & c_{1n} \\ a_{21} & a_{22} & \cdots & a_{2n} & c_{21} & c_{22} & \cdots & c_{2n} \\ \vdots & \vdots & & \vdots & \vdots & \vdots & & \vdots \\ a_{n1} & a_{n2} & \cdots & a_{nn} & c_{n1} & c_{n2} & \cdots & c_{nn} \\ -1 & & & & 0 & 0 & \cdots & 0 \\ & -1 & & & 0 & 0 & \cdots & 0 \\ & & \ddots & & \vdots & \vdots & & \vdots \\ & & & -1 & 0 & 0 & \cdots & 0 \end{vmatrix},$$

其中，$c_{ij}=a_{i1}b_{1j}+a_{i2}b_{2j}+\cdots+a_{in}b_{nj}=\sum_{k=1}^{n}a_{ik}b_{kj}$，取定 N 的第 $n+1,n+2,\cdots,2n$ 列应用定理 1.2

$$N=(-1)^{1+2+\cdots+n+(n+1)+\cdots+2n}(-1)^n\begin{vmatrix}c_{11}&c_{12}&\cdots&c_{1n}\\c_{21}&c_{22}&\cdots&c_{2n}\\\vdots&\vdots&&\vdots\\c_{n1}&c_{n2}&\cdots&c_{nn}\end{vmatrix}$$

$$=(-1)^{2n^2+2n}\begin{vmatrix}c_{11}&c_{12}&\cdots&c_{1n}\\c_{21}&c_{22}&\cdots&c_{2n}\\\vdots&\vdots&&\vdots\\c_{n1}&c_{n2}&\cdots&c_{nn}\end{vmatrix}=\begin{vmatrix}c_{11}&c_{12}&\cdots&c_{1n}\\c_{21}&c_{22}&\cdots&c_{2n}\\\vdots&\vdots&&\vdots\\c_{n1}&c_{n2}&\cdots&c_{nn}\end{vmatrix}.$$

另一方面，由例题 1.11 知道 $N=\begin{vmatrix}a_{11}&a_{12}&\cdots&a_{1n}\\a_{21}&a_{22}&\cdots&a_{2n}\\\vdots&\vdots&&\vdots\\a_{n1}&a_{n2}&\cdots&a_{nn}\end{vmatrix}\cdot\begin{vmatrix}b_{11}&b_{12}&\cdots&b_{1n}\\b_{21}&b_{22}&\cdots&b_{2n}\\\vdots&\vdots&&\vdots\\b_{n1}&b_{n2}&\cdots&b_{nn}\end{vmatrix}$.

因此结论成立.

习 题 1.4

1. 计算下列行列式

(1) $D_n=\begin{vmatrix}x&a&\cdots&a\\a&x&\cdots&a\\\vdots&\vdots&&\vdots\\a&a&\cdots&x\end{vmatrix}$； (2) $D_n=\begin{vmatrix}a_0&1&1&\cdots&1\\1&a_1&0&\cdots&0\\1&0&a_2&\cdots&0\\\vdots&\vdots&\vdots&&\vdots\\1&0&0&\cdots&a_{n-1}\end{vmatrix}$；

(3) $D_{2n}=\begin{vmatrix}a_n&&&&&b_n\\&\ddots&&&\iddots&\\&&a_1&b_1&&\\&&c_1&d_1&&\\&\iddots&&&\ddots&\\c_n&&&&&d_n\end{vmatrix}$；

(4) $D_n=\begin{vmatrix}1+a_1&1&\cdots&1\\1&1+a_2&\cdots&1\\\vdots&\vdots&&\vdots\\1&1&\cdots&1+a_n\end{vmatrix}$，其中 $a_1a_2\cdots a_n\neq0$；

(5) $D_n=\begin{vmatrix} 1 & 1 & \cdots & 1 & 1 \\ x_1 & x_2 & \cdots & x_{n-1} & x_n \\ \vdots & \vdots & & \vdots & \vdots \\ x_1^{n-2} & x_2^{n-2} & \cdots & x_{n-1}^{n-2} & x_n^{n-2} \\ x_1^n & x_2^n & \cdots & x_{n-1}^n & x_n^n \end{vmatrix}$；(6) $D_{n+1}=\begin{vmatrix} a^n & (a-1)^n & \cdots & (a-n)^n \\ a^{n-1} & (a-1)^{n-1} & \cdots & (a-n)^{n-1} \\ \vdots & \vdots & & \vdots \\ a & a-1 & \cdots & a-n \\ 1 & 1 & \cdots & 1 \end{vmatrix}$；

(7) $D_n=\det[a_{ij}]$，其中 $a_{ij}=|i-j|$.

2. 证明

$$\begin{vmatrix} x & -1 & 0 & \cdots & 0 & 0 \\ 0 & x & -1 & \cdots & 0 & 0 \\ \vdots & \vdots & \vdots & & \vdots & \vdots \\ 0 & 0 & 0 & \cdots & x & -1 \\ a_n & a_{n-1} & a_{n-2} & \cdots & a_2 & x+a_1 \end{vmatrix} = x^n+a_1x^{n-1}+\cdots+a_{n-1}x+a_n.$$

3. 已知序列 F_n 的通项递推公式为 $F_{n+2}=F_{n+1}+F_n\,(n\geqslant 1)$，且 $F_1=F_2=1$，求 F_n 的通项表达式.

1.5 Cramer 法则

由 n 个方程、n 个未知量组成的线性方程组，其一般形式为

$$\begin{cases} a_{11}x_1+a_{12}x_2+\cdots+a_{1n}x_n=b_1, \\ a_{21}x_1+a_{22}x_2+\cdots+a_{2n}x_n=b_2, \\ \cdots\cdots\cdots\cdots \\ a_{n1}x_1+a_{n2}x_2+\cdots+a_{nn}x_n=b_n. \end{cases} \tag{1.7}$$

它可以简写成 $\sum\limits_{j=1}^{n}a_{ij}x_j=b_i, i=1,2,\cdots,n$. 式(1.7)的系数行列式记为

$$D=\begin{vmatrix} a_{11} & a_{12} & \cdots & a_{1n} \\ a_{21} & a_{22} & \cdots & a_{2n} \\ \vdots & \vdots & & \vdots \\ a_{n1} & a_{n2} & \cdots & a_{nn} \end{vmatrix}.$$

本节主要讨论该方程组在什么条件下有唯一解.

定理 1.3　若线性方程组(1.7)的系数行列式 $D\neq 0$，则它有唯一解

$$x_j=\frac{D_j}{D},\qquad j=1,2,\cdots,n,$$

其中 D_j 是把 D 的第 j 列换成常数列所得到的行列式，即 $D_j=\sum\limits_{k=1}^{n}b_kA_{kj}$.

证　把 $x_j=\dfrac{D_j}{D}(j=1,2,\cdots,n)$代入方程组(1.7)得

$$\sum_{j=1}^{n}a_{ij}x_j=\sum_{j=1}^{n}a_{ij}\frac{D_j}{D}=\frac{1}{D}\sum_{j=1}^{n}a_{ij}D_j=\frac{1}{D}\sum_{j=1}^{n}a_{ij}\sum_{k=1}^{n}b_kA_{kj}=\frac{1}{D}\sum_{j=1}^{n}\sum_{k=1}^{n}a_{ij}b_kA_{kj}$$

$$=\frac{1}{D}\sum_{k=1}^{n}b_k\sum_{j=1}^{n}a_{ij}A_{kj}=\frac{1}{D}\sum_{k=1}^{n}b_k\delta_{ik}D=b_i,\quad i=1,\cdots,n.$$

因此这组值是线性方程组(1.7)的解.

再证线性方程组(1.7)有唯一解. 假设

$$\begin{cases}x_1=m_1,\\ x_2=m_2,\\ \cdots\cdots\cdots\cdots\\ x_n=m_n\end{cases}$$

是方程组的一组解.因此有

$$\begin{cases}a_{11}m_1+a_{12}m_2+\cdots+a_{1n}m_n=b_1,\\ a_{21}m_1+a_{22}m_2+\cdots+a_{2n}m_n=b_2,\\ \cdots\cdots\cdots\cdots\\ a_{n1}m_1+a_{n2}m_2+\cdots+a_{nn}m_n=b_n.\end{cases}\tag{1.8}$$

用 D 的第一列元素的代数余子式 $A_{11},A_{21},\cdots,A_{n1}$ 分别乘以式(1.8)中的对应式子,得

$$\begin{cases}a_{11}A_{11}m_1+a_{12}A_{11}m_2+\cdots+a_{1n}A_{11}m_n=b_1A_{11},\\ a_{21}A_{21}m_1+a_{22}A_{21}m_2+\cdots+a_{2n}A_{21}m_n=b_2A_{21},\\ \cdots\cdots\cdots\cdots\\ a_{n1}A_{n1}m_1+a_{n2}A_{n1}m_2+\cdots+a_{nn}A_{n1}m_n=b_nA_{n1}.\end{cases}\tag{1.9}$$

把式(1.9)的 n 个式子两边分别相加

$$\Big(\sum_{i=1}^{n}a_{i1}A_{i1}\Big)m_1+\Big(\sum_{i=1}^{n}a_{i2}A_{i1}\Big)m_2+\cdots+\Big(\sum_{i=1}^{n}a_{in}A_{i1}\Big)m_n=\sum_{i=1}^{n}b_iA_{i1}.$$

从而有

$$\Big(\sum_{i=1}^{n}a_{i1}A_{i1}\Big)m_1=\sum_{i=1}^{n}b_iA_{i1},\quad Dm_1=D_1,\quad m_1=\frac{D_1}{D}.$$

类似可以得到

$$m_i=\frac{D_i}{D},\qquad i=2,\cdots,n.$$

这说明方程组(1.7)只有唯一解.

例 1.16　下图是一电路网络，每条线上标出的数字是电阻，E 点接地，由 X，Y，U，V 点通入电流，强度都是 100A，求四点的电位.

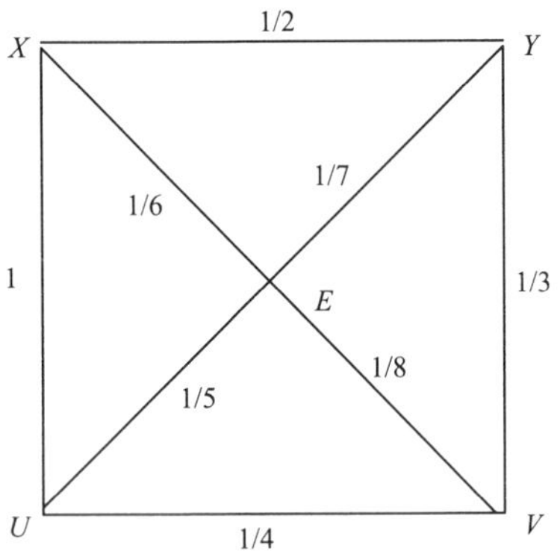

图 1-3

解　用 X,Y,U,V 分别表示四点的电位. 由克希霍夫(Kirchhoff)定律得

$$\begin{cases}\dfrac{X-Y}{\frac{1}{2}}+\dfrac{X}{\frac{1}{6}}+\dfrac{X-U}{1}=100,\\[2ex]\dfrac{Y-X}{\frac{1}{2}}+\dfrac{Y}{\frac{1}{7}}+\dfrac{Y-V}{\frac{1}{3}}=100,\\[2ex]\dfrac{V-Y}{\frac{1}{3}}+\dfrac{V}{\frac{1}{8}}+\dfrac{V-U}{\frac{1}{4}}=100,\\[2ex]\dfrac{U-V}{\frac{1}{4}}+\dfrac{U}{\frac{1}{5}}+\dfrac{U-X}{1}=100.\end{cases}$$

化简得

$$\begin{cases}9X-2Y-U=100,\\-2X+12Y-3V=100,\\-3Y-4U+15V=100,\\-X+10U-4V=100.\end{cases}$$

分别计算出 5 个行列式：

$$D=\begin{vmatrix} 9 & -2 & -1 & 0 \\ -2 & 12 & 0 & -3 \\ 0 & -3 & -4 & 15 \\ -1 & 0 & 10 & -4 \end{vmatrix}=-12907,$$

$$D_1=\begin{vmatrix} 100 & -2 & -1 & 0 \\ 100 & 12 & 0 & -3 \\ 100 & -3 & -4 & 15 \\ 100 & 0 & 10 & -4 \end{vmatrix}=-210100,$$

$$D_2=\begin{vmatrix} 9 & 100 & -1 & 0 \\ -2 & 100 & 0 & -3 \\ 0 & 100 & -4 & 15 \\ -1 & 100 & 10 & -4 \end{vmatrix}=-188400,$$

$$D_3=\begin{vmatrix} 9 & -2 & 100 & 0 \\ -2 & 12 & 100 & -3 \\ 0 & -3 & 100 & 15 \\ -1 & 0 & 100 & -4 \end{vmatrix}=-223400,$$

$$D_4=\begin{vmatrix} 9 & -2 & -1 & 100 \\ -2 & 12 & 0 & 100 \\ 0 & -3 & -4 & 100 \\ -1 & 0 & 10 & 100 \end{vmatrix}=-183300.$$

所以 $X=\frac{210100}{12907}$,$Y=\frac{188400}{12907}$,$U=\frac{223400}{12907}$,$V=\frac{183300}{12907}$.

应当指出,用 Cramer 法则解线性方程组时必须具备两个条件:一是方程个数与未知量个数相等;二是系数行列式 $D\neq 0$.

Cramer 法则的优点:一是给出了简洁的解的表达公式;二是肯定了当 $D\neq 0$ 时,有唯一解;三是这种结论在理论上有很好的意义.

Cramer 法则的缺点:要计算 $n+1$ 个行列式,用行列式定义计算时,计算量非常大,即使用三角化方法计算,其乘除法次数为 $\left[\frac{n(n+1)(2n+1)}{6}+n\right](n+1)+n$.

在后面的章节里我们将用矩阵来研究一般线性方程组的求解问题,同时给出更有效的计算方法.

若线性方程组(1.7)的常数项都是零

$$
\begin{cases}
a_{11}x_1+a_{12}x_2+\cdots+a_{1n}x_n=0,\\
a_{21}x_1+a_{22}x_2+\cdots+a_{2n}x_n=0,\\
\cdots\cdots\cdots\cdots\\
a_{n1}x_1+a_{n2}x_2+\cdots+a_{nn}x_n=0,
\end{cases}
\tag{1.10}
$$

则称它为**齐次线性方程组**. 在式(1.7)中,若至少有一个常数项不为零,则称为**非齐次线性方程组**. 显然 $x_1=0,x_2=0,\cdots,x_n=0$ 是(1.10)的一组解,称为**零解**. 齐次线性方程组都有零解. 若不全为零的数 $x_1,x_2,\cdots,x_n$ 是(1.10)的一组解,则称它为**非零解**. 若(1.10)的系数行列式 $D\neq0$,则由定理 1.3 知(1.10)只有唯一一组零解. 于是有下面的重要结论.

定理 1.4　若齐次线性方程组(1.10)有非零解,则系数行列式 $D=0$.

在后面的章节中将证明式(1.10)有非零解的充分必要条件是 $D=0$.

例 1.17　设平面上有不共线的三个点(x_1,y_1), (x_2,y_2)和 (x_3,y_3), 其中 x_1, x_2, x_3 不完全相同. 求证过三点且对称轴与坐标轴 y 平行的抛物线方程可表为

$$
\begin{vmatrix}
y & x^2 & x & 1\\
y_1 & x_1^2 & x_1 & 1\\
y_2 & x_2^2 & x_2 & 1\\
y_3 & x_3^2 & x_3 & 1
\end{vmatrix}=0.
\tag{1.11}
$$

证　设所求抛物线方程为 $y=ax^2+bx+c$,由于三点都在抛物线上,所以坐标(x_i,y_i)满足此方程,从而得到齐次方程组

$$
\begin{cases}
-y+ax^2+bx+c=0,\\
-y_1+ax_1^2+bx_1+c=0,\\
-y_2+ax_2^2+bx_2+c=0,\\
-y_3+ax_3^2+bx_3+c=0,
\end{cases}
\quad \text{即} \quad
\begin{cases}
(-1)y+ax^2+bx+c=0,\\
(-1)y_1+ax_1^2+bx_1+c=0,\\
(-1)y_2+ax_2^2+bx_2+c=0,\\
(-1)y_3+ax_3^2+bx_3+c=0.
\end{cases}
$$

对抛物线上任意点(x,y), 上面的齐次线性方程组总有非零解$(-1,a,b,c)$,故

$$
\begin{vmatrix}
y & x^2 & x & 1\\
y_1 & x_1^2 & x_1 & 1\\
y_2 & x_2^2 & x_2 & 1\\
y_3 & x_3^2 & x_3 & 1
\end{vmatrix}=0.
$$

最后,关于 x,y 的方程(1.11)代表一个对称轴平行于 y 轴的抛物线,且由行列式性质知,它经过点(x_1,y_1), (x_2,y_2)和 (x_3,y_3).

习　题　1.5

1. 用 Cramer 法则解下列方程组

(1) $\begin{cases} x_1+x_2+x_3+x_4=5, \\ x_1+2x_2-x_3+4x_4=-2, \\ 2x_1-3x_2-x_3-5x_4=-2, \\ 3x_1+x_2+2x_3+11x_4=0; \end{cases}$　(2) $\begin{cases} 5x_1+6x_2 = 1, \\ x_1+5x_2+6x_3 = 0, \\ x_2+5x_3+6x_4 = 0, \\ x_3+5x_4+6x_5=0, \\ x_4+5x_5=1; \end{cases}$

(3) $\begin{cases} x+y+z=a+b+c, \\ ax+by+cz=a^2+b^2+c^2, \\ bcx+cay+abz=3abc \end{cases}$(其中 a, b, c 两两不同).

2. 已知齐次线性方程组 $\begin{cases} \lambda x_1+x_2+x_3=0, \\ x_1+\mu x_2+x_3=0, \\ x_1+2\mu x_2+x_3=0 \end{cases}$ 有非零解，求 λ,μ 满足的关系.

3. 设平面上曲线 $y=a_1x^3+a_2x^2+a_3x+a_4$ 通过点(1,0),(2,−2),(3,2),(4,18),求系数 a_1,a_2,a_3,a_4.

4. 计算线性方程组的系数行列式,并验证所给的一组数(c 为任意常数)是它的解.

(1) $\begin{cases} 2x_1-3x_2+4x_3-3x_4=0, \\ 3x_1-x_2+11x_3-13x_4=0, \\ 4x_1+5x_2-7x_3-2x_4=0, \\ 13x_1-25x_2+x_3+11x_4=0. \end{cases}$ 所给一组数为 $x_1=x_2=x_3=x_4=c$.

(2) $\begin{cases} x_1+2x_2+3x_3-x_4=3, \\ 3x_1+2x_2+x_3+x_4=5, \\ 5x_1+5x_2+2x_3=10, \\ 2x_1+3x_2+x_3-x_4=5. \end{cases}$ 所给一组数为 $x_1=1-c,x_2=1+c,x_3=0,x_4=c$.

第 2 章　矩　　阵

矩阵是线性代数中最重要的概念之一，它在自然科学、工程技术和社会科学各个领域中都有着广泛的应用. 本章介绍矩阵的加法、乘法以及逆运算等，讨论分块矩阵、矩阵的初等变换和矩阵的秩，作为矩阵的初等行变换的应用，最后给出一般线性方程组的求解方法.

2.1　矩阵的定义

从数学上讲，行列式是求解 n 个方程 n 个未知量的线性方程组引出的，矩阵是从一般的线性方程组引出的. 从解决理论和实际问题来讲，矩阵问题是最基本的问题.

例 2.1　在科学和工程中，经常会遇到这样的线性方程组

$$\begin{cases} a_{11}x_1 + a_{12}x_2 + \cdots + a_{1n}x_n = b_1, \\ a_{21}x_1 + a_{22}x_2 + \cdots + a_{2n}x_n = b_2, \\ \cdots\cdots\cdots\cdots \\ a_{m1}x_1 + a_{m2}x_2 + \cdots + a_{mn}x_n = b_m, \end{cases} \tag{2.1}$$

它使用 m 个方程描述 n 个未知量 $x_1, x_2, \cdots, x_n$ 之间的相互关系，由方程组(2.1)左端的系数可以得到一个如下的矩形数表：

$$\begin{bmatrix} a_{11} & a_{12} & \cdots & a_{1n} \\ a_{21} & a_{22} & \cdots & a_{2n} \\ \vdots & \vdots & & \vdots \\ a_{m1} & a_{m2} & \cdots & a_{mn} \end{bmatrix}. \tag{2.2}$$

例 2.2　我军后勤部共有 m 个工厂 $A_1, A_2, \cdots, A_m$ 生产一种新型冲锋枪，该冲锋枪须发放到 n 个作战单位 $B_1, B_2, \cdots, B_n$，那么一个调运方案也可用上述矩形数表(2.2)表示，其中 a_{ij} 为非负整数，表示从工厂 A_i 调往作战单位 B_j 的冲锋枪数量.

上述两例表明，在科学研究与生产实践中，大量的问题都可通过一个矩形数表来加以描述.

为了以后叙述的方便，约定几个符号：$\mathbb{R}$ 为实数域，$\mathbb{C}$ 为复数域，$\mathbb{N}$ 为自然数(大于 0 的整数)集合，本书中出现的数域$\mathbb{F}$ 就是指实数域$\mathbb{R}$ 或复数域$\mathbb{C}$.

定义 2.1 数域$\mathbb{F}$上 $m\times n$ 个数 a_{ij}，$i=1,2,\cdots,m$；$j=1,2,\cdots,n$，排成的一个形如式(2.2)的 m 行 n 列的数表，称为 $m\times n$ **矩阵**. 记为 $\boldsymbol{A}=[a_{ij}]_{m\times n}$，$a_{ij}$ 称为矩阵 $\boldsymbol{A}$ 的第 i 行第 j 列的**元素**.

以后用 $\boldsymbol{A}$，$\boldsymbol{B}$ 或者$[a_{ij}]$，$[b_{ij}]$来代表矩阵. 为了指明矩阵的阶数，把 $m\times n$ 矩阵写为 $\boldsymbol{A}_{m\times n}$，$\boldsymbol{B}_{m\times n}$或者$[a_{ij}]_{m\times n}$，$[b_{ij}]_{m\times n}$. 同时我们约定$[a]=a$.

矩阵(2.2)称为线性方程组(2.1)的**系数矩阵**.

元素属于实数域的矩阵称为**实矩阵**，全体 $m\times n$ 实矩阵的集合，记为$\mathbb{R}^{m\times n}$；元素属于复数域的矩阵称为**复矩阵**，全体 $m\times n$ 复矩阵的集合，记为$\mathbb{C}^{m\times n}$.

所有元素都为 0 的矩阵称为**零矩阵**，记为 $\boldsymbol{O}$.

设 $\boldsymbol{A}=[a_{ij}]_{m\times n}$，$\boldsymbol{B}=[b_{ij}]_{l\times k}$，若 $m=l$，$n=k$，则称 $\boldsymbol{A}$，$\boldsymbol{B}$ 为**同型**的. 进一步若对 $i=1,2,\cdots,m$，$j=1,2,\cdots,n$ 都有 $a_{ij}=b_{ij}$，称 $\boldsymbol{A}$ 与 $\boldsymbol{B}$ **相等**，记作 $\boldsymbol{A}=\boldsymbol{B}$.

行数为 1(即只有 1 行)的矩阵称为**行矩阵**(**行向量**).

$$\boldsymbol{A}=[a_1 \quad a_2 \quad \cdots \quad a_n].$$

但是为了和后面将要学习的行向量有相同的表示，行矩阵以后都写成

$$\boldsymbol{A}=(a_1,a_2,\cdots,a_n).$$

列数为 1(即只有 1 列)的矩阵称为**列矩阵**(**列向量**).

$$\boldsymbol{A}=\begin{bmatrix} a_1 \\ a_2 \\ \vdots \\ a_m \end{bmatrix}.$$

设矩阵 $\boldsymbol{A}=[a_{ij}]_{m\times n}$，记$-\boldsymbol{A}=[-a_{ij}]_{m\times n}$，称$-\boldsymbol{A}$ 为矩阵 $\boldsymbol{A}$ 的**负矩阵**.

行数与列数相同(设为 n)的矩阵称为**方阵**或 **n 阶方阵**，n 阶方阵 $\boldsymbol{A}$ 也记作 $\boldsymbol{A}_n$. 称方阵中从左上角到右下角的对角线为**主对角线**.

主对角线以外的元素都为 0 的方阵称为**对角矩阵**，即

$$\begin{bmatrix} a_{11} & & & \\ & a_{22} & & \\ & & \ddots & \\ & & & a_{nn} \end{bmatrix},$$

常用 $\mathrm{diag}(a_{11},a_{22},\cdots,a_{nn})$表示.

主对角线上元素相等的对角矩阵称为**数量矩阵**.

$$\begin{bmatrix} k & & & \\ & k & & \\ & & \ddots & \\ & & & k \end{bmatrix}.$$

主对角线上元素都为 1 的数量矩阵,称为**单位矩阵**. 单位矩阵用 $\boldsymbol{E}$ 表示,即

$$\boldsymbol{E}=\begin{bmatrix}1 & & & \\ & 1 & & \\ & & \ddots & \\ & & & 1\end{bmatrix}.$$

主对角线下(上)方的元素都为 0 的方阵称为**上(下)三角矩阵**.

$$\boldsymbol{A}=\begin{bmatrix}a_{11} & a_{12} & \cdots & a_{1n} \\ & a_{22} & \cdots & a_{2n} \\ & & \ddots & \vdots \\ & & & a_{nn}\end{bmatrix},\quad \boldsymbol{B}=\begin{bmatrix}b_{11} & & & \\ b_{21} & b_{22} & & \\ \vdots & \vdots & \ddots & \\ b_{n1} & b_{n2} & \cdots & b_{nn}\end{bmatrix}.$$

下面再举例以说明矩阵在各种相关理论和实际问题中扮演重要的角色.

例 2.3　某团后勤部门要招聘门卫、清洁工、电梯工各 1 人作为非现役文职人员. 现有甲、乙、丙 3 人前来应聘,每人对不同的工作有不同的月工资要求,具体数据如表 2-1.(单位:元)

表 2-1

工资要求 / 工种 / 应聘者	门卫	电梯工	清洁工
甲	650	500	750
乙	700	550	680
丙	680	480	800

表 2-1 写成矩阵形式为

$$\boldsymbol{S}=\begin{bmatrix}650 & 500 & 750 \\ 700 & 550 & 680 \\ 680 & 480 & 800\end{bmatrix}.$$

例 2.4　某边防团有三个边防哨所,团里决定建立一个有线通信网,通过勘察测算,获得一组有关建设费用的预算数据,如图 2-1 所示,其中四个点分别表示团部 O 与三个哨所 C_1, C_2, C_3, 图中两点连线旁的数字表示两地间架设线路所需的费用.(单位:万元)

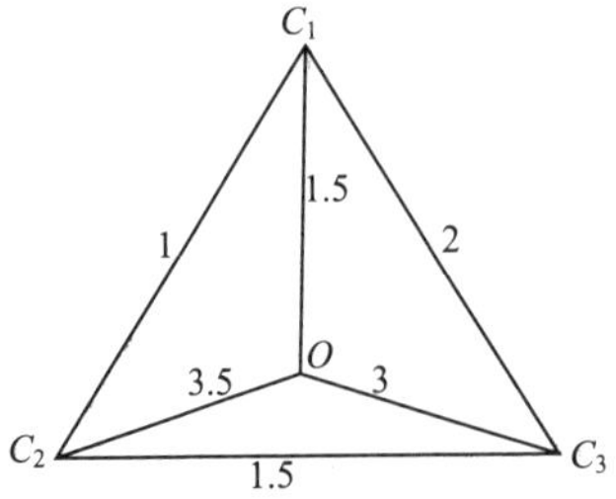

图 2-1

使用矩阵的形式给出有关建设费用的预算数

据就是

$$\boldsymbol{M}_{\mathrm{TV}}=\begin{bmatrix} 0 & 1.5 & 3.5 & 3 \\ 1.5 & 0 & 1 & 2 \\ 3.5 & 1 & 0 & 1.5 \\ 3 & 2 & 1.5 & 0 \end{bmatrix},$$

其中,第一行表示 O 与 O ,C_1, C_2, C_3 之间架设线路所需费用,第二行表示 C_1 与 O, C_1, C_2, C_3 之间架设线路所需费用,其余行的含义类似.

习　题　2.1

1. 矩阵 $\boldsymbol{A}=[a_{ij}]$,其中 $a_{ij}=i+j+1, i=1,2,3,4,5$; $j=1,2,3,4,5,6$. 写出矩阵 $\boldsymbol{A}$.

2. 编号为 1,2,3,4 的四个城市之间火车情况如图 2-2 所示(单箭头表示只有单向车,双箭头表示有双向车). 从第 i 个城市到第 j 个城市有火车直通就用 1 表示,否则用 0 表示. 试用矩阵表示出四个城市之间的交通情况(约定:每个城市到本城市无火车交通).

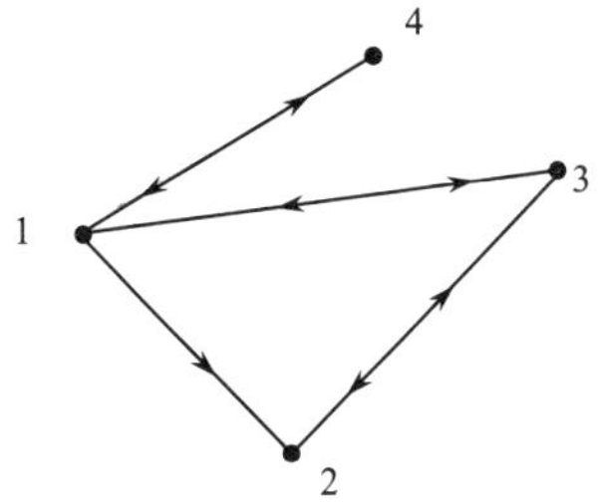

图 2-2

2.2　矩阵的运算

这一节将讨论矩阵的加法、乘法、转置及矩阵与数的乘法等运算,它们反映了矩阵之间的一些最基本关系.

2.2.1　矩阵的加法

定义 2.2　设 $\boldsymbol{A}=[a_{ij}]\in\mathbb{F}^{m\times n}$, $\boldsymbol{B}=[b_{ij}]\in\mathbb{F}^{m\times n}$, 矩阵 $\boldsymbol{A}$ 与 $\boldsymbol{B}$ 的和为$\mathbb{F}$上的 $m\times n$ 矩阵 $\boldsymbol{C}$,其中 $\boldsymbol{C}=[c_{ij}]$,$c_{ij}=a_{ij}+b_{ij}$,记为 $\boldsymbol{C}=\boldsymbol{A}+\boldsymbol{B}$.

$\boldsymbol{A}$ 与 $\boldsymbol{B}$ 的差定义为:$\boldsymbol{A}-\boldsymbol{B}=[a_{ij}-b_{ij}]_{m\times n}$. 显然有 $\boldsymbol{A}-\boldsymbol{B}=\boldsymbol{A}+(-\boldsymbol{B})$.

矩阵加法就是矩阵的对应元素相加,因此只有同型矩阵才能相加.

矩阵的加法具有下列基本性质:

(1) 交换律:$\boldsymbol{A}+\boldsymbol{B}=\boldsymbol{B}+\boldsymbol{A}$, $\forall\,\boldsymbol{A},\boldsymbol{B}\in\mathbb{F}^{m\times n}$;

(2) 结合律:$\boldsymbol{A}+(\boldsymbol{B}+\boldsymbol{C})=(\boldsymbol{A}+\boldsymbol{B})+\boldsymbol{C}$, $\forall\,\boldsymbol{A},\boldsymbol{B},\boldsymbol{C}\in\mathbb{F}^{m\times n}$;

(3) 零矩阵:$\boldsymbol{A}+\boldsymbol{O}=\boldsymbol{O}+\boldsymbol{A}=\boldsymbol{A}$, $\forall\,\boldsymbol{A}\in\mathbb{F}^{m\times n}$;

(4) 负矩阵:$\boldsymbol{A}+(-\boldsymbol{A})=(-\boldsymbol{A})+\boldsymbol{A}=\boldsymbol{O}$, $\forall\,\boldsymbol{A}\in\mathbb{F}^{m\times n}$.

2.2.2　矩阵与数的乘法

定义 2.3　设 $\boldsymbol{A}=[a_{ij}]_{m\times n}\in\mathbb{F}^{m\times n}$, $k\in\mathbb{F}$, 令 $b_{ij}=k\,a_{ij}$,其中 $i=1,2,\cdots,m$,

$j=1,2,\cdots,n$. 称 $m\times n$ 矩阵 $\boldsymbol{B}=[b_{ij}]_{m\times n}$ 为数 k 与矩阵 $\boldsymbol{A}$ 的**数量积**，记为 $\boldsymbol{B}=k\boldsymbol{A}$，简称**数乘**.

显然，任给 $\boldsymbol{A}\in\mathbb{F}^{m\times n}$ 有 $(-1)\boldsymbol{A}=-\boldsymbol{A}$；$0\boldsymbol{A}=\boldsymbol{O}$.

关于矩阵与数的乘法，有如下性质：

(5) $1\boldsymbol{A}=\boldsymbol{A},\forall\boldsymbol{A}\in\mathbb{F}^{m\times n}$；

(6) $k(l\boldsymbol{A})=(kl)\boldsymbol{A},\forall k,l\in\mathbb{F},\forall\boldsymbol{A}\in\mathbb{F}^{m\times n}$；

(7) $(k+l)\boldsymbol{A}=k\boldsymbol{A}+l\boldsymbol{A},\forall k,l\in\mathbb{F},\forall\boldsymbol{A}\in\mathbb{F}^{m\times n}$；

(8) $k(\boldsymbol{A}+\boldsymbol{B})=k\boldsymbol{A}+k\boldsymbol{B},\forall k\in\mathbb{F},\forall\boldsymbol{A},\boldsymbol{B}\in\mathbb{F}^{m\times n}$.

例 2.5　已知 $\boldsymbol{A}-3\boldsymbol{B}=4\boldsymbol{A}-\boldsymbol{C}$，其中

$$\boldsymbol{A}=\begin{bmatrix}1&-1\\0&2\\3&1\end{bmatrix},\quad\boldsymbol{B}=\begin{bmatrix}1&-1\\0&1\\-1&0\end{bmatrix},$$

求 $\boldsymbol{C}$.

解　由 $\boldsymbol{A}-3\boldsymbol{B}=4\boldsymbol{A}-\boldsymbol{C}$ 得 $\boldsymbol{C}=4\boldsymbol{A}-\boldsymbol{A}+3\boldsymbol{B}=3(\boldsymbol{A}+\boldsymbol{B})$，因此

$$\boldsymbol{C}=3(\boldsymbol{A}+\boldsymbol{B})=\begin{bmatrix}6&-6\\0&9\\6&3\end{bmatrix}.$$

2.2.3　矩阵乘法

定义 2.4　设 $\boldsymbol{A}=[a_{ij}]_{m\times p}$ 与 $\boldsymbol{B}=[b_{ij}]_{p\times n}$ 为数域$\mathbb{F}$上的两个矩阵. 令

$$c_{ij}=a_{i1}b_{1j}+a_{i2}b_{2j}+\cdots+a_{ip}b_{pj}=\sum_{k=1}^{p}a_{ik}b_{kj},\quad i=1,2,\cdots,m,j=1,2,\cdots,n.$$

称矩阵 $\boldsymbol{C}=[c_{ij}]_{m\times n}$ 为 $\boldsymbol{A}$ 与 $\boldsymbol{B}$ 的**积**，记为 $\boldsymbol{C}=\boldsymbol{AB}$.

由矩阵乘法定义知，必须要求 $\boldsymbol{A}$ 的列数与 $\boldsymbol{B}$ 的行数相等才能做乘法.

例 2.6　设 $\boldsymbol{A}=\begin{bmatrix}1&0&-1&1\\-1&1&3&0\\0&4&1&3\end{bmatrix}$，$\boldsymbol{B}=\begin{bmatrix}0&3&4\\1&2&1\\2&1&-1\\3&0&1\end{bmatrix}$，求 $\boldsymbol{AB}$.

解　$$\boldsymbol{AB}=\begin{bmatrix}1&0&-1&1\\-1&1&3&0\\0&4&1&3\end{bmatrix}\begin{bmatrix}0&3&4\\1&2&1\\2&1&-1\\3&0&1\end{bmatrix}=\begin{bmatrix}1&2&6\\7&2&-6\\15&9&6\end{bmatrix}.$$

例 2.7　设 $\boldsymbol{A}=[a_{ij}]_{m\times n}$ 为线性方程组(2.1)的系数矩阵，令

$$\boldsymbol{x}=\begin{bmatrix}x_1\\x_2\\\vdots\\x_n\end{bmatrix},\quad \boldsymbol{b}=\begin{bmatrix}b_1\\b_2\\\vdots\\b_m\end{bmatrix},$$

于是线性方程组(2.1)可表示为 $\boldsymbol{A}\boldsymbol{x}=\boldsymbol{b}$.

矩阵乘积有下面基本性质：

(9) 结合律：对矩阵 $\boldsymbol{A}_{m\times p},\boldsymbol{B}_{p\times q},\boldsymbol{C}_{q\times n}$ 有 $(\boldsymbol{AB})\boldsymbol{C}=\boldsymbol{A}(\boldsymbol{BC})$；

(10) 分配律：对矩阵 $\boldsymbol{A}_{m\times p},\boldsymbol{B}_{p\times n},\boldsymbol{C}_{p\times n},\boldsymbol{D}_{n\times s}$ 有

$$\boldsymbol{A}(\boldsymbol{B}+\boldsymbol{C})=\boldsymbol{AB}+\boldsymbol{AC},\ (\boldsymbol{B}+\boldsymbol{C})\boldsymbol{D}=\boldsymbol{BD}+\boldsymbol{CD};$$

(11) 设 $\boldsymbol{E}_m$ 为 m 阶单位矩阵，$\boldsymbol{E}_n$ 为 n 阶单位矩阵，对矩阵 $\boldsymbol{A}_{m\times n}$ 有

$$\boldsymbol{A}=\boldsymbol{E}_m\boldsymbol{A}=\boldsymbol{AE}_n,\quad k\boldsymbol{A}=(k\boldsymbol{E}_m)\boldsymbol{A}=\boldsymbol{A}(k\boldsymbol{E}_n).$$

下面只证明(9)，其余的请读者自证.

假设 $\boldsymbol{A}=[a_{ik}]_{m\times p}$，$\boldsymbol{B}=[b_{kt}]_{p\times q}$，$\boldsymbol{C}=[c_{tj}]_{q\times n}$，$\boldsymbol{AB}=[u_{it}]$，$\boldsymbol{BC}=[v_{kj}]$，$(\boldsymbol{AB})\boldsymbol{C}=[r_{ij}]$，$\boldsymbol{A}(\boldsymbol{BC})=[s_{ij}]$，那么对任意的 $i,j(1\leqslant i\leqslant m,1\leqslant j\leqslant n)$

$$\begin{aligned}r_{ij}&=\sum_{t=1}^{q}u_{it}c_{tj}=\sum_{t=1}^{q}\Big(\sum_{k=1}^{p}a_{ik}b_{kt}\Big)c_{tj}=\sum_{t=1}^{q}\sum_{k=1}^{p}a_{ik}b_{kt}c_{tj}\\&=\sum_{k=1}^{p}\sum_{t=1}^{q}a_{ik}(b_{kt}c_{tj})=\sum_{k=1}^{p}a_{ik}\sum_{t=1}^{q}b_{kt}c_{tj}=\sum_{k=1}^{p}a_{ik}v_{kj}=s_{ij}.\end{aligned}$$

矩阵的乘法与矩阵的加法不同，矩阵的乘法不适合交换律. 这是因为

(i) 矩阵乘积中要求第一个矩阵的列数等于第二个矩阵的行数，从而当 $\boldsymbol{AB}$ 有意义时，$\boldsymbol{BA}$ 未必有意义；

(ii) 即使 $\boldsymbol{AB},\boldsymbol{BA}$ 皆有意义，$\boldsymbol{AB}$ 与 $\boldsymbol{BA}$ 未必同型，从而未必相等；

(iii) 即使 $\boldsymbol{AB},\boldsymbol{BA}$ 皆有意义，且 $\boldsymbol{AB},\boldsymbol{BA}$ 还为同型矩阵(此时 $\boldsymbol{A},\boldsymbol{B}$ 必为同阶的方阵)，未必有 $\boldsymbol{AB}=\boldsymbol{BA}$. 例如

$$\boldsymbol{A}=\begin{bmatrix}-1&-1\\1&1\end{bmatrix},\quad \boldsymbol{B}=\begin{bmatrix}1&-1\\-1&1\end{bmatrix},$$

则 $\boldsymbol{AB}=\begin{bmatrix}0&0\\0&0\end{bmatrix}$，$\boldsymbol{BA}=\begin{bmatrix}-2&-2\\2&2\end{bmatrix}$，从而 $\boldsymbol{AB}\neq\boldsymbol{BA}$.

2.2.4 方阵的幂与方阵多项式

设 $\boldsymbol{A}\in\mathbb{F}^{n\times n}$，定义

$$\boldsymbol{A}^0=\boldsymbol{E}_n,\quad \boldsymbol{A}^1=\boldsymbol{A},\quad \boldsymbol{A}^{k+1}=\boldsymbol{A}^k\boldsymbol{A},\quad k=1,2,\cdots.$$

换句话说，$\boldsymbol{A}^k$ 即为 k 个 $\boldsymbol{A}$ 连乘. 由乘法的结合律，不难证明

(12) $\boldsymbol{A}^k\boldsymbol{A}^l=\boldsymbol{A}^{k+l}$;

(13) $(\boldsymbol{A}^k)^l=\boldsymbol{A}^{kl}$.

由于矩阵的乘法不满足交换律,一般地$(\boldsymbol{AB})^k\neq\boldsymbol{A}^k\boldsymbol{B}^k$.

设 $p(x)=a_nx^n+\cdots+a_1x+a_0$ 为数域$\mathbb{F}$上的一元多项式,其中 $a_n,\cdots,a_1,a_0$ 均为数. 称 $a_n\boldsymbol{A}^n+a_{n-1}\boldsymbol{A}^{n-1}+\cdots+a_1\boldsymbol{A}+a_0\boldsymbol{E}$ 为**方阵 $\boldsymbol{A}$ 的多项式**,并记为 $p(\boldsymbol{A})$. 关于方阵 $\boldsymbol{A}$ 的多项式,显然有

(14) 设 $f(x)$是一元多项式,若 $f(x)=g(x)h(x)$,其中 $g(x),h(x)$也是一元多项式,则 $f(\boldsymbol{A})=g(\boldsymbol{A})h(\boldsymbol{A})$.

例 2.8 设 $A=\begin{bmatrix}1&2\\0&3\end{bmatrix}$,计算 $\boldsymbol{A}^2,\boldsymbol{A}^3,\boldsymbol{A}^n,\boldsymbol{A}^4-3\boldsymbol{A}^2+\boldsymbol{A}-2\boldsymbol{E}$.

解

$$\boldsymbol{A}^2=\boldsymbol{AA}=\begin{bmatrix}1&2\\0&3\end{bmatrix}\begin{bmatrix}1&2\\0&3\end{bmatrix}=\begin{bmatrix}1&8\\0&9\end{bmatrix}=\begin{bmatrix}1&3^2-1\\0&3^2\end{bmatrix},$$

$$\boldsymbol{A}^3=\boldsymbol{A}^2\boldsymbol{A}=\begin{bmatrix}1&8\\0&9\end{bmatrix}\begin{bmatrix}1&2\\0&3\end{bmatrix}=\begin{bmatrix}1&26\\0&27\end{bmatrix}=\begin{bmatrix}1&3^3-1\\0&3^3\end{bmatrix}.$$

根据 $\boldsymbol{A}^2$ 与 $\boldsymbol{A}^3$,猜想

$$\boldsymbol{A}^n=\begin{bmatrix}1&3^n-1\\0&3^n\end{bmatrix}.$$

当 $n=1$ 时,公式显然成立.

当 $n>1$ 时,设公式对 $n-1$ 成立,则

$$\boldsymbol{A}^n=\boldsymbol{A}^{n-1}\boldsymbol{A}=\begin{bmatrix}1&3^{n-1}-1\\0&3^{n-1}\end{bmatrix}\begin{bmatrix}1&2\\0&3\end{bmatrix}=\begin{bmatrix}1&3^n-1\\0&3^n\end{bmatrix},$$

因此,$\boldsymbol{A}^n=\begin{bmatrix}1&3^n-1\\0&3^n\end{bmatrix}$恒成立.

最后得

$$\boldsymbol{A}^4-3\boldsymbol{A}^2+\boldsymbol{A}-2\boldsymbol{E}=\begin{bmatrix}1&3^4-1\\0&3^4\end{bmatrix}-3\begin{bmatrix}1&8\\0&9\end{bmatrix}+\begin{bmatrix}1&2\\0&3\end{bmatrix}-2\begin{bmatrix}1&0\\0&1\end{bmatrix}$$

$$=\begin{bmatrix}1-3+1-2&3^4-1-24+2-0\\0&3^4-27+3-2\end{bmatrix}=\begin{bmatrix}-3&58\\0&53\end{bmatrix}.$$

设 $\boldsymbol{A},\boldsymbol{B}$ 是同阶方阵,若 $\boldsymbol{AB}=\boldsymbol{BA}$,利用二项式定理有

$$(\boldsymbol{A}+\boldsymbol{B})^n=\sum_{k=0}^{n}\mathrm{C}_n^k\boldsymbol{A}^{n-k}\boldsymbol{B}^k,$$

其中 C_n^k 为二项式系数

$$C_n^0=1,\ C_n^k=\frac{n\cdot(n-1)\cdot\cdots\cdot(n-k+1)}{k\cdot(k-1)\cdot\cdots\cdot 2\cdot 1},\ k=1,2,\cdots,n.$$

例 2.9 计算$\begin{bmatrix}3&1\\0&3\end{bmatrix}^n$.

解 令 $\boldsymbol{A}=\begin{bmatrix}3&0\\0&3\end{bmatrix}$,$\boldsymbol{B}=\begin{bmatrix}0&1\\0&0\end{bmatrix}$,则 $\boldsymbol{AB}=\boldsymbol{BA}$,于是

$$\begin{bmatrix}3&1\\0&3\end{bmatrix}^n=(\boldsymbol{A}+\boldsymbol{B})^n=\sum_{k=0}^{n}C_n^k\boldsymbol{A}^{n-k}\boldsymbol{B}^k$$
$$=C_n^0\boldsymbol{A}^n\boldsymbol{B}^0+C_n^1\boldsymbol{A}^{n-1}\boldsymbol{B}+C_n^2\boldsymbol{A}^{n-2}\boldsymbol{B}^2+\cdots+C_n^n\boldsymbol{A}^0\boldsymbol{B}^n.$$

因为 $\boldsymbol{B}^2=\boldsymbol{O}$,从而 $\boldsymbol{B}^k=\boldsymbol{O}(k\geqslant 2)$,所以

$$\begin{bmatrix}3&1\\0&3\end{bmatrix}^n=\boldsymbol{A}^n+n\boldsymbol{A}^{n-1}\begin{bmatrix}0&1\\0&0\end{bmatrix}=\begin{bmatrix}3^n&0\\0&3^n\end{bmatrix}+\begin{bmatrix}n3^{n-1}&0\\0&n3^{n-1}\end{bmatrix}\begin{bmatrix}0&1\\0&0\end{bmatrix}$$
$$=\begin{bmatrix}3^n&0\\0&3^n\end{bmatrix}+\begin{bmatrix}0&n3^{n-1}\\0&0\end{bmatrix}=\begin{bmatrix}3^n&n3^{n-1}\\0&3^n\end{bmatrix}.$$

2.2.5 矩阵的转置

定义 2.5 设 $\boldsymbol{A}$ 是形如(2.2)的 $m\times n$ 矩阵,把 $\boldsymbol{A}$ 的所有元素行列互换,得到 $n\times m$矩阵

$$\begin{bmatrix}a_{11}&a_{21}&\cdots&a_{m1}\\a_{12}&a_{22}&\cdots&a_{m2}\\\vdots&\vdots&&\vdots\\a_{1n}&a_{2n}&\cdots&a_{mn}\end{bmatrix},$$

称之为 $\boldsymbol{A}$ 的**转置矩阵**,简称为 $\boldsymbol{A}$ 的**转置**,记为 $\boldsymbol{A}^{\mathrm{T}}$.

设 $\boldsymbol{A}=[a_{ij}]_{m\times n}$,$\boldsymbol{A}^{\mathrm{T}}=[b_{kl}]_{n\times m}$,则有 $b_{kl}=a_{lk}$.

矩阵的转置具有如下运算性质:

(15) $(\boldsymbol{A}^{\mathrm{T}})^{\mathrm{T}}=\boldsymbol{A}$;

(16) $(\boldsymbol{A}+\boldsymbol{B})^{\mathrm{T}}=\boldsymbol{A}^{\mathrm{T}}+\boldsymbol{B}^{\mathrm{T}}$;

(17) $(k\boldsymbol{A})^{\mathrm{T}}=k\boldsymbol{A}^{\mathrm{T}}$;

(18) $(\boldsymbol{A}\boldsymbol{B})^{\mathrm{T}}=\boldsymbol{B}^{\mathrm{T}}\boldsymbol{A}^{\mathrm{T}}$.

下面只证明(18),其余的请读者自证.

假设 $\boldsymbol{A}=[a_{ij}]_{m\times s}$,$\boldsymbol{B}=[b_{ij}]_{s\times n}$,$\boldsymbol{AB}=\boldsymbol{C}=[c_{ij}]_{m\times n}$,$\boldsymbol{B}^{\mathrm{T}}\boldsymbol{A}^{\mathrm{T}}=\boldsymbol{D}=[d_{ij}]_{n\times m}$,那么

$$c_{ji}=\sum_{k=1}^{s}a_{jk}b_{ki},\quad d_{ij}=\sum_{k=1}^{s}b_{ki}a_{jk}.$$

因此 $d_{ij}=c_{ji}$，$\boldsymbol{D}=\boldsymbol{C}^{\mathrm{T}}$，$(\boldsymbol{A}\,\boldsymbol{B})^{\mathrm{T}}=\boldsymbol{B}^{\mathrm{T}}\boldsymbol{A}^{\mathrm{T}}$.

设 $\boldsymbol{A}$ 为 n 阶方阵，如果 $\boldsymbol{A}^{\mathrm{T}}=\boldsymbol{A}$，即 $a_{ij}=a_{ji}(i,j=1,2,\cdots,n)$，那么称 $\boldsymbol{A}$ 为**对称矩阵**. 对称矩阵的特点是：它的元素以主对角线为对称轴对应相等.

设 $\boldsymbol{A}$ 为 n 阶方阵，如果 $\boldsymbol{A}^{\mathrm{T}}=-\boldsymbol{A}$，即 $a_{ij}=-a_{ji}(i,j=1,2,\cdots,n)$. 那么称 $\boldsymbol{A}$ 为**反对称矩阵**. 反对称矩阵的特点是：它的元素以主对角线为对称轴对应为相反数，特别有主对角线上元素为 0.

例 2.10　设 $\boldsymbol{A}$，$\boldsymbol{B}$ 为同阶方阵，则 $\boldsymbol{A}\boldsymbol{B}^{\mathrm{T}}+\boldsymbol{B}\boldsymbol{A}^{\mathrm{T}}$ 是对称矩阵.

证

$$\begin{aligned}(\boldsymbol{A}\boldsymbol{B}^{\mathrm{T}}+\boldsymbol{B}\boldsymbol{A}^{\mathrm{T}})^{\mathrm{T}}&=(\boldsymbol{A}\boldsymbol{B}^{\mathrm{T}})^{\mathrm{T}}+(\boldsymbol{B}\boldsymbol{A}^{\mathrm{T}})^{\mathrm{T}}=(\boldsymbol{B}^{\mathrm{T}})^{\mathrm{T}}\boldsymbol{A}^{\mathrm{T}}+(\boldsymbol{A}^{\mathrm{T}})^{\mathrm{T}}\boldsymbol{B}^{\mathrm{T}}\\&=\boldsymbol{B}\boldsymbol{A}^{\mathrm{T}}+\boldsymbol{A}\boldsymbol{B}^{\mathrm{T}}=\boldsymbol{A}\boldsymbol{B}^{\mathrm{T}}+\boldsymbol{B}\boldsymbol{A}^{\mathrm{T}}.\end{aligned}$$

例 2.11　由于工作需要，上级要调查某部队的三个部门：司(1)，政(2)，后(3)彼此之间对工作成效的认可情况，其中括号中的 1，2，3 表示对该部门的编号. 令

$$a_{ij}=\begin{cases}1, & \text{部门 } i \text{ 对部门 } j \text{ 满意},\\ 0, & \text{否则},\end{cases}\qquad i,\ j=1,\ 2,\ 3.$$

同时规定 $a_{11}=a_{22}=a_{33}=1$，因为每个部门总是认为自己的工作成效是满意的. 则矩阵

$$\boldsymbol{A}=\begin{bmatrix}a_{11} & a_{12} & a_{13}\\ a_{21} & a_{22} & a_{23}\\ a_{31} & a_{32} & a_{33}\end{bmatrix}$$

可全面反映出调查结果. 考察矩阵 $\boldsymbol{A}\boldsymbol{A}^{\mathrm{T}}=\boldsymbol{B}=[b_{ij}]_{3\times 3}$，则有

$$b_{ij}=a_{i1}a_{j1}+a_{i2}a_{j2}+a_{i3}a_{j3},\quad i,j=1,2,3.$$

于是 $\boldsymbol{B}$ 中的对角线元 b_{11}，b_{22}，b_{33} 分别表示司、政、后这三个部门各自所满意的部门数目. $\boldsymbol{B}$ 中非对角线元 $b_{ij}(i\neq j)$ 表示同时被部门 i 与部门 j 满意的部门数目. 如 b_{12}，因 $b_{12}=a_{11}a_{21}+a_{12}a_{22}+a_{13}a_{23}$，而 $a_{11}a_{21}=1$ 等价于部门 1 同时被部门 1 和部门 2 所满意，同理 $a_{12}\,a_{22}=1$ 等价于部门 2 要同时被部门 1 和部门 2 所满意；当然 $a_{13}\,a_{23}=1$ 等价于部门 3 同时被部门 1 和部门 2 所满意.

因此，b_{12} 表示同时被司令部与政治部满意的部门的数目.

2.2.6　方阵的行列式

定义 2.6　由 n 阶方阵 $\boldsymbol{A}=[a_{ij}]$ 的元素所构成的行列式(各元素的位置不变)称为**方阵 $\boldsymbol{A}$ 的行列式**，记为 $\det\boldsymbol{A}$，$|\boldsymbol{A}|$ 或 $\det[a_{ij}]$.

应该注意的是方阵是一个数表，而行列式是一个数.

设 $\boldsymbol{A}$，$\boldsymbol{B}$ 是 n 阶方阵，λ 是数. 方阵的行列式具有下面的运算性质：

(19) $|\boldsymbol{A}^{\mathrm{T}}|=|\boldsymbol{A}|$；

(20) $|\lambda \boldsymbol{A}|=\lambda^n|\boldsymbol{A}|$；

(21) $|\boldsymbol{AB}|=|\boldsymbol{A}||\boldsymbol{B}|$.

应当注意的是：对于同阶方阵 $\boldsymbol{A},\boldsymbol{B}$，$\boldsymbol{AB}$ 一般不等于 $\boldsymbol{BA}$，但是 $|\boldsymbol{AB}|=|\boldsymbol{A}||\boldsymbol{B}|=|\boldsymbol{BA}|$.

* 在这一节的最后，介绍数学软件 Mathematica 做矩阵运算的基本命令.

输入

```
A = {{1,3,1},{-1,2,1},{1,1,0}};
B = {{2,1,1},{0,2,1},{1,4,3}};
A + B
2A
A.B
Transpose[A]或 Transpose@A
MatrixPower[A,5]
```

输出

```
{{3,4,2},{-1,4,2},{2,5,3}}
{{2,6,2},{-2,4,2},{2,2,0}}
{{3,11,7},{-1,7,4},{2,3,2}}
{{1,-1,1},{3,2,1},{1,1,0}}
{{-35,17,11},{5,-32,-13},{-21,19,10}}
```

习　题　2.2

1. 设 $\boldsymbol{AB}=\boldsymbol{BA}$，$\boldsymbol{AC}=\boldsymbol{CA}$. 证明 $\boldsymbol{A}(\boldsymbol{B}+\boldsymbol{C})=(\boldsymbol{B}+\boldsymbol{C})\boldsymbol{A}$.

2. 已知 $\boldsymbol{A}-3\boldsymbol{B}=4\boldsymbol{A}+\boldsymbol{C}$，其中 $\boldsymbol{A}=\begin{bmatrix}1&3\\1&2\\-1&3\end{bmatrix}$，$\boldsymbol{C}=\begin{bmatrix}0&1\\-1&-2\\\pi&0\end{bmatrix}$，求 $\boldsymbol{B}$.

3. 已知 $\begin{bmatrix}x+2y&0\\-4&x-y\end{bmatrix}=\begin{bmatrix}9&0\\-4&-2\end{bmatrix}$，求 x,y.

4. 计算

(1) $(x_1,x_2,x_3)\begin{bmatrix}a_{11}&a_{12}&a_{13}\\a_{21}&a_{22}&a_{23}\\a_{31}&a_{32}&a_{33}\end{bmatrix}\begin{bmatrix}x_1\\x_2\\x_3\end{bmatrix}$；　(2) $\begin{bmatrix}\cos\alpha&-\sin\alpha\\\sin\alpha&\cos\alpha\end{bmatrix}^n$；

(3) $\begin{bmatrix}0&1&0\\0&0&1\\0&0&0\end{bmatrix}^n$；　(4) $\begin{bmatrix}0&0&\lambda_1\\0&\lambda_2&0\\\lambda_3&0&0\end{bmatrix}^n$；

(5) $(2,0,3)\begin{bmatrix}2\\4\\6\end{bmatrix}$；　(6) $\begin{bmatrix}2\\4\\6\end{bmatrix}(2,0,3)$.

5. 设 $f(\lambda)=\lambda^2-\lambda-1$, $\boldsymbol{A}=\begin{bmatrix}1&2&1\\2&1&1\\3&3&1\end{bmatrix}$, 求 $f(\boldsymbol{A})$.

6. 已知 $\boldsymbol{A}=\begin{bmatrix}1&0&-2\\0&4&-1\\3&2&0\end{bmatrix}$, $\boldsymbol{B}=\begin{bmatrix}0&1&5\\7&2&-1\\6&-1&3\end{bmatrix}$, 求满足 $-3\boldsymbol{A}+\boldsymbol{B}+2\boldsymbol{X}=\boldsymbol{O}$ 的矩阵 $\boldsymbol{X}$.

7. 设 $\boldsymbol{AX}=\boldsymbol{B}$, $\boldsymbol{CA}=\boldsymbol{E}$, 其中 $\boldsymbol{C}=\begin{bmatrix}1&-1&0\\0&1&-1\\0&0&1\end{bmatrix}$, $\boldsymbol{B}=\begin{bmatrix}1&1\\1&1\\1&1\end{bmatrix}$, 求 $\boldsymbol{X}$.

8. 证明矩阵乘法的分配律.

9. 设 $\boldsymbol{A}$, $\boldsymbol{B}$ 是同阶方阵, 证明 $(\boldsymbol{A}+\boldsymbol{B})^2=\boldsymbol{A}^2+2\boldsymbol{AB}+\boldsymbol{B}^2$ 的充分必要条件是 $\boldsymbol{AB}=\boldsymbol{BA}$.

10. 设 $\boldsymbol{A}$ 是一个 $m\times n$ 矩阵, 则 $\boldsymbol{A}^{\mathrm{T}}\boldsymbol{A}$ 与 $\boldsymbol{AA}^{\mathrm{T}}$ 都是对称矩阵.

11. 设 $\boldsymbol{A}$, $\boldsymbol{B}$ 都是 n 阶对称矩阵, 证明 $\boldsymbol{AB}$ 是对称矩阵的充分必要条件是 $\boldsymbol{AB}=\boldsymbol{BA}$.

12. 设 $\boldsymbol{A}=[a_{ij}]_{n\times n}$, 定义 $\boldsymbol{A}$ 的**迹** $\mathrm{tr}\boldsymbol{A}$ 为: $\mathrm{tr}\boldsymbol{A}=a_{11}+a_{22}+\cdots+a_{nn}$. 证明: 任意 $m\times n$ 矩阵 $\boldsymbol{B}$ 和任意 $n\times m$ 矩阵 $\boldsymbol{C}$, 均有 $\mathrm{tr}(\boldsymbol{BC})=\mathrm{tr}(\boldsymbol{CB})$ (提示: 按照定义).

13. 设 $\boldsymbol{A}$, $\boldsymbol{B}$ 为任意两个 n 阶方阵, 证明 $\boldsymbol{AB}-\boldsymbol{BA}\neq\boldsymbol{E}_n$ (提示: 利用第 12 题).

14. 已知 $\boldsymbol{A}=\begin{bmatrix}17&-6\\35&-12\end{bmatrix}=\begin{bmatrix}2&3\\5&7\end{bmatrix}\begin{bmatrix}2&0\\0&3\end{bmatrix}\begin{bmatrix}-7&3\\5&-2\end{bmatrix}$, 求 $\boldsymbol{A}^{10}$.

(提示: $\begin{bmatrix}-7&3\\5&-2\end{bmatrix}\begin{bmatrix}2&3\\5&7\end{bmatrix}=\boldsymbol{E}$).

15. 已知 $\boldsymbol{\alpha}=(1,2,3)^{\mathrm{T}}$, $\boldsymbol{\beta}=\left(1,\frac{1}{2},\frac{1}{3}\right)^{\mathrm{T}}$, 设 $\boldsymbol{A}=\boldsymbol{\alpha\beta}^{\mathrm{T}}$, 求 $\boldsymbol{A}^m$.

(提示: $(\boldsymbol{\alpha\beta}^{\mathrm{T}})^m=\boldsymbol{\alpha}(\boldsymbol{\beta}^{\mathrm{T}}\boldsymbol{\alpha})(\boldsymbol{\beta}^{\mathrm{T}}\boldsymbol{\alpha})(\boldsymbol{\beta}^{\mathrm{T}}\cdots\boldsymbol{\alpha})\boldsymbol{\beta}^{\mathrm{T}}=\boldsymbol{\alpha}(\boldsymbol{\beta}^{\mathrm{T}}\boldsymbol{\alpha})^{m-1}\boldsymbol{\beta}^{\mathrm{T}}$, 而 $\boldsymbol{\beta}^{\mathrm{T}}\boldsymbol{\alpha}=3$).

16. 证明任意一个 n 阶方阵都可以表示为一个对称矩阵与一个反对称矩阵之和.

(提示: $\boldsymbol{A}=\frac{\boldsymbol{A}+\boldsymbol{A}^{\mathrm{T}}}{2}+\frac{\boldsymbol{A}-\boldsymbol{A}^{\mathrm{T}}}{2}$).

2.3　可 逆 矩 阵

2.2 节介绍了矩阵的相加、相减、乘法、转置等运算. 这一节介绍矩阵的逆.

定义 2.7　设 $\boldsymbol{A}$ 是 n 阶方阵, 若存在 n 阶方阵 $\boldsymbol{M}$. 使得 $\boldsymbol{MA}=\boldsymbol{AM}=\boldsymbol{E}$, 则称 $\boldsymbol{A}$ 是**可逆**的, 且称 $\boldsymbol{M}$ 为 $\boldsymbol{A}$ 的**逆矩阵**或矩阵 $\boldsymbol{A}$ 的**逆**.

矩阵的逆具有下列基本性质:

(1) 若 $\boldsymbol{A}$ 可逆, 则 $\boldsymbol{A}$ 的逆矩阵唯一, 记 $\boldsymbol{A}$ 的逆矩阵为 $\boldsymbol{A}^{-1}$;

(2) 若 $\boldsymbol{A}$ 可逆, 则 $\boldsymbol{A}$ 的逆矩阵 $\boldsymbol{A}^{-1}$ 也可逆, 且 $(\boldsymbol{A}^{-1})^{-1}=\boldsymbol{A}$;

(3) 若 $\boldsymbol{A}$ 可逆, 则 $\boldsymbol{A}^{\mathrm{T}}$ 也可逆, 且 $(\boldsymbol{A}^{\mathrm{T}})^{-1}=(\boldsymbol{A}^{-1})^{\mathrm{T}}$;

(4) 若 $\boldsymbol{A}$ 与 $\boldsymbol{B}$ 是同阶的可逆矩阵, 则 $\boldsymbol{AB}$ 也可逆, 且 $(\boldsymbol{AB})^{-1}=\boldsymbol{B}^{-1}\boldsymbol{A}^{-1}$.

只证(1), 其他按照定义很容易验证.

假设存在方阵 $\boldsymbol{B}$ 与 $\boldsymbol{C}$ 使得 $\boldsymbol{AB}=\boldsymbol{BA}=\boldsymbol{E},\boldsymbol{AC}=\boldsymbol{CA}=\boldsymbol{E}$，那么

$$\boldsymbol{B}=\boldsymbol{BE}=\boldsymbol{B}(\boldsymbol{AC})=(\boldsymbol{BA})\boldsymbol{C}=\boldsymbol{EC}=\boldsymbol{C}.$$

注意可逆矩阵一定是方阵，但方阵未必都可逆，如矩阵 $\boldsymbol{O}_{n\times n}$ 不可逆.

定义 2.8 设 $\boldsymbol{A}$ 为 n 阶方阵，$\boldsymbol{A}=[a_{ij}]_{n\times n}$，令 A_{ij} 为 $\boldsymbol{A}$ 的行列式中元素 a_{ij} 的代数余子式. 称矩阵 $[A_{ij}]_{n\times n}$ 的转置矩阵为 $\boldsymbol{A}$ 的**伴随矩阵**，记为 $\boldsymbol{A}^*$，即

$$\boldsymbol{A}^*=\begin{bmatrix} A_{11} & A_{21} & \cdots & A_{n1} \\ A_{12} & A_{22} & \cdots & A_{n2} \\ \vdots & \vdots & & \vdots \\ A_{1n} & A_{2n} & \cdots & A_{nn} \end{bmatrix}.$$

例 2.12 设 $\boldsymbol{A}=\begin{bmatrix} 1 & 2 \\ 0 & 5 \end{bmatrix}$，则 $\boldsymbol{A}^*=\begin{bmatrix} 5 & -2 \\ 0 & 1 \end{bmatrix}$，其中 $\boldsymbol{A}^*$ 中的元素 -2 是 $\boldsymbol{A}$ 中元素 0 的代数余子式.

定理 2.1 设 $\boldsymbol{A}$ 为 n 阶方阵，则有 $\boldsymbol{A}^*\cdot\boldsymbol{A}=\boldsymbol{A}\cdot\boldsymbol{A}^*=|\boldsymbol{A}|\boldsymbol{E}$. 进一步，$\boldsymbol{A}$ 为可逆矩阵当且仅当 $|\boldsymbol{A}|\neq 0$.

证 设 $\boldsymbol{A}=\begin{bmatrix} a_{11} & a_{12} & \cdots & a_{1n} \\ a_{21} & a_{22} & \cdots & a_{2n} \\ \vdots & \vdots & & \vdots \\ a_{n1} & a_{n2} & \cdots & a_{nn} \end{bmatrix}$，则 $\boldsymbol{A}^*=\begin{bmatrix} A_{11} & A_{21} & \cdots & A_{n1} \\ A_{12} & A_{22} & \cdots & A_{n2} \\ \vdots & \vdots & & \vdots \\ A_{1n} & A_{2n} & \cdots & A_{nn} \end{bmatrix}$，其中 A_{ij} 为 $\boldsymbol{A}$ 的行列式中元素 a_{ij} 的代数余子式，由行列式按一行(列)展开的公式知

$$\boldsymbol{AA}^*=\boldsymbol{A}^*\boldsymbol{A}=\begin{bmatrix} |\boldsymbol{A}| & & & \\ & |\boldsymbol{A}| & & \\ & & \ddots & \\ & & & |\boldsymbol{A}| \end{bmatrix}=|\boldsymbol{A}|\boldsymbol{E},$$

因此，若 $|\boldsymbol{A}|\neq 0$ 时，则 $\boldsymbol{A}\left(\dfrac{1}{|\boldsymbol{A}|}\boldsymbol{A}^*\right)=\left(\dfrac{1}{|\boldsymbol{A}|}\boldsymbol{A}^*\right)\boldsymbol{A}=\boldsymbol{E}$，故 $\boldsymbol{A}$ 为可逆矩阵且 $\boldsymbol{A}^{-1}=\dfrac{1}{|\boldsymbol{A}|}\boldsymbol{A}^*$. 反之，若 $\boldsymbol{A}$ 可逆，则存在 $\boldsymbol{M}$ 使得 $\boldsymbol{AM}=\boldsymbol{E}$，于是 $|\boldsymbol{A}|\cdot|\boldsymbol{M}|=1$，$|\boldsymbol{A}|\neq 0$.

行列式为 0 的方阵称为**奇异矩阵**，行列式不为 0 的方阵称为**非奇异矩阵**. 因此方阵可逆与方阵非奇异是等价的.

定理 2.2 $\boldsymbol{A}$ 为 n 阶方阵，若存在 n 阶方阵 $\boldsymbol{M}$，使得 $\boldsymbol{AM}=\boldsymbol{E}$ 或 $\boldsymbol{MA}=\boldsymbol{E}$，则 $\boldsymbol{A}$ 可逆，且 $\boldsymbol{A}$ 的逆即为 $\boldsymbol{M}$.

证 若 $\boldsymbol{AM}=\boldsymbol{E}$，则有 $|\boldsymbol{A}|\cdot|\boldsymbol{M}|=1$，从而 $|\boldsymbol{A}|\neq 0$，故 $\boldsymbol{A}$ 可逆. 对 $\boldsymbol{AM}=\boldsymbol{E}$ 两边同时左乘以 $\boldsymbol{A}^{-1}$，于是得 $\boldsymbol{M}=\boldsymbol{A}^{-1}$.

定理 2.1 实际上同时提供了一个求矩阵逆的具体方法，称之为**伴随矩阵法**.

它由如下三步组成：

(1) 计算 $\boldsymbol{A}=[a_{ij}]$的行列式$|\boldsymbol{A}|$；

(2) 若$|\boldsymbol{A}|=0$,则 $\boldsymbol{A}$ 不可逆；

(3) 若$|\boldsymbol{A}|\neq0$,求出每个 a_{ij} 的代数余子式A_{ij},得到$\boldsymbol{A}^*$,$\frac{1}{|\boldsymbol{A}|}\boldsymbol{A}^*$即为矩阵 $\boldsymbol{A}$ 的逆.

例 2.13　求矩阵 $\boldsymbol{A}$ 的逆矩阵

$$\boldsymbol{A}=\begin{bmatrix}3 & -1 & 0\\ -2 & 1 & 1\\ 2 & 1 & 4\end{bmatrix}.$$

解　(1) $|\boldsymbol{A}|=3\cdot A_{11}+(-1)A_{12}=9+(-1)\cdot 10=-1\neq0$,$\boldsymbol{A}$ 可逆.

(2) $A_{11}=(-1)^{1+1}\cdot 3=3$,$A_{12}=(-1)^{1+2}\cdot(-10)=10$,$A_{13}=(-1)^{1+3}\cdot(-4)=-4$,$A_{21}=(-1)^{2+1}\cdot(-4)=4$,$A_{22}=(-1)^{2+2}\cdot 3\cdot 4=12$,$A_{23}=(-1)^{2+3}\cdot 5=-5$,$A_{31}=(-1)^{3+1}\cdot(-1)=-1$,$A_{32}=(-1)^{3+2}\cdot 3=-3$,$A_{33}=(-1)^{3+3}\cdot 1=1$.

从而得 $\boldsymbol{A}^*=\begin{bmatrix}3 & 4 & -1\\ 10 & 12 & -3\\ -4 & -5 & 1\end{bmatrix}$.

(3) $\boldsymbol{A}^{-1}=\frac{1}{|\boldsymbol{A}|}\boldsymbol{A}^*=(-1)\cdot\boldsymbol{A}^*=\begin{bmatrix}-3 & -4 & 1\\ -10 & -12 & 3\\ 4 & 5 & -1\end{bmatrix}$.

例 2.14　设 $\boldsymbol{A}$ 为 n 阶方阵且满足 $\boldsymbol{A}^2-3\boldsymbol{A}+4\boldsymbol{E}=\boldsymbol{O}$. 证明:$\boldsymbol{A}+3\boldsymbol{E}$ 可逆并求$(\boldsymbol{A}+3\boldsymbol{E})^{-1}$.

解　因$(\boldsymbol{A}+3\boldsymbol{E})(\boldsymbol{A}-6\boldsymbol{E})=\boldsymbol{A}^2-3\boldsymbol{A}-18\boldsymbol{E}=-4\boldsymbol{E}-18\boldsymbol{E}=-22\boldsymbol{E}$,由此$(\boldsymbol{A}+3\boldsymbol{E})\left[\frac{1}{-22}(\boldsymbol{A}-6\boldsymbol{E})\right]=\boldsymbol{E}$,所以 $\boldsymbol{A}+3\boldsymbol{E}$ 可逆,且

$$(\boldsymbol{A}+3\boldsymbol{E})^{-1}=\left[\frac{1}{-22}(\boldsymbol{A}-6\boldsymbol{E})\right]=-\frac{1}{22}\boldsymbol{A}+\frac{6}{22}\boldsymbol{E}=\frac{3}{11}\boldsymbol{E}-\frac{1}{22}\boldsymbol{A}.$$

例 2.15　设矩阵 $\boldsymbol{X}$ 满足 $\boldsymbol{AX}=\boldsymbol{A}+2\boldsymbol{X}$,其中 $\boldsymbol{A}=\begin{bmatrix}4 & 2 & 3\\ 1 & 1 & 0\\ -1 & 2 & 3\end{bmatrix}$,求 $\boldsymbol{X}$.

解　由 $\boldsymbol{AX}=\boldsymbol{A}+2\boldsymbol{X}$ 得 $(\boldsymbol{A}-2\boldsymbol{E})\boldsymbol{X}=\boldsymbol{A}$,不难验证:$|\boldsymbol{A}-2\boldsymbol{E}|\neq0$,从而$(\boldsymbol{A}-2\boldsymbol{E})\boldsymbol{X}=\boldsymbol{A}$ 只有唯一解.

利用伴随矩阵法求得

$$(\boldsymbol{A}-2\boldsymbol{E})^{-1}=\begin{bmatrix}1&-4&-3\\1&-5&-3\\-1&6&4\end{bmatrix},$$

从而有

$$\boldsymbol{X}=(\boldsymbol{A}-2\boldsymbol{E})^{-1}\boldsymbol{A}=\begin{bmatrix}3&-8&-6\\2&-9&-6\\-2&12&9\end{bmatrix}.$$

习 题 2.3

1. 用伴随矩阵法求下列矩阵的逆矩阵

(1) $\begin{bmatrix}2&2&3\\1&-1&0\\-1&2&1\end{bmatrix}$；　(2) $\begin{bmatrix}1&2&3&4\\2&3&1&2\\1&1&1&-1\\1&0&-2&-6\end{bmatrix}$.

2. (1) 设方阵 $\boldsymbol{A}$ 满足 $\boldsymbol{A}^2+\boldsymbol{A}-8\boldsymbol{E}=\boldsymbol{O}$，证明 $\boldsymbol{A}-2\boldsymbol{E}$ 可逆；

(2) 对满足(1)中条件的 $\boldsymbol{A}$，设矩阵 $\boldsymbol{X}$ 与之具有关系

$$\boldsymbol{AX}+2(\boldsymbol{A}+3\boldsymbol{E})^{-1}\boldsymbol{A}=2\boldsymbol{X}+2\boldsymbol{E},$$

求 $\boldsymbol{X}$.

3. 解下列矩阵方程

$$\boldsymbol{X}\begin{bmatrix}1&2&-3\\3&2&-4\\2&-1&0\end{bmatrix}=\begin{bmatrix}1&-3&0\\10&2&7\\10&7&8\end{bmatrix}.$$

4. 试证明对于一个上三角矩阵 $\boldsymbol{A}$,$\boldsymbol{A}$ 可逆当且仅当 $\boldsymbol{A}$ 的对角线上的元素皆不为 0,且可逆上三角矩阵的逆矩阵还是上三角矩阵.

5. 设 $\boldsymbol{A}$ 是 n 阶可逆矩阵($n>2$),证明：$|\boldsymbol{A}^*|=|\boldsymbol{A}|^{n-1}$.

6. 设 n 阶方阵 $\boldsymbol{A}$,$\boldsymbol{B}$ 可逆,证明

(1) $(\boldsymbol{A}^{\mathrm{T}})^{-1}=(\boldsymbol{A}^{-1})^{\mathrm{T}}$；　(2) $((\boldsymbol{A}^*)^{\mathrm{T}})^{-1}=((\boldsymbol{A}^*)^{-1})^{\mathrm{T}}$；　(3) $(\boldsymbol{AB})^*=\boldsymbol{B}^*\boldsymbol{A}^*$.

7. 证明：如果可逆矩阵 $\boldsymbol{A}$ 的元素均为整数,则 $\boldsymbol{A}^{-1}$ 的元素均为整数当且仅当 $|\boldsymbol{A}|=\pm1$(提示：$\boldsymbol{A}$ 的元素均为整数,则 $|\boldsymbol{A}|$ 为整数).

8. 设 $\boldsymbol{A}$ 与 $\boldsymbol{B}$ 是同阶方阵,且 $\boldsymbol{A}$, $\boldsymbol{B}$, $\boldsymbol{A}+\boldsymbol{B}$ 均可逆. 证明 $\boldsymbol{A}^{-1}+\boldsymbol{B}^{-1}$ 可逆(提示：$\boldsymbol{A}^{-1}(\boldsymbol{A}+\boldsymbol{B})\boldsymbol{B}^{-1}=\boldsymbol{A}^{-1}+\boldsymbol{B}^{-1}$).

2.4 分块矩阵及其运算

把一个大型矩阵分成若干小块,构成一个分块矩阵,这是矩阵运算中的一个重要技巧,它可以把大型矩阵的运算化为若干小型矩阵的运算,使运算更为简明.

首先通过例子说明矩阵分块的基本思想及分块矩阵的运算.

例 2.16　已知五阶方阵

$$\boldsymbol{A}=\left[\begin{array}{cc:ccc} -2 & 1 & 1 & 0 & -1 \\ 1 & 2 & 2 & -4 & 0 \\ \hdashline 0 & 0 & 1 & 0 & 0 \\ 0 & 0 & 0 & 1 & 0 \\ 0 & 0 & 0 & 0 & 1 \end{array}\right].$$

在 $\boldsymbol{A}$ 的第 2 行与第 3 行之间、第 2 列与第 3 列之间各加一条水平虚线和垂直虚线,则 $\boldsymbol{A}$ 划分为 4 块,记

$$\begin{bmatrix} -2 & 1 \\ 1 & 2 \end{bmatrix}=\boldsymbol{A}_1,\quad \begin{bmatrix} 1 & 0 & -1 \\ 2 & -4 & 0 \end{bmatrix}=\boldsymbol{A}_2,$$

$$\begin{bmatrix} 0 & 0 \\ 0 & 0 \\ 0 & 0 \end{bmatrix}=\boldsymbol{A}_3,\quad \begin{bmatrix} 1 & 0 & 0 \\ 0 & 1 & 0 \\ 0 & 0 & 1 \end{bmatrix}=\boldsymbol{A}_4.$$

此时,$\boldsymbol{A}$ 可表示为

$$\boldsymbol{A}=\begin{bmatrix} \boldsymbol{A}_1 & \boldsymbol{A}_2 \\ \boldsymbol{A}_3 & \boldsymbol{A}_4 \end{bmatrix},$$

如果把小矩阵 $\boldsymbol{A}_1$, $\boldsymbol{A}_2$, $\boldsymbol{A}_3$, $\boldsymbol{A}_4$ 视为 4 个元素,则此时 $\boldsymbol{A}$ 可视为形式上的二阶方阵.

这一做法称为对 $\boldsymbol{A}$ 的**分块**,对应的形式矩阵即是分块矩阵. 一般地,有如下定义.

定义 2.9　对于一个 $m\times n$ 矩阵 $\boldsymbol{A}$,在 $\boldsymbol{A}$ 的行之间加入 $s-1$ 条横线($1\leqslant s\leqslant m$),在 $\boldsymbol{A}$ 的列之间加入 $t-1$ 条竖线($1\leqslant t\leqslant n$),则 $\boldsymbol{A}$ 被分成 $s\times t$ 个小矩阵,依次记为:$\boldsymbol{A}_{ij}$($i=1,2,\cdots,s$;$j=1,2,\cdots,t$). 此时 $\boldsymbol{A}$ 可写为

$$\boldsymbol{A}=\begin{bmatrix} \boldsymbol{A}_{11} & \boldsymbol{A}_{12} & \cdots & \boldsymbol{A}_{1t} \\ \boldsymbol{A}_{21} & \boldsymbol{A}_{22} & \cdots & \boldsymbol{A}_{2n} \\ \vdots & \vdots & & \vdots \\ \boldsymbol{A}_{s1} & \boldsymbol{A}_{s2} & \cdots & \boldsymbol{A}_{st} \end{bmatrix}.$$

把 $\boldsymbol{A}$ 视作以 $\boldsymbol{A}_{ij}$ 为元素的形式上的 $s\times t$ 矩阵,称之为**分块矩阵**,或称为**对 $\boldsymbol{A}$ 的分块**,每个小块 $\boldsymbol{A}_{ij}$ 称为 $\boldsymbol{A}$ 的**子块**.

常用的分块矩阵有以下几种形式.

(1) 按行分块

$$A=\begin{bmatrix} a_{11} & a_{12} & \cdots & a_{1n} \\ a_{21} & a_{22} & \cdots & a_{2n} \\ \vdots & \vdots & & \vdots \\ a_{m1} & a_{m2} & \cdots & a_{mn} \end{bmatrix}=\begin{bmatrix} A_1 \\ A_2 \\ \vdots \\ A_m \end{bmatrix},$$

其中，$A_i=[a_{i1} \quad a_{i2} \quad \cdots \quad a_{in}]$，$i=1,2,\cdots,m$；

(2) 按列分块

$$\begin{bmatrix} b_{11} & b_{12} & \cdots & b_{1n} \\ b_{21} & b_{22} & \cdots & b_{2n} \\ \vdots & \vdots & & \vdots \\ b_{m1} & b_{m2} & \cdots & b_{mn} \end{bmatrix}=[B_1 \quad B_2 \quad \cdots \quad B_n],$$

其中，$B_i=\begin{bmatrix} b_{1i} \\ b_{2i} \\ \vdots \\ b_{mi} \end{bmatrix}$，$i=1,2,\cdots,n$；

(3) 当 n 阶方阵 C 中非零元素都集合在主对角线附近，可以分块成如下分块矩阵：

$$C=\begin{bmatrix} C_1 & & & \\ & C_2 & & \\ & & \ddots & \\ & & & C_m \end{bmatrix},$$

其中，C_i 是 r_i 阶方阵，$i=1,2,\cdots,m$；$\sum_{i=1}^{m} r_i=n$. 称 C 为**准对角矩阵**.

例 2.17 矩阵

$$C=\left[\begin{array}{cc:ccc:c} 0 & \cos\theta & 0 & 0 & 0 & 0 \\ \sin\theta & 1 & 0 & 0 & 0 & 0 \\ \hdashline 0 & 0 & 1 & -1 & 0 & 0 \\ 0 & 0 & -1 & 1 & 3 & 0 \\ 0 & 0 & 0 & 2 & 1 & 0 \\ \hdashline 0 & 0 & 0 & 0 & 0 & 4 \end{array}\right]=\begin{bmatrix} C_1 & & \\ & C_2 & \\ & & C_3 \end{bmatrix},$$

其中

$$C_1 = \begin{bmatrix} 0 & \cos\theta \\ \sin\theta & 1 \end{bmatrix},\quad C_2 = \begin{bmatrix} 1 & -1 & 0 \\ -1 & 1 & 3 \\ 0 & 2 & 1 \end{bmatrix},\quad C_3 = [4].$$

下面介绍分块矩阵的运算.

1）分块矩阵的加法

设分块矩阵 $\boldsymbol{A}=[\boldsymbol{A}_{ij}]_{s\times t}$，$\boldsymbol{B}=[\boldsymbol{B}_{ij}]_{s\times t}$，若 $\boldsymbol{A}$ 与 $\boldsymbol{B}$ 对应的子块 $\boldsymbol{A}_{ij}$ 和 $\boldsymbol{B}_{ij}$ 都是同型矩阵，则有 $\boldsymbol{A}+\boldsymbol{B}=[\boldsymbol{A}_{ij}+\boldsymbol{B}_{ij}]_{s\times t}$. 这里 $\boldsymbol{A}_{ij}+\boldsymbol{B}_{ij}$ 是矩阵 $\boldsymbol{A}_{ij}$ 与矩阵 $\boldsymbol{B}_{ij}$ 的和. 例如

$$\begin{bmatrix} \boldsymbol{A}_{11} & \boldsymbol{A}_{12} \\ \boldsymbol{A}_{21} & \boldsymbol{A}_{22} \end{bmatrix} + \begin{bmatrix} \boldsymbol{B}_{11} & \boldsymbol{B}_{12} \\ \boldsymbol{B}_{21} & \boldsymbol{B}_{22} \end{bmatrix} = \begin{bmatrix} \boldsymbol{A}_{11}+\boldsymbol{B}_{11} & \boldsymbol{A}_{12}+\boldsymbol{B}_{12} \\ \boldsymbol{A}_{21}+\boldsymbol{B}_{21} & \boldsymbol{A}_{22}+\boldsymbol{B}_{22} \end{bmatrix},$$

其中，要求 $\boldsymbol{A}_{11}$ 与 $\boldsymbol{B}_{11}$，$\boldsymbol{A}_{12}$ 与 $\boldsymbol{B}_{12}$，$\boldsymbol{A}_{21}$ 与 $\boldsymbol{B}_{21}$，$\boldsymbol{A}_{22}$ 与 $\boldsymbol{B}_{22}$ 皆为同型矩阵.

2）分块矩阵的数量乘法

设分块矩阵 $\boldsymbol{A}=[\boldsymbol{A}_{ij}]_{s\times t}$，$k$ 是常数，则 $k\boldsymbol{A}=[k\boldsymbol{A}_{ij}]_{s\times t}$. 这里 $k\boldsymbol{A}_{ij}$ 是数 k 与 $\boldsymbol{A}_{ij}$ 的数量乘法. 由分块矩阵的加法与分块矩阵的数乘可得出分块矩阵的减法如下.

若分块矩阵 $\boldsymbol{A}=[\boldsymbol{A}_{ij}]_{s\times t}$ 与分块矩阵 $\boldsymbol{B}=[\boldsymbol{B}_{ij}]_{s\times t}$ 中对应的子块 $\boldsymbol{A}_{ij}$ 与 $\boldsymbol{B}_{ij}$ 都是同型矩阵，则有 $\boldsymbol{A}-\boldsymbol{B}=[\boldsymbol{A}_{ij}-\boldsymbol{B}_{ij}]_{s\times t}$，这里 $\boldsymbol{A}_{ij}-\boldsymbol{B}_{ij}$ 就是矩阵 $\boldsymbol{A}_{ij}$ 与 $\boldsymbol{B}_{ij}$ 的减法运算.

3）分块矩阵的乘法

设 $\boldsymbol{A}$ 是 $m\times n$ 矩阵，$\boldsymbol{B}$ 是 $n\times p$ 矩阵. 如果 $\boldsymbol{A}$ 分块为 $r\times s$ 分块矩阵 $[\boldsymbol{A}_{ij}]_{r\times s}$，$\boldsymbol{B}$ 分块为 $s\times t$ 分块矩阵 $[\boldsymbol{B}_{ij}]_{s\times t}$，且 $\boldsymbol{A}$ 的列的分块法和 $\boldsymbol{B}$ 的行的分块法完全相同，则

$$\boldsymbol{AB} = \begin{array}{c} \begin{matrix} (j_1\text{ 列}) & (j_2\text{ 列}) & \cdots & (j_s\text{ 列}) \end{matrix} \\ \begin{bmatrix} \boldsymbol{A}_{11} & \boldsymbol{A}_{12} & \cdots & \boldsymbol{A}_{1s} \\ \boldsymbol{A}_{21} & \boldsymbol{A}_{22} & \cdots & \boldsymbol{A}_{2s} \\ \vdots & \vdots & & \vdots \\ \boldsymbol{A}_{r1} & \boldsymbol{A}_{r2} & \cdots & \boldsymbol{A}_{rs} \end{bmatrix} \end{array} \cdot \begin{bmatrix} \boldsymbol{B}_{11} & \boldsymbol{B}_{12} & \cdots & \boldsymbol{B}_{1t} \\ \boldsymbol{B}_{21} & \boldsymbol{B}_{22} & \cdots & \boldsymbol{B}_{2t} \\ \vdots & \vdots & & \vdots \\ \boldsymbol{B}_{s1} & \boldsymbol{B}_{s2} & \cdots & \boldsymbol{B}_{st} \end{bmatrix} \begin{matrix} (j_1\text{ 行}) \\ (j_2\text{ 行}) \\ \vdots \\ (j_s\text{ 行}) \end{matrix} = [\boldsymbol{C}_{ij}]_{r\times t}$$

这里，$\boldsymbol{C}_{ij}=\boldsymbol{A}_{i1}\boldsymbol{B}_{1j}+\boldsymbol{A}_{i2}\boldsymbol{B}_{2j}+\cdots+\boldsymbol{A}_{is}\boldsymbol{B}_{sj}$，$\boldsymbol{A}_{il}\boldsymbol{B}_{lj}$ 是矩阵 $\boldsymbol{A}_{il}$ 与 $\boldsymbol{B}_{lj}$ 的积.

例 2.18　将矩阵 $\boldsymbol{A}$，$\boldsymbol{B}$ 分别进行分块，并用分块矩阵的乘法计算 $\boldsymbol{AB}$. 其中 $\boldsymbol{A}$，$\boldsymbol{B}$ 分别为

$$\boldsymbol{A} = \begin{bmatrix} 1 & 0 & 0 & 0 & 0 \\ 0 & 1 & 0 & 0 & 0 \\ 1 & 2 & 1 & 0 & 0 \\ -1 & 1 & 0 & 1 & 0 \\ 2 & 0 & 0 & 0 & 1 \end{bmatrix},\quad \boldsymbol{B} = \begin{bmatrix} 2 & 3 & 0 & 1 & 0 \\ 1 & 2 & 0 & 0 & 1 \\ -1 & 0 & 0 & 0 & 0 \\ 0 & -1 & 0 & 0 & 0 \\ 0 & 0 & -1 & 0 & 0 \end{bmatrix}.$$

解 由观察,将 $\boldsymbol{A}$ 分成如下 4 块阵

$$\boldsymbol{A}=\left[\begin{array}{cc:ccc}1&0&0&0&0\\0&1&0&0&0\\ \hdashline 1&2&1&0&0\\-1&1&0&1&0\\2&0&0&0&1\end{array}\right]=\begin{bmatrix}\boldsymbol{E}_2&\boldsymbol{O}\\\boldsymbol{A}_3&\boldsymbol{E}_3\end{bmatrix},$$

其中

$$\boldsymbol{A}_3=\begin{bmatrix}1&2\\-1&1\\2&0\end{bmatrix}.$$

依分块矩阵的乘法要求,$\boldsymbol{B}$ 的行的分法必须与 $\boldsymbol{A}$ 的列的分法相一致,而 $\boldsymbol{B}$ 的列可以任意分. 因此为计算方便,将 $\boldsymbol{B}$ 分块如下:

$$\boldsymbol{B}=\left[\begin{array}{ccc:cc}2&3&0&1&0\\1&2&0&0&1\\ \hdashline -1&0&0&0&0\\0&-1&0&0&0\\0&0&-1&0&0\end{array}\right]=\begin{bmatrix}\boldsymbol{B}_1&\boldsymbol{E}_2\\\boldsymbol{B}_3&\boldsymbol{O}\end{bmatrix},$$

其中

$$\boldsymbol{B}_1=\begin{bmatrix}2&3&0\\1&2&0\end{bmatrix},\quad \boldsymbol{B}_3=\begin{bmatrix}-1&0&0\\0&-1&0\\0&0&-1\end{bmatrix}.$$

于是

$$\boldsymbol{AB}=\begin{bmatrix}\boldsymbol{E}_2&\boldsymbol{O}\\\boldsymbol{A}_3&\boldsymbol{E}_3\end{bmatrix}\begin{bmatrix}\boldsymbol{B}_1&\boldsymbol{E}_2\\\boldsymbol{B}_3&\boldsymbol{O}\end{bmatrix}=\begin{bmatrix}\boldsymbol{B}_1&\boldsymbol{E}_2\\\boldsymbol{A}_3\boldsymbol{B}_1+\boldsymbol{B}_3&\boldsymbol{A}_3\end{bmatrix}=\begin{bmatrix}2&3&0&1&0\\1&2&0&0&1\\3&7&0&1&2\\-1&-2&0&-1&1\\4&6&-1&2&0\end{bmatrix}.$$

由具体验算可知,$\boldsymbol{AB}$ 直接相乘与分块相乘所得的结果是一致的.

例 2.19 把 n 阶方阵 $\boldsymbol{A}$ 与 $\boldsymbol{B}$ 分别按照行与列分块为

$$\boldsymbol{A}=\begin{bmatrix} a_{11} & a_{12} & \cdots & a_{1n} \\ a_{21} & a_{22} & \cdots & a_{2n} \\ \vdots & \vdots & & \vdots \\ a_{n1} & a_{n2} & \cdots & a_{nn} \end{bmatrix}=\begin{bmatrix} \boldsymbol{A}_1 \\ \boldsymbol{A}_2 \\ \vdots \\ \boldsymbol{A}_n \end{bmatrix},$$

$$\boldsymbol{B}=\begin{bmatrix} b_{11} & b_{12} & \cdots & b_{1n} \\ b_{21} & b_{22} & \cdots & b_{2n} \\ \vdots & \vdots & & \vdots \\ b_{n1} & b_{n2} & \cdots & b_{nn} \end{bmatrix}=[\boldsymbol{B}_1 \quad \boldsymbol{B}_2 \quad \cdots \quad \boldsymbol{B}_n].$$

(1) 记 $\boldsymbol{e}_1=(1,0,\cdots,0)^{\mathrm{T}}$，$\boldsymbol{e}_2=(0,1,\cdots,0)^{\mathrm{T}}$，$\cdots$，$\boldsymbol{e}_n=(0,0,\cdots,1)^{\mathrm{T}}$，即 $\boldsymbol{e}_i$ 为第 i 位置是 1 其余位置为 0 的 $n\times 1$ 矩阵(列矩阵). 那么通过简单计算可得 $\boldsymbol{B}\boldsymbol{e}_i=\boldsymbol{B}_i$，$\boldsymbol{e}_i^{\mathrm{T}}\boldsymbol{A}=\boldsymbol{A}_i$.

(2) 如果我们用 $\boldsymbol{E}_{ij}$ 表示只有第 i 行与第 j 列交叉处为 1，其余元素都为 0 的 n 阶方阵，那么 $\boldsymbol{E}_{ij}=\boldsymbol{e}_i\boldsymbol{e}_j^{\mathrm{T}}$，进而有

$$\boldsymbol{E}_{ij}\boldsymbol{E}_{kl}=\boldsymbol{e}_i\boldsymbol{e}_j^{\mathrm{T}}\boldsymbol{e}_k\boldsymbol{e}_l^{\mathrm{T}}=(\boldsymbol{e}_j^{\mathrm{T}}\boldsymbol{e}_k)\boldsymbol{e}_i\boldsymbol{e}_l^{\mathrm{T}}=\boldsymbol{\delta}_{jk}\boldsymbol{E}_{il}.$$

注意到 $\boldsymbol{e}_j^{\mathrm{T}}\boldsymbol{e}_k=\delta_{jk}$ 是一个为 0 或 1 的数.

(3) 矩阵 $\boldsymbol{A}$ 与矩阵 $\boldsymbol{B}$ 的乘积可以表示为

$$\boldsymbol{A}\boldsymbol{B}=\begin{bmatrix} \boldsymbol{A}_1 \\ \boldsymbol{A}_2 \\ \vdots \\ \boldsymbol{A}_n \end{bmatrix}[\boldsymbol{B}_1 \quad \boldsymbol{B}_2 \quad \cdots \quad \boldsymbol{B}_n]=\begin{bmatrix} \boldsymbol{A}_1\boldsymbol{B}_1 & \boldsymbol{A}_1\boldsymbol{B}_2 & \cdots & \boldsymbol{A}_1\boldsymbol{B}_n \\ \boldsymbol{A}_2\boldsymbol{B}_1 & \boldsymbol{A}_2\boldsymbol{B}_2 & \cdots & \boldsymbol{A}_2\boldsymbol{B}_n \\ \vdots & \vdots & & \vdots \\ \boldsymbol{A}_n\boldsymbol{B}_1 & \boldsymbol{A}_n\boldsymbol{B}_2 & \cdots & \boldsymbol{A}_n\boldsymbol{B}_n \end{bmatrix}.$$

(4) 矩阵 $\boldsymbol{A}$ 与矩阵 $\boldsymbol{B}$ 的乘积还可以表示为

$$\boldsymbol{A}\boldsymbol{B}=\boldsymbol{A}[\boldsymbol{B}_1 \quad \boldsymbol{B}_2 \quad \cdots \quad \boldsymbol{B}_n]=[\boldsymbol{A}\boldsymbol{B}_1 \quad \boldsymbol{A}\boldsymbol{B}_2 \quad \cdots \quad \boldsymbol{A}\boldsymbol{B}_n].$$

假设 $\boldsymbol{C}=[c_{ij}]_{n\times n}$，把 $\boldsymbol{C}$ 按列分块为 $\boldsymbol{C}=[\boldsymbol{C}_1 \quad \boldsymbol{C}_2 \quad \cdots \quad \boldsymbol{C}_n]$. 因此 $\boldsymbol{A}\boldsymbol{B}=\boldsymbol{C}$ 可以表示为

$$\boldsymbol{A}\boldsymbol{B}_i=\boldsymbol{C}_i \quad (i=1,2,\cdots,n).$$

4) 分块矩阵的转置

将 $\boldsymbol{A}$ 任意分块为

$$\boldsymbol{A}=\begin{bmatrix} \boldsymbol{A}_{11} & \boldsymbol{A}_{12} & \cdots & \boldsymbol{A}_{1t} \\ \boldsymbol{A}_{21} & \boldsymbol{A}_{22} & \cdots & \boldsymbol{A}_{2t} \\ \vdots & \vdots & & \vdots \\ \boldsymbol{A}_{s1} & \boldsymbol{A}_{s2} & \cdots & \boldsymbol{A}_{st} \end{bmatrix},$$

则

$$\boldsymbol{A}^{\mathrm{T}}=\begin{bmatrix}\boldsymbol{A}_{11}^{\mathrm{T}} & \boldsymbol{A}_{21}^{\mathrm{T}} & \cdots & \boldsymbol{A}_{s1}^{\mathrm{T}} \\ \boldsymbol{A}_{12}^{\mathrm{T}} & \boldsymbol{A}_{22}^{\mathrm{T}} & \cdots & \boldsymbol{A}_{s2}^{\mathrm{T}} \\ \vdots & \vdots & & \vdots \\ \boldsymbol{A}_{1t}^{\mathrm{T}} & \boldsymbol{A}_{2t}^{\mathrm{T}} & \cdots & \boldsymbol{A}_{st}^{\mathrm{T}}\end{bmatrix},$$

其中,$\boldsymbol{A}_{ij}^{\mathrm{T}}$是矩阵$\boldsymbol{A}_{ij}$的转置.

例 2.20 若

$$\boldsymbol{A}=\begin{bmatrix}\boldsymbol{A}_{11} & \boldsymbol{A}_{12} & \boldsymbol{A}_{13} \\ \boldsymbol{A}_{21} & \boldsymbol{A}_{22} & \boldsymbol{A}_{23}\end{bmatrix},$$

则

$$\boldsymbol{A}^{\mathrm{T}}=\begin{bmatrix}\boldsymbol{A}_{11}^{\mathrm{T}} & \boldsymbol{A}_{21}^{\mathrm{T}} \\ \boldsymbol{A}_{12}^{\mathrm{T}} & \boldsymbol{A}_{22}^{\mathrm{T}} \\ \boldsymbol{A}_{13}^{\mathrm{T}} & \boldsymbol{A}_{23}^{\mathrm{T}}\end{bmatrix}.$$

对按列分块的矩阵$\boldsymbol{A}=[\boldsymbol{A}_1 \quad \boldsymbol{A}_2 \quad \cdots \quad \boldsymbol{A}_n]$,则有$\boldsymbol{A}^{\mathrm{T}}=\begin{bmatrix}\boldsymbol{A}_1^{\mathrm{T}} \\ \boldsymbol{A}_2^{\mathrm{T}} \\ \vdots \\ \boldsymbol{A}_n^{\mathrm{T}}\end{bmatrix}$.

5)可逆分块矩阵的逆矩阵

利用矩阵分块,可给出某些矩阵的逆矩阵的求解方法. 例如,准对角矩阵

$$\boldsymbol{A}=\begin{bmatrix}\boldsymbol{A}_1 & & & \\ & \boldsymbol{A}_2 & & \\ & & \ddots & \\ & & & \boldsymbol{A}_m\end{bmatrix}$$

的行列式为$|\boldsymbol{A}|=|\boldsymbol{A}_1|\cdots|\boldsymbol{A}_m|$. 因此,准对角矩阵$\boldsymbol{A}$可逆等价于$|\boldsymbol{A}_i|\neq 0$ $(i=1,2,\cdots,m)$.

若$\boldsymbol{A}$可逆,根据准对角矩阵的乘法,容易求得它的逆矩阵为

$$\boldsymbol{A}^{-1}=\begin{bmatrix}\boldsymbol{A}_1^{-1} & & & \\ & \boldsymbol{A}_2^{-1} & & \\ & & \ddots & \\ & & & \boldsymbol{A}_m^{-1}\end{bmatrix}.$$

下面给出一个用分块矩阵求逆矩阵的典型例子.

例 2.21　设 $\boldsymbol{A}=\begin{bmatrix}\boldsymbol{B} & \boldsymbol{O}\\ \boldsymbol{C} & \boldsymbol{D}\end{bmatrix}$，其中 $\boldsymbol{B}$，$\boldsymbol{D}$ 皆为可逆矩阵. 证明 $\boldsymbol{A}$ 可逆并求 $\boldsymbol{A}^{-1}$.

解　设 $\boldsymbol{A}$ 的阶数为 n，$\boldsymbol{B}$ 的阶数为 s，$\boldsymbol{D}$ 的阶数为 t.

因为 $|\boldsymbol{A}|=|\boldsymbol{B}||\boldsymbol{D}|$，因此 $|\boldsymbol{A}|\neq 0$，故 $\boldsymbol{A}$ 可逆. 设 $\boldsymbol{A}^{-1}=\begin{bmatrix}\boldsymbol{X} & \boldsymbol{Y}\\ \boldsymbol{Z} & \boldsymbol{T}\end{bmatrix}$，其中 $\boldsymbol{X}$ 与 $\boldsymbol{B}$，$\boldsymbol{T}$ 与 $\boldsymbol{D}$ 分别是同阶方阵，则由分块矩阵的乘法得

$$\boldsymbol{AA}^{-1}=\begin{bmatrix}\boldsymbol{B} & \boldsymbol{O}\\ \boldsymbol{C} & \boldsymbol{D}\end{bmatrix}\begin{bmatrix}\boldsymbol{X} & \boldsymbol{Y}\\ \boldsymbol{Z} & \boldsymbol{T}\end{bmatrix}=\begin{bmatrix}\boldsymbol{BX} & \boldsymbol{BY}\\ \boldsymbol{CX}+\boldsymbol{DZ} & \boldsymbol{CY}+\boldsymbol{DT}\end{bmatrix}=\begin{bmatrix}\boldsymbol{E}_s & \boldsymbol{O}\\ \boldsymbol{O} & \boldsymbol{E}_t\end{bmatrix}.$$

于是，由 $\boldsymbol{BX}=\boldsymbol{E}_s$，可求出 $\boldsymbol{X}=\boldsymbol{B}^{-1}$；由 $\boldsymbol{BY}=\boldsymbol{O}$，可求出 $\boldsymbol{Y}=\boldsymbol{O}$；由 $\boldsymbol{CX}+\boldsymbol{DZ}=\boldsymbol{O}$，可求出 $\boldsymbol{Z}=-\boldsymbol{D}^{-1}\boldsymbol{CX}=-\boldsymbol{D}^{-1}\boldsymbol{CB}^{-1}$；由 $\boldsymbol{CY}+\boldsymbol{DT}=\boldsymbol{E}_t$，可求出 $\boldsymbol{T}=\boldsymbol{D}^{-1}$. 所以

$$\boldsymbol{A}^{-1}=\begin{bmatrix}\boldsymbol{B}^{-1} & \boldsymbol{O}\\ -\boldsymbol{D}^{-1}\boldsymbol{CB}^{-1} & \boldsymbol{D}^{-1}\end{bmatrix}.$$

习　题　2.4

1. 用分块矩阵的乘法，计算下列矩阵的乘积

(1) $\boldsymbol{A}=\begin{bmatrix}1&3&0&0&0\\2&6&0&0&0\\0&0&1&0&1\\0&0&2&1&0\\0&0&3&1&2\end{bmatrix}$，$\boldsymbol{B}=\begin{bmatrix}1&3&0&0&0\\2&8&0&0&0\\1&0&1&0&1\\0&1&2&3&2\\2&1&3&2&1\end{bmatrix}$；

(2) $\boldsymbol{A}=\begin{bmatrix}1&0&1&0&0\\0&2&-1&0&0\\1&3&0&0&0\\0&0&0&-2&0\\0&0&0&0&-2\end{bmatrix}$，$\boldsymbol{B}=\begin{bmatrix}1&0&1&0&0\\0&2&0&0&0\\0&0&3&0&0\\0&0&0&1&3\\0&0&0&2&4\end{bmatrix}$.

2. 用矩阵分块的方法，证明下列矩阵可逆，并求其逆矩阵.

(1) $\begin{bmatrix}1&2&0&0&0\\3&1&0&0&0\\0&0&2&0&0\\0&0&0&1&0\\0&0&0&0&1\end{bmatrix}$；　　(2) $\begin{bmatrix}2&0&0&0&0\\0&2&0&0&0\\1&0&1&0&0\\0&1&0&1&0\\2&3&0&0&1\end{bmatrix}$；

(3) $\begin{bmatrix}0&a_1&0&\cdots&0\\0&0&a_2&\cdots&0\\\vdots&\vdots&\vdots&&\vdots\\0&0&0&\cdots&a_{n-1}\\a_n&0&0&\cdots&0\end{bmatrix}$ $(a_1a_2\cdots a_n\neq 0)$.

3. 如果四阶方阵 $\boldsymbol{A},\boldsymbol{B}$ 按列分块表示为 $\boldsymbol{A}=[\boldsymbol{\alpha}\ \boldsymbol{\gamma}_2\ \boldsymbol{\gamma}_3\ \boldsymbol{\gamma}_4]$,$\boldsymbol{B}=[\boldsymbol{\beta}\ \boldsymbol{\gamma}_2\ \boldsymbol{\gamma}_3\ \boldsymbol{\gamma}_4]$,且 $|\boldsymbol{A}|=|\boldsymbol{B}|=1$,计算行列式 $|\boldsymbol{A}+\boldsymbol{B}|$.

4. 设 $\boldsymbol{C}$ 是 n 阶可逆矩阵,$\boldsymbol{D}$ 是 $3\times n$ 矩阵,且 $\boldsymbol{D}=\begin{bmatrix}1&2&\cdots&n\\0&0&\cdots&0\\0&0&\cdots&0\end{bmatrix}$,试用分块矩阵的乘法,求一个 $n\times(n+3)$ 矩阵 $\boldsymbol{A}$,使得 $\boldsymbol{A}\begin{bmatrix}\boldsymbol{C}\\\boldsymbol{D}\end{bmatrix}=\boldsymbol{E}_n$.

5. 设有分块矩阵 $\boldsymbol{P}=\begin{bmatrix}\boldsymbol{O}&\boldsymbol{A}\\\boldsymbol{B}&\boldsymbol{C}\end{bmatrix}$,其中 $\boldsymbol{A}$, $\boldsymbol{B}$ 皆为可逆矩阵,且已知 $\boldsymbol{A}^{-1}$, $\boldsymbol{B}^{-1}$,求 $\boldsymbol{P}^{-1}$.

2.5 初等矩阵与矩阵的初等变换

在本节中,引进矩阵论的另一个重要概念:初等变换. 它有很多用处,比如它可用来求非奇异方阵的逆矩阵;也可用来解一般线性方程组.

记

$$\boldsymbol{P}(i,j)=\begin{bmatrix}1&&&&&&&&&\\&\ddots&&&&&&&&\\&&1&&&&&&&\\&&&0&&&&1&&\\&&&&1&&&&&\\&&&&&\ddots&&&&\\&&&&&&1&&&\\&&&1&&&&0&&\\&&&&&&&&1&\\&&&&&&&&&\ddots\\&&&&&&&&&&1\end{bmatrix}\begin{matrix}\\\\\\\to\text{第 } i \text{ 行}\\\\(1\leqslant i\leqslant n,1\leqslant j\leqslant n)\\\\\to\text{第 } j \text{ 行}\\\\\\\\\end{matrix}$$

$$\boldsymbol{P}(j(k))=\begin{bmatrix}1&&&&&&\\&\ddots&&&&&\\&&1&&&&\\&&&k&&&\\&&&&1&&\\&&&&&\ddots&\\&&&&&&1\end{bmatrix}\to\text{第 } j \text{ 行}(1\leqslant j\leqslant n,k\neq 0)$$

$$\boldsymbol{P}(i,j(k))=\begin{bmatrix}1&&&&&&\\&\ddots&&&&&\\&&1&\cdots&k&&\\&&&\ddots&\vdots&&\\&&&&1&&\\&&&&&\ddots&\\&&&&&&1\end{bmatrix}\begin{matrix}\\\\\to\text{第 } i \text{ 行}\\\\\to\text{第 } j \text{ 行}\\\\\\\end{matrix}\quad(1\leqslant i\leqslant n,1\leqslant j\leqslant n)$$

其中对角线上未写出的元素为 1,其余位置上的元素全为 0.

定义 2.10　方阵 $\boldsymbol{P}(i,j)$,$\boldsymbol{P}(j(k))$,$\boldsymbol{P}(i,j(k))$称为**初等矩阵**.

如果我们用例 2.19 的记法,那么 $\boldsymbol{P}(i,j)$,$\boldsymbol{P}(j(k))$,$\boldsymbol{P}(i,j(k))$可以按行分块记为

$$\boldsymbol{P}(i,j)=\begin{bmatrix}\boldsymbol{e}_1^{\mathrm{T}}\\\vdots\\\boldsymbol{e}_{i-1}^{\mathrm{T}}\\\boldsymbol{e}_j^{\mathrm{T}}\\\boldsymbol{e}_{i+1}^{\mathrm{T}}\\\vdots\\\boldsymbol{e}_{j-1}^{\mathrm{T}}\\\boldsymbol{e}_i^{\mathrm{T}}\\\boldsymbol{e}_{j+1}^{\mathrm{T}}\\\vdots\\\boldsymbol{e}_n^{\mathrm{T}}\end{bmatrix},\ \boldsymbol{P}(j(k))=\begin{bmatrix}\boldsymbol{e}_1^{\mathrm{T}}\\\vdots\\\boldsymbol{e}_{j-1}^{\mathrm{T}}\\k\boldsymbol{e}_j^{\mathrm{T}}\\\boldsymbol{e}_{j+1}^{\mathrm{T}}\\\vdots\\\boldsymbol{e}_n^{\mathrm{T}}\end{bmatrix},\ \boldsymbol{P}(i,j(k))=\begin{bmatrix}\boldsymbol{e}_1^{\mathrm{T}}\\\vdots\\\boldsymbol{e}_{i-1}^{\mathrm{T}}\\\boldsymbol{e}_i^{\mathrm{T}}+k\boldsymbol{e}_j^{\mathrm{T}}\\\boldsymbol{e}_{i+1}^{\mathrm{T}}\\\vdots\\\boldsymbol{e}_n^{\mathrm{T}}\end{bmatrix}.$$

$\boldsymbol{P}(i,j)$,$\boldsymbol{P}(j(k))$,$\boldsymbol{P}(i,j(k))$还可以按列分块记为

$$\boldsymbol{P}(i,j)=[\boldsymbol{e}_1\ \cdots\ \boldsymbol{e}_{i-1}\ \boldsymbol{e}_j\ \boldsymbol{e}_{i+1}\ \cdots\ \boldsymbol{e}_{j-1}\ \boldsymbol{e}_i\ \boldsymbol{e}_{j+1}\ \cdots\ \boldsymbol{e}_n],$$

$$\boldsymbol{P}(j(k))=[\boldsymbol{e}_1\ \cdots\ \boldsymbol{e}_{j-1}\ k\boldsymbol{e}_j\ \boldsymbol{e}_{j+1}\ \cdots\ \boldsymbol{e}_n],$$

$$\boldsymbol{P}(i,j(k))=[\boldsymbol{e}_1\ \cdots\ \boldsymbol{e}_{j-1}\ \boldsymbol{e}_j+k\boldsymbol{e}_i\ \boldsymbol{e}_{j+1}\ \cdots\ \boldsymbol{e}_n].$$

方阵 $\boldsymbol{P}(i,j)$,$\boldsymbol{P}(j(k))$,$\boldsymbol{P}(i,j(k))$对应的行列式都不为 0,因此它们都是可逆矩阵,通过简单的计算可直接求出它们的逆分别为

$$\boldsymbol{P}(i,j)^{-1}=\boldsymbol{P}(i,j),\quad \boldsymbol{P}(j(k))^{-1}=\boldsymbol{P}\left(j\left(\frac{1}{k}\right)\right),\quad \boldsymbol{P}(i,j(k))^{-1}=\boldsymbol{P}(i,j(-k)).$$

因此初等矩阵的逆还是同类型的初等矩阵.

现在来考察将初等矩阵左乘或右乘任一矩阵将引起矩阵怎样的改变?

设 $\boldsymbol{A}$ 为 $m\times n$ 矩阵. 取 m 阶初等矩阵 $\boldsymbol{P}(i,j)$, $\boldsymbol{P}(j(k))$, $\boldsymbol{P}(i,j(k))$, 将它们分别左乘矩阵 $\boldsymbol{A}$, 由直接计算可知:

(i) $\boldsymbol{P}(i,j)\boldsymbol{A}$ 是将矩阵 $\boldsymbol{A}$ 的第 i 行与第 j 行互换后所得的矩阵;

(ii) $\boldsymbol{P}(j(k))\boldsymbol{A}$ 是将矩阵 $\boldsymbol{A}$ 的第 j 行的每个元素乘以 k 后所得的矩阵;

(iii) $\boldsymbol{P}(i,j(k))\boldsymbol{A}$ 是将矩阵 $\boldsymbol{A}$ 的第 j 行乘 k 后再加到 $\boldsymbol{A}$ 的第 i 行而得的矩阵.

现仍设 $\boldsymbol{A}$ 为 $m\times n$ 矩阵, 将 n 阶初等矩阵 $P(i,j)$, $P(j(k))$, $P(i,j(k))$ 分别右乘矩阵 $\boldsymbol{A}$, 由直接计算可知:

(i)′ $\boldsymbol{AP}(i,j)$ 是将矩阵 $\boldsymbol{A}$ 的第 i 列与第 j 列互换后所得的矩阵;

(ii)′ $\boldsymbol{AP}(j(k))$ 是将矩阵 $\boldsymbol{A}$ 的第 j 列的每个元素乘以 k 后所得的矩阵;

(iii)′ $\boldsymbol{AP}(i,j(k))$ 是将矩阵 $\boldsymbol{A}$ 的第 i 列乘 k 后再加到 $\boldsymbol{A}$ 的第 j 列而得的矩阵.

我们也可以用上面对初等矩阵进行行与列分块后的表示方式与 $\boldsymbol{A}$ 相乘, 利用例 2.19 的结论即可得到上述结果. 例如

设

$$\boldsymbol{A}=\begin{bmatrix} a_{11} & a_{12} & \cdots & a_{1n} \\ a_{21} & a_{22} & \cdots & a_{2n} \\ \vdots & \vdots & & \vdots \\ a_{m1} & a_{m2} & \cdots & a_{mn} \end{bmatrix}=\begin{bmatrix} \boldsymbol{A}_1 \\ \boldsymbol{A}_2 \\ \vdots \\ \boldsymbol{A}_m \end{bmatrix},$$

那么

$$\boldsymbol{P}(i,j(k))\boldsymbol{A}=\begin{bmatrix} \boldsymbol{e}_1^{\mathrm{T}} \\ \vdots \\ \boldsymbol{e}_{i-1}^{\mathrm{T}} \\ \boldsymbol{e}_i^{\mathrm{T}}+k\boldsymbol{e}_j^{\mathrm{T}} \\ \boldsymbol{e}_{i+1}^{\mathrm{T}} \\ \vdots \\ \boldsymbol{e}_m^{\mathrm{T}} \end{bmatrix}\boldsymbol{A}=\begin{bmatrix} \boldsymbol{e}_1^{\mathrm{T}}\boldsymbol{A} \\ \vdots \\ \boldsymbol{e}_{i-1}^{\mathrm{T}}\boldsymbol{A} \\ \boldsymbol{e}_i^{\mathrm{T}}\boldsymbol{A}+k\boldsymbol{e}_j^{\mathrm{T}}\boldsymbol{A} \\ \boldsymbol{e}_{i+1}^{\mathrm{T}}\boldsymbol{A} \\ \vdots \\ \boldsymbol{e}_m^{\mathrm{T}}\boldsymbol{A} \end{bmatrix}=\begin{bmatrix} \boldsymbol{A}_1 \\ \vdots \\ \boldsymbol{A}_{i-1} \\ \boldsymbol{A}_i+k\boldsymbol{A}_j \\ \boldsymbol{A}_{i+1} \\ \vdots \\ \boldsymbol{A}_m \end{bmatrix}.$$

设

$$\boldsymbol{A}=\begin{bmatrix} a_{11} & a_{12} & \cdots & a_{1n} \\ a_{21} & a_{22} & \cdots & a_{2n} \\ \vdots & \vdots & & \vdots \\ a_{m1} & a_{m2} & \cdots & a_{mn} \end{bmatrix}=[\boldsymbol{B}_1 \quad \boldsymbol{B}_2 \quad \cdots \quad \boldsymbol{B}_n],$$

那么

$$\boldsymbol{AP}(i,j(k))=\boldsymbol{A}[\boldsymbol{e}_1 \ \cdots \ \boldsymbol{e}_{j-1} \quad \boldsymbol{e}_j+k\boldsymbol{e}_i \quad \boldsymbol{e}_{j+1} \ \cdots \ \boldsymbol{e}_n]$$

$$= [\boldsymbol{A}\boldsymbol{e}_1 \ \cdots \ \boldsymbol{A}\boldsymbol{e}_{j-1} \quad \boldsymbol{A}\boldsymbol{e}_j + k\boldsymbol{A}\boldsymbol{e}_i \quad \boldsymbol{A}\boldsymbol{e}_{j+1} \ \cdots \ \boldsymbol{A}\boldsymbol{e}_n]$$
$$= [\boldsymbol{B}_1 \ \cdots \ \boldsymbol{B}_{j-1} \quad \boldsymbol{B}_j + k\boldsymbol{B}_i \quad \boldsymbol{B}_{j+1} \ \cdots \ \boldsymbol{B}_n].$$

$m\times n$ 矩阵 $\boldsymbol{A}$ 左(右)乘一个 $m(n)$ 阶初等矩阵,相当于对矩阵 $\boldsymbol{A}$ 的行(列)进行了相应改变.

定义 2.11　对一个矩阵施行的下列三种变换称为**初等行变换**:

(1) 交换两行;

(2) 以一个不为 0 的数 k 乘矩阵某一行的全体元素;

(3) 把某一行的全体元素改成它们与另一行相应元素的 k 倍之和.

相应地可以定义**初等列变换**. 初等行变换和初等列变换统称为**初等变换**.

从上面的定义可以发现,初等矩阵实质上是单位矩阵进行一次初等变换得到的矩阵. 特别地,单位矩阵本身可以看成一个初等矩阵. 由初等矩阵与初等变换的关系及初等矩阵的可逆性知,初等变换都是可逆变换.

定义 2.12　设 $\boldsymbol{A}$ 与 $\boldsymbol{B}$ 均是 $m\times n$ 矩阵,若 $\boldsymbol{A}$ 可经有限次初等变换化为 $\boldsymbol{B}$,则称 $\boldsymbol{A}$ 等价于 $\boldsymbol{B}$,记为 $\boldsymbol{A}\cong\boldsymbol{B}$.

等价有以下的重要性质

自反性: $\boldsymbol{A}\cong\boldsymbol{A}$;

对称性:若 $\boldsymbol{A}\cong\boldsymbol{B}$,则 $\boldsymbol{B}\cong\boldsymbol{A}$;

传递性:若 $\boldsymbol{A}\cong\boldsymbol{B}$,$\boldsymbol{B}\cong\boldsymbol{C}$,则 $\boldsymbol{A}\cong\boldsymbol{C}$.

对矩阵进行初等行变换时,所使用的记号与例 1.5 后面所说明的记号一样.

例 2.22　已知 $\widetilde{\boldsymbol{A}}=\begin{bmatrix}1 & -1 & -1 & 0 & 3 & -1\\ 2 & -2 & -1 & 2 & 4 & -2\\ 3 & -3 & -1 & 4 & 5 & -3\\ 1 & -1 & 1 & 1 & 8 & 2\end{bmatrix}$,如下对 $\widetilde{\boldsymbol{A}}$ 施行第一、三种初等行变换.

$$\widetilde{\boldsymbol{A}}=\begin{bmatrix}1 & -1 & -1 & 0 & 3 & -1\\ 2 & -2 & -1 & 2 & 4 & -2\\ 3 & -3 & -1 & 4 & 5 & -3\\ 1 & -1 & 1 & 1 & 8 & 2\end{bmatrix}\xrightarrow[r_4-1r_1]{\substack{r_2-2r_1\\ r_3-3r_1}}\begin{bmatrix}1 & -1 & -1 & 0 & 3 & -1\\ 0 & 0 & 1 & 2 & -2 & 0\\ 0 & 0 & 2 & 4 & -4 & 0\\ 0 & 0 & 2 & 1 & 5 & 3\end{bmatrix}$$

$$\xrightarrow[r_4-2r_2]{r_3-2r_2}\begin{bmatrix}1 & -1 & -1 & 0 & 3 & -1\\ 0 & 0 & 1 & 2 & -2 & 0\\ 0 & 0 & 0 & 0 & 0 & 0\\ 0 & 0 & 0 & -3 & 9 & 3\end{bmatrix}$$

$$\xrightarrow{r_3 \leftrightarrow r_4} \begin{bmatrix} 1 & -1 & -1 & 0 & 3 & -1 \\ 0 & 0 & 1 & 2 & -2 & 0 \\ 0 & 0 & 0 & -3 & 9 & 3 \\ 0 & 0 & 0 & 0 & 0 & 0 \end{bmatrix} = \boldsymbol{B}.$$

上述变换用初等矩阵乘法表示如下,若记 $\boldsymbol{C}$ 为

$$\begin{bmatrix} 1 & 0 & 0 & 0 \\ 0 & 1 & 0 & 0 \\ 0 & 0 & 0 & 1 \\ 0 & 0 & 1 & 0 \end{bmatrix}\begin{bmatrix} 1 & 0 & 0 & 0 \\ 0 & 1 & 0 & 0 \\ 0 & 0 & 1 & 0 \\ 0 & -2 & 0 & 1 \end{bmatrix}\begin{bmatrix} 1 & 0 & 0 & 0 \\ 0 & 1 & 0 & 0 \\ 0 & -2 & 1 & 0 \\ 0 & 0 & 0 & 1 \end{bmatrix}\begin{bmatrix} 1 & 0 & 0 & 0 \\ 0 & 1 & 0 & 0 \\ 0 & 0 & 1 & 0 \\ -1 & 0 & 0 & 1 \end{bmatrix}\begin{bmatrix} 1 & 0 & 0 & 0 \\ 0 & 1 & 0 & 0 \\ -3 & 0 & 1 & 0 \\ 0 & 0 & 0 & 1 \end{bmatrix}\begin{bmatrix} 1 & 0 & 0 & 0 \\ -2 & 1 & 0 & 0 \\ 0 & 0 & 1 & 0 \\ 0 & 0 & 0 & 1 \end{bmatrix},$$

则 $\boldsymbol{C}\widetilde{\boldsymbol{A}} = \boldsymbol{B}$.

注意上述乘法中初等矩阵相乘的顺序是和初等变换的顺序一样的.

形如例 2.22 中的矩阵 $\boldsymbol{B}$ 称为**行阶梯形**. 所谓行阶梯形是指满足下面两个条件的矩阵:

(1) 若有零行,零行都在矩阵的下方;

(2) 从第一行起,每一行第一个非零元前面的零的个数逐行增加.

又例如

$$\begin{bmatrix} 1 & 1 & 3 & 2 \\ 0 & 0 & 2 & 4 \\ 0 & 0 & 0 & 5 \\ 0 & 0 & 0 & 0 \end{bmatrix}, \quad \begin{bmatrix} 0 & 1 & 0 & 1 & 5 \\ 0 & 0 & 2 & 3 & 1 \\ 0 & 0 & 0 & 0 & 8 \\ 0 & 0 & 0 & 0 & 0 \end{bmatrix}$$

也是行阶梯形.

如果对行阶梯形再实施第二种初等行变换,就可以把每个阶梯中第一个非零元素化为 1,再把这个元素所在的列的其他元素通过初等行变换全化为 0,所得到的矩阵称为**最简行阶梯形**.

在例 2.22 中 $\widetilde{\boldsymbol{A}}$ 化为最简行阶梯形为

$$\begin{bmatrix} 1 & -1 & -1 & 0 & 3 & -1 \\ 0 & 0 & 1 & 2 & -2 & 0 \\ 0 & 0 & 0 & 1 & -3 & -1 \\ 0 & 0 & 0 & 0 & 0 & 0 \end{bmatrix} \xrightarrow{r_2 - 2r_3} \begin{bmatrix} 1 & -1 & -1 & 0 & 3 & -1 \\ 0 & 0 & 1 & 0 & 4 & 2 \\ 0 & 0 & 0 & 1 & -3 & -1 \\ 0 & 0 & 0 & 0 & 0 & 0 \end{bmatrix}$$

$$\xrightarrow{r_1 + r_2} \begin{bmatrix} 1 & -1 & 0 & 0 & 7 & 1 \\ 0 & 0 & 1 & 0 & 4 & 2 \\ 0 & 0 & 0 & 1 & -3 & -1 \\ 0 & 0 & 0 & 0 & 0 & 0 \end{bmatrix}.$$

一般地有下面的定理，其证明方法就是例 2.22 计算过程的一般化.

定理 2.3　初等行变换可以把矩阵 $\boldsymbol{A}$ 化为行阶梯形(最简行阶梯形).

在以后要研究的方阵求逆，解线性方程组，求矩阵和向量组的秩，向量组的相互线性表示等问题中都常用到初等行变换化矩阵为最简行阶梯形.

在最简行阶梯形中把每个阶梯中第一个元素 1 所在的列实施列交换，则得到形如下面的矩阵：

$$\begin{bmatrix} 1 & 0 & \cdots & 0 & b_{1,r+1} & \cdots & b_{1n} \\ 0 & 1 & \cdots & 0 & b_{2,r+1} & \cdots & b_{2n} \\ 0 & 0 & & \vdots & \vdots & & \vdots \\ 0 & 0 & \cdots & 1 & b_{r,r+1} & \cdots & b_{r,n} \\ 0 & 0 & \cdots & 0 & 0 & \cdots & 0 \\ \vdots & \vdots & & \vdots & \vdots & & \vdots \\ 0 & 0 & \cdots & 0 & 0 & \cdots & 0 \end{bmatrix}.$$

简记为

$$\begin{bmatrix} \boldsymbol{E}_r & \boldsymbol{B} \\ \boldsymbol{O} & \boldsymbol{O} \end{bmatrix}.$$

如果对上面的矩阵再进行初等列变换，把所有 b_{ij} 化为 0，就得到下面的推论.

推论　任何一个非零矩阵 $\boldsymbol{A}_{m\times n}$ 必与下列形状的 $\boldsymbol{D}$ 等价

$$\boldsymbol{D}=\begin{bmatrix} \boldsymbol{E}_r & \boldsymbol{O} \\ \boldsymbol{O} & \boldsymbol{O} \end{bmatrix}. \tag{2.3}$$

其中，$\boldsymbol{D}$ 有 r 个 1，其余元素全为 0.

定义 2.13　称上述推论中的 $\boldsymbol{D}$ 为矩阵 $\boldsymbol{A}$ 的**等价标准形**，简称**标准形**.

给定一个非零矩阵 $\boldsymbol{A}$，可能有多种途径将 $\boldsymbol{A}$ 化为形如式(2.3)的矩阵 $\boldsymbol{D}$. 一个自然的问题是：假定现有两种初等变换途径 Ω_1 和 Ω_2，且途径 Ω_1 使 $\boldsymbol{A}$ 变为形如式(2.3)的矩阵 $\boldsymbol{D}_1$，途径 Ω_2 使 $\boldsymbol{A}$ 变为形如式(2.3)的矩阵 $\boldsymbol{D}_2$. 那么 $\boldsymbol{D}_1$ 会等于 $\boldsymbol{D}_2$ 吗？答案是肯定的. 其证明见 2.6 节的推论 1.

定理 2.4　任何可逆矩阵可以只经过有限次初等行(列)变换化为单位矩阵.

证　设 $\boldsymbol{A}=[a_{ij}]_{n\times n}$ 是可逆矩阵.

如果 $n=1$，那么 $a_{11}^{-1}a_{11}=1$，结论成立.

假设 $\boldsymbol{A}$ 为 $n-1$ 阶可逆矩阵时，结论成立.

设 $\boldsymbol{A}$ 为 n 阶可逆矩阵. 由 $|\boldsymbol{A}|\neq 0$，可知 $\boldsymbol{A}$ 的第一列的元素不全为 0，经过行交换，不妨设 $a_{11}\neq 0$，第一行元素乘以 a_{11}^{-1}，再把各行减去第一行的适当倍数，使得第一列的其余元素化为 0，把所得到的方阵记为 $\boldsymbol{B}$. 上面的过程可以表示为存在 s 个

n 阶初等矩阵 $\boldsymbol{P}_1,\boldsymbol{P}_2,\cdots,\boldsymbol{P}_s$，使得

$$\boldsymbol{P}_s\boldsymbol{P}_{s-1}\cdots\boldsymbol{P}_1\boldsymbol{A}=\boldsymbol{B}=\begin{bmatrix}1 & b_{12} & \cdots & b_{1n}\\ 0 & b_{22} & \cdots & b_{2n}\\ \vdots & \vdots & & \vdots\\ 0 & b_{n2} & \cdots & b_{nn}\end{bmatrix}=\begin{bmatrix}\boldsymbol{1} & \boldsymbol{C}_1\\ \boldsymbol{O} & \boldsymbol{C}\end{bmatrix}.$$

由于 $|\boldsymbol{P}_s\boldsymbol{P}_{s-1}\cdots\boldsymbol{P}_1\boldsymbol{A}|=|\boldsymbol{P}_s||\boldsymbol{P}_{s-1}|\cdots|\boldsymbol{P}_1||\boldsymbol{A}|=|\boldsymbol{C}|$，因此 $\boldsymbol{C}$ 是 $n-1$ 阶可逆矩阵. 由归纳法可知 $\boldsymbol{C}$ 可以经过有限次初等行变换化为单位矩阵，即 $\boldsymbol{A}$ 经过有限次初等行变换化为

$$\begin{bmatrix}1 & b_{12} & \cdots & b_{1n}\\ 0 & 1 & \cdots & 0\\ \vdots & \vdots & & \vdots\\ 0 & 0 & \cdots & 1\end{bmatrix}.$$

把这个矩阵的第一行分别减去第 $i(i=2,3,\cdots,n)$ 行的 b_{1i} 倍，即得结论.

类似可以证明列的情形.

由定理 2.4 可以得到下面的推论.

推论 1 任一 n 阶可逆矩阵 $\boldsymbol{A}$ 必是有限个初等矩阵的乘积.

推论 2 $m\times n$ 矩阵 $\boldsymbol{A}$ 与 $m\times n$ 矩阵 $\boldsymbol{B}$ 等价的充分必要条件是存在 m 阶可逆矩阵 $\boldsymbol{P}$ 和 n 阶可逆矩阵 $\boldsymbol{Q}$，使得 $\boldsymbol{PAQ}=\boldsymbol{B}$.

设 $\boldsymbol{A}$ 为 n 阶可逆矩阵，由推论 1 可知，存在若干个初等矩阵 $\boldsymbol{P}_1,\boldsymbol{P}_2,\cdots,\boldsymbol{P}_s$，使

$$\boldsymbol{P}_s\cdots\boldsymbol{P}_2\boldsymbol{P}_1\boldsymbol{A}=\boldsymbol{E}.$$

用 $\boldsymbol{A}^{-1}$ 右乘上式两端得

$$\boldsymbol{P}_s\cdots\boldsymbol{P}_2\boldsymbol{P}_1\boldsymbol{E}=\boldsymbol{A}^{-1},$$

这即为 $\boldsymbol{P}_s\cdots\boldsymbol{P}_2\boldsymbol{P}_1[\boldsymbol{A}\quad\boldsymbol{E}]=[\boldsymbol{P}_s\cdots\boldsymbol{P}_2\boldsymbol{P}_1\boldsymbol{A}\quad\boldsymbol{P}_s\cdots\boldsymbol{P}_2\boldsymbol{P}_1\boldsymbol{E}]=[\boldsymbol{E}\quad\boldsymbol{A}^{-1}]$.

当然也可以对 $\begin{bmatrix}\boldsymbol{A}\\ \boldsymbol{E}\end{bmatrix}$ 实施初等列变换，当 $\boldsymbol{A}$ 化为 $\boldsymbol{E}$ 时，$\boldsymbol{E}$ 一定被化为 $\boldsymbol{A}^{-1}$.

我们可以推广上述方法：已知 $\boldsymbol{A}$ 为 n 阶可逆矩阵，计算 $\boldsymbol{A}^{-1}\boldsymbol{B}$.

$$\boldsymbol{P}_s\cdots\boldsymbol{P}_2\boldsymbol{P}_1[\boldsymbol{A}\quad\boldsymbol{B}]=[\boldsymbol{P}_s\cdots\boldsymbol{P}_2\boldsymbol{P}_1\boldsymbol{A}\quad\boldsymbol{P}_s\cdots\boldsymbol{P}_2\boldsymbol{P}_1\boldsymbol{B}]=[\boldsymbol{E}\quad\boldsymbol{A}^{-1}\boldsymbol{B}].$$

求 $\boldsymbol{A}^{-1}$，实质上是把 $[\boldsymbol{A}\quad\boldsymbol{E}]$ 中的 $\boldsymbol{A}$ 经过初等行变换化为 $\boldsymbol{E}$（即 $\boldsymbol{A}$ 的最简行阶梯形），同时把相应的初等行变换作用在 $\boldsymbol{E}$ 上. 求 $\boldsymbol{A}^{-1}\boldsymbol{B}$，实质上是把 $[\boldsymbol{A}\quad\boldsymbol{B}]$ 中的 $\boldsymbol{A}$ 经过初等行变换化为 $\boldsymbol{E}$（即 $\boldsymbol{A}$ 的最简行阶梯形），同时把相应的初等行变换作用在 $\boldsymbol{B}$ 上.

例 2.23 求矩阵 $\boldsymbol{A}=\begin{bmatrix}1 & 2 & 3\\ 2 & 1 & 2\\ 1 & 3 & 4\end{bmatrix}$ 的逆矩阵.

解

$$[\boldsymbol{A}\quad \boldsymbol{E}]=\begin{bmatrix}1&2&3&1&0&0\\2&1&2&0&1&0\\1&3&4&0&0&1\end{bmatrix}\xrightarrow[r_3-r_1]{r_2-2r_1}\begin{bmatrix}1&2&3&1&0&0\\0&-3&-4&-2&1&0\\0&1&1&-1&0&1\end{bmatrix}$$

$$\xrightarrow[r_2+3r_3]{r_1-2r_3}\begin{bmatrix}1&0&1&3&0&-2\\0&0&-1&-5&1&3\\0&1&1&-1&0&1\end{bmatrix}\xrightarrow{r_2\leftrightarrow r_3}\begin{bmatrix}1&0&1&3&0&-2\\0&1&1&-1&0&1\\0&0&-1&-5&1&3\end{bmatrix}$$

$$\xrightarrow[r_2+r_3]{r_1+r_3}\begin{bmatrix}1&0&0&-2&1&1\\0&1&0&-6&1&4\\0&0&-1&-5&1&3\end{bmatrix}\xrightarrow{(-1)r_3}\begin{bmatrix}1&0&0&-2&1&1\\0&1&0&-6&1&4\\0&0&1&5&-1&-3\end{bmatrix}.$$

故

$$\boldsymbol{A}^{-1}=\begin{bmatrix}-2&1&1\\-6&1&4\\5&-1&-3\end{bmatrix}.$$

*用 Mathematica 计算该题只要一个命令即可.

输入

```
Inverse[{{1,2,3},{2,1,2},{1,3,4}}]
```

输出

```
{{-2,1,1},{-6,1,4},{5,-1,-3}}
```

计算最简行阶梯形,也只要一个命令.例如计算例题 2.22.

输入

```
RowReduce[{{1,-1,-1,0,3,-1},{2,-2,-1,2,4,-2},{3,-3,-1,4,5,
-3},{1,-1,1,1,8,2}}]
```

输出

```
{{1,-1,0,0,7,1},{0,0,1,0,4,2},{0,0,0,1,-3,-1},{0,0,0,0,0,0}}
```

例 2.24　已知$\begin{bmatrix}1&2&3\\2&1&2\\1&3&4\end{bmatrix}\boldsymbol{X}=\begin{bmatrix}0&1\\2&0\\3&2\end{bmatrix}$,求 $\boldsymbol{X}$.

解　设

$$\boldsymbol{A}=\begin{bmatrix}1&2&3\\2&1&2\\1&3&4\end{bmatrix},\quad \boldsymbol{B}=\begin{bmatrix}0&1\\2&0\\3&2\end{bmatrix},$$

由例题 2.23 知 $\boldsymbol{A}$ 可逆,两边左乘 $\boldsymbol{A}^{-1}$ 得 $\boldsymbol{X}=\boldsymbol{A}^{-1}\boldsymbol{B}$,$\boldsymbol{A}^{-1}\boldsymbol{B}$ 可以按照下面方法计算

得到：

$$[\boldsymbol{A}\quad\boldsymbol{B}]=\begin{bmatrix}1&2&3&0&1\\2&1&2&2&0\\1&3&4&3&2\end{bmatrix}\xrightarrow[r_3-r_1]{r_2-2r_1}\begin{bmatrix}1&2&3&0&1\\0&-3&-4&2&-2\\0&1&1&3&1\end{bmatrix}$$

$$\xrightarrow[r_2+3r_3]{r_1-2r_3}\begin{bmatrix}1&0&1&-6&-1\\0&0&-1&11&1\\0&1&1&3&1\end{bmatrix}\xrightarrow{r_2\leftrightarrow r_3}\begin{bmatrix}1&0&1&-6&-1\\0&1&1&3&1\\0&0&-1&11&1\end{bmatrix}$$

$$\xrightarrow[r_2+r_3]{r_1+r_3}\begin{bmatrix}1&0&0&5&0\\0&1&0&14&2\\0&0&-1&11&1\end{bmatrix}\xrightarrow{(-1)r_3}\begin{bmatrix}1&0&0&5&0\\0&1&0&14&2\\0&0&1&-11&-1\end{bmatrix}.$$

此即求得

$$\boldsymbol{X}=\boldsymbol{A}^{-1}\boldsymbol{B}=\begin{bmatrix}5&0\\14&2\\-11&-1\end{bmatrix}.$$

在分块形式下也可以进行初等变换.下面把一般矩阵的初等变换推广到分块矩阵上.这里仅就 2×2 分块矩阵为例来作讨论(它们完全可以推广到任意 $s\times t$ 阶分块矩阵中).

定义 2.14 设分块矩阵

$$\boldsymbol{A}=\begin{bmatrix}\boldsymbol{A}_1&\boldsymbol{A}_2\\\boldsymbol{A}_3&\boldsymbol{A}_4\end{bmatrix}.$$

下述三种变换称为**分块初等行(列)变换**

(1) 互换 $\boldsymbol{A}$ 的两行(列)；

(2) 用可逆矩阵 $\boldsymbol{P}$ 左(右)乘 $\boldsymbol{A}$ 的某一行(列)全部子块；

(3) $\boldsymbol{A}$ 的某一行(列)全部子块左(右)乘矩阵 $\boldsymbol{P}$ 加到另一行(列).

分块初等行变换与分块初等列变换统称为**分块初等变换**.

定义 2.15 将分块单位矩阵做一次分块初等变换,所得到的分块矩阵称为**分块初等矩阵**.

分块初等矩阵有三种类型,它们与相应的初等变换相对应：

(1) $\begin{bmatrix}\boldsymbol{O}&\boldsymbol{E}_t\\\boldsymbol{E}_s&\boldsymbol{O}\end{bmatrix}$；

(2) $\begin{bmatrix}\boldsymbol{P}_1&\boldsymbol{O}\\\boldsymbol{O}&\boldsymbol{E}_t\end{bmatrix}$或$\begin{bmatrix}\boldsymbol{E}_s&\boldsymbol{O}\\\boldsymbol{O}&\boldsymbol{P}_2\end{bmatrix}$(其中 $\boldsymbol{P}_1,\boldsymbol{P}_2$ 皆可逆)；

(3) $\begin{bmatrix} \boldsymbol{E}_s & \boldsymbol{O} \\ \boldsymbol{P}_3 & \boldsymbol{E}_t \end{bmatrix}$或$\begin{bmatrix} \boldsymbol{E}_s & \boldsymbol{P}_4 \\ \boldsymbol{O} & \boldsymbol{E}_t \end{bmatrix}$.

与一般矩阵中初等矩阵与初等变换的关系一样，用这些矩阵左乘一个分块矩阵，只要分块乘法能够进行，其结果就相当于对它进行了相应的分块初等行变换，例如 $\begin{bmatrix} \boldsymbol{O} & \boldsymbol{E}_t \\ \boldsymbol{E}_s & \boldsymbol{O} \end{bmatrix}\begin{bmatrix} \boldsymbol{A}_1 & \boldsymbol{A}_2 \\ \boldsymbol{A}_3 & \boldsymbol{A}_4 \end{bmatrix} = \begin{bmatrix} \boldsymbol{A}_3 & \boldsymbol{A}_4 \\ \boldsymbol{A}_1 & \boldsymbol{A}_2 \end{bmatrix}$，它对应于交换 $\begin{bmatrix} \boldsymbol{A}_1 & \boldsymbol{A}_2 \\ \boldsymbol{A}_3 & \boldsymbol{A}_4 \end{bmatrix}$ 两行；$\begin{bmatrix} \boldsymbol{P} & \boldsymbol{O} \\ \boldsymbol{O} & \boldsymbol{E}_t \end{bmatrix}\begin{bmatrix} \boldsymbol{A}_1 & \boldsymbol{A}_2 \\ \boldsymbol{A}_3 & \boldsymbol{A}_4 \end{bmatrix} = \begin{bmatrix} \boldsymbol{PA}_1 & \boldsymbol{PA}_2 \\ \boldsymbol{A}_3 & \boldsymbol{A}_4 \end{bmatrix}$，它对应于将$\begin{bmatrix} \boldsymbol{A}_1 & \boldsymbol{A}_2 \\ \boldsymbol{A}_3 & \boldsymbol{A}_4 \end{bmatrix}$第一行左乘可逆阵 $\boldsymbol{P}$；$\begin{bmatrix} \boldsymbol{E}_s & \boldsymbol{O} \\ \boldsymbol{P} & \boldsymbol{E}_t \end{bmatrix}\begin{bmatrix} \boldsymbol{A}_1 & \boldsymbol{A}_2 \\ \boldsymbol{A}_3 & \boldsymbol{A}_4 \end{bmatrix} = \begin{bmatrix} \boldsymbol{A}_1 & \boldsymbol{A}_2 \\ \boldsymbol{A}_3 + \boldsymbol{PA}_1 & \boldsymbol{A}_4 + \boldsymbol{PA}_2 \end{bmatrix}$，它对应于将$\begin{bmatrix} \boldsymbol{A}_1 & \boldsymbol{A}_2 \\ \boldsymbol{A}_3 & \boldsymbol{A}_4 \end{bmatrix}$第一行左乘矩阵 $\boldsymbol{P}$ 再加到第二行.

同样，用分块初等矩阵右乘一个分块矩阵，只要分块乘法能够进行，其结果就相当于对它进行了相应的分块初等列变换.

关于分块初等矩阵和分块矩阵的初等变换有下面的性质

(1) 分块初等矩阵总是可逆矩阵；

(2) 若分块矩阵 $\boldsymbol{A}$ 经过有限次分块初等变换化为分块矩阵 $\boldsymbol{B}$，则 $\boldsymbol{A}$ 等价于 $\boldsymbol{B}$.

例 2.25　设 $\boldsymbol{A}$, $\boldsymbol{D}$ 分别为 m, n 阶方阵，矩阵 $\boldsymbol{T}$ 分块表示为

$$\boldsymbol{T} = \begin{bmatrix} \boldsymbol{A} & \boldsymbol{B} \\ \boldsymbol{C} & \boldsymbol{D} \end{bmatrix}.$$

若 $\boldsymbol{T}$ 和 $\boldsymbol{A}$ 均可逆，证明 $\boldsymbol{D} - \boldsymbol{CA}^{-1}\boldsymbol{B}$ 可逆.

证　先对分块阵 $\boldsymbol{T}$ 作分块初等变换，将其化为上三角块阵，即

$$\begin{bmatrix} \boldsymbol{E}_m & \boldsymbol{O} \\ -\boldsymbol{CA}^{-1} & \boldsymbol{E}_n \end{bmatrix}\begin{bmatrix} \boldsymbol{A} & \boldsymbol{B} \\ \boldsymbol{C} & \boldsymbol{D} \end{bmatrix} = \begin{bmatrix} \boldsymbol{A} & \boldsymbol{B} \\ \boldsymbol{O} & \boldsymbol{D} - \boldsymbol{CA}^{-1}\boldsymbol{B} \end{bmatrix},$$

因此由 $|\boldsymbol{T}| = |\boldsymbol{A}| \times |\boldsymbol{D} - \boldsymbol{CA}^{-1}\boldsymbol{B}|$ 知，$\boldsymbol{D} - \boldsymbol{CA}^{-1}\boldsymbol{B}$ 可逆.

习　题　2.5

1. 设 $\boldsymbol{A} = \begin{bmatrix} a_{11} & a_{12} & a_{13} \\ a_{21} & a_{22} & a_{23} \\ a_{31} & a_{32} & a_{33} \end{bmatrix}$，$\boldsymbol{B} = \begin{bmatrix} a_{21} & a_{22} & a_{23} \\ a_{11} & a_{12} & a_{13} \\ a_{31} + a_{11} & a_{32} + a_{12} & a_{33} + a_{13} \end{bmatrix}$，$\boldsymbol{P}_1 = \begin{bmatrix} 0 & 1 & 0 \\ 1 & 0 & 0 \\ 0 & 0 & 1 \end{bmatrix}$，$\boldsymbol{P}_2 = \begin{bmatrix} 1 & 0 & 0 \\ 0 & 1 & 0 \\ 1 & 0 & 1 \end{bmatrix}$，则下列结论正确的是

(A) $\boldsymbol{AP}_1\boldsymbol{P}_2 = \boldsymbol{B}$. (B) $\boldsymbol{AP}_2\boldsymbol{P}_1 = \boldsymbol{B}$. (C) $\boldsymbol{P}_1\boldsymbol{P}_2\boldsymbol{A} = \boldsymbol{B}$. (D) $\boldsymbol{P}_2\boldsymbol{P}_1\boldsymbol{A} = \boldsymbol{B}$.

2. 写出三类初等矩阵的转置矩阵和伴随矩阵.

3. 设 $\boldsymbol{A}$ 为 $n(n \geqslant 2)$ 阶可逆矩阵，交换 $\boldsymbol{A}$ 的第一行与第二行得到矩阵 $\boldsymbol{B}$，$\boldsymbol{A}^*$，$\boldsymbol{B}^*$ 分别是 $\boldsymbol{A}$，$\boldsymbol{B}$

的伴随矩阵，则下列结论正确的是：

(A)交换 $\boldsymbol{A}^*$ 的第一列与第二列得 $\boldsymbol{B}^*$.　　(B)交换 $\boldsymbol{A}^*$ 的第一行与第二行得 $\boldsymbol{B}^*$.

(C)交换 $\boldsymbol{A}^*$ 的第一列与第二列得 $-\boldsymbol{B}^*$.　　(D)交换 $\boldsymbol{A}^*$ 的第一行与第二行得 $-\boldsymbol{B}^*$.

4. 求下面矩阵的行阶梯形、最简行阶梯形和标准形.

(1) $\begin{bmatrix} 1 & 2 & 3 \\ 3 & -1 & 2 \\ 1 & 0 & 1 \\ 4 & 3 & 2 \end{bmatrix}$；　　(2) $\begin{bmatrix} 1 & 3 & 1 & 5 \\ 2 & 0 & 3 & 2 \\ 0 & 1 & 3 & 2 \\ 4 & 3 & 1 & 6 \end{bmatrix}$.

5. 设 $\boldsymbol{A}$ 是 n 阶可逆矩阵，将 $\boldsymbol{A}$ 的第 i 行和第 j 行对换后得到矩阵 $\boldsymbol{B}$.

(1) 证明 $|\boldsymbol{B}| \neq 0$；　　(2) 计算 $\boldsymbol{AB}^{-1}$.

6. 用初等变换方法求下列矩阵的逆矩阵

(1) $\begin{bmatrix} 1 & 2 & 3 \\ 2 & 1 & 2 \\ 1 & 3 & 3 \end{bmatrix}$；　　(2) $\begin{bmatrix} a & b \\ c & d \end{bmatrix}(ad-bc=2)$；

(3) $\begin{bmatrix} 0 & 0 & 1 & -2 \\ 0 & 3 & 1 & 4 \\ 2 & 7 & 6 & -1 \\ 1 & 2 & 3 & -1 \end{bmatrix}$；　　(4) $\begin{bmatrix} 2 & 1 & 0 & 0 & 0 \\ 0 & 2 & 1 & 0 & 0 \\ 0 & 0 & 2 & 1 & 0 \\ 0 & 0 & 0 & 2 & 1 \\ 0 & 0 & 0 & 0 & 2 \end{bmatrix}$.

7. 求下列矩阵方程的矩阵 $\boldsymbol{X}$

(1) $\begin{bmatrix} 2 & 5 \\ 1 & 3 \end{bmatrix}\boldsymbol{X} = \begin{bmatrix} 2 & -4 \\ 3 & 1 \end{bmatrix}$；　　(2) $\boldsymbol{X}\begin{bmatrix} 1 & 1 & -1 \\ 0 & 2 & 3 \\ 1 & -1 & 0 \end{bmatrix} = \begin{bmatrix} 1 & -1 & 1 \\ 1 & 2 & 0 \\ 2 & 0 & 1 \end{bmatrix}$.

8. 设 $\boldsymbol{A} = \begin{bmatrix} 1 & 1 & -1 \\ -1 & 1 & 1 \\ 1 & -1 & 1 \end{bmatrix}$，矩阵 $\boldsymbol{X}$ 满足 $\boldsymbol{A}^*\boldsymbol{X} = \boldsymbol{A}^{-1} + 2\boldsymbol{X}$，求 $\boldsymbol{X}$.

9. 设矩阵 $\boldsymbol{A}$ 的伴随矩阵 $\boldsymbol{A}^* = \begin{bmatrix} 1 & 0 & 0 & 0 \\ 0 & 1 & 0 & 0 \\ 1 & 0 & 1 & 0 \\ 0 & -3 & 0 & 8 \end{bmatrix}$，并且 $\boldsymbol{ABA}^{-1} = \boldsymbol{BA}^{-1} + 3\boldsymbol{E}$，求 $\boldsymbol{B}$.

10. 设 $\boldsymbol{A}, \boldsymbol{B}, \boldsymbol{C}, \boldsymbol{D}$ 都是 n 阶方阵，$\boldsymbol{A}$ 可逆，$\boldsymbol{AC} = \boldsymbol{CA}$. 证明 $\begin{vmatrix} \boldsymbol{A} & \boldsymbol{B} \\ \boldsymbol{C} & \boldsymbol{D} \end{vmatrix} = |\boldsymbol{AD} - \boldsymbol{CB}|$.

11. 设 $\boldsymbol{A}, \boldsymbol{B}$ 皆为 n 阶方阵. 证明 $\begin{vmatrix} \boldsymbol{A} & \boldsymbol{B} \\ \boldsymbol{B} & \boldsymbol{A} \end{vmatrix} = |\boldsymbol{A}+\boldsymbol{B}|\,|\boldsymbol{A}-\boldsymbol{B}|$.

12. 设 $\boldsymbol{A}, \boldsymbol{B}$ 分别是 $n \times m$ 和 $m \times n$ 矩阵，证明

$$\begin{vmatrix} \boldsymbol{E}_m & \boldsymbol{B} \\ \boldsymbol{A} & \boldsymbol{E}_n \end{vmatrix} = |\boldsymbol{E}_n - \boldsymbol{AB}| = |\boldsymbol{E}_m - \boldsymbol{BA}|.$$

2.6 矩阵的秩

为给出矩阵的秩这一重要的概念,先引入矩阵子式的概念.

定义 2.16 在一个 $m\times n$ 矩阵 $\boldsymbol{A}$ 中任意选定 k 行和 k 列,位于这些选定的行和列交叉处的 k^2 个元素按原来的相对次序所组成的 k 阶行列式,称为 $\boldsymbol{A}$ 的一个 **k 阶子式**.

若选定的 k 行依次为 $i_1,\cdots,i_k$(其中 $i_1<i_2<\cdots<i_k$),选定的 k 列依次为 $j_1,\cdots,j_k$(其中 $j_1<\cdots<j_k$),则由这 k 行 k 列所决定的 k 阶子式,记为 $A\begin{pmatrix} i_1 i_2\cdots i_k \\ j_1 j_2\cdots j_k\end{pmatrix}$. 特别地,若 $i_1=j_1,\cdots,\ i_k=j_k$,则称它为 $\boldsymbol{A}$ 的一个**主子式**. 进一步,称 $A\begin{pmatrix} 12\cdots k \\ 12\cdots k\end{pmatrix}$为 $\boldsymbol{A}$ 的 k 阶**顺序主子式**.

例 2.26 在矩阵 $\boldsymbol{A}=\begin{bmatrix} 1 & 2 & 3 & 4 \\ 2 & 3 & 4 & 1 \\ 3 & 4 & 1 & 2 \\ 4 & 1 & 2 & 3\end{bmatrix}$中,选第 1,3 行和第 2,4 列,它们交叉处的元素所组成的二阶子式为 $A\begin{pmatrix} 1 & 3 \\ 2 & 4\end{pmatrix}=\begin{vmatrix} 2 & 4 \\ 4 & 2\end{vmatrix}=-12$. 选第 1,2,3 行和第 1,2,3 列,它们交叉处的元素所组成的三阶子式为 $A\begin{pmatrix} 1 & 2 & 3 \\ 1 & 2 & 3\end{pmatrix}=\begin{vmatrix} 1 & 2 & 3 \\ 2 & 3 & 4 \\ 3 & 4 & 1\end{vmatrix}=4$.

显然,在 $m\times n$ 矩阵的 k 阶子式的定义中,$k\leqslant \min(m,\ n)$,这里 $\min(m,\ n)$表示 $m,\ n$ 中较小的一个. 下面给出矩阵的秩的定义.

定义 2.17 对一个 $m\times n$ 矩阵 $\boldsymbol{A}$,$\boldsymbol{A}$ 的非零子式的最高阶数称为矩阵 $\boldsymbol{A}$ 的**秩**. 记为 $\operatorname{rank}\boldsymbol{A}$ 或秩($\boldsymbol{A}$). 规定零矩阵的秩为 0.

例 2.27 设矩阵 $\boldsymbol{A}=\begin{bmatrix} 1 & 1 & 1 \\ 2 & 2 & 2 \\ 0 & 1 & 3\end{bmatrix}$. $\boldsymbol{A}$ 的三阶子式只有一个,为$|\boldsymbol{A}|$,它为 0;$\boldsymbol{A}$ 有二阶子式 $\boldsymbol{A}\begin{pmatrix} 1 & 3 \\ 1 & 2\end{pmatrix}=1$. 因此,$\operatorname{rank}\boldsymbol{A}=2$.

由定义可知:

(1) $\operatorname{rank}\boldsymbol{A}=r$ 当且仅当 $\boldsymbol{A}$ 有 r 阶子式不为 0,且任意 $r+1$ 阶子式(如果存在的话)全为零(等价于说阶数大于 r 的子式全为零);

(2) $\operatorname{rank}\boldsymbol{A}=\operatorname{rank}\boldsymbol{A}^{\mathrm{T}}$.

定理 2.5 初等变换不改变矩阵的秩.

证 设 $\boldsymbol{A}=[a_{ij}]_{m\times n}$. 首先考虑对 $\boldsymbol{A}$ 施行一次初等行变换.

(1) 若 $\boldsymbol{A}$ 经过交换两行的初等变换化为 $\boldsymbol{B}$,则 $\boldsymbol{B}$ 的任何 k 阶子式要么是 $\boldsymbol{A}$ 的 k 阶子式,要么为 $\boldsymbol{A}$ 的某 k 阶子式乘上 -1. 因此, $\mathrm{rank}\boldsymbol{B}=\mathrm{rank}\boldsymbol{A}$.

(2) 若 $\boldsymbol{A}$ 经过某行乘一个非零数 c 的初等变换化为 $\boldsymbol{B}$,则 $\boldsymbol{B}$ 的 k 阶子式与 $\boldsymbol{A}$ 的对应 k 阶子式相比,要么相等,要么相差一个因子 c. 由于 $c\neq 0$. 因此仍有 $\mathrm{rank}\boldsymbol{B}=\mathrm{rank}\boldsymbol{A}$.

(3) 若 $\boldsymbol{A}$ 经过某行乘一个数再加到另一行的初等变换化为 $\boldsymbol{B}$,下面证明 $\mathrm{rank}\boldsymbol{B}=\mathrm{rank}\boldsymbol{A}$.

设 $\mathrm{rank}\boldsymbol{A}=r$, 则当 $r=m$ 时 $\boldsymbol{A}$ 有一个 m 阶子式 $\boldsymbol{T}$ 不为 0, 记 $\boldsymbol{T}$ 为 $A\begin{pmatrix}1 & 2 & \cdots & m\\ j_1 & j_2 & \cdots & j_m\end{pmatrix}$,此时 $B\begin{pmatrix}1 & 2 & \cdots & m\\ j_1 & j_2 & \cdots & j_m\end{pmatrix}=A\begin{pmatrix}1 & 2 & \cdots & m\\ j_1 & j_2 & \cdots & j_m\end{pmatrix}\neq 0$, $\mathrm{rank}\boldsymbol{B}=m=\mathrm{rank}\boldsymbol{A}$.

当 $r=n$ 时,$\boldsymbol{A}$ 有一个 n 阶子式不为 0,记为 $A\begin{pmatrix}i_1 i_2 & \cdots & i_n\\ 1\ 2 & \cdots & n\end{pmatrix}$,于是 $\boldsymbol{A}$ 的转置矩阵 $\boldsymbol{A}^{\mathrm{T}}$ 中有一个 n 阶子式 $A^{\mathrm{T}}\begin{pmatrix}1 & 2 & \cdots & n\\ i_1 & i_2 & \cdots & i_n\end{pmatrix}$不为 0,从而 $\boldsymbol{B}$ 的转置 $\boldsymbol{B}^{\mathrm{T}}$ 中也有一个 n 阶子式不为 0,进而 $\boldsymbol{B}$ 中有一个 n 阶子式不为 0,$\mathrm{rank}\boldsymbol{B}=n=\mathrm{rank}\boldsymbol{A}$.

当 $r<\min(m, n)$时,则 $\boldsymbol{A}$ 的任意 $r+1$ 阶子式皆为 0. 注意到 $\boldsymbol{B}$ 的 $r+1$ 阶子式与 $\boldsymbol{A}$ 的对应 $r+1$ 阶子式相比,要么 $\boldsymbol{B}$ 的该 $r+1$ 阶子式也是 $\boldsymbol{A}$ 的 $r+1$ 阶子式,要么 $\boldsymbol{B}$ 的该 $r+1$ 阶子式为 $\boldsymbol{A}$ 的两个 $r+1$ 阶子式之和或之差(可能有一个是 $\boldsymbol{A}$ 的 $r+1$阶子式的非零常数倍),因此 $\boldsymbol{B}$ 的任意 $r+1$ 阶子式仍为 0,因此有 $\mathrm{rank}\boldsymbol{B}\leqslant r=\mathrm{rank}\boldsymbol{A}$.

由于 $\boldsymbol{B}$ 经过一次初等行变换可以化为 $\boldsymbol{A}$,因此又有 $\mathrm{rank}\boldsymbol{B}\geqslant\mathrm{rank}\boldsymbol{A}$. 这样就证明了 $\mathrm{rank}\boldsymbol{B}=\mathrm{rank}\boldsymbol{A}$.

根据转置不改变矩阵的秩,可得对 $\boldsymbol{A}$ 施行一次初等列变换,其秩保持不变.

由此可知进行一次初等变换,不改变矩阵的秩,当然进行有限次初等变换也不改变矩阵的秩.

注意到定理 2.3 的推论中矩阵 $\boldsymbol{D}$ 的秩等于对角线上非零元的个数,它就是 $\boldsymbol{A}$ 的秩. 因此可以得到下面的结论.

推论 1 一个矩阵的等价标准形是唯一的. 等价标准形中 1 的个数等于矩阵的秩.

推论 2 同型矩阵等价的充要条件是秩相同,即有相同的等价标准形.

推论 3 n 阶方阵 $\boldsymbol{A}$ 可逆的充要条件是 $\mathrm{rank}\boldsymbol{A}=n$.

推论 4 如果 $\boldsymbol{B}$ 是 n 阶可逆矩阵,$\boldsymbol{C}$ 是 m 阶可逆矩阵, $\boldsymbol{A}$ 是 $n\times m$ 矩阵,那么

$$\mathrm{rank}(\boldsymbol{BA})=\mathrm{rank}(\boldsymbol{AC})=\mathrm{rank}(\boldsymbol{BAC})=\mathrm{rank}\boldsymbol{A}.$$

推论 5 行阶梯形矩阵的秩为非零行的行数.

设 $\boldsymbol{A}$ 为 $m\times n$ 矩阵，$\mathrm{rank}\boldsymbol{A}=m$ 时，称 $\boldsymbol{A}$ 为**行满秩阵**；$\mathrm{rank}\boldsymbol{A}=n$ 时，称 $\boldsymbol{A}$ 为**列满秩阵**；行满秩的方阵称为**满秩矩阵**.

显然，满秩矩阵实际上是可逆矩阵的又一个名称而已.

最后，总结一下，怎样求一个矩阵的秩.

第一种方法是按定义求，计算量比较大，找非零子式有一定的随机性.

第二种方法是求出矩阵的标准形，标准形中 1 的个数就等于矩阵的秩. 这种方法简单明了，初等行变换和初等列变换可以同时进行. 但是计算量还是比较大.

第三种方法是求行阶梯形，这只要进行初等行变换.

例如：例 2.22 中 $\mathrm{rank}\widetilde{\boldsymbol{A}}=3$.

下面用分块矩阵的方法来研究矩阵秩的关系.

定理 2.6 (1) 设 $\boldsymbol{A}$ 为 $m\times n$ 矩阵，$\boldsymbol{B}$ 为 $n\times k$ 矩阵，则 $\mathrm{rank}(\boldsymbol{AB})\leqslant\min\{\mathrm{rank}\boldsymbol{A},\mathrm{rank}\boldsymbol{B}\}$；

(2) 设 $\boldsymbol{A}$ 与 $\boldsymbol{B}$ 为同型矩阵，则 $\mathrm{rank}(\boldsymbol{A}+\boldsymbol{B})\leqslant\mathrm{rank}\boldsymbol{A}+\mathrm{rank}\boldsymbol{B}$；

(3) 若 $\boldsymbol{A}$ 为 $m\times n$ 矩阵，$\boldsymbol{B}$ 为 $n\times k$ 矩阵，则有 $\mathrm{rank}(\boldsymbol{AB})\geqslant\mathrm{rank}\boldsymbol{A}+\mathrm{rank}\boldsymbol{B}-n$. 特别地，当 $\boldsymbol{AB}=0$ 时，有 $\mathrm{rank}\boldsymbol{A}+\mathrm{rank}\boldsymbol{B}\leqslant n$.

***证** (1) 设 $\mathrm{rank}\boldsymbol{A}=r$，且 $\boldsymbol{PAQ}=\begin{bmatrix}\boldsymbol{E}_r & \boldsymbol{O}\\ \boldsymbol{O} & \boldsymbol{O}\end{bmatrix}$，于是 $\boldsymbol{A}=\boldsymbol{P}^{-1}\begin{bmatrix}\boldsymbol{E}_r & \boldsymbol{O}\\ \boldsymbol{O} & \boldsymbol{O}\end{bmatrix}\boldsymbol{Q}^{-1}$，所以 $\boldsymbol{AB}=\boldsymbol{P}^{-1}\begin{bmatrix}\boldsymbol{E}_r & \boldsymbol{O}\\ \boldsymbol{O} & \boldsymbol{O}\end{bmatrix}\boldsymbol{Q}^{-1}\boldsymbol{B}=\boldsymbol{P}^{-1}\begin{bmatrix}\boldsymbol{E}_r & \boldsymbol{O}\\ \boldsymbol{O} & \boldsymbol{O}\end{bmatrix}\begin{bmatrix}\boldsymbol{C}_1\\ \boldsymbol{C}_2\end{bmatrix}$，其中 $\boldsymbol{Q}^{-1}\boldsymbol{B}$ 被分块为 $r\times k$ 的矩阵 $\boldsymbol{C}_1$ 与 $(n-r)\times k$ 的矩阵 $\boldsymbol{C}_2$. 最终得 $\boldsymbol{AB}=\boldsymbol{P}^{-1}\begin{bmatrix}\boldsymbol{C}_1\\ \boldsymbol{O}\end{bmatrix}$. $\mathrm{rank}(\boldsymbol{AB})=\mathrm{rank}\begin{bmatrix}\boldsymbol{C}_1\\ \boldsymbol{O}\end{bmatrix}\leqslant r=\mathrm{rank}\boldsymbol{A}$.

同理可证 $\mathrm{rank}(\boldsymbol{AB})\leqslant\mathrm{rank}\boldsymbol{B}$.

(2) 对分块矩阵 $\begin{bmatrix}\boldsymbol{A} & \boldsymbol{O}\\ \boldsymbol{O} & \boldsymbol{B}\end{bmatrix}$ 施行如下的分块初等变换：

$$\begin{bmatrix}\boldsymbol{A} & \boldsymbol{O}\\ \boldsymbol{O} & \boldsymbol{B}\end{bmatrix}\rightarrow\begin{bmatrix}\boldsymbol{A} & \boldsymbol{B}\\ \boldsymbol{O} & \boldsymbol{B}\end{bmatrix}\rightarrow\begin{bmatrix}\boldsymbol{A}+\boldsymbol{B} & \boldsymbol{B}\\ \boldsymbol{B} & \boldsymbol{B}\end{bmatrix},$$

从而得

$$\mathrm{rank}\boldsymbol{A}+\mathrm{rank}\boldsymbol{B}=\mathrm{rank}\begin{bmatrix}\boldsymbol{A} & \boldsymbol{O}\\ \boldsymbol{O} & \boldsymbol{B}\end{bmatrix}=\mathrm{rank}\begin{bmatrix}\boldsymbol{A}+\boldsymbol{B} & \boldsymbol{B}\\ \boldsymbol{B} & \boldsymbol{B}\end{bmatrix}\geqslant\mathrm{rank}(\boldsymbol{A}+\boldsymbol{B}).$$

(3) 注意到 $\begin{bmatrix}\boldsymbol{E}_n & \boldsymbol{O}\\ -\boldsymbol{A} & \boldsymbol{E}_m\end{bmatrix}\begin{bmatrix}\boldsymbol{E}_n & \boldsymbol{B}\\ \boldsymbol{A} & \boldsymbol{O}\end{bmatrix}\begin{bmatrix}\boldsymbol{E}_n & -\boldsymbol{B}\\ \boldsymbol{O} & \boldsymbol{E}_k\end{bmatrix}=\begin{bmatrix}\boldsymbol{E}_n & \boldsymbol{O}\\ \boldsymbol{O} & -\boldsymbol{AB}\end{bmatrix}$. 因为

$\begin{bmatrix} \boldsymbol{E}_n & \boldsymbol{O} \\ -\boldsymbol{A} & \boldsymbol{E}_m \end{bmatrix}$与$\begin{bmatrix} \boldsymbol{E}_n & -\boldsymbol{B} \\ \boldsymbol{O} & \boldsymbol{E}_k \end{bmatrix}$是可逆矩阵,所以

$$\operatorname{rank}\begin{bmatrix} \boldsymbol{E}_n & \boldsymbol{B} \\ \boldsymbol{A} & \boldsymbol{O} \end{bmatrix} = \operatorname{rank}\begin{bmatrix} \boldsymbol{E}_n & \boldsymbol{O} \\ \boldsymbol{O} & -\boldsymbol{AB} \end{bmatrix} = \operatorname{rank}\boldsymbol{E}_n + \operatorname{rank}(-\boldsymbol{AB}) = n + \operatorname{rank}(\boldsymbol{AB}).$$

而 $\operatorname{rank}\begin{bmatrix} \boldsymbol{E}_n & \boldsymbol{B} \\ \boldsymbol{A} & \boldsymbol{O} \end{bmatrix} = \operatorname{rank}\begin{bmatrix} \boldsymbol{B} & \boldsymbol{E}_n \\ \boldsymbol{O} & \boldsymbol{A} \end{bmatrix}$,当 $\boldsymbol{B}$ 有一个 t_1 阶子式不为 0,$\boldsymbol{A}$ 有一个 t_2 阶子式不为 0 时,$\begin{bmatrix} \boldsymbol{B} & \boldsymbol{E}_n \\ \boldsymbol{O} & \boldsymbol{A} \end{bmatrix}$一定有一个 t_1+t_2 阶子式不为 0. 因此

$$\operatorname{rank}\begin{bmatrix} \boldsymbol{B} & \boldsymbol{E}_n \\ \boldsymbol{O} & \boldsymbol{A} \end{bmatrix} \geqslant \operatorname{rank}\boldsymbol{A} + \operatorname{rank}\boldsymbol{B}.$$

故 $\operatorname{rank}(\boldsymbol{AB}) \geqslant \operatorname{rank}\boldsymbol{A} + \operatorname{rank}\boldsymbol{B} - n$.

例 2.28 设 n 阶方阵 $\boldsymbol{A}$ 满足 $\boldsymbol{A}^2=\boldsymbol{A}$,证明 $\operatorname{rank}\boldsymbol{A}+\operatorname{rank}(\boldsymbol{E}-\boldsymbol{A})=n$.

证 由 $\boldsymbol{A}^2=\boldsymbol{A}$ 有 $\boldsymbol{A}(\boldsymbol{E}-\boldsymbol{A})=\boldsymbol{O}$,故 $\operatorname{rank}\boldsymbol{A}+\operatorname{rank}(\boldsymbol{E}-\boldsymbol{A})\leqslant n$.

另一方面,$n=\operatorname{rank}\boldsymbol{E}=\operatorname{rank}(\boldsymbol{A}+(\boldsymbol{E}-\boldsymbol{A}))\leqslant\operatorname{rank}\boldsymbol{A}+\operatorname{rank}(\boldsymbol{E}-\boldsymbol{A})$.

故 $\operatorname{rank}\boldsymbol{A}+\operatorname{rank}(\boldsymbol{E}-\boldsymbol{A})=n$.

习 题 2.6

1. 用初等行变换求下列矩阵的秩

(1) $\begin{bmatrix} 1 & 2 & 3 \\ 2 & 3 & 1 \\ 3 & 1 & 2 \end{bmatrix}$; (2) $\begin{bmatrix} 3 & -1 & 0 \\ -2 & 1 & 1 \\ 2 & -1 & 4 \end{bmatrix}$;

(3) $\begin{bmatrix} 4 & -2 & 1 \\ 1 & 2 & -2 \\ -1 & 8 & -7 \\ 2 & 14 & -13 \end{bmatrix}$; (4) $\begin{bmatrix} 1 & 2 & 3 & 4 \\ 2 & 4 & 6 & 8 \\ 3 & 1 & 5 & 6 \end{bmatrix}$.

2. 试确定参数 τ 和 λ,使矩阵

$$\begin{bmatrix} 1 & \tau & -1 & 2 \\ 2 & -1 & \lambda & 5 \\ 1 & 10 & -6 & 1 \end{bmatrix}$$

的秩达到最小.

3. 设 $\boldsymbol{A}$ 是 4×3 矩阵,$\operatorname{rank}\boldsymbol{A}=2$,$\boldsymbol{B}=\begin{bmatrix} 1 & 0 & 2 \\ 0 & 2 & 0 \\ -1 & 0 & 3 \end{bmatrix}$,求 $\operatorname{rank}(\boldsymbol{AB})$.

4. 设 $n(n\geqslant 3)$阶方阵 $\boldsymbol{A}=\begin{bmatrix} 1 & a & \cdots & a \\ a & 1 & \cdots & a \\ \vdots & \vdots & & \vdots \\ a & a & \cdots & 1 \end{bmatrix}$的秩为 $n-1$,求 a.

5. 已知 $Q=\begin{bmatrix}1&2&3\\2&4&t\\3&6&9\end{bmatrix}$，$P$ 为三阶非零矩阵，$PQ=O$，则下列结论一定成立的是

(A) $t=6$ 时，$\mathrm{rank}P=1$. (B) $t=6$ 时，$\mathrm{rank}P=2$.

(C) $t\neq6$ 时，$\mathrm{rank}P=1$. (D) $t\neq6$ 时，$\mathrm{rank}P=2$.

6. 设 A 为 $n(n>1)$ 阶方阵，证明 $\mathrm{rank}A^*=\begin{cases}n, & 当\ \mathrm{rank}A=n;\\1, & 当\ \mathrm{rank}A=n-1;\\0, & 当\ \mathrm{rank}A<n-1.\end{cases}$

7. 证明分块矩阵的秩有下列性质

(1) $\mathrm{rank}\begin{bmatrix}A&B\\C&D\end{bmatrix}\geqslant\mathrm{rank}A$； $\mathrm{rank}\begin{bmatrix}A&B\\C&O\end{bmatrix}\geqslant\mathrm{rank}\begin{bmatrix}O&B\\C&O\end{bmatrix}$；

(2) $\mathrm{rank}\begin{bmatrix}A&O\\O&B\end{bmatrix}=\mathrm{rank}A+\mathrm{rank}B$； $\mathrm{rank}\begin{bmatrix}O&A\\B&O\end{bmatrix}=\mathrm{rank}A+\mathrm{rank}B$.

8. 设 n 阶方阵 A 满足 $A^2-3A+2E=O$，证明 $\mathrm{rank}(A-2E)+\mathrm{rank}(A-E)=n$.

9. 设矩阵 A,B,C 满足关系 $A=BC$ 且 B 是列满秩的. 证明 A 列满秩当且仅当 C 列满秩(提示：利用定理 2.6).

2.7 线性方程组的 Gauss 消元法

在中学的代数课程中，已接触过一些简单的线性方程组，知道如何对其求解. 现在来讨论一般线性方程组.

所谓一般线性方程组是指形如式(2.1)的方程组，其中 $x_1,x_2,\cdots,x_n$ 代表 n 个未知量，m 是方程的个数，$a_{ij}(i=1,2,\cdots,m;\ j=1,2,\cdots,n)$称为方程组的**系数**，$b_i(i=1,2,\cdots,m)$称为**常数项**. 方程组中未知量的个数 n 与方程的个数 m 未必相同，系数 a_{ij} 代表第 i 个方程中 x_j 的系数. 有时，也称式(2.1)为 **m 个方程 n 个未知数的线性方程组**.

若 $b_1,b_2,\cdots,b_m$ 不全为零，则称方程组(2.1)为**非齐次线性方程组**；若 $b_1,b_2,\cdots,b_m$ 全为零，则称方程组(2.1)为**齐次线性方程组**.

所谓方程组(2.1)的一个**解**是指由 n 个数 $c_1,c_2,\cdots,c_n$ 组成的有序数组$(c_1,c_2,\cdots,c_n)$，当 $x_1,x_2,\cdots,x_n$ 分别用 $c_1,c_2,...,c_n$ 代入后，式(2.1)中每个等式都成立；方程组(2.1)的解的全体称为它的**解集合**. 如果两个方程组有相同的解集合，则称它们为**同解方程组**.

用 W 表示方程组(2.1)的全部解的集合. 若 $W=\varnothing$，则称式(2.1)为**不相容的**或**无解**；若 $W\neq\varnothing$，则称式(2.1)为**相容的**或**有解**；若 W 只含一个元素，则称式(2.1)有**唯一解**；W 中的任何一个元素，称为式(2.1)的一个**特解**；W 中全部元素的一个通项表达式称为式(2.1)的**通解**或**一般解**.

线性方程组的研究一般从三个方面入手，即解的判别、求解以及解的结构. 本节主要讨论解的判别及求解问题. 利用矩阵来表示线性方程(2.1)就是

$$\boldsymbol{Ax}=\boldsymbol{b},$$

其中**系数矩阵**、**常数矩阵**和**未知向量**分别为

$$\boldsymbol{A}=\begin{bmatrix}a_{11}&a_{12}&\cdots&a_{1n}\\a_{21}&a_{22}&\cdots&a_{2n}\\\vdots&\vdots&&\vdots\\a_{m1}&a_{m2}&\cdots&a_{mn}\end{bmatrix},\quad \boldsymbol{b}=\begin{bmatrix}b_1\\b_2\\\vdots\\b_m\end{bmatrix},\quad \boldsymbol{x}=\begin{bmatrix}x_1\\x_2\\\vdots\\x_n\end{bmatrix}.$$

矩阵

$$\widetilde{\boldsymbol{A}}=[\boldsymbol{A}\quad \boldsymbol{b}]=\begin{bmatrix}a_{11}&a_{12}&\cdots&a_{1n}&b_1\\a_{21}&a_{22}&\cdots&a_{2n}&b_2\\\vdots&\vdots&&\vdots&\vdots\\a_{m1}&a_{m2}&\cdots&a_{mn}&b_m\end{bmatrix}$$

称为方程组(2.1)的**增广矩阵**.

定义 2.18 对线性方程组，称下列三种变换为**线性方程组的初等变换**：

(1) 互换两个方程的位置；

(2) 用一非零的数乘某一方程；

(3) 把一个方程的倍数加到另一个方程.

显然，线性方程组的初等变换总把线性方程组化为与其同解的线性方程组.

由线性方程组(2.1)的矩阵形式 $\boldsymbol{Ax}=\boldsymbol{b}$ 可知，对方程组(2.1)进行初等变换等价于对增广矩阵 $\widetilde{\boldsymbol{A}}=[\boldsymbol{A}\quad \boldsymbol{b}]$进行相应的初等行变换. 对增广矩阵实施初等行变换将其化为行阶梯形，相当于求解线性方程组，此即为 **Gauss 消元法**.

用初等变换化线性方程组为阶梯形方程组，把最后的一些恒等式“0=0”(如果出现的话)去掉，如果剩下的方程中最后一个等式是零等于非零的数，那么方程组无解，否则有解. 把上面的结论用矩阵表述即为如下定理.

定理 2.7 非齐次线性方程组有解的充分必要条件是系数矩阵的秩等于增广矩阵的秩.

在有解的情况下，如果阶梯形方程组中方程的个数 r 等于未知量的个数，那么方程组有唯一解；如果阶梯形方程组中方程的个数 r 小于未知量的个数，那么方程组就有无穷多个解.

Gauss 消元法解非齐次线性方程组的整个过程就是对增广矩阵进行初等行变换的过程. 这个过程为：

(1) 把增广矩阵化为行阶梯形，如果最后一个阶梯的非零元素出现在最后，方

程组无解,否则有解(相当于**消元和有解判断**);

(2) 在有解的情况下把行阶梯形化为最简行阶梯形(相当于**回代**);

(3) 把最简行阶梯形还原为同解方程组,求出所有解.

把以上结果应用到齐次线性方程组,就有如下定理.

定理 2.8　在齐次线性方程组

$$\begin{cases} a_{11}x_1+a_{12}x_2+\cdots+a_{1n}x_n=0, \\ a_{21}x_1+a_{22}x_2+\cdots+a_{2n}x_n=0, \\ \cdots\cdots\cdots\cdots \\ a_{m1}x_1+a_{m2}x_2+\cdots+a_{mn}x_n=0 \end{cases}$$

中，若系数矩阵的秩小于 n，那么它必有非零解.

例 2.29　用 Gauss 消元法解线性方程组

$$\begin{cases} x_1+x_2+x_3=2, \\ 2x_1+2x_2+3x_3=5, \\ 3x_1+4x_2+5x_3=7. \end{cases}$$

解

$$\widetilde{\boldsymbol{A}}=\begin{bmatrix} 1 & 1 & 1 & 2 \\ 2 & 2 & 3 & 5 \\ 3 & 4 & 5 & 7 \end{bmatrix}\xrightarrow[r_3+(-3)r_1]{r_2+(-2)r_1}\begin{bmatrix} 1 & 1 & 1 & 2 \\ 0 & 0 & 1 & 1 \\ 0 & 1 & 2 & 1 \end{bmatrix}\xrightarrow{r_2\leftrightarrow r_3}\begin{bmatrix} 1 & 1 & 1 & 2 \\ 0 & 1 & 2 & 1 \\ 0 & 0 & 1 & 1 \end{bmatrix}.$$

行阶梯形的最后一行有两个非零元,方程组有解,且非零行的行数等于未知量个数,方程组有唯一解.再把行阶梯形化为最简行阶梯形.

$$\begin{bmatrix} 1 & 1 & 1 & 2 \\ 0 & 1 & 2 & 1 \\ 0 & 0 & 1 & 1 \end{bmatrix}\xrightarrow[r_2-2r_3]{r_1-r_3}\begin{bmatrix} 1 & 1 & 0 & 1 \\ 0 & 1 & 0 & -1 \\ 0 & 0 & 1 & 1 \end{bmatrix}\xrightarrow{r_1-r_2}\begin{bmatrix} 1 & 0 & 0 & 2 \\ 0 & 1 & 0 & -1 \\ 0 & 0 & 1 & 1 \end{bmatrix}.$$

由此得阶梯形方程组$\begin{cases} x_1=2, \\ x_2=-1, \\ x_3=1. \end{cases}$此即为解.

例 2.30　解线性方程组

$$\begin{cases} 2x_1+2x_2+2x_3=4, \\ 2x_1+2x_2+3x_3=5, \\ 3x_1+4x_2+5x_3=7, \\ 7x_1+8x_2+10x_3=6. \end{cases}$$

解　对增广矩阵作初等行变换

$$\widetilde{\boldsymbol{A}}=\begin{bmatrix}2&2&2&4\\2&2&3&5\\3&4&5&7\\7&8&10&6\end{bmatrix}\xrightarrow{\frac{1}{2}r_1}\begin{bmatrix}1&1&1&2\\2&2&3&5\\3&4&5&7\\7&8&10&6\end{bmatrix}\xrightarrow[\substack{r_3-3r_1\\r_4-7r_1}]{r_2-2r_1}\begin{bmatrix}1&1&1&2\\0&0&1&1\\0&1&2&1\\0&1&3&-8\end{bmatrix}$$

$$\xrightarrow{r_2\leftrightarrow r_3}\begin{bmatrix}1&1&1&2\\0&1&2&1\\0&0&1&1\\0&1&3&-8\end{bmatrix}\xrightarrow{r_4-r_2}\begin{bmatrix}1&1&1&2\\0&1&2&1\\0&0&1&1\\0&0&1&-9\end{bmatrix}$$

$$\xrightarrow{r_4-r_3}\begin{bmatrix}1&1&1&2\\0&1&2&1\\0&0&1&1\\0&0&0&-10\end{bmatrix}\xrightarrow{-\frac{1}{10}r_4}\begin{bmatrix}1&1&1&2\\0&1&2&1\\0&0&1&1\\0&0&0&1\end{bmatrix}.$$

行阶梯形的最后一行只有一个非零元，并且出现在这一行的最后，方程组无解. 或者写出对应的阶梯形方程组

$$\begin{cases}x_1+x_2+x_3=2,\\x_2+2x_3=1,\\x_3=1,\\0=1.\end{cases}$$

该阶梯形方程组中出现了矛盾等式 $0=1$，故原方程无解.

例 2.31 解线性方程组

$$\begin{cases}x_1-x_2-x_3+3x_5=-1,\\2x_1-2x_2-x_3+2x_4+4x_5=-2,\\3x_1-3x_2-x_3+4x_4+5x_5=-3,\\x_1-x_2+x_3+x_4+8x_5=2.\end{cases}$$

解 在例题 2.22 中已经求出其行阶梯形

$$\widetilde{\boldsymbol{A}}=\begin{bmatrix}1&-1&-1&0&3&-1\\2&-2&-1&2&4&-2\\3&-3&-1&4&5&-3\\1&-1&1&1&8&2\end{bmatrix}\rightarrow\begin{bmatrix}1&-1&-1&0&3&-1\\0&0&1&2&-2&0\\0&0&0&1&-3&-1\\0&0&0&0&0&0\end{bmatrix}.$$

可以看出方程组有解. 进一步求出其最简行阶梯形为

$$\begin{bmatrix} 1 & -1 & 0 & 0 & 7 & 1 \\ 0 & 0 & 1 & 0 & 4 & 2 \\ 0 & 0 & 0 & 1 & -3 & -1 \\ 0 & 0 & 0 & 0 & 0 & 0 \end{bmatrix}.$$

它对应的阶梯形方程组为

$$\begin{cases} x_1 - x_2 + 7x_5 = 1, \\ x_3 + 4x_5 = 2, \\ x_4 - 3x_5 = -1. \end{cases}$$

这个方程组含三个方程、五个未知量. x_2, x_5 可以自由取值,称它们是**自由变量**. x_1, x_3, x_4 可以由 x_2, x_5 表示.

$$\begin{cases} x_1 = x_2 - 7x_5 + 1, \\ x_3 = -4x_5 + 2, \\ x_4 = 3x_5 - 1. \end{cases}$$

令 $x_2 = k, x_5 = l$(k, l 为任意值). 因此方程组的一般解为

$$\begin{bmatrix} x_1 \\ x_2 \\ x_3 \\ x_4 \\ x_5 \end{bmatrix} = \begin{bmatrix} k - 7l + 1 \\ k \\ -4l + 2 \\ 3l - 1 \\ l \end{bmatrix} = k\begin{bmatrix} 1 \\ 1 \\ 0 \\ 0 \\ 0 \end{bmatrix} + l\begin{bmatrix} -7 \\ 0 \\ -4 \\ 3 \\ 1 \end{bmatrix} + \begin{bmatrix} 1 \\ 0 \\ 2 \\ -1 \\ 0 \end{bmatrix}.$$

例 2.32　解齐次线性方程组

$$\begin{cases} x_1 - x_2 - x_3 + 3x_5 = 0, \\ 2x_1 - 2x_2 - x_3 + 2x_4 + 4x_5 = 0, \\ 3x_1 - 3x_2 - x_3 + 4x_4 + 5x_5 = 0, \\ x_1 - x_2 + x_3 + x_4 + 8x_5 = 0. \end{cases}$$

解　把系数矩阵化为最简行阶梯形

$$\boldsymbol{A} = \begin{bmatrix} 1 & -1 & -1 & 0 & 3 \\ 2 & -2 & -1 & 2 & 4 \\ 3 & -3 & -1 & 4 & 5 \\ 1 & -1 & 1 & 1 & 8 \end{bmatrix} \to \begin{bmatrix} 1 & -1 & -1 & 0 & 3 \\ 0 & 0 & 1 & 2 & -2 \\ 0 & 0 & 0 & 1 & -3 \\ 0 & 0 & 0 & 0 & 0 \end{bmatrix} \to \begin{bmatrix} 1 & -1 & 0 & 0 & 7 \\ 0 & 0 & 1 & 0 & 4 \\ 0 & 0 & 0 & 1 & -3 \\ 0 & 0 & 0 & 0 & 0 \end{bmatrix}.$$

它对应的阶梯形方程组为

$$\begin{cases} x_1 - x_2 + 7x_5 = 0, \\ x_3 + 4x_5 = 0, \\ x_4 - 3x_5 = 0, \end{cases}$$

这个方程组含三个方程、五个未知量. x_2, x_5 可以自由取值, x_1, x_3, x_4 可以由 x_2, x_5 表示:

$$\begin{cases} x_1 = x_2 - 7x_5, \\ x_3 = -4x_5, \\ x_4 = 3x_5. \end{cases}$$

令 $x_2 = k, x_5 = l$(k, l 为任意值). 因此方程的一般解为

$$\begin{bmatrix} x_1 \\ x_2 \\ x_3 \\ x_4 \\ x_5 \end{bmatrix} = \begin{bmatrix} k-7l \\ k \\ -4l \\ 3l \\ l \end{bmatrix} = k\begin{bmatrix} 1 \\ 1 \\ 0 \\ 0 \\ 0 \end{bmatrix} + l\begin{bmatrix} -7 \\ 0 \\ -4 \\ 3 \\ 1 \end{bmatrix}.$$

* 用 Mathematica 解上述四个例题如下.

例 2.29,输入

```
LinearSolve[{{1,1,1},{2,2,3},{3,4,5}},{2,5,7}]
```

输出

```
{2,-1,1}
```

例 2.30,输入

```
LinearSolve[{{2,2,2},{2,2,3},{3,4,5},{7,8,10}},{4,5,7,6}]
```

输出

```
LinearSolve::nosol:
Linear equation encountered which has no solution.
```

例 2.31,输入

```
LinearSolve[{{1,-1,-1,0,3},{2,-2,-1,2,4},{3,-3,-1,4,5},{1,
-1,1,1,8}},{-1,-2,-3,2}]
NullSpace[{{1,-1,-1,0,3},{2,-2,-1,2,4},{3,-3,-1,4,5},{1,-1,
1,1,8}}]
```

输出

```
{1,0,2,-1,0}
{{-7,0,-4,3,1},{1,1,0,0,0}}
```

例 2.32,输入

```
NullSpace[{{1,-1,-1,0,3},{2,-2,-1,2,4},{3,-3,-1,4,5},{1,-1,1,1,8}}]
```

输出

```
{{-7,0,-4,3,1},{1,1,0,0,0}}
```

利用例 2.19 的记法，我们可以把矩阵方程求解转换为多个线性方程组的求解. 假设 $\boldsymbol{A}=[a_{ij}]_{m\times n}$，$\boldsymbol{X}=[x_{ij}]_{n\times k}$，$\boldsymbol{B}=[b_{ij}]_{m\times k}$，把 $\boldsymbol{X}$ 与 $\boldsymbol{B}$ 分别按列分块为

$$\boldsymbol{X}=[\boldsymbol{X}_1\quad \boldsymbol{X}_2\quad \cdots\quad \boldsymbol{X}_k],\quad \boldsymbol{B}=[\boldsymbol{B}_1\quad \boldsymbol{B}_2\quad \cdots\quad \boldsymbol{B}_k].$$

矩阵方程 $\boldsymbol{AX}=\boldsymbol{B}$ 等价于 k 个线性方程组 $\boldsymbol{AX}_i=\boldsymbol{B}_i(i=1,2,\cdots,k)$，并且矩阵方程 $\boldsymbol{AX}=\boldsymbol{B}$ 有解的充要条件是 k 个线性方程组 $\boldsymbol{AX}_i=\boldsymbol{B}_i(i=1,2,\cdots,k)$ 都有解. 在求解每个线性方程组 $\boldsymbol{AX}_i=\boldsymbol{B}_i$ 时，都是把矩阵 $[\boldsymbol{A}\quad \boldsymbol{B}_i]$ 化为最简行阶梯形，其实可以只把 $\boldsymbol{A}$ 化为最简行阶梯形，同时把相应的变换作用在 $\boldsymbol{B}_i$ 上. 因此我们可以对 $[\boldsymbol{A}\quad \boldsymbol{B}]$ 进行初等行变换，其目的是把 $\boldsymbol{A}$ 化为最简行阶梯形. 进一步可以得到 $\boldsymbol{AX}=\boldsymbol{B}$ 有解的充分必要条件为 $\operatorname{rank}([\boldsymbol{A}\quad \boldsymbol{B}])=\operatorname{rank}\boldsymbol{A}$.

例 2.33　求解矩阵方程

$$\begin{bmatrix}1&2&0&1\\1&1&0&2\\2&1&2&3\end{bmatrix}\begin{bmatrix}x_{11}&x_{12}\\x_{21}&x_{22}\\x_{31}&x_{32}\\x_{41}&x_{42}\end{bmatrix}=\begin{bmatrix}6&1\\5&1\\11&4\end{bmatrix}.$$

解　由于

$$\begin{bmatrix}1&2&0&1&6&1\\1&1&0&2&5&1\\2&1&2&3&11&4\end{bmatrix}\to\begin{bmatrix}1&2&0&1&6&1\\0&-1&0&1&-1&0\\0&-3&2&1&-1&2\end{bmatrix}\to\begin{bmatrix}1&0&0&3&4&1\\0&1&0&-1&1&0\\0&0&1&-1&1&1\end{bmatrix}.$$

因此矩阵方程有解. 对应的两个方程组为

$$\begin{cases}x_{11}+3x_{41}=4,\\x_{21}-x_{41}=1,\\x_{31}-x_{41}=1,\end{cases}\quad\begin{cases}x_{12}+3x_{42}=1,\\x_{22}-x_{42}=0,\\x_{32}-x_{42}=1.\end{cases}$$

分别令 $x_{41}=k$，$x_{42}=l$，解得

$$\begin{bmatrix}x_{11}\\x_{21}\\x_{31}\\x_{41}\end{bmatrix}=k\begin{bmatrix}-3\\1\\1\\1\end{bmatrix}+\begin{bmatrix}4\\1\\1\\0\end{bmatrix},\quad\begin{bmatrix}x_{12}\\x_{22}\\x_{32}\\x_{42}\end{bmatrix}=l\begin{bmatrix}-3\\1\\1\\1\end{bmatrix}+\begin{bmatrix}1\\0\\1\\0\end{bmatrix}.$$

矩阵方程的一般解为

$$\begin{bmatrix} x_{11} & x_{12} \\ x_{21} & x_{22} \\ x_{31} & x_{32} \\ x_{41} & x_{42} \end{bmatrix} = \begin{bmatrix} -3k+4 & -3l+1 \\ k+1 & l \\ k+1 & l+1 \\ k & l \end{bmatrix} = k\begin{bmatrix} -3 & 0 \\ 1 & 0 \\ 1 & 0 \\ 1 & 0 \end{bmatrix} + l\begin{bmatrix} 0 & -3 \\ 0 & 1 \\ 0 & 1 \\ 0 & 1 \end{bmatrix} + \begin{bmatrix} 4 & 1 \\ 1 & 0 \\ 1 & 1 \\ 0 & 0 \end{bmatrix}.$$

习 题 2.7

1. 求下列线性方程组的一般解

(1) $\begin{cases} x_1 - x_2 + 5x_3 - x_4 = 0, \\ x_1 + x_2 - 2x_3 + 3x_4 = 0, \\ 3x_1 - x_2 + 8x_3 + x_4 = 0, \\ x_1 + 3x_2 - 9x_3 + 7x_4 = 0; \end{cases}$

(2) $\begin{cases} x_1 - x_3 + x_5 = 0, \\ x_2 - x_4 + x_6 = 0, \\ x_1 - x_2 + x_5 - x_6 = 0, \\ x_2 - x_3 + x_5 = 0, \\ x_1 - x_4 + x_5 = 0; \end{cases}$

(3) $x_1 + 2x_2 + 3x_3 + \cdots + nx_n = 0$;

(4) $\begin{cases} x_1 + 3x_2 + 5x_3 - 4x_4 = 1, \\ x_1 + 3x_2 + 2x_3 - 2x_4 + x_5 = -1, \\ x_1 - 2x_2 + x_3 - x_4 - x_5 = 3, \\ x_1 - 4x_2 + x_3 + x_4 - x_5 = 3, \\ x_1 + 2x_2 + x_3 - x_4 + x_5 = -1; \end{cases}$

(5) $\begin{cases} x_1 + 2x_2 + 3x_3 - x_4 = 1, \\ 3x_1 + 2x_2 + x_3 - x_4 = 1, \\ 2x_1 + 3x_2 + x_3 + x_4 = 1, \\ 2x_1 + 2x_2 + 2x_3 - x_4 = 1, \\ 5x_1 + 5x_2 + 2x_3 = 2. \end{cases}$

2. 证明:方程组

$$\begin{cases} a_{11}x_1 + a_{12}x_2 + \cdots + a_{1n}x_n = b_1, \\ a_{21}x_1 + a_{22}x_2 + \cdots + a_{2n}x_n = b_2, \\ \cdots\cdots\cdots\cdots \\ a_{n1}x_1 + a_{n2}x_2 + \cdots + a_{nn}x_n = b_n \end{cases}$$

对任何 $b_1, b_2, \cdots, b_n$ 都有解的充要条件是方程组的系数行列式不为零.

3. 求解矩阵方程

(1) $\begin{bmatrix} 2 & 3 \\ 0 & -2 \\ -1 & 1 \\ 3 & -1 \end{bmatrix} \boldsymbol{X} = \begin{bmatrix} -5 & 4 \\ 6 & -4 \\ -5 & 3 \\ 9 & -5 \end{bmatrix}$;

(2) $\begin{bmatrix} -5 & 4 \\ 6 & -4 \\ -5 & 3 \\ 9 & -5 \end{bmatrix} \boldsymbol{X} = \begin{bmatrix} 2 & 3 \\ 0 & -2 \\ -1 & 1 \\ 3 & -1 \end{bmatrix}$.

第 3 章　向量与线性空间

为了描述既有方向又有大小的量，人们引入了向量的概念，向量是解析几何最基本的研究对象之一. 为了描述更复杂的现象，人们又引入了更为抽象的向量的概念，并以此建立了线性空间. 在一定意义上说，线性空间是解析几何的推广和升华，而解析几何则为抽象的线性空间提供了具体、生动的模型. 本章以平面二维向量和空间三维向量为直观研究对象，进而研究一般 n 维向量和线性空间及其相关问题.

3.1　空间直角坐标系

平面直角坐标系搭起了平面图形和一元函数之间的桥梁，同样，空间直角坐标系建立了空间图形和二元函数之间的联系.

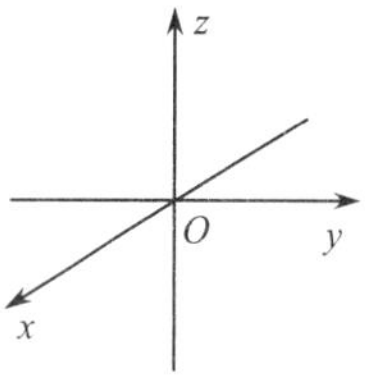

图 3-1

3.1.1　空间直角坐标系

平面上的一个点在平面直角坐标系中可以用有序的一对数唯一表示. 这样就把几何问题转化为了代数问题，反过来有些代数问题也可以借助几何来描述. 这个方法可以推广到三维空间.

如图 3-1 所示，从空间中某一定点 O 引三条互相垂直的数轴，它们都以定点 O 为原点. 这三条轴分别称为 **Ox 轴**（x 轴，横轴）、**Oy 轴**（y 轴，纵轴）和 **Oz 轴**（z 轴，竖轴），统称为**坐标轴**. 这样建立的**空间直角坐标系**，通常称为**右手系**（以右手握住 z 轴，当右手的四指从正向 x 轴以 $\pi/2$ 角度转向正向 y 轴时，大拇指的指向就是 z 轴的正向）.

三条坐标轴两两决定一个平面，这样定出的三个平面 xOy、yOz 及 zOx 称为**坐标平面**. 这三个平面把空间分成八个部分，每一部分称为**一个卦限**. 例如，含有 x 轴正向、y 轴正向及 z 轴正向的那个卦限称为**第一个卦限**（图 3-2）.

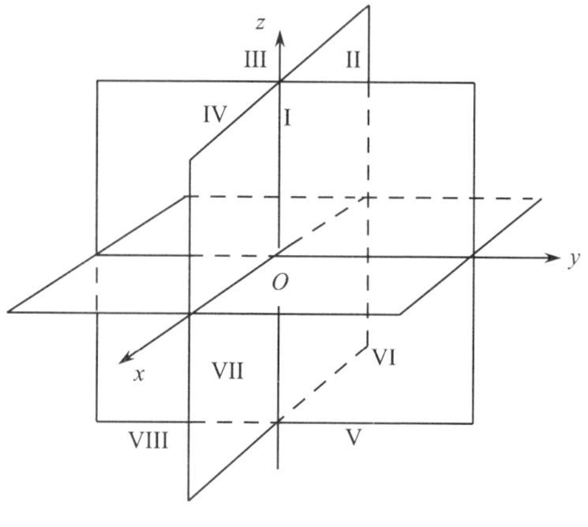

图 3-2

3.1.2 点和有序数组的一一对应

如图 3-3,设 M 为空间中的已知点,过点 M 作三个分别平行于坐标平面的平面,这三个平面交三轴于 P,Q,R,设 $OP=x,OQ=y,OR=z$,因此点 M 唯一确定一个有序数组 (x,y,z). 这个有序数组 (x,y,z) 称为**点 M 的坐标**,分别称为**横标**、**纵标**、**竖标**. 反之,给定有序数组 (x,y,z), 令 $OP=x,OQ=y,OR=z$,其中 P,Q,R 分别在三个坐标轴上,过 P,Q,R 分别作垂直于 x 轴、y 轴及 z 轴的平面,三个平面唯一的交点 M 即为所求.

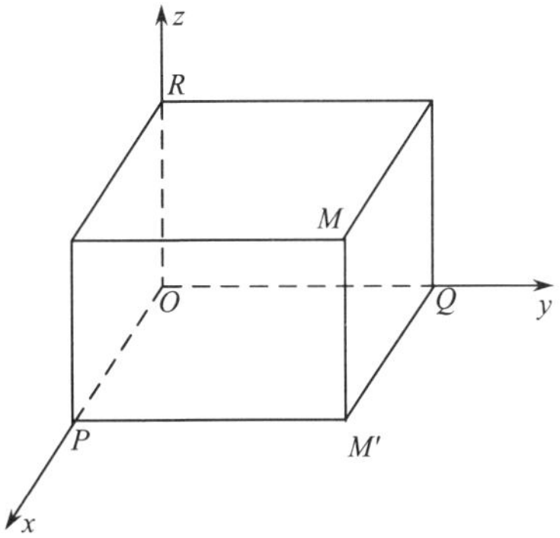

图 3-3

坐标平面上和坐标轴上的点,其坐标各有一定的特征. 例如,点 M 在 yOz 平面,则 $x=0$. 各卦限内的点(除去坐标面上的点外)的坐标符号如下:

Ⅰ(+,+,+),Ⅱ(−,+,+),Ⅲ(−,−,+),Ⅳ(+,−,+),

Ⅴ(+,+,−),Ⅵ(−,+,−),Ⅶ(−,−,−),Ⅷ(+,−,−).

3.1.3 坐标平移

设有空间直角坐标系 $Oxyz$,将坐标原点移到空间一点 O' 而坐标轴的正向皆不变. 这样得到一个新的直角坐标系 $O'x'y'z'$(图 3-4),称为**坐标轴的平移**.

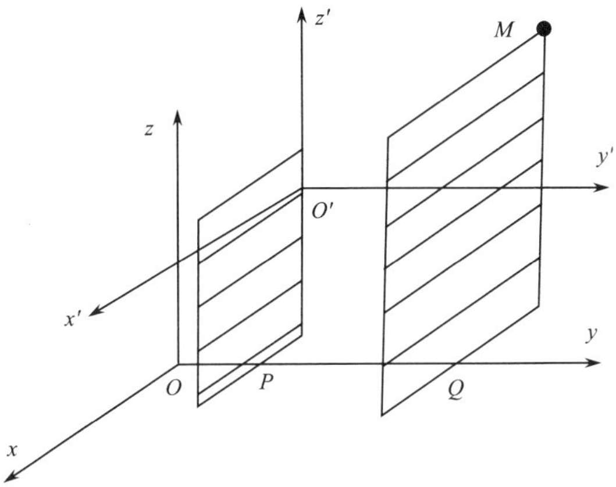

图 3-4

设 O' 关于原坐标系的坐标为 (a,b,c). 空间一点 M 关于原坐标系的坐标为

(x,y,z)，关于新坐标系的坐标为(x',y',z'). 过 O' 和 M 分别作平面垂直于 Oy 轴，交点分别为 P,Q，于是有 $OQ=OP+PQ$，即 $y=y'+b$，类似有 $x=x'+a$，$z=z'+c$，因此点 M 的新旧坐标关系为

$$\begin{cases} x=a+x', \\ y=b+y', \\ z=c+z', \end{cases} \qquad \text{或者} \qquad \begin{cases} x'=x-a, \\ y'=y-b, \\ z'=z-c. \end{cases}$$

设空间一点 $M(x,y,z)$，O 与 M 的距离是长方体对角线长度：$\|OM\|=\sqrt{x^2+y^2+z^2}$（图 3-5）.

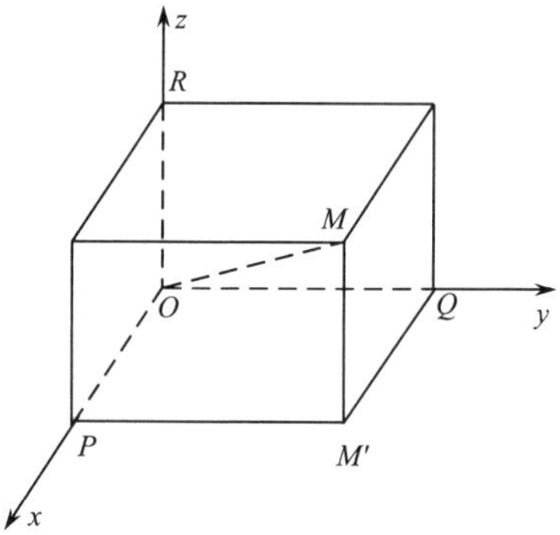

图 3-5

一般地，设有空间中两点 $M_1(x_1,y_1,z_1)$，$M_2(x_2,y_2,z_2)$，把空间直角坐标系的原点平移到 $M_1(x_1,y_1,z_1)$. 在新坐标系里面 M_2 的坐标是$(x_2-x_1,y_2-y_1,z_2-z_1)$，因此

$$\|M_1M_2\|=\sqrt{(x_2-x_1)^2+(y_2-y_1)^2+(z_2-z_1)^2}.$$

例 3.1　试在 xOy 平面上求一点，使它到 $A(1,-1,5)$、$B(3,4,4)$ 和 $C(4,6,1)$ 的距离相等.

解　设 M 为所求. 故依题意可设 M 的坐标为$(x,y,0)$，又由题意知

$$\begin{aligned}\sqrt{(x-1)^2+(y+1)^2+(0-5)^2}&=\sqrt{(x-3)^2+(y-4)^2+(0-4)^2}\\&=\sqrt{(x-4)^2+(y-6)^2+(0-1)^2},\end{aligned}$$

化简可得$\begin{cases}4x+10y=14,\\2x+4y=12,\end{cases}$解得$\begin{cases}x=16,\\y=-5.\end{cases}$所求的点为 $M(16,-5,0)$.

习　题　3.1

1. 已知某个棱长为 a 的正棱锥的一个顶点在 z 轴上，底面为正方形且在 xOy 平面上，底面

的一边垂直于 x 轴，另一边垂直于 y 轴. 求正棱锥 5 个顶点的坐标.

2. 求点 $A(-3,2,-5)$ 到坐标原点和各坐标轴的距离.

3. 试在 yOz 平面上求一点，使它到 $A(3,1,2)$、$B(4,-2,-2)$ 和 $C(0,5,1)$ 的距离相等.

4. 在 z 轴上求一点，使得它和点 $(1,2,5)$、$(2,3,4)$ 形成直角三角形.

3.2 向量与向量的线性运算

3.2.1 向量(矢量)的概念

在物理学、力学及其他应用科学的研究中，通常会遇到如力、速度、力矩、位移、加速度等既有大小又有方向的量. 这一类量称为**矢量**(或**向量**). 这些实际的量往往还与其始点位置有关.

在数学上，通常用有向线段来表示矢量. 有向线段的长度表示矢量的大小，有向线段的方向表示矢量的方向. 这种有向线段称为**几何矢量**. 与始点位置没有关系的几何矢量称为**自由矢量**(**自由向量**). 我们通常研究自由矢量.

以点 A 为始点，点 B 为终点的矢量记为 $\overrightarrow{AB}$. 为了和后面将要学习的一般向量空间有一致的记号，矢量也可以用英文或希腊文表示，如 $\boldsymbol{a},\boldsymbol{b},\boldsymbol{F},\boldsymbol{\alpha},\boldsymbol{\beta},\boldsymbol{\gamma}$ 等.

矢量的大小又称为矢量的**模**. 矢量 $\overrightarrow{AB}$，$\boldsymbol{a}$ 的模分别记为 $\|\overrightarrow{AB}\|$，$\|\boldsymbol{a}\|$. 若 $\|\boldsymbol{a}\|=1$，则称 $\boldsymbol{a}$ 为**单位矢量**. 一般地，与 $\boldsymbol{a}$ 同向的单位向量记为 $\boldsymbol{a}^0$. 模等于零的矢量称为**零矢量**，记为 $\mathbf{0}$，零矢量的方向可以看作是任意的. 在空间直角坐标系中，若以原点为始点，向空间一点 M 引矢量 $\overrightarrow{OM}$，这个矢量称为点 $\boldsymbol{M}$ 的**矢径**，通常用 $\boldsymbol{r}$ 表示，即 $\boldsymbol{r}=\overrightarrow{OM}$.

3.2.2 向量的线性运算

在研究物体受力时，作用于一个质点的两个力的合力就是以这两个力为边的平行四边形的对角线上的向量. 向量的加法就是对合力这个概念在数学上的抽象和概括.

向量加法有**平行四边形法则**和**三角形法则**.

向量的加法满足

(1) **交换律**：对于任意向量 $\boldsymbol{a},\boldsymbol{b}$，有 $\boldsymbol{a}+\boldsymbol{b}=\boldsymbol{b}+\boldsymbol{a}$(图 3-6)；

(2) **结合律**：对于任意向量 $\boldsymbol{a},\boldsymbol{b},\boldsymbol{c}$，有 $(\boldsymbol{a}+\boldsymbol{b})+\boldsymbol{c}=\boldsymbol{a}+(\boldsymbol{b}+\boldsymbol{c})$(图 3-7).

由于向量的加法满足结合律，三个向量 $\boldsymbol{a},\boldsymbol{b},\boldsymbol{c}$ 之和就可以简单地记为：$\boldsymbol{a}+\boldsymbol{b}+\boldsymbol{c}$. 一般地，对于 n 个向量 $\boldsymbol{a}_1,\boldsymbol{a}_2,\cdots,\boldsymbol{a}_n$，它们的和可记做 $\boldsymbol{a}_1+\boldsymbol{a}_2+\cdots+\boldsymbol{a}_n$. 它们之间不需加括号，各向量可以任意颠倒次序.

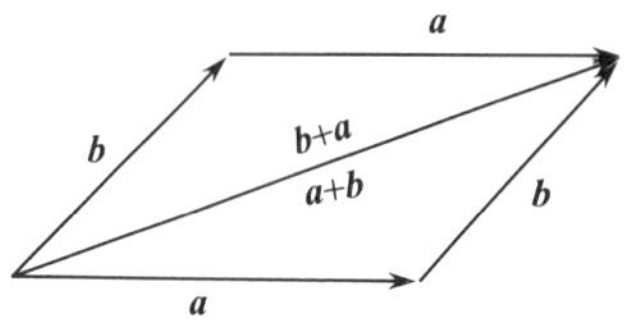

图 3-6

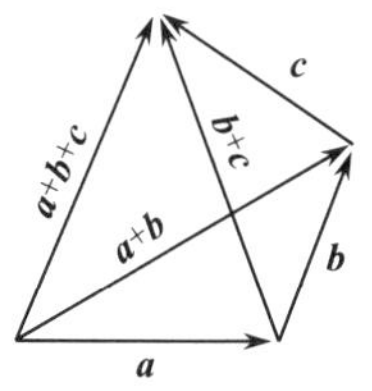

图 3-7

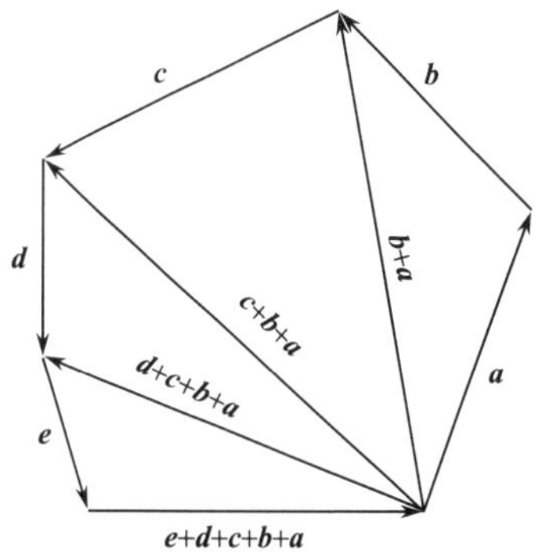

图 3-8

n 个向量相加的作图法,可由三角形法则推广(图 3-8).这种方法称为**多边形法则**.

(3) **零向量**:对于任意向量 $\boldsymbol{a}$,有 $\boldsymbol{a}+\boldsymbol{0}=\boldsymbol{0}+\boldsymbol{a}=\boldsymbol{a}$.

用 $-\boldsymbol{a}$ 表示与 $\boldsymbol{a}$ 的模相等而方向相反的向量,称为**负向量**(**逆矢量**).

规定 $\boldsymbol{a}-\boldsymbol{b}=\boldsymbol{a}+(-\boldsymbol{b})$, 称为**向量的减法**.

(4) 对于任意向量 $\boldsymbol{a}$,有 $\boldsymbol{a}+(-\boldsymbol{a})=(-\boldsymbol{a})+\boldsymbol{a}=\boldsymbol{0}$.

矢量与数量的乘法(**数乘**):实数 λ 与向量 $\boldsymbol{a}$ 的积是一个向量,记作 $\lambda\boldsymbol{a}$. 规定:

(i) $\|\lambda\boldsymbol{a}\|=|\lambda|\,\|\boldsymbol{a}\|$;

(ii) 当 $\lambda>0$ 时,$\lambda\boldsymbol{a}$ 与 $\boldsymbol{a}$ 方向相同;当 $\lambda<0$ 时,$\lambda\boldsymbol{a}$ 与 $\boldsymbol{a}$ 方向相反;当 $\lambda=0$ 时$\lambda\boldsymbol{a}=0$.

(5) 特别地,用 -1 乘 $\boldsymbol{a}$ 就得到负向量 $-\boldsymbol{a}$,即 $(-1)\boldsymbol{a}=-\boldsymbol{a}$. 用 1 乘 $\boldsymbol{a}$ 有 $1\boldsymbol{a}=\boldsymbol{a}$.

位于平行直线上的矢量称为**共线矢量**. 显然,两个非零矢量 $\boldsymbol{a}$ 与 $\boldsymbol{b}$ 共线的充要条件是:存在非零的数 λ,使得 $\boldsymbol{a}=\lambda\boldsymbol{b}$.

向量的数乘运算满足运算规律:

(6) **结合律**:$\lambda(\mu\boldsymbol{a})=(\lambda\mu)\boldsymbol{a}$.

(7) **分配律**:$(\lambda+\mu)\boldsymbol{a}=\lambda\boldsymbol{a}+\mu\boldsymbol{a}$;

$$\lambda(\boldsymbol{a}+\boldsymbol{b})=\lambda\boldsymbol{a}+\lambda\boldsymbol{b}.$$

习　题　3.2

1. 证明向量的数乘运算满足结合律和分配律.

2. 把$\triangle ABC$ 的边 BC 五等分,分点依次为 D_1,D_2,D_3,D_4,再把各分点与点 A 连接,试以 $\overrightarrow{AB}=\boldsymbol{c}$,$\overrightarrow{BC}=\boldsymbol{a}$ 表示矢量 $\overrightarrow{D_1A}$, $\overrightarrow{D_2A}$, $\overrightarrow{D_3A}$, $\overrightarrow{D_4A}$.

3. 三角形的三个顶点分别由矢径 $\boldsymbol{r}_1,\boldsymbol{r}_2,\boldsymbol{r}_3$ 给出,求三条中线交点的矢径.

4. 用矢量证明一组对边平行且相等的四边形是平行四边形.

3.3 向量的标量积、向量积及混合积

3.3.1 向量的坐标

3.1 节我们建立了空间的点 M 与一组有序的数组(x,y,z)之间的一一对应;3.2 节建立了空间的点 M 与以原点 O 为始点向 M 所引的矢径$\overrightarrow{OM}$之间的一一对应(图 3-9).因此可以认为有序数组(x, y, z)与矢径$\overrightarrow{OM}$是一一对应的.以后把$M(x,y,z)$理解为空间的一点或者向量$\overrightarrow{OM}$,并且把这两种理解认为是同一个意思.以后既可以把(x,y,z)理解为空间的一点,也可以理解为一个向量.

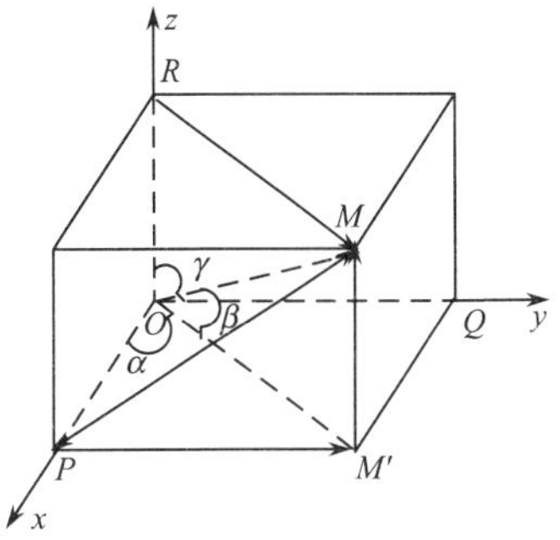

图 3-9

要注意的是空间自由向量是由空间两个点(起点和终点)确定,而$\overrightarrow{OM}$由一个点确定,其始点总是为原点,因此当把(x,y,z)理解为一个向量时,就默认始点为原点.

假设空间一向量的始点为 $A(x_1,y_1,z_1)$、终点为 $B(x_2,y_2,z_2)$,平移向量$\overrightarrow{AB}$使得始点 A 与坐标原点重合,这时终点 B 变为$M(x_2-x_1,y_2-y_1,z_2-z_1)$,因此

$$\overrightarrow{AB}=\overrightarrow{OM}=(x_2-x_1,y_2-y_1,z_2-z_1).$$

如果分别记 x 轴、y 轴和 z 轴上的单位向量为 $\boldsymbol{e}_1=(1,0,0)$,$\boldsymbol{e}_2=(0,1,0)$,$\boldsymbol{e}_3=(0,0,1)$,由图 3-9 得到$(x,y,z)=\overrightarrow{OP}+\overrightarrow{PM'}+\overrightarrow{M'M}=x\boldsymbol{e}_1+y\boldsymbol{e}_2+z\boldsymbol{e}_3$.

设向量 $\boldsymbol{a}=(x_1,y_1,z_1)$,$\boldsymbol{b}=(x_2,y_2,z_2)$,$\lambda$ 是实数.按照刚才的表示方法,很容易得到

$$\boldsymbol{a}+\boldsymbol{b}=(x_1+x_2,y_1+y_2,z_1+z_2),\quad \lambda\boldsymbol{a}=(\lambda x_1,\lambda y_1,\lambda z_1).$$

并且这种加法和数乘与前面用几何方式定义的向量加法和数乘是一致的.

为简单起见,今后可以直接把向量记成 $\boldsymbol{a}=(x_1,y_1,z_1)$,$\boldsymbol{b}=(x_2,y_2,z_2)$等.上面出现的单位向量 $\boldsymbol{e}_1=(1,0,0)$,$\boldsymbol{e}_2=(0,1,0)$,$\boldsymbol{e}_3=(0,0,1)$通常记作 $\boldsymbol{i},\boldsymbol{j},\boldsymbol{k}$.

假设向量 $\boldsymbol{a}=x\boldsymbol{i}+y\boldsymbol{j}+z\boldsymbol{k}$,$\boldsymbol{a}$ 与 $\boldsymbol{i},\boldsymbol{j},\boldsymbol{k}$ 的夹角 α,β,γ 称为 $\boldsymbol{a}$ 的**方向角**,$\cos\alpha$,$\cos\beta$,$\cos\gamma$ 称为 $\boldsymbol{a}$ 的**方向余弦**.且由图 3-9 容易得

$$\cos\alpha=\frac{x}{\sqrt{x^2+y^2+z^2}},\quad \cos\beta=\frac{y}{\sqrt{x^2+y^2+z^2}},\quad \cos\gamma=\frac{z}{\sqrt{x^2+y^2+z^2}}.$$

因此

$$\cos^2\alpha+\cos^2\beta+\cos^2\gamma=1.$$

3.3.2　向量的标量积

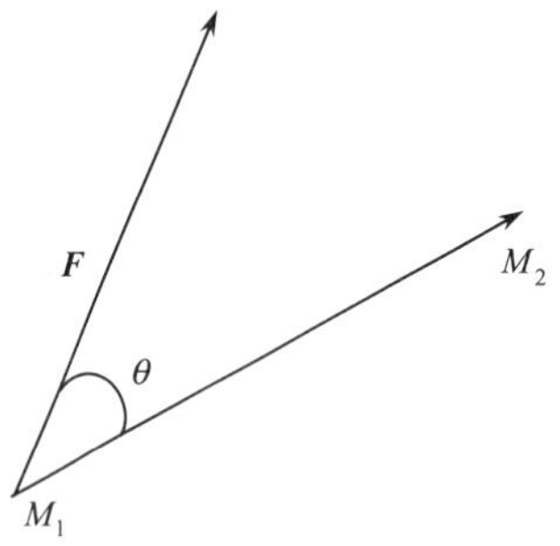

图 3-10

如图 3-10，一个常力 $\boldsymbol{F}$ 沿直线把一物体从 M_1 移动到 M_2，令 $\boldsymbol{S}=\overrightarrow{M_1M_2}$，力 $\boldsymbol{F}$ 与位移 $\boldsymbol{S}$ 的夹角用 $(\boldsymbol{F},\boldsymbol{S})$ $(0\leqslant(\boldsymbol{F},\boldsymbol{S})\leqslant\pi)$表示，那么力 $\boldsymbol{F}$ 对位移 $\boldsymbol{S}$ 所做的功为

$$W=\|\boldsymbol{F}\|\,\|\boldsymbol{S}\|\cos(\boldsymbol{F},\boldsymbol{S}).$$

这个物理现象所得的公式可以提升为向量的数量积.

平移两个向量 $\boldsymbol{a}$,$\boldsymbol{b}$ 使其始点重合，则所构成的不大于 π 的夹角，称为 $\boldsymbol{a}$ 与 $\boldsymbol{b}$ 的**夹角**，记作$(\boldsymbol{a},\boldsymbol{b})$. 当 $\boldsymbol{a}$ 与 $\boldsymbol{b}$ 至少有一个为零时，约定夹角可为满足 $0\leqslant(\boldsymbol{a},\boldsymbol{b})\leqslant\pi$ 的任何值.

定义 3.1　对于两个向量 $\boldsymbol{a}$ 与 $\boldsymbol{b}$，称数量 $\|\boldsymbol{a}\|\,\|\boldsymbol{b}\|\cos(\boldsymbol{a},\boldsymbol{b})$为 $\boldsymbol{a}$ 与 $\boldsymbol{b}$ 的**标量积**(**内积**、**数量积**、**点积**)，记作 $\boldsymbol{a}\cdot\boldsymbol{b}$，即 $\boldsymbol{a}\cdot\boldsymbol{b}=\|\boldsymbol{a}\|\,\|\boldsymbol{b}\|\cos(\boldsymbol{a},\boldsymbol{b})$.

设 $\boldsymbol{a}$ 与 $\boldsymbol{b}$ 都是非零向量，将 $\boldsymbol{b}$ 分解为与 $\boldsymbol{a}$ 平行的向量 $\boldsymbol{b}_1$ 和与 $\boldsymbol{a}$ 垂直的向量 $\boldsymbol{b}_2$，如图 3-11，$\boldsymbol{b}_1=\|\boldsymbol{b}\|\cos(\boldsymbol{a},\boldsymbol{b})\boldsymbol{a}^0$，称 $\boldsymbol{b}_1$ 为向量 $\boldsymbol{b}$ 在 $\boldsymbol{a}$ 上的**投影向量**. 称 $\|\boldsymbol{b}\|\cos(\boldsymbol{a},\boldsymbol{b})$为向量 $\boldsymbol{b}$ 在 $\boldsymbol{a}$ 上的**投影**，记为 $\mathrm{proj}_{\boldsymbol{a}}\boldsymbol{b}$.

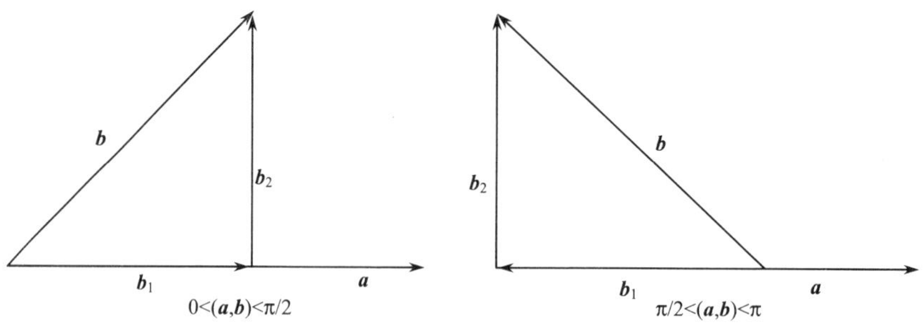

图 3-11

因此 $\boldsymbol{a}\cdot\boldsymbol{b}=\|\boldsymbol{a}\|\,\|\boldsymbol{b}\|\cos(\boldsymbol{a},\boldsymbol{b})=\|\boldsymbol{a}\|\mathrm{proj}_{\boldsymbol{a}}\boldsymbol{b}$ $(\boldsymbol{a}\neq\boldsymbol{0})$或 $\boldsymbol{a}\cdot\boldsymbol{b}=\|\boldsymbol{b}\|\mathrm{proj}_{\boldsymbol{b}}\boldsymbol{a}$ $(\boldsymbol{b}\neq\boldsymbol{0})$.

设 $\boldsymbol{a}$,$\boldsymbol{b}$,$\boldsymbol{c}$ 是向量，λ 是实数. 容易验证

$$\mathrm{proj}_{\boldsymbol{a}}(\boldsymbol{b}+\boldsymbol{c})=\mathrm{proj}_{\boldsymbol{a}}\boldsymbol{b}+\mathrm{proj}_{\boldsymbol{a}}\boldsymbol{c},\quad \mathrm{proj}_{\boldsymbol{a}}(\lambda\boldsymbol{b})=\lambda\mathrm{proj}_{\boldsymbol{a}}\boldsymbol{b}.$$

定理 3.1　对于任意向量 $\boldsymbol{a}$,$\boldsymbol{b}$,$\boldsymbol{c}$ 与任何实数 λ，我们有

(1) 交换律：$\boldsymbol{a}\cdot\boldsymbol{b}=\boldsymbol{b}\cdot\boldsymbol{a}$；

(2) 分配律：$\boldsymbol{a}\cdot(\boldsymbol{b}+\boldsymbol{c})=\boldsymbol{a}\cdot\boldsymbol{b}+\boldsymbol{a}\cdot\boldsymbol{c}$；

(3) 齐次性：$\lambda(\boldsymbol{a}\cdot\boldsymbol{b})=(\lambda\boldsymbol{a})\cdot\boldsymbol{b}=\boldsymbol{a}\cdot(\lambda\boldsymbol{b})$；

(4) 非负性：当 $\boldsymbol{a}\neq\boldsymbol{0}$ 时，$\boldsymbol{a}\cdot\boldsymbol{a}>0$，$\boldsymbol{a}\cdot\boldsymbol{a}=0\Leftrightarrow\boldsymbol{a}=\boldsymbol{0}$；

(5) Cauchy-Schwarz 不等式：$|\boldsymbol{a}\cdot\boldsymbol{b}|\leqslant\|\boldsymbol{a}\|\,\|\boldsymbol{b}\|$，当且仅当 $\boldsymbol{a}$ 与 $\boldsymbol{b}$ 共线时等式成立.

下面只证分配律，其余结论请读者自证.

$$\boldsymbol{a}\cdot(\boldsymbol{b}+\boldsymbol{c})=\|\boldsymbol{a}\|\operatorname{proj}_{\boldsymbol{a}}(\boldsymbol{b}+\boldsymbol{c})=\|\boldsymbol{a}\|\operatorname{proj}_{\boldsymbol{a}}\boldsymbol{b}+\|\boldsymbol{a}\|\operatorname{proj}_{\boldsymbol{a}}\boldsymbol{c}=\boldsymbol{a}\cdot\boldsymbol{b}+\boldsymbol{a}\cdot\boldsymbol{c}.$$

由定理 3.1 可以得到

$$(\boldsymbol{b}+\boldsymbol{c})\cdot\boldsymbol{a}=\boldsymbol{b}\cdot\boldsymbol{a}+\boldsymbol{c}\cdot\boldsymbol{a};$$

$$(\boldsymbol{a}_1+\boldsymbol{a}_2+\cdots+\boldsymbol{a}_n)\cdot(\boldsymbol{b}_1+\boldsymbol{b}_2+\cdots+\boldsymbol{b}_m)=\sum_{i=1}^{n}\sum_{j=1}^{m}\boldsymbol{a}_i\cdot\boldsymbol{b}_j.$$

在直角坐标系中，三个单位坐标向量 $\boldsymbol{i},\boldsymbol{j},\boldsymbol{k}$ 有如下关系：

$$\boldsymbol{i}\cdot\boldsymbol{i}=\|\boldsymbol{i}\|^2=1,\quad \boldsymbol{j}\cdot\boldsymbol{j}=\|\boldsymbol{j}\|^2=1,\quad \boldsymbol{k}\cdot\boldsymbol{k}=\|\boldsymbol{k}\|^2=1,$$

$$\boldsymbol{i}\cdot\boldsymbol{j}=\boldsymbol{j}\cdot\boldsymbol{k}=\boldsymbol{k}\cdot\boldsymbol{i}=0.$$

设 $\boldsymbol{a}=(x_1,y_1,z_1)=x_1\boldsymbol{i}+y_1\boldsymbol{j}+z_1\boldsymbol{k}$，$\boldsymbol{b}=(x_2,y_2,z_2)=x_2\boldsymbol{i}+y_2\boldsymbol{j}+z_2\boldsymbol{k}$，则

$$\begin{aligned}\boldsymbol{a}\cdot\boldsymbol{b}&=(x_1\boldsymbol{i}+y_1\boldsymbol{j}+z_1\boldsymbol{k})\cdot(x_2\boldsymbol{i}+y_2\boldsymbol{j}+z_2\boldsymbol{k})\\&=x_1x_2\boldsymbol{i}\cdot\boldsymbol{i}+x_1y_2\boldsymbol{i}\cdot\boldsymbol{j}+x_1z_2\boldsymbol{i}\cdot\boldsymbol{k}+y_1x_2\boldsymbol{j}\cdot\boldsymbol{i}+y_1y_2\boldsymbol{j}\cdot\boldsymbol{j}+y_1z_2\boldsymbol{j}\cdot\boldsymbol{k}\\&\quad+z_1x_2\boldsymbol{k}\cdot\boldsymbol{i}+z_1y_2\boldsymbol{k}\cdot\boldsymbol{j}+z_1z_2\boldsymbol{k}\cdot\boldsymbol{k}\\&=x_1x_2+y_1y_2+z_1z_2.\end{aligned}$$

利用上面讨论所得的结论，可以得到下面一些结果(设 $\boldsymbol{a},\boldsymbol{b}$ 如上)：

(1) $\boldsymbol{a}$ 与 $\boldsymbol{b}$ 垂直的充分必要条件是 $\boldsymbol{a}\cdot\boldsymbol{b}=0$，即 $x_1x_2+y_1y_2+z_1z_2=0$；

(2) 若 $\boldsymbol{a}=(x,y,z)$，则 $\boldsymbol{a}$ 的长度为 $\|\boldsymbol{a}\|=\sqrt{\boldsymbol{a}\cdot\boldsymbol{a}}=\sqrt{x^2+y^2+z^2}$；

(3) $\boldsymbol{a}$ 在 $\boldsymbol{i},\boldsymbol{j},\boldsymbol{k}$ 上的投影分别是 $\boldsymbol{a}\cdot\boldsymbol{i},\boldsymbol{a}\cdot\boldsymbol{j},\boldsymbol{a}\cdot\boldsymbol{k}$，即 x,y,z；

(4) $\boldsymbol{a}$ 与 $\boldsymbol{b}$($\boldsymbol{a}\neq\boldsymbol{0},\boldsymbol{b}\neq\boldsymbol{0}$)夹角的余弦可利用数量积表示为

$$\cos(\boldsymbol{a},\boldsymbol{b})=\frac{\boldsymbol{a}\cdot\boldsymbol{b}}{\|\boldsymbol{a}\|\,\|\boldsymbol{b}\|}=\frac{x_1x_2+y_1y_2+z_1z_2}{\sqrt{x_1^2+y_1^2+z_1^2}\sqrt{x_2^2+y_2^2+z_2^2}}.$$

3.3.3 向量的向量积

设 O 为杠杆的支点，有一个力 $\boldsymbol{F}$ 作用在这杠杆的点 P 处. $\boldsymbol{F}$ 与 $\overrightarrow{OP}$ 的夹角为 θ. $\boldsymbol{F}$ 对 O 力矩是一个向量 $\boldsymbol{M}$，其方向垂直于 $\overrightarrow{OP}$ 与 $\boldsymbol{F}$ 决定的平面，并符合右手规则，其大小为 $\|\boldsymbol{M}\|=\|OQ\|\,\|\boldsymbol{F}\|=\|OP\|\,\|\boldsymbol{F}\|\sin\theta$(图 3-12).

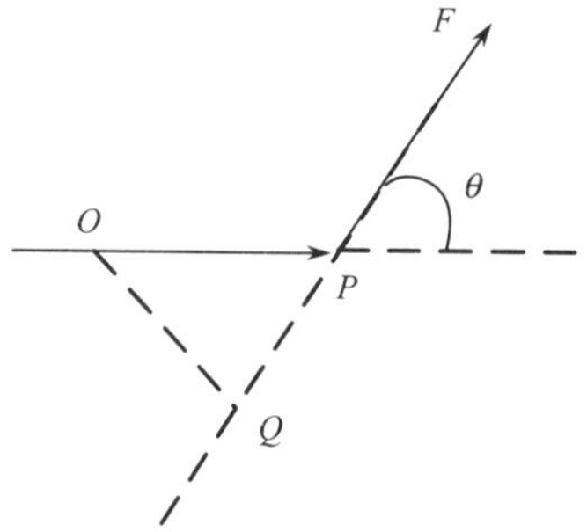

图 3-12

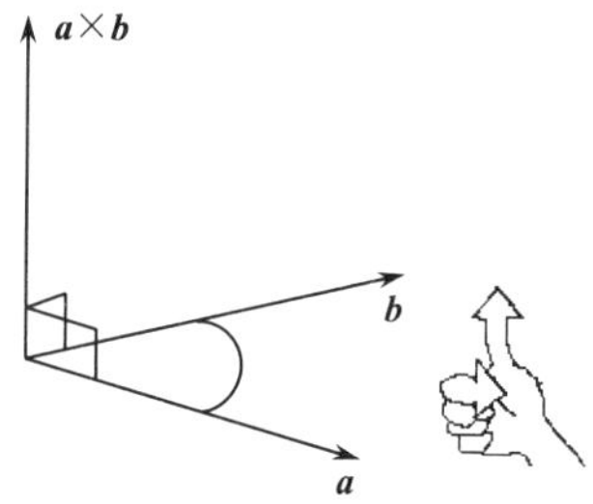

图 3-13

定义 3.2　两个向量 $\boldsymbol{a}$ 与 $\boldsymbol{b}$ 的**向量积**是一个向量 $\boldsymbol{c}$，记为 $\boldsymbol{a}\times\boldsymbol{b}$：

(1) $\boldsymbol{c}$ 的模为 $\|\boldsymbol{c}\|=\|\boldsymbol{a}\|\,\|\boldsymbol{b}\|\sin\theta$，其中 θ 为 $\boldsymbol{a}$ 与 $\boldsymbol{b}$ 的夹角；

(2) $\boldsymbol{c}$ 的方向垂直于 $\boldsymbol{a}$ 与 $\boldsymbol{b}$ 决定的平面($\boldsymbol{c}$ 既垂直于 $\boldsymbol{a}$，又垂直于 $\boldsymbol{b}$)，且使 $\boldsymbol{a},\boldsymbol{b},\boldsymbol{c}$ 组成右手系，即 $\boldsymbol{c}$ 的方向按右手规则从 $\boldsymbol{a}$ 转向 $\boldsymbol{b}$ 来确定(图 3-13).

因此，$\boldsymbol{a}\times\boldsymbol{b}$ 的模等于以 $\boldsymbol{a}$ 与 $\boldsymbol{b}$ 为边的平行四边形的面积.

定理 3.2　对于任意向量 $\boldsymbol{a},\boldsymbol{b},\boldsymbol{c}$ 与任何实数 λ，有

(1) $\boldsymbol{a}$ 与 $\boldsymbol{b}$ 共线(平行)的充要条件是 $\boldsymbol{a}\times\boldsymbol{b}=\boldsymbol{0}$；

(2) $\boldsymbol{a}\times\boldsymbol{b}=-\boldsymbol{b}\times\boldsymbol{a}$；

(3) $(\lambda\boldsymbol{a})\times\boldsymbol{b}=\lambda(\boldsymbol{a}\times\boldsymbol{b})$；

(4) $\boldsymbol{a}\times(\boldsymbol{b}+\boldsymbol{c})=\boldsymbol{a}\times\boldsymbol{b}+\boldsymbol{a}\times\boldsymbol{c}$；

(5) $\boldsymbol{i}\times\boldsymbol{j}=\boldsymbol{k},\boldsymbol{j}\times\boldsymbol{k}=\boldsymbol{i},\boldsymbol{k}\times\boldsymbol{i}=\boldsymbol{j},\boldsymbol{i}\times\boldsymbol{i}=\boldsymbol{j}\times\boldsymbol{j}=\boldsymbol{k}\times\boldsymbol{k}=\boldsymbol{0}$.

证　(1)、(2)、(5) 按照定义很容易证明.

(3) 当 $\lambda=0$ 时，显然成立.

当 $\lambda>0$ 时，$\lambda\boldsymbol{a}$ 与 $\boldsymbol{b}$ 的夹角和 $\boldsymbol{a}$ 与 $\boldsymbol{b}$ 的夹角相等，因此

$$\begin{aligned}\|(\lambda\boldsymbol{a})\times\boldsymbol{b}\|&=\|\lambda\boldsymbol{a}\|\,\|\boldsymbol{b}\|\sin(\lambda\boldsymbol{a},\boldsymbol{b})=|\lambda|\,\|\boldsymbol{a}\|\,\|\boldsymbol{b}\|\sin(\boldsymbol{a},\boldsymbol{b})\\&=|\lambda|\,\|\boldsymbol{a}\times\boldsymbol{b}\|=\|\lambda(\boldsymbol{a}\times\boldsymbol{b})\|.\end{aligned}$$

由于 $\lambda>0$，$(\lambda\boldsymbol{a})\times\boldsymbol{b}$ 与 $\boldsymbol{a}\times\boldsymbol{b}$ 方向相同，故 $(\lambda\boldsymbol{a})\times\boldsymbol{b}$ 与 $\lambda(\boldsymbol{a}\times\boldsymbol{b})$ 方向相同.

当 $\lambda<0$ 时，类似可证.

(4)* 分三步来证明分配律.

第一步：对于单位向量 $\boldsymbol{e}$，向量积 $\boldsymbol{e}\times\boldsymbol{b}$ 可以用下面的几何求法.

把 $\boldsymbol{b}$ 投影到和 $\boldsymbol{e}$ 垂直的平面 π 上，得到向量 $\boldsymbol{b}^*$，然后把 $\boldsymbol{b}^*$ 在平面 π 上逆时针旋转 $90°$，得到的向量就是 $\boldsymbol{e}\times\boldsymbol{b}$. 因为 $\|\boldsymbol{b}^*\|=\|\boldsymbol{b}\|\cos\left(\dfrac{\pi}{2}-\varphi\right)=\|\boldsymbol{e}\|\,\|\boldsymbol{b}\|\cdot\sin\varphi$，并且 $\boldsymbol{e},\boldsymbol{b},\boldsymbol{e}\times\boldsymbol{b}$ 构成右手系(图 3-14).

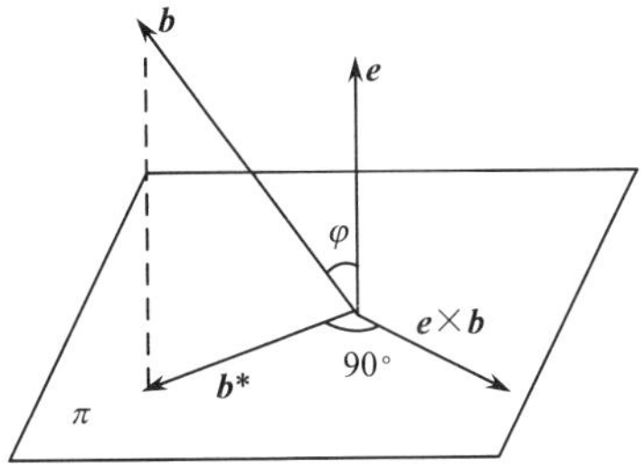

图 3-14

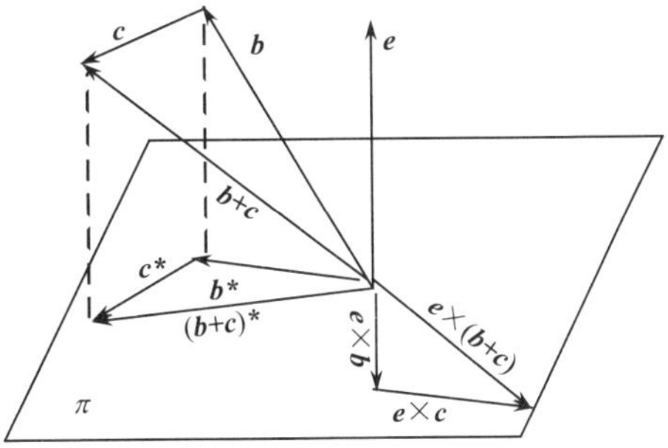

图 3-15

第二步：证明对于单位向量 $\boldsymbol{e}$ 适合分配律，即 $\boldsymbol{e}\times(\boldsymbol{b}+\boldsymbol{c})=\boldsymbol{e}\times\boldsymbol{b}+\boldsymbol{e}\times\boldsymbol{c}$.

把以向量 $\boldsymbol{b},\boldsymbol{c},\boldsymbol{b}+\boldsymbol{c}$ 为边的三角形投影到和 $\boldsymbol{e}$ 垂直的平面 π 上，其投影 $\boldsymbol{b}^*$，$\boldsymbol{c}^*$，$(\boldsymbol{b}+\boldsymbol{c})^*$ 仍然组成三角形，所以 $\boldsymbol{b}^*+\boldsymbol{c}^*=(\boldsymbol{b}+\boldsymbol{c})^*$，然后把投影得到的三角形在平面 π 上逆时针旋转 90°，则所得的新三角形的三边分别是 $\boldsymbol{e}\times\boldsymbol{b},\boldsymbol{e}\times\boldsymbol{c},\boldsymbol{e}\times(\boldsymbol{b}+\boldsymbol{c})$，故 $\boldsymbol{e}\times(\boldsymbol{b}+\boldsymbol{c})=\boldsymbol{e}\times\boldsymbol{b}+\boldsymbol{e}\times\boldsymbol{c}$.

第三步：一般地

$$\begin{aligned}\boldsymbol{a}\times(\boldsymbol{b}+\boldsymbol{c})&=\|\boldsymbol{a}\|\left[\frac{\boldsymbol{a}}{\|\boldsymbol{a}\|}\times(\boldsymbol{b}+\boldsymbol{c})\right]\\&=\|\boldsymbol{a}\|\left[\frac{1}{\|\boldsymbol{a}\|}(\boldsymbol{a}\times\boldsymbol{b})+\frac{1}{\|\boldsymbol{a}\|}(\boldsymbol{a}\times\boldsymbol{c})\right]=\boldsymbol{a}\times\boldsymbol{b}+\boldsymbol{a}\times\boldsymbol{c},\end{aligned}$$

这样就证明了分配律.

为了便于计算，下面给出向量积的坐标表示形式，这样就把几何问题代数化了.

设 $\boldsymbol{a}=(x_1,y_1,z_1)$，$\boldsymbol{b}=(x_2,y_2,z_2)$，则

$$\begin{aligned}\boldsymbol{a}\times\boldsymbol{b}&=(x_1\boldsymbol{i}+y_1\boldsymbol{j}+z_1\boldsymbol{k})\times(x_2\boldsymbol{i}+y_2\boldsymbol{j}+z_2\boldsymbol{k})\\&=x_1\boldsymbol{i}\times(x_2\boldsymbol{i}+y_2\boldsymbol{j}+z_2\boldsymbol{k})+y_1\boldsymbol{j}\times(x_2\boldsymbol{i}+y_2\boldsymbol{j}+z_2\boldsymbol{k})\\&\quad+z_1\boldsymbol{k}\times(x_2\boldsymbol{i}+y_2\boldsymbol{j}+z_2\boldsymbol{k})\\&=(y_1z_2-z_1y_2)\boldsymbol{i}+(z_1x_2-x_1z_2)\boldsymbol{j}+(x_1y_2-y_1x_2)\boldsymbol{k}.\end{aligned}$$

因此，向量积可以形式地用行列式表示

$$\boldsymbol{a}\times\boldsymbol{b}=\begin{vmatrix}\boldsymbol{i}&\boldsymbol{j}&\boldsymbol{k}\\x_1&y_1&z_1\\x_2&y_2&z_2\end{vmatrix}.$$

从上面的坐标表达式可以看出，两向量共线（平行）当且仅当两向量的坐标成比例，或者写为

$$y_1z_2-z_1y_2=z_1x_2-x_1z_2=x_1y_2-y_1x_2=0.$$

例 3.2　设$\overrightarrow{AB}=\boldsymbol{i}-2\boldsymbol{j}+2\boldsymbol{k}$,$\overrightarrow{AC}=3\boldsymbol{i}-4\boldsymbol{k}$,求$\triangle ABC$的面积.

解　$\overrightarrow{AB}\times\overrightarrow{AC}=\begin{vmatrix}\boldsymbol{i}&\boldsymbol{j}&\boldsymbol{k}\\1&-2&2\\3&0&-4\end{vmatrix}=8\boldsymbol{i}+10\boldsymbol{j}+6\boldsymbol{k}$,$S_{\triangle ABC}=\dfrac{1}{2}\|8\boldsymbol{i}+10\boldsymbol{j}+6\boldsymbol{k}\|$
$=5\sqrt{2}$.

3.3.4　向量的混合积

利用向量的数量积和向量积可以判断向量的垂直和平行、求出向量间的夹角以及计算三角形和平行四边形的面积.那么怎么计算空间的平行六面体的体积呢?

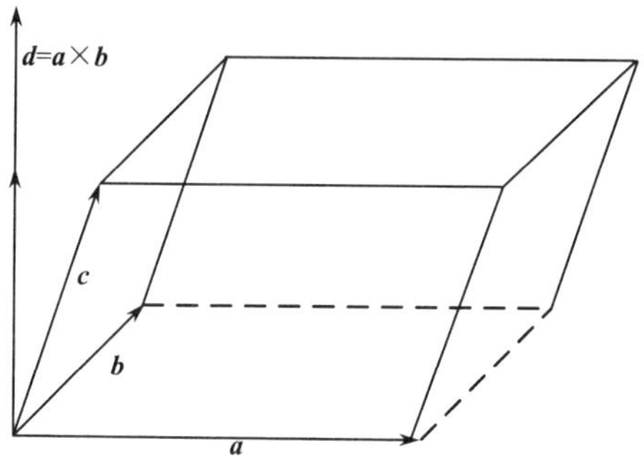

图 3-16

假设以向量 $\boldsymbol{a},\boldsymbol{b},\boldsymbol{c}$ 为棱的平行六面体的底面以 $\boldsymbol{a}$ 与 $\boldsymbol{b}$ 为邻边,底面面积是 $\|\boldsymbol{d}\|$,其中 $\boldsymbol{d}=\boldsymbol{a}\times\boldsymbol{b}$.底面上的高是 $\boldsymbol{c}$ 在 $\boldsymbol{d}$ 上投影的绝对值,因此体积为(图 3-16)

$$V=\|\boldsymbol{d}\|\,|\mathrm{proj}_{\boldsymbol{d}}\boldsymbol{c}|=|(\boldsymbol{a}\times\boldsymbol{b})\cdot\boldsymbol{c}|.$$

定义 3.3　设 $\boldsymbol{a},\boldsymbol{b},\boldsymbol{c}$ 为向量,称$(\boldsymbol{a}\times\boldsymbol{b})\cdot\boldsymbol{c}$为 $\boldsymbol{a},\boldsymbol{b},\boldsymbol{c}$ 的**混合积**,简记为$[\boldsymbol{abc}]$.

按照数量积和向量积的坐标表达式很容易得到

(1) $[\boldsymbol{abc}]=(\boldsymbol{a}\times\boldsymbol{b})\cdot\boldsymbol{c}=\begin{vmatrix}x_1&y_1&z_1\\x_2&y_2&z_2\\x_3&y_3&z_3\end{vmatrix}$;

(2) $[\boldsymbol{abc}]=[\boldsymbol{bca}]=[\boldsymbol{cab}]=-[\boldsymbol{bac}]=-[\boldsymbol{cba}]=-[\boldsymbol{acb}]$;

(3) $[\boldsymbol{aba}]=[\boldsymbol{baa}]=[\boldsymbol{aab}]=0$;

(4) 三个向量共面的充要条件是$[\boldsymbol{abc}]=0$;

(5) 不共面的四点 $A(x_1,y_1,z_1)$,$B(x_2,y_2,z_2)$,$C(x_3,y_3,z_3)$,$D(x_4,y_4,z_4)$所形成的四面体的体积为

$$\frac{1}{6}\begin{vmatrix} x_2-x_1 & y_2-y_1 & z_2-z_1 \\ x_3-x_1 & y_3-y_1 & z_3-z_1 \\ x_4-x_1 & y_4-y_1 & z_4-z_1 \end{vmatrix}$$

的绝对值.

习 题 3.3

1. 已知两点 $A(4,0,5)$,$B(7,1,3)$,试把线段 AB 分成定比为 $\frac{1}{3}$ 的两段,求分点 M 的坐标.

2. 求 $\boldsymbol{a}=2\boldsymbol{i}+3\boldsymbol{j}-\boldsymbol{k}$ 在 $\boldsymbol{b}=-3\boldsymbol{i}-\boldsymbol{j}+\boldsymbol{k}$ 上的投影.

3. 已知三点 $A(1,0,1)$,$B(1,1,0)$,$C(2,1,2)$,求 $\overrightarrow{AB}$ 与 $\overrightarrow{AC}$ 的夹角.

4. 求向量 $\boldsymbol{A}=2\boldsymbol{a}+3\boldsymbol{b}$,$\boldsymbol{B}=3\boldsymbol{a}-\boldsymbol{b}$ 的夹角,其中 $\boldsymbol{a},\boldsymbol{b}$ 为向量,且 $\|\boldsymbol{a}\|=2$,$\|\boldsymbol{b}\|=1$,$(\boldsymbol{a},\boldsymbol{b})=\frac{\pi}{3}$.

5. 已知 $\triangle ABC$ 的两边为 $\overrightarrow{AB}=2\boldsymbol{i}+\boldsymbol{j}-2\boldsymbol{k}$,$\overrightarrow{BC}=3\boldsymbol{i}+2\boldsymbol{j}+6\boldsymbol{k}$,求三个内角.

6. 设质点开始位于点 $P(1,2,-1)$ 处,现有方向角为 $\frac{\pi}{3}$,$\frac{\pi}{3}$,$\frac{\pi}{4}$,大小为 100 的力作用于此质点,并使质点从 P 运行到 $M(2,5,-1+3\sqrt{2})$,求该力所做的功.

7. 已知 $\boldsymbol{p},\boldsymbol{q}$ 为向量,且 $\|\boldsymbol{p}\|=2\sqrt{2}$,$\|\boldsymbol{q}\|=3$,$(\boldsymbol{p},\boldsymbol{q})=\frac{\pi}{4}$,试求以向量 $\boldsymbol{A}=5\boldsymbol{p}+2\boldsymbol{q}$,$\boldsymbol{B}=\boldsymbol{p}-3\boldsymbol{q}$ 为边的平行四边形的面积和对角线长度.

8. 已知向量 $\boldsymbol{a},\boldsymbol{b},\boldsymbol{c}$ 满足 $\boldsymbol{a}+\boldsymbol{b}+\boldsymbol{c}=\boldsymbol{0}$,求证 $\boldsymbol{a}\times\boldsymbol{b}=\boldsymbol{b}\times\boldsymbol{c}=\boldsymbol{c}\times\boldsymbol{a}$.

9. 给定四点 $A(-1,2,4)$,$B(6,3,2)$,$C(1,4,-1)$,$D(-1,2,3)$,求四面体的体积.

10. 已知 $\boldsymbol{m}$ 和 $\boldsymbol{n}$ 是非零向量,证明三个向量 $3\boldsymbol{m}+5\boldsymbol{n}$,$\boldsymbol{m}-2\boldsymbol{n}$,$2\boldsymbol{m}+7\boldsymbol{n}$ 共面.

11. 已知 $\boldsymbol{a}$ 和 $\boldsymbol{b}$ 是非零向量,x 为实数,试求 $\lim\limits_{x\to 0}\frac{\|\boldsymbol{a}+x\boldsymbol{b}\|-\|\boldsymbol{a}\|}{x}$.

12. 设向量 $\boldsymbol{a},\boldsymbol{b},\boldsymbol{c}$ 的混合积 $[\boldsymbol{abc}]=2$,计算

$$[(\boldsymbol{a}+\boldsymbol{b})\times(\boldsymbol{b}+\boldsymbol{c})]\cdot(\boldsymbol{a}+2\boldsymbol{b}+3\boldsymbol{c}).$$

13. xOy 平面上三点 $A(x_1,y_1)$,$B(x_2,y_2)$,$C(x_3,y_3)$ 所形成的三角形的面积为 $\frac{1}{2}\begin{vmatrix} 1 & x_1 & y_1 \\ 1 & x_2 & y_2 \\ 1 & x_3 & y_3 \end{vmatrix}$ 的绝对值.

3.4 平面与空间直线的方程

前面已经看到空间的点和坐标以及坐标和自由向量是一一对应关系,因此可以把几何与代数的问题通过坐标与向量联系起来.这一节给出平面和直线的方程表示(即把几何代数化),在第 5 章会讨论二次曲面.其实任何空间图形都可以看作

点的几何轨迹,图形所满足的性质可以用其点的坐标所满足的代数方程表达出来.

定义 3.4　如果空间图形 S 上任一点的坐标 (x,y,z) 都满足方程 $F(x,y,z)=0$,且坐标 (x,y,z) 满足方程 $F(x,y,z)=0$ 的点都在图形 S 上,则该方程称为**图形 S 的方程**,而 S 称为该**方程的图形**.

3.4.1　平面方程

1) 平面的点法式方程

由于过空间一点只能作一个平面垂直于一个已知方向,所以平面过一定点且垂直于一定方向,则平面在空间的位置就完全确定. 称垂直于平面的非零向量为这个平面的**法线向量**(简称**法向量**).

设平面 π 过点 $M_0(x_0,y_0,z_0)$,它的法向量 $\boldsymbol{n}=(A,B,C)$,其中 A,B,C 为不全为零的数,见图 3-17. 在平面上任取一点 $M(x,y,z)$,则

$$\boldsymbol{n}\cdot\overrightarrow{M_0M}=0,$$

称之为**平面点法式方程的向量式**,写成坐标形式为

$$A(x-x_0)+B(y-y_0)+C(z-z_0)=0,$$

称之为**平面点法式方程的坐标式**.

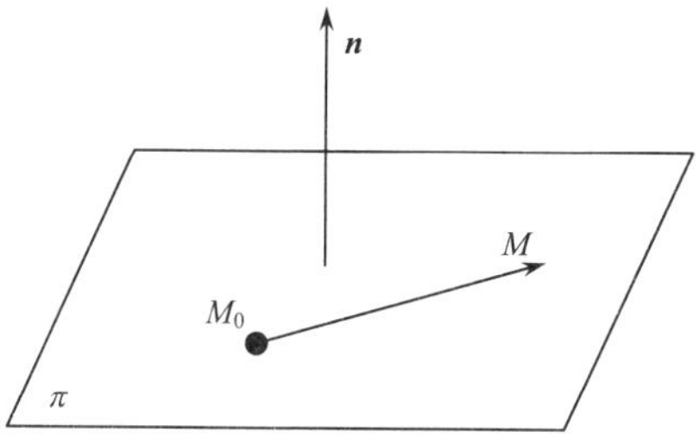

图 3-17

例 3.3　求过点 $(2,-3,1)$ 且法向量为 $(1,2,-3)$ 的平面方程.

解　在平面上任取一点 $M(x,y,z)$,得平面方程

$$1(x-2)+2(y+3)-3(z-1)=0,$$

即

$$x+2y-3z+7=0.$$

例 3.4　假设三点 $A(x_1,y_1,z_1)$,$B(x_2,y_2,z_2)$,$C(x_3,y_3,z_3)$ 不共线,求过该三点的平面方程.

解 在平面上任取一点 $M(x,y,z)$，平面的法向量是 $\boldsymbol{n}=\overrightarrow{AB}\times\overrightarrow{AC}$. 因此平面的向量式方程为 $(\overrightarrow{AB}\times\overrightarrow{AC})\cdot\overrightarrow{AM}=0$，写成坐标式为

$$\begin{vmatrix} x-x_1 & y-y_1 & z-z_1 \\ x_2-x_1 & y_2-y_1 & z_2-z_1 \\ x_3-x_1 & y_3-y_1 & z_3-z_1 \end{vmatrix}=0.$$

称之为**平面的三点式方程**.

例 3.5 设 a,b,c 均不为零，如图 3-18 所示，平面过点 $P(a,0,0)$，$Q(0,b,0)$，$R(0,0,c)$，求其方程.

解 由例 3.4 知该方程为 $\begin{vmatrix} x-a & y & z \\ -a & b & 0 \\ -a & 0 & c \end{vmatrix}=0$，展开整理得

$$\frac{x}{a}+\frac{y}{b}+\frac{z}{c}=1,$$

上式称为**平面的截距式方程**. 数 a,b,c 分别称为平面在 x 轴，y 轴，z 轴上的**截距**.

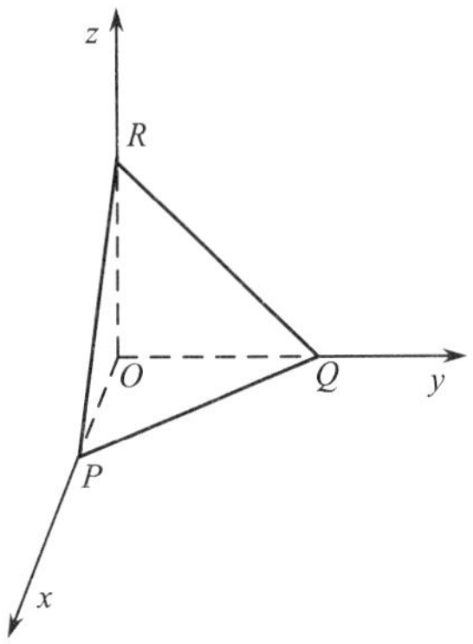

图 3-18

2) 平面的一般方程

把平面点法式方程的坐标表达式 $A(x-x_0)+B(y-y_0)+C(z-z_0)=0$ 展开合并可得 $Ax+By+Cz+(-Ax_0-By_0-Cz_0)=0$. 这是一个三元一次方程，简单记为 $Ax+By+Cz+D=0$（其中 A,B,C 不全为 0），称之为**平面的一般方程**.

例 3.6 用平面的一般方程求解例 3.4.

解 设平面的一般方程为 $Ax+By+Cz+D=0$，因此得关于参数 A,B,C,D 的方程组

$$\begin{cases} Ax+By+Cz+D=0, \\ Ax_1+By_1+Cz_1+D=0, \\ Ax_2+By_2+Cz_2+D=0, \\ Ax_3+By_3+Cz_3+D=0. \end{cases}$$

把上面的方程组看作关于 A,B,C,D 的四元一次方程组，由于 A,B,C,D 不能全为零，故系数行列式必须为零，即

$$\begin{vmatrix} x & y & z & 1 \\ x_1 & y_1 & z_1 & 1 \\ x_2 & y_2 & z_2 & 1 \\ x_3 & y_3 & z_3 & 1 \end{vmatrix} = 0,$$

把该等式左边行列式的第 1,3,4 行分别减去第 2 行,再按照第 4 列展开,即得例 3.4 的结论.

例 3.7　求过 x 轴及点 $M_0(4,-3,-1)$的平面方程.

解　x 轴上的点(0,0,0),(1,0,0)在平面上,因此在一般方程中 $A=0,D=0$,从而可设其方程为 $By+Cz=0$,把 $M_0(4,-3,-1)$代入得 $C=-3B(B\neq 0)$,故所求方程为

$$y - 3z = 0.$$

特殊平面具有明显的特征.一般地,有

$Ax+By+Cz=0$	平面过原点
$Ax+By+D=0$	平面平行于 z 轴
$Ax+Cz+D=0$	平面平行于 y 轴
$By+Cz+D=0$	平面平行于 x 轴
$Cz+D=0$	平面平行于 xOy 平面
$Ax+D=0$	平面平行于 yOz 平面
$By+D=0$	平面平行于 xOz 平面
$By+Cz=0$	平面过 x 轴
$Ax+Cz=0$	平面过 y 轴
$Ax+By=0$	平面过 z 轴
$z=0$	xOy 平面
$y=0$	xOz 平面
$x=0$	yOz 平面

3) 两平面间的夹角

两平面法线的夹角称为**两平面间的夹角**(图 3-19).设有平面

$$\pi_1: A_1x + B_1y + C_1z + D_1 = 0,$$

$$\pi_2: A_2x + B_2y + C_2z + D_2 = 0.$$

平面 π_1 的法线向量为 $\boldsymbol{n}_1=(A_1,B_1,C_1)$,平面 π_2 的法线向量为 $\boldsymbol{n}_2=(A_2,B_2,C_2)$,两个平面的夹角 θ 为$(\boldsymbol{n}_1,\boldsymbol{n}_2)$和$(-\boldsymbol{n}_1,\boldsymbol{n}_2)$两者中的锐角,因此

$$\cos\theta = \frac{|A_1A_2 + B_1B_2 + C_1C_2|}{\sqrt{A_1^2 + B_1^2 + C_1^2}\sqrt{A_2^2 + B_2^2 + C_2^2}}.$$

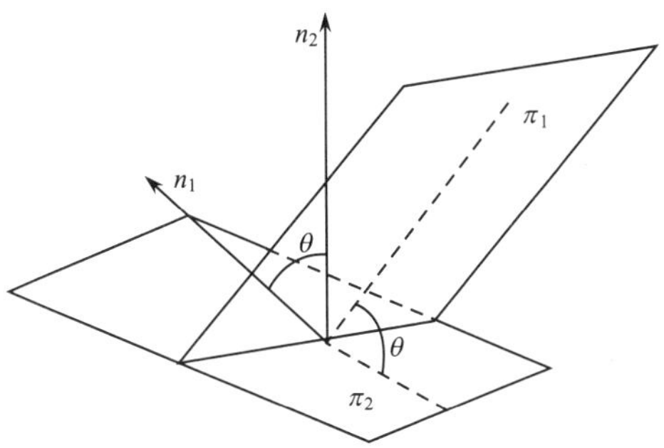

图 3-19

因此 π_1 和 π_2 互相垂直当且仅当 $A_1A_2+B_1B_2+C_1C_2=0$（两法向量垂直）；π_1 和 π_2 平行或重合当且仅当 $(A_1,B_1,C_1)=k(A_2,B_2,C_2)$，亦即 $\frac{A_1}{A_2}=\frac{B_1}{B_2}=\frac{C_1}{C_2}$（两法向量平行）.

例 3.8 求两平面 $2x-2y+4z-7=0$，$6x+3y+3z-15=0$ 的夹角 θ.

解 $\cos\theta=\frac{|2\times6+(-2)\times3+4\times3|}{\sqrt{2^2+(-2)^2+4^2}\sqrt{6^2+3^2+3^2}}=\frac{1}{2}$，因此两平面夹角 $\theta=\frac{\pi}{3}$.

例 3.9 平面过两个不同点 $M_1(x_1,y_1,z_1)$ 及 $M_2(x_2,y_2,z_2)$，且垂直于已知平面 $A_1x+B_1y+C_1z+D_1=0$，求其方程.

解 **向量法** 在所求平面上任意取一点 $M(x,y,z)$，让 $n_1=(A_1,B_1,C_1)$，于是

$$(\overrightarrow{M_1M}\times\overrightarrow{M_1M_2})\cdot\boldsymbol{n}_1=0.$$

故所求方程为 $\begin{vmatrix} x-x_1 & y-y_1 & z-z_1 \\ x_2-x_1 & y_2-y_1 & z_2-z_1 \\ A_1 & B_1 & C_1 \end{vmatrix}=0.$

坐标法 在所求平面上任意取一点 $M(x,y,z)$，设所求平面方程为

$$A(x-x_1)+B(y-y_1)+C(z-z_1)=0.$$

它应满足

$$A(x_2-x_1)+B(y_2-y_1)+C(z_2-z_1)=0.$$

而平面的法向量满足

$$AA_1+BB_1+CC_1=0.$$

得到关于 A,B,C 的线性方程组，且 A,B,C 不全为零，故系数行列式为零，即

$$\begin{vmatrix} x-x_1 & y-y_1 & z-z_1 \\ x_2-x_1 & y_2-y_1 & z_2-z_1 \\ A_1 & B_1 & C_1 \end{vmatrix}=0.$$

4) 点到平面的距离

接下来讨论点到平面的距离.

设 $P_0(x_0,y_0,z_0)$ 是平面 $Ax+By+Cz+D=0$ 外一点,求 P_0 到该平面的距离 d.

如图 3-20,在平面上任意取一点 $M_1(x_1,y_1,z_1)$,记平面的法向量为 $\boldsymbol{n}=(A,B,C)$,$\boldsymbol{n}^0$ 为其单位法向量,即 $\boldsymbol{n}^0=\frac{1}{\sqrt{A^2+B^2+C^2}}(A,B,C)$,因此

$$\begin{aligned} d &= |\operatorname{proj}_n \overrightarrow{M_1P_0}| = |\overrightarrow{M_1P_0}\cdot\boldsymbol{n}^0| \\ &= \frac{1}{\|\boldsymbol{n}\|}|A(x_0-x_1)+B(y_0-y_1)+C(z_0-z_1)| \\ &= \frac{1}{\sqrt{A^2+B^2+C^2}}|Ax_0+By_0+Cz_0-(Ax_1+By_1+Cz_1)|. \end{aligned}$$

由于 $M_1(x_1,y_1,z_1)$ 满足 $Ax+By+Cz+D=0$,故 $Ax_1+By_1+Cz_1=-D$. 代入得

$$d=\frac{|Ax_0+By_0+Cz_0+D|}{\sqrt{A^2+B^2+C^2}}.$$

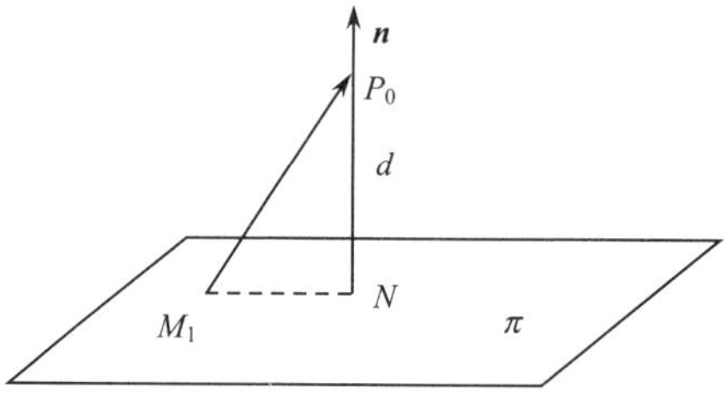

图 3-20

例 3.10　一平面平分已知平面 $3x+2y+6z-35=0$ 及 $21x-30y-70z-237=0$ 间的二面角,求其方程.

解　设 $M(x,y,z)$ 为所求平面上任意一点,则该点到已知两平面的距离相等.

$$\frac{|3x+2y+6z-35|}{\sqrt{3^2+2^2+6^2}}=\frac{|21x-30y-70z-237|}{\sqrt{21^2+(-30)^2+(-70)^2}},$$

即

$$\frac{3x+2y+6z-35}{7}=\pm\frac{21x-30y-70z-237}{79}.$$

故所求平面方程为

$$45x + 184y + 482z - 553 = 0,$$

或

$$96x - 13y - 4z - 1106 = 0.$$

3.4.2 直线方程

1) 空间直线的参数式方程和标准式方程(点向式方程)

与一条已知直线平行的非零向量叫做这条直线的**方向向量**.在空间中,过一点能且只能作一条直线平行于一已知直线.

如图 3-21,设 L 为一条直线,$M_0(x_0,y_0,z_0)$为直线上一个固定点,L 的方向向量为 $\boldsymbol{s}=(m,n,p)$.点 $M(x,y,z)$在直线 L 上的充要条件是存在数 t 使得

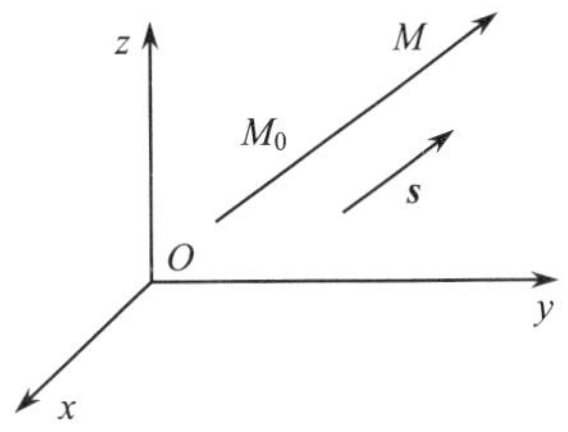

图 3-21

$$\overrightarrow{M_0M} = t\boldsymbol{s},$$

即

$$(x - x_0, y - y_0, z - z_0) = t(m,n,p).$$

上式可以改写为两种形式,第一种形式是

$$\begin{cases} x = x_0 + mt, \\ y = y_0 + nt, \\ z = z_0 + pt, \end{cases}$$

其中,t 为变数,称为参数,这个式子称为**直线的参数式方程**.另一种形式是

$$\frac{x - x_0}{m} = \frac{y - y_0}{n} = \frac{z - z_0}{p}.$$

这种形式称为**直线的标准式方程(点向式方程)**.

例 3.11 求过两点 $M_1(x_1,y_1,z_1)$,$M_2(x_2,y_2,z_2)$的直线方程.

解 显然可以取方向向量 $\boldsymbol{s}=(x_2-x_1,y_2-y_1,z_2-z_1)$,因此直线方程为

$$\frac{x - x_1}{x_2 - x_1} = \frac{y - y_1}{y_2 - y_1} = \frac{z - z_1}{z_2 - z_1}.$$

这个式子称为**直线的两点式方程**.

2) 空间直线的一般方程

空间直线都可以看作两个不平行的平面的交线.因此直线 L 可以用方程组

$$\begin{cases} A_1x + B_1y + C_1z + D_1 = 0, \\ A_2x + B_2y + C_2z + D_2 = 0 \end{cases}$$

来表示. 这种表示方式称为**直线的一般方程**.

例 3.12　求直线 $L:\begin{cases}2x-3y+z=7,\\3x+2y-z=-1\end{cases}$ 的点向式方程.

解　令 $x=1$, 得到 $\begin{cases}-3y+z=5,\\2y-z=-4,\end{cases}$ 则 $y=-1, z=2$. 因此 $P_0(1,-1,2)$ 在所求直线上. 设两平面的法向量依次为 $\boldsymbol{n}_1, \boldsymbol{n}_2$, 直线 L 要经过两个平面, 则直线 L 的方向向量 $\boldsymbol{s}$ 为 $\boldsymbol{s}=\boldsymbol{n}_1\times\boldsymbol{n}_2=\boldsymbol{i}+5\boldsymbol{j}+13\boldsymbol{k}$.

直线 L 的标准方程为

$$\frac{x-1}{1}=\frac{y+1}{5}=\frac{z-2}{13}.$$

也可以采用下面方式求 L 的标准方程:

把 $\begin{cases}2x-3y+z=7,\\3x+2y-z=-1\end{cases}$ 改写为 $\begin{cases}2x-3y=-z+7,\\3x+2y=z-1,\end{cases}$ 即 $13x-11=\dfrac{13y+23}{5}=z$, 再改写为

$$\frac{x-\dfrac{11}{13}}{1}=\frac{y+\dfrac{23}{13}}{5}=\frac{z}{13}.$$

可见, 直线的标准方程是不唯一的.

例 3.13　求过直线 $L:\begin{cases}A_1x+B_1y+C_1z+D_1=0,\\A_2x+B_2y+C_2z+D_2=0\end{cases}$ 的所有平面(**平面束**)的方程.

解　设 $\pi:\mu(A_1x+B_1y+C_1z+D_1)+\lambda(A_2x+B_2y+C_2z+D_2)=0$, 其中 λ,μ 不同时为零. 首先上式是一个关于 x,y,z 的一次方程. 因为 L 是一条直线, 所以其一般方程中的两个平面不平行, 即 (A_1,B_1,C_1) 与 (A_2,B_2,C_2) 不成比例, 因此 π 中关于 x,y,z 的系数不全为零. 另外, 直线 L 上的点都满足 π. 由此说明 π 即为所求.

3) 直线与直线、直线与平面的夹角

两直线的方向向量的夹角(通常指锐角)称为**两直线的夹角**.

设两直线的方程为 $L_1:\dfrac{x-x_1}{m_1}=\dfrac{y-y_1}{n_1}=\dfrac{z-z_1}{p_1}$ 和 $L_2:\dfrac{x-x_1}{m_2}=\dfrac{y-y_1}{n_2}=\dfrac{z-z_1}{p_2}$. 因此夹角(通常用 (L_1,L_2) 表示)的余弦为

$$\cos(L_1,L_2)=\frac{m_1m_2+n_1n_2+p_1p_2}{\sqrt{m_1^2+n_1^2+p_1^2}\sqrt{m_2^2+n_2^2+p_2^2}}\quad(0\leqslant(L_1,L_2)\leqslant\pi).$$

易知

(1) L_1 与 L_2 垂直的充要条件为 $m_1m_2+n_1n_2+p_1p_2=0$.

(2) L_1 与 L_2 平行的充要条件为 $\dfrac{m_1}{m_2}=\dfrac{n_1}{n_2}=\dfrac{p_1}{p_2}$.

一条直线 L 与 L 在平面 π 上投影直线的夹角 θ 称为**直线 L 与平面 π 的夹角**. 当 L 与平面 π 垂直时,L 在平面 π 上的投影为一点,此时规定 L 与平面 π 的夹角为 $90°$. 设平面

$$\pi: Ax+By+Cz+D=0,$$

直线

$$L:\frac{x-x_0}{m}=\frac{y-y_0}{n}=\frac{z-z_0}{p}.$$

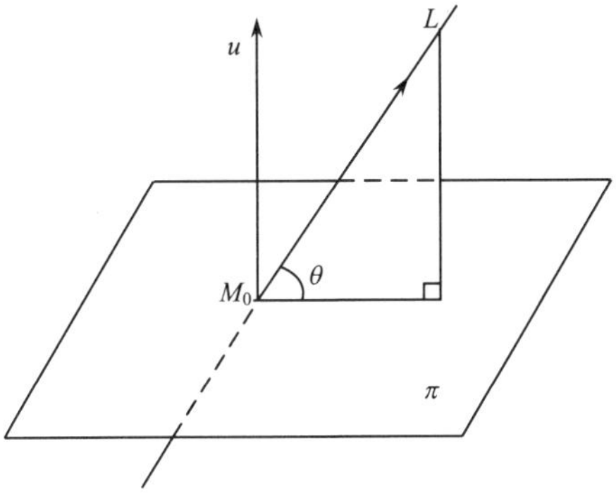

图 3-22

直线的方向向量 $\boldsymbol{s}=(m,n,p)$,平面的法向量 $\boldsymbol{u}=(A,B,C)$. 我们有 $(\boldsymbol{s},\boldsymbol{u})=\dfrac{\pi}{2}\pm\theta$ (图 3-22). 因此

$$\sin\theta=|\cos(\boldsymbol{u},\boldsymbol{s})|=\frac{|Am+Bn+Cp|}{\sqrt{A^2+B^2+C^2}\sqrt{m^2+n^2+p^2}}.$$

从而直线 L 与平面 π 平行的充要条件是 $Am+Bn+Cp=0$;直线 L 与平面 π 垂直的充要条件是 $\dfrac{A}{m}=\dfrac{B}{n}=\dfrac{C}{p}$.

例 3.14 已知直线 $L_1:\dfrac{x-1}{1}=\dfrac{y-5}{-2}=\dfrac{z+8}{1}$, $L_2:\begin{cases}x-y=6,\\2y+z=3.\end{cases}$ 求两直线的夹角.

解 直线的方向向量分别为:$\boldsymbol{s}_1=(1,-2,1)$, $\boldsymbol{s}_2=(1,-1,0)\times(0,2,1)=(-1,-1,2)$,两直线的夹角的余弦 $\cos\theta=\dfrac{\boldsymbol{s}_1\cdot\boldsymbol{s}_2}{\|\boldsymbol{s}_1\|\,\|\boldsymbol{s}_2\|}=\dfrac{1}{2}$, $\theta=\arccos\dfrac{1}{2}=\dfrac{\pi}{3}$.

例 3.15　设直线 L 过点 $M_0(2,1,3)$，与定直线 $L_1:\dfrac{x+1}{3}=\dfrac{y-1}{2}=\dfrac{z}{-1}$ 垂直相交，求其方程.

解　设过定点 $M_0(2,1,3)$ 的直线 L 方程为 $\dfrac{x-2}{m}=\dfrac{y-1}{n}=\dfrac{z-3}{p}$，其中 m,n,p 待定. 因为 L 与 L_1 垂直，故 $3m+2n-p=0$. L_1 过点 $M_1(-1,1,0)$，由于 L 与 L_1 相交，故 $((m,n,p)\times(3,2,-1))\cdot\overrightarrow{M_0M_1}=0$，即

$$\begin{vmatrix} m & n & p \\ 3 & 2 & -1 \\ -3 & 0 & -3 \end{vmatrix}=0,$$

将上式展开化简得 $m-2n-p=0$. 这样得到关于 m,n,p 的一组方程

$$\begin{cases} 3m+2n-p=0, \\ m-2n-p=0. \end{cases}$$

解得 $m=-2n$，$p=-4n$，将其代入所设的 L 的方程并消去 n 得

$$\frac{x-2}{-2}=\frac{y-1}{1}=\frac{z-3}{-4}.$$

例 3.16　求点 $M_0(1,-2,4)$ 在平面 $2x-3y+z=4$ 上的投影.

解　过 $M_0(1,-2,4)$ 作直线垂直于所给平面，其方程为 $\begin{cases} x=1+2t, \\ y=-2-3t, \\ z=4+t. \end{cases}$ 将其代入平面方程 $2x-3y+z=4$，解得 $t=-\dfrac{4}{7}$，故所求点为 $\left(-\dfrac{1}{7},-\dfrac{2}{7},\dfrac{24}{7}\right)$.

有意思的是可以用这个方法推出点到平面的距离公式.

空间图形的距离包括点与点、点与线、点与面、线与线、线与面、面与面等情形，每种情形还可以细分为许多种情况. 前面已经给出了点与点以及点与面之间的距离公式，下面再讨论异面直线之间的距离公式，其他情况请读者自己总结.

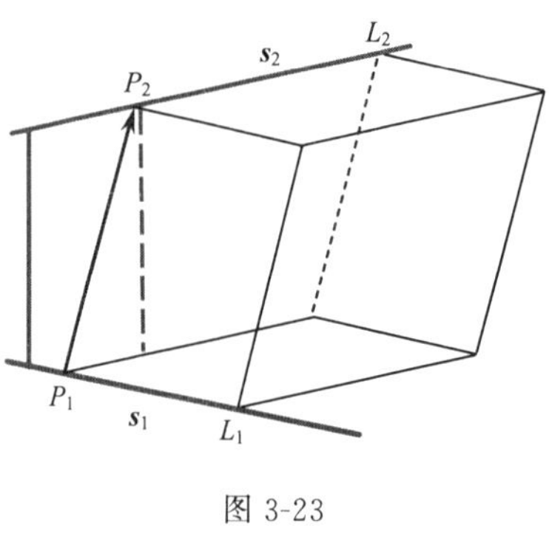

图 3-23

空间中两条不在同一个平面的直线称为**异面直线**. 与两异面直线垂直相交的直线，称为异面直线的**公垂线**，两垂足之间的距离称为**异面直线之间的距离**.

设 L_1 与 L_2 是异面直线，L_1 过点 P_1，方向向量为 $\boldsymbol{s}_1$，L_2 过点 P_2，方向向量为 $\boldsymbol{s}_2$（图 3-23）.

从图可以看出 L_1 与 L_2 之间的距离就是平行六面体的高,即

$$d=\frac{|[\boldsymbol{s}_1\boldsymbol{s}_2\ \overrightarrow{P_1P_2}]|}{\|\boldsymbol{s}_1\times\boldsymbol{s}_2\|}.$$

*例 3.17 用 Mathematica 作出平面的 $z=x+2y-1(-4\leqslant x\leqslant 4,-4\leqslant y\leqslant 4)$图形.

解 输入 `Plot3D[x + 2y - 1,{x, - 4,4},{y, - 4,4}]`;按 Shift+Enter,得

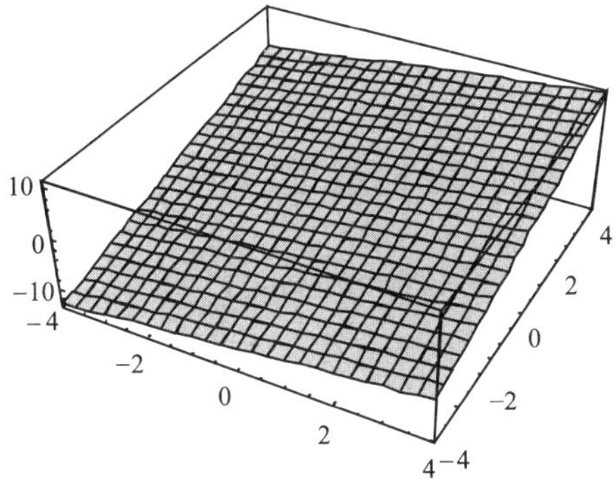

图 3-24

习 题 3.4

1. 求平面方程

(1) 平面过点(5,−7,4),且在坐标轴上截取相同数值的线段;

(2) 平面平行于 y 轴,过点(1,−5,1)及(3,2,−2);

(3) 平面过点(8,−3,1)及(4,7,2),且垂直于平面 $3x+5y-7z=21$;

(4) 平面过 x 轴,且点(5,4,13)到它的距离等于 8;

(5) 平面过点 $P_0(1,2,1)$和直线 $l:\begin{cases}x-z=6,\\x-2y-3z=0;\end{cases}$

(6) 平面过直线 $l_1:\dfrac{x-1}{1}=\dfrac{y-2}{0}=\dfrac{z-3}{-1}$,平行直线 $l_2:\dfrac{x+2}{2}=\dfrac{y-1}{1}=\dfrac{z}{1}$.

2. 求直线$\begin{cases}3x-y+2z=0,\\6x-3y+2z=0\end{cases}$与各坐标轴的夹角.

3. 求直线$\begin{cases}x+2y+z-1=0,\\x-2y+z+1=0\end{cases}$与直线$\begin{cases}x-y-z-1=0,\\x-y+2z+1=0\end{cases}$之间的夹角.

4. 从点(3,2,1)引平面 $4x-5y-8z+21=0$ 的垂足,求垂足坐标.

5. 求点(1,2,3)到直线$\dfrac{x}{1}=\dfrac{y-4}{-3}=\dfrac{z-3}{-2}$的最短距离.

6. 求直线$\dfrac{x-2}{5}=\dfrac{y+1}{2}=\dfrac{z-2}{4}$在平面 $x+4y-3z+7=0$ 上的投影方程.

7. 证明直线 $l:\begin{cases}x+3y+2z+1=0,\\2x-y-10z+3=0\end{cases}$ 与平面 $\pi:4x-2y+z=0$ 垂直.

8. 设直线 l_1 和 l_2 的方程分别为

$$l_1:\begin{cases}x+y+z+1=0,\\2x-y+3z+4=0\end{cases}\quad 和\ l_2:\begin{cases}x=-1+2t,\\y=-t,\\z=2-2t.\end{cases}$$

求 l_1 和 l_2 公垂线的方向矢量 $\boldsymbol{\beta}$ 和两直线之间的距离 d.

9. 试求点 $M_1(3,1,-4)$关于直线 $l:\begin{cases}x-y-4z+9=0,\\2x+y-2x=0\end{cases}$ 的对称点 M_2 的坐标.

3.5　向量组的线性相关性

在研究空间问题时，一个向量和有序数组(x,y,z)是一一对应的，下面将把这种观点推广，同时用更一般的观点来看待空间的问题. 我们知道：非零向量(a_1,b_1,c_1)与(a_2,b_2,c_2)平行当且仅当$(a_1,b_1,c_1)=k(a_2,b_2,c_2)$；三个向量$(a_1,b_1,c_1)$、$(a_2,b_2,c_2)$和$(a_3,b_3,c_3)$共面当且仅当$\begin{vmatrix}a_1&b_1&c_1\\a_2&b_2&c_2\\a_3&b_3&c_3\end{vmatrix}=0$. 因此讨论向量间的代数关系是有趣和必要的.

这一节将解决两个问题：把向量的概念推广到 n 维；同时研究向量之间的关系.

3.5.1　n 维向量

定义 3.5　n 个有序的数 $a_1,a_2,\cdots,a_n$ 所组成的数组称为 **n 维向量**，记为

$$\boldsymbol{\alpha}=(a_1,a_2,\cdots,a_n),$$

其中，a_i 称为 $\boldsymbol{\alpha}$ 的第 i 个**分量**(或**坐标**).

分量为实数的向量称为**实向量**，分量为复数的向量称为**复向量**. 本书除特别指明外，一般只讨论实向量. 分量全为零的向量称为**零向量**，记为 $\mathbf{0}=(0,0,\cdots,0)$. 定义中 $\boldsymbol{\alpha}=(a_1,a_2,\cdots,a_n)$的记法称为**行向量**，而 $\boldsymbol{\beta}=(a_1,a_2,\cdots,a_n)^{\mathrm{T}}$ 称为**列向量**. 它们分别为以前学习过的行矩阵和列矩阵.

全体 n 维实向量的集合记为$\mathbb{R}^n$.

如果用 $\boldsymbol{\beta}$ 表示列向量，则 $\boldsymbol{\beta}^{\mathrm{T}}$ 就表示行向量. 以后所讨论的向量在没有指明是行向量还是列向量时，一般都当作列向量.

行向量与列向量的加法和数乘都按矩阵的运算规则进行.

设两个 n 维向量

$$\boldsymbol{\alpha} = (a_1, a_2, \cdots, a_n)^{\mathrm{T}}, \quad \boldsymbol{\beta} = (b_1, b_2, \cdots, b_n)^{\mathrm{T}},$$

则两个向量的加法为

$$\boldsymbol{\alpha} + \boldsymbol{\beta} = (a_1 + b_1, a_2 + b_2, \cdots, a_n + b_n)^{\mathrm{T}}$$

数与向量相乘为

$$k\boldsymbol{\alpha} = (ka_1, ka_2, \cdots, ka_n)^{\mathrm{T}}, \quad \text{其中 } k \text{ 为常数.}$$

n 维向量的加法和数乘是 3.2.2 小节所讨论的三维向量的线性运算的推广. n 维向量的加法和数乘满足运算规律：

(1) $\boldsymbol{\alpha}+\boldsymbol{\beta}=\boldsymbol{\beta}+\boldsymbol{\alpha}$；

(2) $(\boldsymbol{\alpha}+\boldsymbol{\beta})+\boldsymbol{\gamma}=\boldsymbol{\alpha}+(\boldsymbol{\beta}+\boldsymbol{\gamma})$；

(3) $\boldsymbol{\alpha}+\mathbf{0}=\mathbf{0}+\boldsymbol{\alpha}=\boldsymbol{\alpha}$；

(4) 对任意 $\boldsymbol{\alpha}$，存在 $\boldsymbol{\beta}$，使得 $\boldsymbol{\alpha}+\boldsymbol{\beta}=\mathbf{0}$. 此时记 $\boldsymbol{\beta}=-\boldsymbol{\alpha}$，称 $\boldsymbol{\beta}$ 为 $\boldsymbol{\alpha}$ 的**负向量**；

(5) $1\boldsymbol{\alpha}=\boldsymbol{\alpha}$；

(6) $(kl)\boldsymbol{\alpha}=k(l\boldsymbol{\alpha})$；

(7) $(k+l)\boldsymbol{\alpha}=k\boldsymbol{\alpha}+l\boldsymbol{\alpha}$；

(8) $k(\boldsymbol{\alpha}+\boldsymbol{\beta})=k\boldsymbol{\alpha}+k\boldsymbol{\beta}$，

其中，$\boldsymbol{\alpha},\boldsymbol{\beta},\boldsymbol{\gamma}$ 为任意 n 维向量，k,l 为任意数.

3.5.2 向量组的线性相关性

在例 3.11 中，已知空间两点 $M_1(x_1,y_1,z_1)$，$M_2(x_2,y_2,z_2)$，取直线的方向向量 $\boldsymbol{s}=(x_2-x_1,y_2-y_1,z_2-z_1)$，$M(x,y,z)$ 为直线上一点，令 $\boldsymbol{t}=(x-x_1,y-y_1,z-z_1)$，则直线方程为 $\boldsymbol{t}=k\boldsymbol{s}$，其中 k 为任意实数. 这就给出了两个向量之间的一种特殊关系.

定义 3.6 设 $\boldsymbol{\beta},\boldsymbol{\alpha}_1,\boldsymbol{\alpha}_2,\cdots,\boldsymbol{\alpha}_m$ 是一组 n 维向量，若存在一组数 $\lambda_1,\lambda_2,\cdots,\lambda_m$，使得

$$\boldsymbol{\beta} = \lambda_1\boldsymbol{\alpha}_1 + \lambda_2\boldsymbol{\alpha}_2 + \cdots + \lambda_m\boldsymbol{\alpha}_m = \sum_{k=1}^{m}\lambda_k\boldsymbol{\alpha}_k = [\boldsymbol{\alpha}_1 \quad \boldsymbol{\alpha}_2 \quad \cdots \quad \boldsymbol{\alpha}_m]\begin{bmatrix}\lambda_1\\ \lambda_2\\ \vdots\\ \lambda_m\end{bmatrix},$$

称 $\boldsymbol{\beta}$ 为 $\boldsymbol{\alpha}_1,\boldsymbol{\alpha}_2,\cdots,\boldsymbol{\alpha}_m$ 的**线性组合**，或称 $\boldsymbol{\beta}$ 可由 $\boldsymbol{\alpha}_1,\boldsymbol{\alpha}_2,\cdots,\boldsymbol{\alpha}_m$ **线性表示**.

例 3.18 设 $\boldsymbol{\alpha}_1=(1,1,2,2)^{\mathrm{T}}$，$\boldsymbol{\alpha}_2=(1,2,1,3)^{\mathrm{T}}$，$\boldsymbol{\alpha}_3=(1,-1,4,0)^{\mathrm{T}}$，$\boldsymbol{\beta}=(1,0,3,1)^{\mathrm{T}}$. 证明向量 $\boldsymbol{\beta}$ 能由向量组 $\boldsymbol{\alpha}_1,\boldsymbol{\alpha}_2,\boldsymbol{\alpha}_3$ 线性表示，并求出表示式.

解 设 $\boldsymbol{A}=[\boldsymbol{\alpha}_1 \quad \boldsymbol{\alpha}_2 \quad \boldsymbol{\alpha}_3]$，$\widetilde{\boldsymbol{A}}=[\boldsymbol{\alpha}_1 \quad \boldsymbol{\alpha}_2 \quad \boldsymbol{\alpha}_3 \quad \boldsymbol{\beta}]$，问题等价于解方程 $\boldsymbol{Ax}=\boldsymbol{\beta}$. 因为

$$\widetilde{A}=\begin{bmatrix}1&1&1&1\\1&2&-1&0\\2&1&4&3\\2&3&0&1\end{bmatrix}\to\begin{bmatrix}1&0&3&2\\0&1&-2&-1\\0&0&0&0\\0&0&0&0\end{bmatrix},$$

所以方程 $\boldsymbol{Ax}=\boldsymbol{\beta}$ 有解. 因此向量 $\boldsymbol{\beta}$ 能由向量组 $\boldsymbol{\alpha}_1,\boldsymbol{\alpha}_2,\boldsymbol{\alpha}_3$ 线性表示.

方程组 $\boldsymbol{Ax}=\boldsymbol{\beta}$ 的一般解为 $\boldsymbol{x}=c\begin{bmatrix}-3\\2\\1\end{bmatrix}+\begin{bmatrix}2\\-1\\0\end{bmatrix}=\begin{bmatrix}-3c+2\\2c-1\\c\end{bmatrix}$. 从而得表示式 $\boldsymbol{\beta}=[\boldsymbol{\alpha}_1\ \ \boldsymbol{\alpha}_2\ \ \boldsymbol{\alpha}_3]\boldsymbol{x}=(-3c+2)\boldsymbol{\alpha}_1+(2c-1)\boldsymbol{\alpha}_2+c\boldsymbol{\alpha}_3$, 其中 c 为任意实数.

讨论 $\boldsymbol{\beta}$ 由 $\boldsymbol{\alpha}_1,\boldsymbol{\alpha}_2,\cdots,\boldsymbol{\alpha}_m$ 线性表示的问题, 实际上是讨论非齐次线性方程组 $\boldsymbol{Ax}=\boldsymbol{\beta}$ 是否有解及其求解问题, 其中 $\boldsymbol{A}=[\boldsymbol{\alpha}_1\ \ \boldsymbol{\alpha}_2\ \ \cdots\ \ \boldsymbol{\alpha}_m]$, $\boldsymbol{x}=(x_1,x_2,\cdots,x_n)^{\mathrm{T}}$.

定义 3.7　设有 n 维向量组 $\boldsymbol{\alpha}_1,\boldsymbol{\alpha}_2,\cdots,\boldsymbol{\alpha}_m$, 若存在不全为零的数 $k_1,k_2,\cdots,k_m$, 使

$$k_1\boldsymbol{\alpha}_1+k_2\boldsymbol{\alpha}_2+\cdots+k_m\boldsymbol{\alpha}_m=\boldsymbol{0},$$

称向量组 $\boldsymbol{\alpha}_1,\boldsymbol{\alpha}_2,\cdots,\boldsymbol{\alpha}_m$ **线性相关**, 否则称**线性无关**. 也就是说, 若 $\boldsymbol{\alpha}_1,\boldsymbol{\alpha}_2,\cdots,\boldsymbol{\alpha}_m$ 线性无关, 则上式成立当且仅当 $k_1=k_2=\cdots=k_m=0$.

由此看到, 如果设 $\boldsymbol{A}=[\boldsymbol{\alpha}_1\ \ \boldsymbol{\alpha}_2\ \ \cdots\ \ \boldsymbol{\alpha}_m]$, $\boldsymbol{x}=(x_1,x_2,\cdots,x_m)^{\mathrm{T}}$, 讨论 $\boldsymbol{\alpha}_1,\boldsymbol{\alpha}_2,\cdots,\boldsymbol{\alpha}_m$ 的线性相关(无关)问题, 实际上是讨论齐次线性方程组 $\boldsymbol{Ax}=\boldsymbol{0}$ 是否有非零解的问题. 若有非零解, 则 $\boldsymbol{\alpha}_1,\boldsymbol{\alpha}_2,\cdots,\boldsymbol{\alpha}_m$ 线性相关; 若只有零解, 则 $\boldsymbol{\alpha}_1,\boldsymbol{\alpha}_2,\cdots,\boldsymbol{\alpha}_m$ 线性无关.

由定义可得:

(1) 含零向量的向量组必线性相关.

(2) 一个向量 $\boldsymbol{\alpha}$ 线性相关当且仅当 $\boldsymbol{\alpha}=\boldsymbol{0}$, 一个向量 $\boldsymbol{\alpha}$ 线性无关当且仅当 $\boldsymbol{\alpha}\neq\boldsymbol{0}$.

(3) 两个非零向量 $\boldsymbol{\alpha}_1,\boldsymbol{\alpha}_2$ 线性相关当且仅当 $\boldsymbol{\alpha}_1=k\boldsymbol{\alpha}_2$(即对应分量成比例). 向量组 $\boldsymbol{\alpha}_1,\boldsymbol{\alpha}_2$ 线性相关的几何意义是这两个向量共线. 在空间中三个向量线性相关当且仅当三向量共面.

(4) 如果 $\boldsymbol{\alpha}_1,\boldsymbol{\alpha}_2,\cdots,\boldsymbol{\alpha}_m$ 线性无关, 但 $\boldsymbol{\alpha}_1,\boldsymbol{\alpha}_2,\cdots,\boldsymbol{\alpha}_m,\boldsymbol{\beta}$ 线性相关, 那么 $\boldsymbol{\beta}$ 能唯一表示成 $\boldsymbol{\alpha}_1,\boldsymbol{\alpha}_2,\cdots,\boldsymbol{\alpha}_m$ 的线性组合.

事实上, 由 $k_1\boldsymbol{\alpha}_1+k_2\boldsymbol{\alpha}_2+\cdots+k_m\boldsymbol{\alpha}_m+k\boldsymbol{\beta}=\boldsymbol{0}$, 而 $\boldsymbol{\alpha}_1,\boldsymbol{\alpha}_2,\cdots,\boldsymbol{\alpha}_m$ 线性无关, 一定有 $k\neq0$, 所以 $\boldsymbol{\beta}$ 能表示成 $\boldsymbol{\alpha}_1,\boldsymbol{\alpha}_2,\cdots,\boldsymbol{\alpha}_m$ 的线性组合, 即

$$\boldsymbol{\beta}=\frac{-k_1}{k}\boldsymbol{\alpha}_1+\frac{-k_2}{k}\boldsymbol{\alpha}_2+\cdots+\frac{-k_m}{k}\boldsymbol{\alpha}_m.$$

假设 $\boldsymbol{\beta}=p_1\boldsymbol{\alpha}_1+p_2\boldsymbol{\alpha}_2+\cdots+p_m\boldsymbol{\alpha}_m=q_1\boldsymbol{\alpha}_1+q_2\boldsymbol{\alpha}_2+\cdots+q_m\boldsymbol{\alpha}_m$, 则有

$$(p_1-q_1)\boldsymbol{\alpha}_1+(p_2-q_2)\boldsymbol{\alpha}_2+\cdots+(p_m-q_m)\boldsymbol{\alpha}_m=\mathbf{0}.$$

由于 $\boldsymbol{\alpha}_1,\boldsymbol{\alpha}_2,\cdots,\boldsymbol{\alpha}_m$ 线性无关,得 $p_i=q_i(i=1,2,\cdots,m)$.

(5) 如果 $\boldsymbol{\alpha}_1,\boldsymbol{\alpha}_2,\cdots,\boldsymbol{\alpha}_m$ 线性相关,则 $\boldsymbol{\alpha}_1,\boldsymbol{\alpha}_2,\cdots,\boldsymbol{\alpha}_m,\boldsymbol{\alpha}_{m+1},\cdots,\boldsymbol{\alpha}_{m+s}$线性相关. 如果 $\boldsymbol{\alpha}_1,\boldsymbol{\alpha}_2,\cdots,\boldsymbol{\alpha}_m$ 线性无关,则它的任意部分组线性无关.

(6) 对于 n 维向量组 $\boldsymbol{\alpha}_1,\boldsymbol{\alpha}_2,\cdots,\boldsymbol{\alpha}_m$,如果 $m>n$,则该向量组必定线性相关.

事实上,考虑 $x_1\boldsymbol{\alpha}_1+x_2\boldsymbol{\alpha}_2+\cdots+x_m\boldsymbol{\alpha}_m=\mathbf{0}$,即$[\boldsymbol{\alpha}_1\ \ \boldsymbol{\alpha}_2\ \ \cdots\ \ \boldsymbol{\alpha}_m]\begin{bmatrix}x_1\\x_2\\\vdots\\x_m\end{bmatrix}=\mathbf{0}$,这是 n 个方程 m 个未知数的齐次线性方程组,因为 $m>n$,所以方程组有非零解.

定理 3.3 n 维向量组 $\boldsymbol{\alpha}_1,\boldsymbol{\alpha}_2,\cdots,\boldsymbol{\alpha}_m(m\geqslant 2)$线性相关的充要条件是其中至少有一个向量是其余向量的线性组合.

证 必要性. 设向量组 $\boldsymbol{\alpha}_1,\boldsymbol{\alpha}_2,\cdots,\boldsymbol{\alpha}_m$ 线性相关,则存在不全为零的数 $k_1,k_2,\cdots,k_m$,使得 $k_1\boldsymbol{\alpha}_1+k_2\boldsymbol{\alpha}_2+\cdots+k_m\boldsymbol{\alpha}_m=\mathbf{0}$,不妨设 $k_i\neq 0$,因此

$$\boldsymbol{\alpha}_i=\frac{-k_1}{k_i}\boldsymbol{\alpha}_1+\cdots+\frac{-k_{i-1}}{k_i}\boldsymbol{\alpha}_{i-1}+\frac{-k_{i+1}}{k_i}\boldsymbol{\alpha}_{i+1}+\cdots+\frac{-k_m}{k_i}\boldsymbol{\alpha}_m,$$

可见 $\boldsymbol{\alpha}_i$ 是 $\boldsymbol{\alpha}_1,\boldsymbol{\alpha}_2,\cdots,\boldsymbol{\alpha}_{i-1},\boldsymbol{\alpha}_{i+1},\cdots,\boldsymbol{\alpha}_m$ 的线性组合.

充分性. 不妨设 $\boldsymbol{\alpha}_i=l_1\boldsymbol{\alpha}_1+\cdots+l_{i-1}\boldsymbol{\alpha}_{i-1}+l_{i+1}\boldsymbol{\alpha}_{i+1}+\cdots+l_m\boldsymbol{\alpha}_m$,故

$$l_1\boldsymbol{\alpha}_1+\cdots+l_{i-1}\boldsymbol{\alpha}_{i-1}+(-1)\boldsymbol{\alpha}_i+l_{i+1}\boldsymbol{\alpha}_{i+1}+\cdots+l_m\boldsymbol{\alpha}_m=\mathbf{0},$$

因此 $\boldsymbol{\alpha}_1,\boldsymbol{\alpha}_2,\cdots,\boldsymbol{\alpha}_m$ 线性相关.

可以用定理 3.3 来描述线性无关:n 维向量组 $\boldsymbol{\alpha}_1,\boldsymbol{\alpha}_2,\cdots,\boldsymbol{\alpha}_m(m\geqslant 2)$线性无关的充要条件是其中任何一个向量都不能表示为其余向量的线性组合.

有的教材把定理 3.3 作为线性相关的定义,但此时须补充单个向量线性相关(无关)的结论,也就是说:定理 3.3 结合单个向量 $\boldsymbol{\alpha}$ 线性相关$\Leftrightarrow\boldsymbol{\alpha}=\mathbf{0}$ 等价于定义3.7.

例 3.19 证明 n 维向量组 $\boldsymbol{e}_1=(1,0,\cdots,0)^{\mathrm{T}},\boldsymbol{e}_2=(0,1,\cdots,0)^{\mathrm{T}},\cdots,\boldsymbol{e}_n=(0,0,\cdots,1)^{\mathrm{T}}$ 线性无关. 通常称 $\boldsymbol{e}_1,\boldsymbol{e}_2,\cdots,\boldsymbol{e}_n$ 为**基本(标准)向量组**.

证 由 $k_1\boldsymbol{e}_1+k_2\boldsymbol{e}_2+\cdots+k_n\boldsymbol{e}_n=\mathbf{0}$ 得:

$$k_1\begin{bmatrix}1\\0\\\vdots\\0\end{bmatrix}+k_2\begin{bmatrix}0\\1\\\vdots\\0\end{bmatrix}+\cdots+k_n\begin{bmatrix}0\\0\\\vdots\\1\end{bmatrix}=\begin{bmatrix}k_1\\k_2\\\vdots\\k_n\end{bmatrix}=\begin{bmatrix}0\\0\\\vdots\\0\end{bmatrix},$$

因此 $k_i=0(i=1,2,\cdots,n)$,故 $\boldsymbol{e}_1,\boldsymbol{e}_2,\cdots,\boldsymbol{e}_n$ 线性无关.

例 3.20 已知向量组 $\boldsymbol{\alpha}_1,\boldsymbol{\alpha}_2,\cdots,\boldsymbol{\alpha}_s(s\geqslant 2)$线性无关,设

$$\boldsymbol{\beta}_1=\boldsymbol{\alpha}_1+\boldsymbol{\alpha}_2,\boldsymbol{\beta}_2=\boldsymbol{\alpha}_2+\boldsymbol{\alpha}_3,\cdots,\boldsymbol{\beta}_{s-1}=\boldsymbol{\alpha}_{s-1}+\boldsymbol{\alpha}_s,\boldsymbol{\beta}_s=\boldsymbol{\alpha}_s+\boldsymbol{\alpha}_1,$$

讨论 $\boldsymbol{\beta}_1,\boldsymbol{\beta}_2,\cdots,\boldsymbol{\beta}_s$ 的线性相关性.

解　设 $k_1\boldsymbol{\beta}_1+k_2\boldsymbol{\beta}_2+\cdots+k_s\boldsymbol{\beta}_s=\mathbf{0}$,将已知条件代入得

$$k_1(\boldsymbol{\alpha}_1+\boldsymbol{\alpha}_2)+k_2(\boldsymbol{\alpha}_2+\boldsymbol{\alpha}_3)+\cdots+k_s(\boldsymbol{\alpha}_s+\boldsymbol{\alpha}_1)=\mathbf{0},$$

$$(k_1+k_s)\boldsymbol{\alpha}_1+(k_1+k_2)\boldsymbol{\alpha}_2+\cdots+(k_{s-1}+k_s)\boldsymbol{\alpha}_s=\mathbf{0}.$$

由于 $\boldsymbol{\alpha}_1,\boldsymbol{\alpha}_2,\cdots,\boldsymbol{\alpha}_s$ 线性无关,上述系数全为零, 即

$$\begin{cases}k_1+k_s=0,\\ k_1+k_2=0,\\ \cdots\cdots\cdots\cdots\\ k_{s-1}+k_s=0.\end{cases}$$

得

$$\begin{bmatrix}1&0&0&\cdots&1\\1&1&0&\cdots&0\\0&1&1&\cdots&0\\\vdots&\vdots&\vdots&&\vdots\\0&0&0&\cdots&1\end{bmatrix}\begin{bmatrix}k_1\\k_2\\k_3\\\vdots\\k_s\end{bmatrix}=\begin{bmatrix}0\\0\\0\\\vdots\\0\end{bmatrix}.$$

系数行列式按第一行展开,它等于 $1+(-1)^{s+1}$,故当 s 为奇数时, 系数行列式不为零, 齐次线性方程组仅有零解,$\boldsymbol{\beta}_1,\boldsymbol{\beta}_2,\cdots,\boldsymbol{\beta}_s$ 线性无关;当 s 为偶数时,系数行列式为零,齐次线性方程组有非零解,$\boldsymbol{\beta}_1,\boldsymbol{\beta}_2,\cdots,\boldsymbol{\beta}_s$ 线性相关.

例 3.21　讨论向量组

$\boldsymbol{\alpha}_1=(1,1,1,2)^{\mathrm{T}},\boldsymbol{\alpha}_2=(0,2,1,3)^{\mathrm{T}},\boldsymbol{\alpha}_3=(3,1,0,1)^{\mathrm{T}},\boldsymbol{\alpha}_4=(2,-4,-3,-7)^{\mathrm{T}}$ 的线性相关性.

解　设 $k_1\boldsymbol{\alpha}_1+k_2\boldsymbol{\alpha}_2+k_3\boldsymbol{\alpha}_3+k_4\boldsymbol{\alpha}_4=\mathbf{0}$,即等价于齐次线性方程组

$$[\boldsymbol{\alpha}_1\ \ \boldsymbol{\alpha}_2\ \ \boldsymbol{\alpha}_3\ \ \boldsymbol{\alpha}_4]\begin{bmatrix}k_1\\k_2\\k_3\\k_4\end{bmatrix}=\mathbf{0}.$$

把 $\boldsymbol{\alpha}_i$ 代入上式得

$$\begin{bmatrix}1&0&3&2\\1&2&1&-4\\1&1&0&-3\\2&3&1&-7\end{bmatrix}\begin{bmatrix}k_1\\k_2\\k_3\\k_4\end{bmatrix}=\mathbf{0},$$

对系数矩阵作初等行变换

$$A=\begin{bmatrix}1&0&3&2\\1&2&1&-4\\1&1&0&-3\\2&3&1&-7\end{bmatrix}\to\begin{bmatrix}1&0&3&2\\0&2&-2&-6\\0&1&-3&-5\\0&3&-5&-11\end{bmatrix}\to\begin{bmatrix}1&0&3&2\\0&1&0&-2\\0&0&1&1\\0&0&0&0\end{bmatrix},$$

$\operatorname{rank}A=3$,齐次线性方程组有非零解,从而 $\boldsymbol{\alpha}_1,\boldsymbol{\alpha}_2,\boldsymbol{\alpha}_3,\boldsymbol{\alpha}_4$ 是线性相关的.

3.5.3 极大线性无关组

若向量组 $\boldsymbol{\alpha}_1,\boldsymbol{\alpha}_2,\cdots,\boldsymbol{\alpha}_m$ 线性相关,那么这个向量组中最多有多少个向量线性无关呢？又该如何求出这些线性无关的向量呢？这一节将解决这些问题.

设两个 n 维向量组为

$$(\mathrm{I})\boldsymbol{\alpha}_1,\boldsymbol{\alpha}_2,\cdots,\boldsymbol{\alpha}_r,\quad (\mathrm{II})\boldsymbol{\beta}_1,\boldsymbol{\beta}_2,\cdots,\boldsymbol{\beta}_s.$$

定义 3.8 若向量组(I)中的每个向量都可由向量组(II)线性表示,则称向量组(I)可由向量组(II)线性表示. 如果还有向量组(II)可由向量组(I)线性表示,则称两个**向量组等价**.

假设 $\boldsymbol{\alpha}_{i_1},\boldsymbol{\alpha}_{i_2},\cdots,\boldsymbol{\alpha}_{i_t}$ 是 $\boldsymbol{\alpha}_1,\boldsymbol{\alpha}_2,\cdots,\boldsymbol{\alpha}_r$ 的一个部分组, 对于 $\boldsymbol{\alpha}_{i_1},\boldsymbol{\alpha}_{i_2},\cdots,\boldsymbol{\alpha}_{i_t}$ 中任意一个向量 $\boldsymbol{\alpha}_{i_k}$,有 $\boldsymbol{\alpha}_{i_k}=0\boldsymbol{\alpha}_1+0\boldsymbol{\alpha}_2+\cdots+1\boldsymbol{\alpha}_{i_k}+\cdots+0\boldsymbol{\alpha}_r\ (1\leqslant k\leqslant t)$,因此一个向量组的部分组可由原向量组线性表示.

设向量组(I)可由向量组(II)表示为

$$\begin{cases}\boldsymbol{\alpha}_1=k_{11}\boldsymbol{\beta}_1+k_{21}\boldsymbol{\beta}_2+\cdots+k_{s1}\boldsymbol{\beta}_s,\\ \boldsymbol{\alpha}_2=k_{12}\boldsymbol{\beta}_1+k_{22}\boldsymbol{\beta}_2+\cdots+k_{s2}\boldsymbol{\beta}_s,\\ \cdots\cdots\cdots\cdots\\ \boldsymbol{\alpha}_r=k_{1r}\boldsymbol{\beta}_1+k_{2r}\boldsymbol{\beta}_2+\cdots+k_{sr}\boldsymbol{\beta}_s.\end{cases}$$

上式写成矩阵形式

$$[\boldsymbol{\alpha}_1\ \ \boldsymbol{\alpha}_2\ \ \cdots\ \ \boldsymbol{\alpha}_r]=[\boldsymbol{\beta}_1\ \ \boldsymbol{\beta}_2\ \ \cdots\ \ \boldsymbol{\beta}_s]\begin{bmatrix}k_{11}&k_{12}&\cdots&k_{1r}\\k_{21}&k_{22}&\cdots&k_{2r}\\\vdots&\vdots&&\vdots\\k_{s1}&k_{s2}&\cdots&k_{sr}\end{bmatrix}.$$

记 $\boldsymbol{A}_{n\times r}=[\boldsymbol{\alpha}_1\ \ \boldsymbol{\alpha}_2\ \ \cdots\ \ \boldsymbol{\alpha}_r]$,$\boldsymbol{B}_{n\times s}=[\boldsymbol{\beta}_1\ \ \boldsymbol{\beta}_2\ \ \cdots\ \ \boldsymbol{\beta}_s]$,$\boldsymbol{K}=[k_{ij}]_{s\times r}$,因此有 $\boldsymbol{A}=\boldsymbol{BK}$. 反之, 若有矩阵关系 $\boldsymbol{A}=\boldsymbol{BK}$,则 $\boldsymbol{A}$ 的列向量组可由 $\boldsymbol{B}$ 的列向量组线性表示,也有 $\boldsymbol{A}$ 的行向量组可由 $\boldsymbol{K}$ 的行向量组线性表示.

向量组的等价满足

(1) 自反性：向量组自身等价；

(2) 对称性：向量组(I)与向量组(II)等价，则向量组(II)与向量组(I)等价；

(3) 传递性：向量组(I)与向量组(II)等价，向量组(II)与向量组(III)等价，则向量组(I)与向量组(III)等价.

例 3.22 (1) 已知

$$\boldsymbol{\alpha}_1=(2,0,-1,3)^{\mathrm{T}},\boldsymbol{\alpha}_2=(3,-2,1,-1)^{\mathrm{T}},$$

$$\boldsymbol{\beta}_1=(-5,6,-5,9)^{\mathrm{T}},\boldsymbol{\beta}_2=(4,-4,3,-5)^{\mathrm{T}}.$$

证明 $\boldsymbol{\alpha}_1,\boldsymbol{\alpha}_2$ 与 $\boldsymbol{\beta}_1,\boldsymbol{\beta}_2$ 等价.

(2) 已知向量组

$$\text{(I)}\ \boldsymbol{\alpha}_1=(0,1,2,3)^{\mathrm{T}},\boldsymbol{\alpha}_2=(3,0,1,2)^{\mathrm{T}},\boldsymbol{\alpha}_3=(2,3,0,1)^{\mathrm{T}};$$

$$\text{(II)}\ \boldsymbol{\beta}_1=(2,1,1,2)^{\mathrm{T}},\boldsymbol{\beta}_2=(0,-2,1,1)^{\mathrm{T}},\boldsymbol{\beta}_3=(4,4,1,3)^{\mathrm{T}}.$$

证明(II)组能由(I)组线性表示，但(I)组不能由(II)组线性表示.

证 (1)对矩阵$[\boldsymbol{\alpha}_1\ \ \boldsymbol{\alpha}_2\ \ \boldsymbol{\beta}_1\ \ \boldsymbol{\beta}_2]$施行初等行变换，把$[\boldsymbol{\alpha}_1\ \ \boldsymbol{\alpha}_2]$变为最简行阶梯形.

$$\begin{bmatrix}2&3&-5&4\\0&-2&6&-4\\-1&1&-5&3\\3&-1&9&-5\end{bmatrix}\to\begin{bmatrix}-1&1&-5&3\\0&-2&6&-4\\0&5&-15&10\\0&2&-6&4\end{bmatrix}\to\begin{bmatrix}1&0&2&-1\\0&1&-3&2\\0&0&0&0\\0&0&0&0\end{bmatrix}.$$

因此，$[\boldsymbol{\alpha}_1\ \ \boldsymbol{\alpha}_2]\boldsymbol{X}=[\boldsymbol{\beta}_1\ \ \boldsymbol{\beta}_2]$有解，即 $\boldsymbol{\beta}_1,\boldsymbol{\beta}_2$ 可以由 $\boldsymbol{\alpha}_1,\boldsymbol{\alpha}_2$ 线性表示，取 $\boldsymbol{X}=\begin{bmatrix}2&-1\\-3&2\end{bmatrix}$. 由于 $\boldsymbol{X}$ 可逆，故可以取 $\boldsymbol{Y}=\boldsymbol{X}^{-1}$，有$[\boldsymbol{\beta}_1\ \ \boldsymbol{\beta}_2]\boldsymbol{Y}=[\boldsymbol{\alpha}_1\ \ \boldsymbol{\alpha}_2]$.

(2) 对$[\boldsymbol{\alpha}_1\ \ \boldsymbol{\alpha}_2\ \ \boldsymbol{\alpha}_3\ \ \boldsymbol{\beta}_1\ \ \boldsymbol{\beta}_2\ \ \boldsymbol{\beta}_3]$施行初等行变换，把$[\boldsymbol{\alpha}_1\ \ \boldsymbol{\alpha}_2\ \ \boldsymbol{\alpha}_3]$化为最简行阶梯形.

$$\begin{bmatrix}0&3&2&2&0&4\\1&0&3&1&-2&4\\2&1&0&1&1&1\\3&2&1&2&1&3\end{bmatrix}\to\begin{bmatrix}1&0&3&1&-2&4\\0&3&2&2&0&4\\0&1&-6&-1&5&-7\\0&2&-8&-1&7&-9\end{bmatrix}$$

$$\to\begin{bmatrix}1&0&3&1&-2&4\\0&1&-6&-1&5&-7\\0&0&20&5&-15&25\\0&0&4&1&-3&5\end{bmatrix}\to\begin{bmatrix}1&0&3&1&-2&4\\0&1&-6&-1&5&-7\\0&0&4&1&-3&5\\0&0&0&0&0&0\end{bmatrix}$$

$$\rightarrow\begin{bmatrix}1&0&0&\frac{1}{4}&\frac{1}{4}&\frac{1}{4}\\0&1&0&\frac{1}{2}&\frac{1}{2}&\frac{1}{2}\\0&0&1&\frac{1}{4}&-\frac{3}{4}&\frac{5}{4}\\0&0&0&0&0&0\end{bmatrix}.$$

因此(II)组能由(I)组线性表示.

对矩阵$[\boldsymbol{\beta}_1\quad\boldsymbol{\beta}_2\quad\boldsymbol{\beta}_3\quad\boldsymbol{\alpha}_1\quad\boldsymbol{\alpha}_2\quad\boldsymbol{\alpha}_3]$施行初等行变换,把$[\boldsymbol{\beta}_1\quad\boldsymbol{\beta}_2\quad\boldsymbol{\beta}_3]$化为最简行阶梯形.

$$\begin{bmatrix}2&0&4&0&3&2\\1&-2&4&1&0&3\\1&1&1&2&1&0\\2&1&3&3&2&1\end{bmatrix}\longrightarrow\begin{bmatrix}1&0&2&0&\frac{3}{2}&1\\0&1&-1&0&\frac{1}{2}&-1\\0&0&0&1&-\frac{1}{2}&0\\0&0&0&0&0&0\end{bmatrix}.$$

显然 $\boldsymbol{\alpha}_1,\boldsymbol{\alpha}_2$ 不能由 $\boldsymbol{\beta}_1,\boldsymbol{\beta}_2,\boldsymbol{\beta}_3$ 线性表示.

定义 3.9 设向量组的一个部分组 $\boldsymbol{\alpha}_1,\boldsymbol{\alpha}_2,\cdots,\boldsymbol{\alpha}_r$ 满足

(1) $\boldsymbol{\alpha}_1,\boldsymbol{\alpha}_2,\cdots,\boldsymbol{\alpha}_r$ 线性无关;

(2) 向量组中每一个向量均可由 $\boldsymbol{\alpha}_1,\boldsymbol{\alpha}_2,\cdots,\boldsymbol{\alpha}_r$ 线性表示.

称 $\boldsymbol{\alpha}_1,\boldsymbol{\alpha}_2,\cdots,\boldsymbol{\alpha}_r$ 为该向量组的一个**极大线性无关组**.

由于一个向量组的部分组总可由原向量组线性表示,因此一个向量组和它的极大线性无关组是等价的.

例如,在$\mathbb{R}^n$ 中,基本向量组 $\boldsymbol{e}_1=(1,0,\cdots,0)^{\mathrm{T}},\boldsymbol{e}_2=(0,1,\cdots,0)^{\mathrm{T}},\cdots,\boldsymbol{e}_n=(0,0,\cdots,1)^{\mathrm{T}}$ 是线性无关的,且任一 n 维实向量 $\boldsymbol{\alpha}=(x_1,x_2,\cdots,x_n)^{\mathrm{T}}$ 都可以用 $\boldsymbol{e}_1,\boldsymbol{e}_2,\cdots,\boldsymbol{e}_n$ 线性表示,即

$$\boldsymbol{\alpha}=(x_1,x_2,\cdots,x_n)^{\mathrm{T}}=x_1\boldsymbol{e}_1+x_2\boldsymbol{e}_2+\cdots+x_n\boldsymbol{e}_n,$$

故 $\boldsymbol{e}_1,\boldsymbol{e}_2,\cdots,\boldsymbol{e}_n$ 是$\mathbb{R}^n$ 的一个极大线性无关组. 设$\boldsymbol{f}_1=(1,0,\cdots,0)^{\mathrm{T}},\boldsymbol{f}_2=(1,1,\cdots,0)^{\mathrm{T}},\boldsymbol{f}_3=(1,1,1,\cdots,0)^{\mathrm{T}},\cdots,\boldsymbol{f}_n=(1,1,\cdots,1)^{\mathrm{T}}$,则它们也是$\mathbb{R}^n$ 的一个极大线性无关组. 特别地,平面上任意两个不平行的非零向量都是$\mathbb{R}^2$ 的一个极大线性无关组.

又如例 3.21 中,$\boldsymbol{\alpha}_1,\boldsymbol{\alpha}_2,\boldsymbol{\alpha}_3$ 和 $\boldsymbol{\alpha}_1,\boldsymbol{\alpha}_2,\boldsymbol{\alpha}_4$ 都是极大线性无关组.

上面的事实不是偶然的现象,一般地一个向量组的极大线性无关组不唯一,但是每个极大线性无关组所含向量的个数是唯一的. 为证明这个结论,需要下面的定理.

定理 3.4　设向量组(I)$\boldsymbol{\alpha}_1,\boldsymbol{\alpha}_2,\cdots,\boldsymbol{\alpha}_r$ 可由向量组(II)$\boldsymbol{\beta}_1,\boldsymbol{\beta}_2,\cdots,\boldsymbol{\beta}_s$ 线性表示. 若 $r>s$,则向量组(I)线性相关.

证　首先设 $\boldsymbol{A}_{n\times r}=[\boldsymbol{\alpha}_1\ \ \boldsymbol{\alpha}_2\ \ \cdots\ \ \boldsymbol{\alpha}_r]$,$\boldsymbol{B}_{n\times s}=[\boldsymbol{\beta}_1\ \ \boldsymbol{\beta}_2\ \ \cdots\ \ \boldsymbol{\beta}_s]$,由于向量组(I)可由向量组(II)线性表示,因此存在 $\boldsymbol{K}=[k_{ij}]_{s\times r}$ 使得 $\boldsymbol{A}_{n\times r}=\boldsymbol{B}_{n\times s}\boldsymbol{K}_{s\times r}$.

再设 $x_1\boldsymbol{\alpha}_1+x_2\boldsymbol{\alpha}_2+\cdots+x_r\boldsymbol{\alpha}_r=\boldsymbol{0}$,记 $\boldsymbol{x}=(x_1,x_2,\cdots,x_r)^{\mathrm{T}}$,因此有 $\boldsymbol{A}_{n\times r}\boldsymbol{x}=\boldsymbol{0}$. 把 $\boldsymbol{A}_{n\times r}=\boldsymbol{B}_{n\times s}\boldsymbol{K}_{s\times r}$ 代入得 $\boldsymbol{B}(\boldsymbol{Kx})=\boldsymbol{0}$. 考虑系数矩阵为 $\boldsymbol{K}_{s\times r}$ 的齐次线性方程组 $\boldsymbol{Kx}=\boldsymbol{0}$,由条件 $r>s$,该方程组未知量个数大于方程个数,从而有非零解 $\boldsymbol{x}=(x_1,x_2,\cdots,x_r)^{\mathrm{T}}$,该解也适合齐次线性方程组 $\boldsymbol{B}(\boldsymbol{Kx})=\boldsymbol{0}$,所以 $\boldsymbol{\alpha}_1,\boldsymbol{\alpha}_2,\cdots,\boldsymbol{\alpha}_r$ 线性相关.

推论 1　若向量组 $\boldsymbol{\alpha}_1,\boldsymbol{\alpha}_2,\cdots,\boldsymbol{\alpha}_r$ 可由向量组 $\boldsymbol{\beta}_1,\boldsymbol{\beta}_2,\cdots,\boldsymbol{\beta}_s$ 线性表示,且向量组 $\boldsymbol{\alpha}_1,\boldsymbol{\alpha}_2,\cdots,\boldsymbol{\alpha}_r$ 线性无关,则 $r\leqslant s$.

推论 2　若线性无关向量组 $\boldsymbol{\alpha}_1,\boldsymbol{\alpha}_2,\cdots,\boldsymbol{\alpha}_r$ 与线性无关向量组 $\boldsymbol{\beta}_1,\boldsymbol{\beta}_2,\cdots,\boldsymbol{\beta}_s$ 等价,则 $r=s$.

推论 3　一个向量组的两个极大线性无关组所含向量的个数相同.

证　假设向量组(I)$\boldsymbol{\alpha}_{i_1},\boldsymbol{\alpha}_{i_2},\cdots,\boldsymbol{\alpha}_{i_t}$ 与向量组(Ⅱ)$\boldsymbol{\alpha}_{j_1},\boldsymbol{\alpha}_{j_2},\cdots,\boldsymbol{\alpha}_{j_p}$ 都是向量组 $\boldsymbol{\alpha}_1,\boldsymbol{\alpha}_2,\cdots,\boldsymbol{\alpha}_r$ 的极大线性无关组,则(I)与 $\boldsymbol{\alpha}_1,\boldsymbol{\alpha}_2,\cdots,\boldsymbol{\alpha}_r$ 等价,(II)也与 $\boldsymbol{\alpha}_1,\boldsymbol{\alpha}_2,\cdots,\boldsymbol{\alpha}_r$ 等价,因此(I)与(II)等价,由推论 2 有 $p=t$.

定义 3.10　向量组的极大线性无关组所含向量的个数,称为**向量组的秩**.

进一步可以得到下面的结论.

推论 4　若向量组 $\boldsymbol{\alpha}_1,\boldsymbol{\alpha}_2,\cdots,\boldsymbol{\alpha}_r$ 可由向量组 $\boldsymbol{\beta}_1,\boldsymbol{\beta}_2,\cdots,\boldsymbol{\beta}_s$ 线性表示,则 $\boldsymbol{\alpha}_1,\boldsymbol{\alpha}_2,\cdots,\boldsymbol{\alpha}_r$ 的秩不大于 $\boldsymbol{\beta}_1,\boldsymbol{\beta}_2,\cdots,\boldsymbol{\beta}_s$ 的秩.

证　假设(I)$\boldsymbol{\alpha}_{i_1},\boldsymbol{\alpha}_{i_2},\cdots,\boldsymbol{\alpha}_{i_t}$ 是 $\boldsymbol{\alpha}_1,\boldsymbol{\alpha}_2,\cdots,\boldsymbol{\alpha}_r$ 的一个极大线性无关组,(II)$\boldsymbol{\beta}_{j_1},\boldsymbol{\beta}_{j_2},\cdots,\boldsymbol{\beta}_{j_p}$ 是 $\boldsymbol{\beta}_1,\boldsymbol{\beta}_2,\cdots,\boldsymbol{\beta}_s$ 的一个极大线性无关组,则(I)与 $\boldsymbol{\alpha}_1,\boldsymbol{\alpha}_2,\cdots,\boldsymbol{\alpha}_r$ 等价,(II)与 $\boldsymbol{\beta}_1,\boldsymbol{\beta}_2,\cdots,\boldsymbol{\beta}_s$ 等价,由于 $\boldsymbol{\alpha}_1,\boldsymbol{\alpha}_2,\cdots,\boldsymbol{\alpha}_r$ 可由 $\boldsymbol{\beta}_1,\boldsymbol{\beta}_2,\cdots,\boldsymbol{\beta}_s$ 线性表示,从而(I)可由(II)表示,由推论 1,(I)所含向量个数不大于(II)所含向量个数. 即 $\boldsymbol{\alpha}_1,\boldsymbol{\alpha}_2,\cdots,\boldsymbol{\alpha}_r$ 的秩不大于 $\boldsymbol{\beta}_1,\boldsymbol{\beta}_2,\cdots,\boldsymbol{\beta}_s$ 的秩.

推论 5　等价向量组的秩相同.

推论 5 的逆命题不成立. 例如:在$\mathbb{R}^3$ 中设 $\boldsymbol{\alpha}_1=(1,0,0)^{\mathrm{T}}$,$\boldsymbol{\alpha}_2=(0,1,0)^{\mathrm{T}}$,该向量组秩为 2; 向量组 $\boldsymbol{\beta}_1=(0,1,0)^{\mathrm{T}}$,$\boldsymbol{\beta}_2=(0,0,1)^{\mathrm{T}}$ 秩 2. 但是 $\boldsymbol{\alpha}_1,\boldsymbol{\alpha}_2$ 与 $\boldsymbol{\beta}_1,\boldsymbol{\beta}_2$ 不等价.

3.5.4　向量组的秩与矩阵秩的关系

设 $m\times n$ 矩阵

$$\boldsymbol{A}=\begin{bmatrix} a_{11} & a_{12} & \cdots & a_{1n} \\ a_{21} & a_{22} & \cdots & a_{2n} \\ \vdots & \vdots & & \vdots \\ a_{m1} & a_{m2} & \cdots & a_{mn} \end{bmatrix}.$$

若把 $\boldsymbol{A}$ 写成列分块形式

$$\boldsymbol{A}=[\boldsymbol{\alpha}_1 \quad \boldsymbol{\alpha}_2 \quad \cdots \quad \boldsymbol{\alpha}_n],$$

其中，$\boldsymbol{\alpha}_i=(a_{1i},a_{2i},\cdots,a_{mi})^{\mathrm{T}}$. 则可把 $\boldsymbol{A}$ 看作 n 个列向量构成的矩阵. 若把 $\boldsymbol{A}$ 写成行分块形式

$$\boldsymbol{A}=\begin{bmatrix}\boldsymbol{\beta}_1^{\mathrm{T}}\\ \boldsymbol{\beta}_2^{\mathrm{T}}\\ \vdots\\ \boldsymbol{\beta}_m^{\mathrm{T}}\end{bmatrix},$$

其中，$\boldsymbol{\beta}_i=(a_{i1},a_{i2},\cdots,a_{in})^{\mathrm{T}}$. 则可把 $\boldsymbol{A}$ 看作 m 个行向量构成的矩阵. 称 $\boldsymbol{A}$ 的列向量组的秩为 **$\boldsymbol{A}$ 的列秩**，行向量组的秩为 **$\boldsymbol{A}$ 的行秩**.

下面研究行秩、列秩和矩阵的秩之间的关系.

定理 3.5 矩阵初等行(列)变换不改变列(行)向量组的线性相关性和线性组合关系.

证 只证初等行变换的情形. 设矩阵 $\boldsymbol{A}_{m\times n}$ 用一系列初等行变换化为矩阵 $\boldsymbol{B}_{m\times n}$，即

$$\boldsymbol{A}=[\boldsymbol{\alpha}_1 \quad \boldsymbol{\alpha}_2 \quad \cdots \quad \boldsymbol{\alpha}_n]\longrightarrow \boldsymbol{B}=[\boldsymbol{\beta}_1 \quad \boldsymbol{\beta}_2 \quad \cdots \quad \boldsymbol{\beta}_n].$$

则存在可逆矩阵 $\boldsymbol{P}$，使 $\boldsymbol{PA}=\boldsymbol{B}$，从而有列的关系

$$\boldsymbol{P\alpha}_i=\boldsymbol{\beta}_i \quad (i=1,2,\cdots,n).$$

(1) 若有不全为零的数 $k_1,k_2,\cdots,k_n$，使得 $\sum\limits_{i=1}^{n}k_i\boldsymbol{\alpha}_i=\mathbf{0}$，两边左乘矩阵 $\boldsymbol{P}$，有

$$\boldsymbol{P}\Big(\sum_{i=1}^{n}k_i\boldsymbol{\alpha}_i\Big)=\sum_{i=1}^{n}k_i\boldsymbol{P\alpha}_i=\sum_{i=1}^{n}k_i\boldsymbol{\beta}_i=\mathbf{0}.$$

反之若有不全为零的数 $k_1,k_2,\cdots,k_n$，使得 $\sum\limits_{i=1}^{n}k_i\boldsymbol{\beta}_i=\mathbf{0}$，两边左乘矩阵 $\boldsymbol{P}^{-1}$，有

$$\boldsymbol{P}^{-1}\Big(\sum_{i=1}^{n}k_i\boldsymbol{\beta}_i\Big)=\sum_{i=1}^{n}k_i\boldsymbol{P}^{-1}\boldsymbol{\beta}_i=\sum_{i=1}^{n}k_i\boldsymbol{\alpha}_i=\mathbf{0}.$$

因此向量组 $\boldsymbol{\alpha}_1,\boldsymbol{\alpha}_2,\cdots,\boldsymbol{\alpha}_n$ 线性相关当且仅当 $\boldsymbol{\beta}_1,\boldsymbol{\beta}_2,\cdots,\boldsymbol{\beta}_n$ 线性相关. 或者，向量组 $\boldsymbol{\alpha}_1,\boldsymbol{\alpha}_2,\cdots,\boldsymbol{\alpha}_n$ 线性无关当且仅当 $\boldsymbol{\beta}_1,\boldsymbol{\beta}_2,\cdots,\boldsymbol{\beta}_n$ 线性无关.

(2) 若 $\boldsymbol{A}$ 的列向量之间存在某种线性关系，例如，某列可以用其余列向量线性表示，这也就是说 $\boldsymbol{\alpha}_1,\boldsymbol{\alpha}_2,\cdots,\boldsymbol{\alpha}_n$ 线性相关，也就是存在列向量 $\boldsymbol{x}$，使得 $\boldsymbol{Ax}=\mathbf{0}$，左乘矩阵 $\boldsymbol{P}$，有 $\boldsymbol{PAx}=\mathbf{0}$，即 $\boldsymbol{Bx}=\mathbf{0}$，从而 $\boldsymbol{B}$ 的列向量之间具有同样的线性关系. 反之也成立.

例如，在例 3.22(2)中很容易由最简行阶梯形看出

$$\boldsymbol{\beta}_1=\frac{1}{4}\boldsymbol{\alpha}_1+\frac{1}{2}\boldsymbol{\alpha}_2+\frac{1}{4}\boldsymbol{\alpha}_3,\quad \boldsymbol{\beta}_2=\frac{1}{4}\boldsymbol{\alpha}_1+\frac{1}{2}\boldsymbol{\alpha}_2-\frac{3}{4}\boldsymbol{\alpha}_3,$$

$$\boldsymbol{\beta}_3=\frac{1}{4}\boldsymbol{\alpha}_1+\frac{1}{2}\boldsymbol{\alpha}_2+\frac{5}{4}\boldsymbol{\alpha}_3.$$

定理 3.6　矩阵 $\boldsymbol{A}$ 的秩等于矩阵 $\boldsymbol{A}$ 的列(行)秩.

证　设 $\boldsymbol{A}=[\boldsymbol{\alpha}_1\ \ \boldsymbol{\alpha}_2\ \ \cdots\ \ \boldsymbol{\alpha}_n]$，$m$ 维列向量组 $\boldsymbol{\alpha}_1,\boldsymbol{\alpha}_2,\cdots,\boldsymbol{\alpha}_n$ 的秩为 r.

(1) $r=n$，即 $\boldsymbol{\alpha}_1,\boldsymbol{\alpha}_2,\cdots,\boldsymbol{\alpha}_n$ 线性无关，对 $\boldsymbol{A}$ 进行初等行变换，因此有

$$\boldsymbol{A}=[\boldsymbol{\alpha}_1\ \ \boldsymbol{\alpha}_2\ \ \cdots\ \ \boldsymbol{\alpha}_n]\to\begin{bmatrix}\boldsymbol{E}_n\\ \boldsymbol{O}_{(m-n)\times n}\end{bmatrix}.$$

而初等变换不改变矩阵的秩，所以

$$\operatorname{rank}\boldsymbol{A}=\operatorname{rank}\begin{bmatrix}\boldsymbol{E}_n\\ \boldsymbol{O}_{(m-n)\times n}\end{bmatrix}=n.$$

(2) $r<n$，不妨设 $\boldsymbol{\alpha}_1,\boldsymbol{\alpha}_2,\cdots,\boldsymbol{\alpha}_r$ 是 $\boldsymbol{\alpha}_1,\boldsymbol{\alpha}_2,\cdots,\boldsymbol{\alpha}_n$ 的极大线性无关组. 于是 $\boldsymbol{\alpha}_i\,(i=r+1,\cdots,n)$ 都能表示成 $\boldsymbol{\alpha}_1,\boldsymbol{\alpha}_2,\cdots,\boldsymbol{\alpha}_r$ 的线性组合，$\boldsymbol{\alpha}_i=\sum\limits_{k=1}^{r}\mu_{ki}\boldsymbol{\alpha}_k\,(i=r+1,\cdots,n)$. 从而

$$[\boldsymbol{\alpha}_{r+1}\ \ \cdots\ \ \boldsymbol{\alpha}_n]=[\boldsymbol{\alpha}_1\ \ \cdots\ \ \boldsymbol{\alpha}_r]\begin{bmatrix}\mu_{1\,r+1} & \cdots & \mu_{1n}\\ \vdots & & \vdots\\ \mu_{r\,r+1} & \cdots & \mu_{rn}\end{bmatrix}=\boldsymbol{A}_{m\times r}\boldsymbol{M}_{r\times(n-r)}.$$

于是

$$\boldsymbol{A}=[\boldsymbol{\alpha}_1\ \ \cdots\ \ \boldsymbol{\alpha}_n]=[\boldsymbol{A}_{m\times r}\ \ \boldsymbol{A}_{m\times r}\boldsymbol{M}_{r\times(n-r)}]=[\boldsymbol{A}_{m\times r}\ \ \boldsymbol{O}_{m\times(n-r)}]\begin{bmatrix}\boldsymbol{E}_r & \boldsymbol{M}_{r\times(n-r)}\\ \boldsymbol{O}_{(n-r)\times r} & \boldsymbol{E}_{n-r}\end{bmatrix},$$

注意到最右边的矩阵可逆，故

$$\operatorname{rank}\boldsymbol{A}=\operatorname{rank}[\boldsymbol{A}_{m\times r}\ \ \boldsymbol{O}_{m\times(n-r)}]=\operatorname{rank}\boldsymbol{A}_{m\times r}=r.$$

由于转置矩阵与原矩阵的秩相等，因此结论对列也成立.

推论　设 $\operatorname{rank}\boldsymbol{A}_{m\times n}=r$，则

(1) $\boldsymbol{A}$ 有 r 个线性无关的列；当 $n=r$ 时，$\boldsymbol{A}$ 的列向量组线性无关；当 $n>r$ 时，$\boldsymbol{A}$ 的列向量组线性相关；

(2) $\boldsymbol{A}$ 有 r 个线性无关的行；当 $m=r$ 时，$\boldsymbol{A}$ 的行向量组线性无关；当 $m>r$ 时，$\boldsymbol{A}$ 的行向量组线性相关；

(3) 当 $\boldsymbol{A}$ 为 n 阶方阵时，$\boldsymbol{A}$ 可逆 $\Leftrightarrow\boldsymbol{A}$ 的列向量组线性无关 $\Leftrightarrow\boldsymbol{A}$ 的行向量组线性无关 $\Leftrightarrow\operatorname{rank}A=n$；

(4) 在向量组(I)$\boldsymbol{\alpha}_1,\boldsymbol{\alpha}_2,\cdots,\boldsymbol{\alpha}_m$ 的相同位置任意添加一个分量得到向量组(II)

$\boldsymbol{\beta}_1,\boldsymbol{\beta}_2,\cdots,\boldsymbol{\beta}_m$. 若(I)线性无关,则(II)线性无关;若(II)线性相关,则(I)线性相关.

下面只证(4),其余请读者自证.

证 不妨设

$$\boldsymbol{\alpha}_j=(a_{1j},a_{2j},\cdots,a_{nj})^{\mathrm{T}},\boldsymbol{\beta}_j=(a_{1j},a_{2j},\cdots,a_{nj},a_{n+1,j})^{\mathrm{T}}\quad(j=1,2,\cdots,m).$$

记 $\boldsymbol{A}_{n\times m}=[\boldsymbol{\alpha}_1\quad\boldsymbol{\alpha}_2\quad\cdots\quad\boldsymbol{\alpha}_m]$,$\boldsymbol{B}_{(n+1)\times m}=[\boldsymbol{\beta}_1\quad\boldsymbol{\beta}_2\quad\cdots\quad\boldsymbol{\beta}_m]$. 有 $\mathrm{rank}\boldsymbol{A}\leqslant\mathrm{rank}\boldsymbol{B}$,若(I)线性无关,则 $\mathrm{rank}\boldsymbol{A}=m$,因此 $m=\mathrm{rank}\boldsymbol{A}\leqslant\mathrm{rank}\boldsymbol{B}\leqslant m$(因为 $\boldsymbol{B}$ 只有 m 列),故 $\mathrm{rank}\boldsymbol{B}=m$,因此(II)线性无关. 若(II)线性相关,则 $\mathrm{rank}\boldsymbol{B}<m$,从而 $\mathrm{rank}\boldsymbol{A}<m$,故(I)线性相关.

该结论对于在对应位置增加多个分量,结果也对. 该结论的逆否命题非常有意思,请读者自己写出证明.

矩阵的秩是用子式定义的,向量组的秩是由极大线性无关组定义的,下面的描述给出了它们之间联系.

如果矩阵 $\boldsymbol{A}$ 有一个 r 阶子式不为零,那么该子式所在的行向量组和列向量组线性无关;若矩阵 $\boldsymbol{A}$ 的某 r 行(列)线性相关,则该 r 行(列)所能选出的 r 阶子式全为零. 反之,若矩阵 $\boldsymbol{A}$ 的某 r 行(列)所形成的向量组线性无关,则该 r 行(列)所能选出的 r 阶子式中至少有一个不为零.

我们可以利用向量组的秩和矩阵的秩的关系再来解答例 3.22(1).

例 3.22(1)中,显然 $\boldsymbol{\alpha}_1,\boldsymbol{\alpha}_2$ 线性无关,$\boldsymbol{\beta}_1,\boldsymbol{\beta}_2$ 也线性无关. 而

$$\begin{bmatrix}2&3&-5&4\\0&-2&6&-4\\-1&1&-5&3\\3&-1&9&-5\end{bmatrix}\longrightarrow\begin{bmatrix}-1&1&-5&3\\0&1&-3&2\\0&0&0&0\\0&0&0&0\end{bmatrix},$$

得 $\mathrm{rank}[\boldsymbol{\alpha}_1\quad\boldsymbol{\alpha}_2\quad\boldsymbol{\beta}_1\quad\boldsymbol{\beta}_2]=2$,故 $\boldsymbol{\alpha}_1,\boldsymbol{\alpha}_2$ 与 $\boldsymbol{\beta}_1,\boldsymbol{\beta}_2$ 都是 $\boldsymbol{\alpha}_1,\boldsymbol{\alpha}_2,\boldsymbol{\beta}_1,\boldsymbol{\beta}_2$ 的极大线性无关组,因此 $\boldsymbol{\alpha}_1,\boldsymbol{\alpha}_2$ 与 $\boldsymbol{\beta}_1,\boldsymbol{\beta}_2$ 等价.

例 3.23 设

$$\boldsymbol{\alpha}_1=(1,4,1,0,2)^{\mathrm{T}},\boldsymbol{\alpha}_2=(2,5,-1,-3,2)^{\mathrm{T}},$$

$$\boldsymbol{\alpha}_3=(-1,2,5,6,2)^{\mathrm{T}},\boldsymbol{\alpha}_4=(0,2,2,-1,0)^{\mathrm{T}}.$$

(1) 讨论向量组 $\boldsymbol{\alpha}_1,\boldsymbol{\alpha}_2,\boldsymbol{\alpha}_3,\boldsymbol{\alpha}_4$ 的线性相关性;

(2) 求 $\boldsymbol{\alpha}_1,\boldsymbol{\alpha}_2,\boldsymbol{\alpha}_3,\boldsymbol{\alpha}_4$ 的极大线性无关组;

(3) 把其余向量表示成极大线性无关组的线性组合.

解 设 $\boldsymbol{A}=[\boldsymbol{\alpha}_1\quad\boldsymbol{\alpha}_2\quad\boldsymbol{\alpha}_3\quad\boldsymbol{\alpha}_4]$,对 $\boldsymbol{A}$ 进行初等行变换化为最简阶梯形

$$A=\begin{bmatrix}1&2&-1&0\\4&5&2&2\\1&-1&5&2\\0&-3&6&-1\\2&2&2&0\end{bmatrix}\longrightarrow\begin{bmatrix}1&0&3&0\\0&1&-2&0\\0&0&0&1\\0&0&0&0\\0&0&0&0\end{bmatrix}.$$

(1) $\mathrm{rank}\boldsymbol{A}=3$，故 $\boldsymbol{\alpha}_1,\boldsymbol{\alpha}_2,\boldsymbol{\alpha}_3,\boldsymbol{\alpha}_4$ 线性相关；

(2) $\boldsymbol{A}$ 的标准形中，基本向量 $\boldsymbol{e}_1,\boldsymbol{e}_2,\boldsymbol{e}_3$ 在第 1，2，4 列，故 $\boldsymbol{A}$ 有一个极大线性无关组为 $\boldsymbol{\alpha}_1,\boldsymbol{\alpha}_2,\boldsymbol{\alpha}_4$.

(3) 由于 $\boldsymbol{\beta}_3=3\boldsymbol{\beta}_1-2\boldsymbol{\beta}_2$，由定理 3.5 知，$\boldsymbol{\alpha}_3=3\boldsymbol{\alpha}_1-2\boldsymbol{\alpha}_2$.

例 3.24　证明 $\mathrm{rank}(\boldsymbol{AB})\leqslant\min\{\mathrm{rank}\boldsymbol{A},\mathrm{rank}\boldsymbol{B}\}$.

证　设 $\boldsymbol{C}_{m\times n}=\boldsymbol{A}_{m\times s}\boldsymbol{B}_{s\times n}$，即$[\boldsymbol{\gamma}_1\ \ \boldsymbol{\gamma}_2\ \ \cdots\ \ \boldsymbol{\gamma}_n]=[\boldsymbol{\alpha}_1\ \ \boldsymbol{\alpha}_2\ \ \cdots\ \ \boldsymbol{\alpha}_s]\boldsymbol{B}$. $\boldsymbol{C}$ 的列向量组可以由 $\boldsymbol{A}$ 的列向量组线性表示，因此向量组 $\boldsymbol{\gamma}_1,\boldsymbol{\gamma}_2,\cdots,\boldsymbol{\gamma}_n$ 的秩不大于向量组 $\boldsymbol{\alpha}_1,\boldsymbol{\alpha}_2,\cdots,\boldsymbol{\alpha}_s$ 的秩，即 $\mathrm{rank}(\boldsymbol{AB})\leqslant\mathrm{rank}\boldsymbol{A}$. 类似可证，$\boldsymbol{C}$ 的行向量组可以由 $\boldsymbol{B}$ 的行向量组线性表示，因此 $\mathrm{rank}(\boldsymbol{AB})\leqslant\mathrm{rank}\boldsymbol{B}$.

例 3.25　a 为何值时下面向量组线性相关？

$$\boldsymbol{\alpha}_1=(a,1,1)^{\mathrm{T}},\quad \boldsymbol{\alpha}_2=(1,a,-1)^{\mathrm{T}},\quad \boldsymbol{\alpha}_3=(1,-1,a)^{\mathrm{T}}.$$

解一　由向量组 $\boldsymbol{\alpha}_1,\boldsymbol{\alpha}_2,\boldsymbol{\alpha}_3$ 线性相关，有 $|\boldsymbol{\alpha}_1\ \ \boldsymbol{\alpha}_2\ \ \boldsymbol{\alpha}_3|=0$，即

$$\begin{vmatrix}a&1&1\\1&a&-1\\1&-1&a\end{vmatrix}=(a+1)^2(a-2)=0.$$

因此 $a=-1$ 或 2.

解二　用初等行变换化简

$$A=\begin{bmatrix}a&1&1\\1&a&-1\\1&-1&a\end{bmatrix}\to\begin{bmatrix}1&-1&a\\1&a&-1\\a&1&1\end{bmatrix}\to\begin{bmatrix}1&-1&a\\0&a+1&-1-a\\0&a+1&1-a^2\end{bmatrix},$$

若 $a=-1$，可得 $\boldsymbol{\alpha}_1,\boldsymbol{\alpha}_2,\boldsymbol{\alpha}_3$ 线性相关. 若 $a\neq-1$，矩阵 $\boldsymbol{A}$ 可以进一步化为

$$\begin{bmatrix}1&-1&a\\0&1&-1\\0&1&1-a\end{bmatrix}\to\begin{bmatrix}1&-1&a\\0&1&-1\\0&0&2-a\end{bmatrix},$$

因此 $a=2$. 总之，当 $a=-1$ 或 2 时，向量组 $\boldsymbol{\alpha}_1,\boldsymbol{\alpha}_2,\boldsymbol{\alpha}_3$ 线性相关.

最后来讨论矩阵的等价与向量组等价的联系和区别.

矩阵 $\boldsymbol{A}_{m\times n}=[\boldsymbol{\alpha}_1\ \ \boldsymbol{\alpha}_2\ \ \cdots\ \ \boldsymbol{\alpha}_n]$与 $\boldsymbol{B}_{m\times n}=[\boldsymbol{\beta}_1\ \ \boldsymbol{\beta}_2\ \ \cdots\ \ \boldsymbol{\beta}_n]$等价的充分必要条件有典型的三种说法

(1) 存在可逆矩阵 $\boldsymbol{P}_{m\times m}$ 和 $\boldsymbol{Q}_{n\times n}$ 使得 $\boldsymbol{PAQ}=\boldsymbol{B}$;

(2) 存在可逆矩阵 $\boldsymbol{T},\boldsymbol{S},\boldsymbol{U},\boldsymbol{V}$,使得 $\boldsymbol{TAS}=\boldsymbol{UBV}=\begin{bmatrix}\boldsymbol{E}_r & \boldsymbol{O}\\ \boldsymbol{O} & \boldsymbol{O}\end{bmatrix}$;

(3) $\text{rank}\boldsymbol{A}=\text{rank}\boldsymbol{B}$.

两组 m 维列向量组 $\boldsymbol{\alpha}_1,\boldsymbol{\alpha}_2,\cdots,\boldsymbol{\alpha}_n$ 与 $\boldsymbol{\beta}_1,\boldsymbol{\beta}_2,\cdots,\boldsymbol{\beta}_n$ 等价的充要条件是存在 n 阶方阵 $\boldsymbol{X}$ 与 $\boldsymbol{Y}$,使得 $[\boldsymbol{\alpha}_1\ \ \boldsymbol{\alpha}_2\ \ \cdots\ \ \boldsymbol{\alpha}_n]=[\boldsymbol{\beta}_1\ \ \boldsymbol{\beta}_2\ \ \cdots\ \ \boldsymbol{\beta}_n]\boldsymbol{X}$,$[\boldsymbol{\beta}_1\ \ \boldsymbol{\beta}_2\ \ \cdots\ \ \boldsymbol{\beta}_n]=[\boldsymbol{\alpha}_1\ \ \boldsymbol{\alpha}_2\ \ \cdots\ \ \boldsymbol{\alpha}_n]\boldsymbol{Y}$ 同时成立.

因此两组 m 维列向量组 $\boldsymbol{\alpha}_1,\boldsymbol{\alpha}_2,\cdots,\boldsymbol{\alpha}_n$ 与 $\boldsymbol{\beta}_1,\boldsymbol{\beta}_2,\cdots,\boldsymbol{\beta}_n$ 等价,一定有矩阵 $\boldsymbol{A}_{m\times n}=[\boldsymbol{\alpha}_1\ \ \boldsymbol{\alpha}_2\ \ \cdots\ \ \boldsymbol{\alpha}_n]$ 与 $\boldsymbol{B}_{m\times n}=[\boldsymbol{\beta}_1\ \ \boldsymbol{\beta}_2\ \ \cdots\ \ \boldsymbol{\beta}_n]$ 等价,因为矩阵的秩相同;矩阵 $\boldsymbol{A}_{m\times n}=[\boldsymbol{\alpha}_1\ \ \boldsymbol{\alpha}_2\ \ \cdots\ \ \boldsymbol{\alpha}_n]$ 与 $\boldsymbol{B}_{m\times n}=[\boldsymbol{\beta}_1\ \ \boldsymbol{\beta}_2\ \ \cdots\ \ \boldsymbol{\beta}_n]$ 等价,不一定有 m 维列向量组 $\boldsymbol{\alpha}_1,\boldsymbol{\alpha}_2,\cdots,\boldsymbol{\alpha}_n$ 与 $\boldsymbol{\beta}_1,\boldsymbol{\beta}_2,\cdots,\boldsymbol{\beta}_n$ 等价,因为向量组的秩相同,不一定有向量组等价.

习 题 3.5

1. 判断下列命题的正误,并说明理由.

(1)若向量组 $\boldsymbol{\alpha}_1,\boldsymbol{\alpha}_2,\cdots,\boldsymbol{\alpha}_m$ 是线性相关,则 $\boldsymbol{\alpha}_1$ 可由 $\boldsymbol{\alpha}_2,\cdots,\boldsymbol{\alpha}_m$ 线性表示.

(2)若有不全为 0 的数 $\lambda_1,\lambda_2,\cdots,\lambda_m$ 使 $\lambda_1\boldsymbol{\alpha}_1+\cdots+\lambda_m\boldsymbol{\alpha}_m+\lambda_1\boldsymbol{\beta}_1+\cdots+\lambda_m\boldsymbol{\beta}_m=\boldsymbol{0}$ 成立,则 $\boldsymbol{\alpha}_1,\boldsymbol{\alpha}_2,\cdots,\boldsymbol{\alpha}_m$ 线性相关,$\boldsymbol{\beta}_1,\boldsymbol{\beta}_2,\cdots,\boldsymbol{\beta}_m$ 也线性相关.

(3)若只有当 $\lambda_1,\lambda_2,\cdots,\lambda_m$ 全为 0 时,等式

$$\lambda_1\boldsymbol{\alpha}_1+\cdots+\lambda_m\boldsymbol{\alpha}_m+\lambda_1\boldsymbol{\beta}_1+\cdots+\lambda_m\boldsymbol{\beta}_m=\boldsymbol{0}$$

才能成立,则 $\boldsymbol{\alpha}_1,\boldsymbol{\alpha}_2,\cdots,\boldsymbol{\alpha}_m$ 线性无关,$\boldsymbol{\beta}_1,\boldsymbol{\beta}_2,\cdots,\boldsymbol{\beta}_m$ 也线性无关.

(4) 若 $\boldsymbol{\alpha}_1,\boldsymbol{\alpha}_2,\cdots,\boldsymbol{\alpha}_m$ 线性相关,$\boldsymbol{\beta}_1,\boldsymbol{\beta}_2,\cdots,\boldsymbol{\beta}_m$ 也线性相关,则有不全为 0 的数 $\lambda_1,\lambda_2,\cdots,\lambda_m$ 使 $\lambda_1\boldsymbol{\alpha}_1+\cdots+\lambda_m\boldsymbol{\alpha}_m=\boldsymbol{0}$,$\lambda_1\boldsymbol{\beta}_1+\cdots+\lambda_m\boldsymbol{\beta}_m=\boldsymbol{0}$ 同时成立.

2. 设 $\boldsymbol{\alpha}_1,\boldsymbol{\alpha}_2,\boldsymbol{\alpha}_3$ 线性相关,$\boldsymbol{\alpha}_2,\boldsymbol{\alpha}_3,\boldsymbol{\alpha}_4$ 线性无关,问:

(1) $\boldsymbol{\alpha}_1$ 能否由 $\boldsymbol{\alpha}_2,\boldsymbol{\alpha}_3$ 线性表出?证明你的结论;

(2) $\boldsymbol{\alpha}_4$ 能否由 $\boldsymbol{\alpha}_1,\boldsymbol{\alpha}_2,\boldsymbol{\alpha}_3$ 线性表出?证明你的结论.

3. 设向量组 $\boldsymbol{\alpha}_1,\boldsymbol{\alpha}_2,\cdots,\boldsymbol{\alpha}_m$ 线性相关,且 $\boldsymbol{\alpha}_1\neq\boldsymbol{0}$,证明存在某个向量 $\boldsymbol{\alpha}_k(2\leqslant k\leqslant m)$,使 $\boldsymbol{\alpha}_k$ 能由 $\boldsymbol{\alpha}_1,\boldsymbol{\alpha}_2,\cdots,\boldsymbol{\alpha}_{k-1}$ 线性表示.

4. 设 $\boldsymbol{A}$ 是 n 阶矩阵,若存在正整数 k,使得线性方程组 $\boldsymbol{A}^k\boldsymbol{x}=\boldsymbol{0}$ 有解向量 $\boldsymbol{\alpha}$,并且 $\boldsymbol{A}^{k-1}\boldsymbol{\alpha}\neq\boldsymbol{0}$. 证明向量组 $\boldsymbol{\alpha},\boldsymbol{A\alpha},\cdots,\boldsymbol{A}^{k-1}\boldsymbol{\alpha}$ 是线性无关的.

5. 已知向量组 $\boldsymbol{\beta}_1=(0,1,-1)^{\mathrm{T}}$,$\boldsymbol{\beta}_2=(a,2,1)^{\mathrm{T}}$,$\boldsymbol{\beta}_3=(b,1,0)^{\mathrm{T}}$ 与向量组 $\boldsymbol{\alpha}_1=(1,2,-3)^{\mathrm{T}}$,$\boldsymbol{\alpha}_2=(3,0,1)^{\mathrm{T}}$,$\boldsymbol{\alpha}_3=(9,6,-7)^{\mathrm{T}}$ 具有相同的秩,且 $\boldsymbol{\beta}_3$ 可由 $\boldsymbol{\alpha}_1,\boldsymbol{\alpha}_2,\boldsymbol{\alpha}_3$ 线性表示,求 a,b.

6. 设向量组 $(a,3,1)^{\mathrm{T}}$,$(2,b,3)^{\mathrm{T}}$,$(1,2,1)^{\mathrm{T}}$,$(2,3,1)^{\mathrm{T}}$ 的秩为 2,求 a,b.

7. 设向量组 $\boldsymbol{\alpha}_1,\boldsymbol{\alpha}_2,\cdots,\boldsymbol{\alpha}_s$ 线性无关,$\boldsymbol{\beta}_1$ 可由 $\boldsymbol{\alpha}_1,\boldsymbol{\alpha}_2,\cdots,\boldsymbol{\alpha}_s$ 线性表示,而 $\boldsymbol{\beta}_2$ 不能由 $\boldsymbol{\alpha}_1,\boldsymbol{\alpha}_2,\cdots,\boldsymbol{\alpha}_s$ 线性表出,证明:对任意常数 k,向量组 $\boldsymbol{\alpha}_1,\boldsymbol{\alpha}_2,\cdots,\boldsymbol{\alpha}_s,k\boldsymbol{\beta}_1+\boldsymbol{\beta}_2$ 必线性无关.

8. 求下列向量组的秩,并求一个极大线性无关组

(1) $\boldsymbol{\alpha}_1=(1,2,-1,4)^{\mathrm{T}}$,$\boldsymbol{\alpha}_2=(9,100,10,4)^{\mathrm{T}}$,$\boldsymbol{\alpha}_3=(-2,-4,2,-8)^{\mathrm{T}}$;

(2) $\boldsymbol{\alpha}_1^{\mathrm{T}}=(1,2,1,3)$,$\boldsymbol{\alpha}_2^{\mathrm{T}}=(4,-1,-5,-6)$,$\boldsymbol{\alpha}_3^{\mathrm{T}}=(1,-3,-4,-7)$.

9. 设 $\boldsymbol{A}$ 为 $m\times n$ 矩阵，$m<n$，$\mathrm{rank}\boldsymbol{A}=m$，$\boldsymbol{E}_m$ 为 m 阶单位矩阵，那么下述结论中正确的是：

(A) $\boldsymbol{A}$ 的任意 m 个列向量必线性无关；(B) $\boldsymbol{A}$ 的任意 m 阶子式都不等于零；

(C) 矩阵 $\boldsymbol{B}$ 满足 $\boldsymbol{BA}=\boldsymbol{O}$，则 $\boldsymbol{B}=\boldsymbol{O}$；　(D) $\boldsymbol{A}$ 可通过初等行变换，化为 $[\boldsymbol{E}_m\ \ \boldsymbol{O}]$ 形式.

10. 设有两个向量组

$$(\mathrm{I}):\boldsymbol{\alpha}_1=(1,0,2)^{\mathrm{T}},\boldsymbol{\alpha}_2=(1,1,3)^{\mathrm{T}},\boldsymbol{\alpha}_3=(1,-1,a+2)^{\mathrm{T}};$$

$$(\mathrm{II}):\boldsymbol{\beta}_1=(1,2,a+3)^{\mathrm{T}},\boldsymbol{\beta}_2=(2,1,a+6)^{\mathrm{T}},\boldsymbol{\beta}_3=(2,1,a+4)^{\mathrm{T}}.$$

问：当 a 为何值时，向量组(I)与(II)等价？当 a 为何值时，向量组(I)与(II)不等价？

11. 已知 $\boldsymbol{A},\boldsymbol{B}$ 为同型矩阵，利用向量的方法证明 $\mathrm{rank}(\boldsymbol{A}+\boldsymbol{B})\leqslant\mathrm{rank}\boldsymbol{A}+\mathrm{rank}\boldsymbol{B}$.

12. 设 $\boldsymbol{\alpha}_1,\boldsymbol{\alpha}_2,\cdots,\boldsymbol{\alpha}_n$ 是一组 n 维向量，证明它们线性无关的充分必要条件是：任一 n 维向量都可由它们线性表示.

13. 设向量组(II)$\boldsymbol{\beta}_1,\boldsymbol{\beta}_2,\cdots,\boldsymbol{\beta}_r$ 能由向量组(I)$\boldsymbol{\alpha}_1,\boldsymbol{\alpha}_2,\cdots,\boldsymbol{\alpha}_s$ 线性表示为 $[\boldsymbol{\beta}_1\ \ \boldsymbol{\beta}_2\ \ \cdots\ \ \boldsymbol{\beta}_r]=[\boldsymbol{\alpha}_1\ \ \boldsymbol{\alpha}_2\ \ \cdots\ \ \boldsymbol{\alpha}_s]\boldsymbol{K}$，其中 $\boldsymbol{K}$ 为 $s\times r$ 矩阵，且(I)线性无关. 证明(II)线性无关的充分必要条件是矩阵 $\boldsymbol{K}$ 的秩 $\mathrm{rank}\boldsymbol{K}=r$(提示：利用习题 2.6 的第 9 题).

14. 设 $\boldsymbol{A}$ 是 $n\times m$ 矩阵，$\boldsymbol{B}$ 是 $m\times n$ 矩阵，$n<m$，$\boldsymbol{E}$ 是 n 阶单位矩阵. 若 $\boldsymbol{AB}=\boldsymbol{E}$，证明 $\boldsymbol{B}$ 的列向量组线性无关.

15. 设向量组 $\boldsymbol{\alpha}_1,\boldsymbol{\alpha}_2,\boldsymbol{\alpha}_3$ 线性无关，则下列向量组中，线性无关的是

(A) $\boldsymbol{\alpha}_1+\boldsymbol{\alpha}_2,\boldsymbol{\alpha}_2+\boldsymbol{\alpha}_3,\boldsymbol{\alpha}_3-\boldsymbol{\alpha}_1$.

(B) $\boldsymbol{\alpha}_1+\boldsymbol{\alpha}_2,\boldsymbol{\alpha}_2+\boldsymbol{\alpha}_3,\boldsymbol{\alpha}_1+2\boldsymbol{\alpha}_2+\boldsymbol{\alpha}_3$.

(C) $\boldsymbol{\alpha}_1+2\boldsymbol{\alpha}_2,2\boldsymbol{\alpha}_2+3\boldsymbol{\alpha}_3,3\boldsymbol{\alpha}_3+\boldsymbol{\alpha}_1$.

(D) $\boldsymbol{\alpha}_1+\boldsymbol{\alpha}_2+\boldsymbol{\alpha}_3,2\boldsymbol{\alpha}_1-3\boldsymbol{\alpha}_2+22\boldsymbol{\alpha}_3,3\boldsymbol{\alpha}_1+5\boldsymbol{\alpha}_2-5\boldsymbol{\alpha}_3$.

16. 设向量 $\boldsymbol{\beta}$ 可由向量组 $\boldsymbol{\alpha}_1,\boldsymbol{\alpha}_2,\cdots,\boldsymbol{\alpha}_m$ 线性表示，但不能由向量组(I)：$\boldsymbol{\alpha}_1,\boldsymbol{\alpha}_2,\cdots,\boldsymbol{\alpha}_{m-1}$ 线性表示，记向量组(II)：$\boldsymbol{\alpha}_1,\boldsymbol{\alpha}_2,\cdots,\boldsymbol{\alpha}_{m-1},\boldsymbol{\beta}$，则下列结论中正确的是

(A) $\boldsymbol{\alpha}_m$ 不能由(I)线性表示，也不能由(II)线性表示.

(B) $\boldsymbol{\alpha}_m$ 不能由(I)线性表示，但可由(II)线性表示.

(C) $\boldsymbol{\alpha}_m$ 可由(I)线性表示，也可由(II)线性表示.

(D) $\boldsymbol{\alpha}_m$ 可由(I)线性表示，但不可由(II)线性表示.

17. 设 n 维列向量组 $\boldsymbol{\alpha}_1,\boldsymbol{\alpha}_2,\cdots,\boldsymbol{\alpha}_m(m<n)$ 线性无关，则 n 维列向量组 $\boldsymbol{\beta}_1,\boldsymbol{\beta}_2,\cdots,\boldsymbol{\beta}_m$ 线性无关的充分必要条件为

(A) 向量组 $\boldsymbol{\alpha}_1,\boldsymbol{\alpha}_2,\cdots,\boldsymbol{\alpha}_m$ 可由向量组 $\boldsymbol{\beta}_1,\boldsymbol{\beta}_2,\cdots,\boldsymbol{\beta}_m$ 线性表示.

(B) 向量组 $\boldsymbol{\beta}_1,\boldsymbol{\beta}_2,\cdots,\boldsymbol{\beta}_m$ 可由向量组 $\boldsymbol{\alpha}_1,\boldsymbol{\alpha}_2,\cdots,\boldsymbol{\alpha}_m$ 线性表示.

(C) 向量组 $\boldsymbol{\alpha}_1,\boldsymbol{\alpha}_2,\cdots,\boldsymbol{\alpha}_m$ 与向量组 $\boldsymbol{\beta}_1,\boldsymbol{\beta}_2,\cdots,\boldsymbol{\beta}_m$ 等价.

(D) 矩阵 $\boldsymbol{A}=[\boldsymbol{\alpha}_1\ \boldsymbol{\alpha}_2\ \cdots\boldsymbol{\alpha}_m]$ 与矩阵 $\boldsymbol{B}=[\boldsymbol{\beta}_1\ \boldsymbol{\beta}_2\ \cdots\boldsymbol{\beta}_m]$ 等价.

18. 设四维向量组

$$\boldsymbol{\alpha}_1=(1+a,1,1,1)^{\mathrm{T}},\ \boldsymbol{\alpha}_2=(2,2+a,2,2)^{\mathrm{T}},$$

$$\boldsymbol{\alpha}_3=(3,3,3+a,3)^{\mathrm{T}},\ \boldsymbol{\alpha}_4=(4,4,4,4+a)^{\mathrm{T}}.$$

问 a 为何值时 $\boldsymbol{\alpha}_1,\boldsymbol{\alpha}_2,\boldsymbol{\alpha}_3,\boldsymbol{\alpha}_4$ 线性相关？当 $\boldsymbol{\alpha}_1,\boldsymbol{\alpha}_2,\boldsymbol{\alpha}_3,\boldsymbol{\alpha}_4$ 线性相关时，求其一个极大线性无关组，并将其余向量用该极大线性无关组线性表出.

3.6 向量空间

$\mathbb{R}$ 上所有 n 维向量的集合$\mathbb{R}^n$ 是一个无穷集合. $\mathbb{R}^2$,$\mathbb{R}^3$ 中的向量可以用平面坐标系和空间坐标系中的点(或矢量)来直观表示,当 $n>3$ 时,不再有直观表示,因此必须采用抽象的代数方法来描述.

3.6.1 向量空间的定义

定义 3.11 设 V 是数域$\mathbb{F}$($\mathbb{F}$ 为实数域$\mathbb{R}$ 或复数域$\mathbb{C}$)上的 n 维向量构成的非空集合,如果 V 对于加法及数乘两种运算封闭,即

(1) 对任意的 $\boldsymbol{\alpha}\in V,\boldsymbol{\beta}\in V$,有 $\boldsymbol{\alpha}+\boldsymbol{\beta}\in V$;

(2) 对任意的 $\boldsymbol{\alpha}\in V,k\in\mathbb{F}$,有 $k\boldsymbol{\alpha}\in V$.

称集合 V 为数域$\mathbb{F}$ 上的**向量空间**. 若$\mathbb{F}$ 为实(复)数域,则称 V 为**实(复)向量空间**.

本书中无特别声明,向量空间都是指实向量空间.

按照定义显然有 $\mathbf{0}\in V$. $\mathbb{R}^n$,$\mathbb{C}^n$是向量空间.

例 3.26 判别下列集合是否为向量空间.

(1) $V_1=\{\boldsymbol{x}=(0,x_2,\cdots,x_n)^{\mathrm{T}}\mid x_2,\cdots,x_n\in\mathbb{R}\}$;

(2) $V_2=\{\boldsymbol{x}=(1,x_2,\cdots,x_n)^{\mathrm{T}}\mid x_2,\cdots,x_n\in\mathbb{R}\}$;

(3) $V_3=\{k\boldsymbol{\alpha}+l\boldsymbol{\beta}\mid k,l\in\mathbb{R},\boldsymbol{\alpha}$ 与 $\boldsymbol{\beta}$ 为已知的 n 维向量$\}$.

解 (1) V_1 是向量空间. 对任意 $\boldsymbol{\alpha}=(0,a_2,\cdots,a_n)^{\mathrm{T}},\boldsymbol{\beta}=(0,b_2,\cdots,b_n)^{\mathrm{T}}\in V_1$, $k\in\mathbb{R}$,有 $\boldsymbol{\alpha}+\boldsymbol{\beta}=(0,a_2+b_2,\cdots,a_n+b_n)^{\mathrm{T}}\in V_1,k\boldsymbol{\alpha}=(0,ka_2,\cdots,ka_n)^{\mathrm{T}}\in V_1$;

(2) V_2 不是向量空间. 设 $\boldsymbol{\alpha}=(1,a_2,\cdots,a_n)^{\mathrm{T}}\in V_2$,有 $2\boldsymbol{\alpha}=(2,2a_2,\cdots,2a_n)^{\mathrm{T}}\notin V_2$;

(3) V_3 是向量空间. 因为

$$(k_1\boldsymbol{\alpha}+l_1\boldsymbol{\beta})+(k_2\boldsymbol{\alpha}+l_2\boldsymbol{\beta})=(k_1+k_2)\boldsymbol{\alpha}+(l_1+l_2)\boldsymbol{\beta}\in V_3;$$

$$m(k\boldsymbol{\alpha}+l\boldsymbol{\beta})=(mk)\boldsymbol{\alpha}+(ml)\boldsymbol{\beta}\in V_3.$$

上例中 V_3 称为由两个向量 $\boldsymbol{\alpha},\boldsymbol{\beta}$ 生成的空间.

一般地,由向量 $\boldsymbol{\alpha}_1,\boldsymbol{\alpha}_2,\cdots,\boldsymbol{\alpha}_m$ **生成的向量空间**定义为 $\boldsymbol{\alpha}_1,\boldsymbol{\alpha}_2,\cdots,\boldsymbol{\alpha}_m$ 的一切线性组合所构成的集合,记作 $L(\boldsymbol{\alpha}_1,\boldsymbol{\alpha}_2,\cdots,\boldsymbol{\alpha}_m)$,即

$$L(\boldsymbol{\alpha}_1,\boldsymbol{\alpha}_2,\cdots,\boldsymbol{\alpha}_m)=\{k_1\boldsymbol{\alpha}_1+k_2\boldsymbol{\alpha}_2+\cdots+k_m\boldsymbol{\alpha}_m\mid k_1,k_2,\cdots,k_m\in\mathbb{R}\}.$$

上述例题中的向量空间 V_1,V_3 是$\mathbb{R}^n$ 的子集,同时又是向量空间. 一般地,有如下定义.

定义 3.12 设 U,V 都是向量空间,若 $U\subseteq V$,则称 U 是 V 的**子空间**.

$\{\mathbf{0}\}$和 V 都是向量空间 V 的子空间,它们称为**平凡子空间**. 其他的子空间称为

非平凡子空间.

例如,平面上的非平凡子空间是过原点的直线,空间的非平凡子空间是过原点的直线或平面.

显然,向量空间 V 的非空子集 U 是子空间当且仅当 U 关于加法和数乘封闭,即

(1) 对任意的 $\boldsymbol{\alpha}\in U,\boldsymbol{\beta}\in U$,有 $\boldsymbol{\alpha}+\boldsymbol{\beta}\in U$;

(2) 对任意的 $\boldsymbol{\alpha}\in U,k\in\mathbb{F}$,有 $k\boldsymbol{\alpha}\in U$.

3.6.2 向量空间的基和维数

如果向量空间 V 能够由有限个向量所生成,那么对该空间的研究会带来方便.进一步,人们还希望生成该空间 V 的向量组所含向量个数最少.

定义 3.13 设 V 是向量空间,如果存在 $\boldsymbol{\alpha}_1,\boldsymbol{\alpha}_2,\cdots,\boldsymbol{\alpha}_r\in V$,使得

(1) $\boldsymbol{\alpha}_1,\boldsymbol{\alpha}_2,\cdots,\boldsymbol{\alpha}_r$ 线性无关;

(2) 对任意 $\boldsymbol{\alpha}\in V$,$\boldsymbol{\alpha}$ 能表示成 $\boldsymbol{\alpha}_1,\boldsymbol{\alpha}_2,\cdots,\boldsymbol{\alpha}_r$ 的线性组合.

则称 $\boldsymbol{\alpha}_1,\boldsymbol{\alpha}_2,\cdots,\boldsymbol{\alpha}_r$ 为 V 的**基**,r 为 V 的**维数**,记为 $\dim V=r$,并称 V 为 r 维向量空间.零空间$\{\boldsymbol{0}\}$的维数规定为 0.

应该注意到:

(1) 零空间$\{\boldsymbol{0}\}$没有基;

(2) 若把整个向量空间 V 看作向量组,那么 V 的基就是该向量组的极大线性无关组,V 的维数就是向量组的秩;

(3) 若向量组 $\boldsymbol{\alpha}_1,\boldsymbol{\alpha}_2,\cdots,\boldsymbol{\alpha}_r$ 是向量空间 V 的一组基,则 V 可表示为

$$V=\{\lambda_1\boldsymbol{\alpha}_1+\lambda_2\boldsymbol{\alpha}_2+\cdots+\lambda_r\boldsymbol{\alpha}_r \mid \lambda_1,\cdots,\lambda_r\in\mathbb{R}\};$$

(4) 向量空间的基不唯一;

事实上,假设 $\boldsymbol{\alpha}_1,\boldsymbol{\alpha}_2,\cdots,\boldsymbol{\alpha}_r$ 是 V 的一组基,向量 $\boldsymbol{\beta}_1,\boldsymbol{\beta}_2,\cdots,\boldsymbol{\beta}_r\in V$,满足

$$[\boldsymbol{\beta}_1\quad\boldsymbol{\beta}_2\quad\cdots\quad\boldsymbol{\beta}_r]=[\boldsymbol{\alpha}_1\quad\boldsymbol{\alpha}_2\quad\cdots\quad\boldsymbol{\alpha}_r]\boldsymbol{A}.$$

由 3.5 节习题 13 可知,$\boldsymbol{\beta}_1,\boldsymbol{\beta}_2,\cdots,\boldsymbol{\beta}_r$ 线性无关当且仅当 $\boldsymbol{A}$ 可逆.由于可逆矩阵有无穷多,故 V 有无穷多组基.

(5) 等价向量组生成相同的向量空间.

假设向量组 $\boldsymbol{\alpha}_1,\boldsymbol{\alpha}_2,\cdots,\boldsymbol{\alpha}_s$ 与 $\boldsymbol{\beta}_1,\boldsymbol{\beta}_2,\cdots,\boldsymbol{\beta}_t$ 等价.它们生成的向量子空间分别为

$$V_1=\{k_1\boldsymbol{\alpha}_1+k_2\boldsymbol{\alpha}_2+\cdots+k_s\boldsymbol{\alpha}_s \mid k_1,k_2,\cdots,k_s\in\mathbb{R}\},$$

$$V_2=\{l_1\boldsymbol{\beta}_1+l_2\boldsymbol{\beta}_2+\cdots+l_t\boldsymbol{\beta}_t \mid l_1,l_2,\cdots,l_t\in\mathbb{R}\}.$$

设 $\boldsymbol{x}\in V_1$,则 $\boldsymbol{x}$ 可以由 $\boldsymbol{\alpha}_1,\boldsymbol{\alpha}_2,\cdots,\boldsymbol{\alpha}_s$ 线性表示,由线性表示的传递性,$\boldsymbol{x}$ 可以由 $\boldsymbol{\beta}_1,\boldsymbol{\beta}_2,\cdots,\boldsymbol{\beta}_t$ 线性表示,从而 $\boldsymbol{x}\in V_2$.此即说明 $V_1\subseteq V_2$,同理 $V_2\subseteq V_1$.因此$V_1=V_2$.因此,等价向量组生成的向量子空间相同.

例 3.27 设 $V=\{x_1+x_2+x_3=0 \mid x_1,x_2,x_3\in\mathbb{R}\}\subset\mathbb{R}^3$,求 V 的一组基.

解 $\boldsymbol{\alpha}_1=(1,-1,0)^{\mathrm{T}},\boldsymbol{\alpha}_2=(1,0,-1)^{\mathrm{T}}$ 是 V 的一组基,$\dim V=2$.

3.6.3 向量的坐标

定义 3.14 设 V 是向量空间,$\boldsymbol{\alpha}_1,\boldsymbol{\alpha}_2,\cdots,\boldsymbol{\alpha}_r$ 是 V 的一组基.那么对任意 $\boldsymbol{\beta}\in V$,$\boldsymbol{\beta}$ 能唯一地表示成 $\boldsymbol{\beta}=x_1\boldsymbol{\alpha}_1+x_2\boldsymbol{\alpha}_2+\cdots+x_r\boldsymbol{\alpha}_r$.称 $\boldsymbol{x}=(x_1,x_2,\cdots,x_r)^{\mathrm{T}}$ 为 $\boldsymbol{\beta}$ 关于基 $\boldsymbol{\alpha}_1,\boldsymbol{\alpha}_2,\cdots,\boldsymbol{\alpha}_r$ 的**坐标**.

例 3.28 已知

$$\boldsymbol{\alpha}_1=(1,0,2,1)^{\mathrm{T}},\boldsymbol{\alpha}_2=(0,1,0,1)^{\mathrm{T}},\boldsymbol{\alpha}_3=(-1,2,0,1)^{\mathrm{T}},\boldsymbol{\alpha}_4=(0,0,0,1)^{\mathrm{T}}.$$

(1) 证明 $\boldsymbol{\alpha}_1,\boldsymbol{\alpha}_2,\boldsymbol{\alpha}_3,\boldsymbol{\alpha}_4$ 是 $\mathbb{R}^4$ 的一组基;

(2) 求 $\boldsymbol{\beta}=(1,-1,4,5)^{\mathrm{T}}$ 关于基 $\boldsymbol{\alpha}_1,\boldsymbol{\alpha}_2,\boldsymbol{\alpha}_3,\boldsymbol{\alpha}_4$ 的坐标.

解 (1)以 $\boldsymbol{\alpha}_1,\boldsymbol{\alpha}_2,\boldsymbol{\alpha}_3,\boldsymbol{\alpha}_4$ 为列向量构造矩阵 $\boldsymbol{A}=\begin{bmatrix}1&0&-1&0\\0&1&2&0\\2&0&0&0\\1&1&1&1\end{bmatrix}$,于是 $|\boldsymbol{A}|=2$,$\boldsymbol{\alpha}_1,\boldsymbol{\alpha}_2,\boldsymbol{\alpha}_3,\boldsymbol{\alpha}_4$ 线性无关,由于 $\dim\mathbb{R}^4=4$,$\boldsymbol{\alpha}_1,\boldsymbol{\alpha}_2,\boldsymbol{\alpha}_3,\boldsymbol{\alpha}_4$ 是 $\mathbb{R}^4$ 的一组基.

(2) 设 $\boldsymbol{x}=(x_1,x_2,x_3,x_4)^{\mathrm{T}}$ 是 $\boldsymbol{\beta}$ 关于 $\boldsymbol{\alpha}_1,\boldsymbol{\alpha}_2,\boldsymbol{\alpha}_3,\boldsymbol{\alpha}_4$ 的坐标,记 $\boldsymbol{A}=[\boldsymbol{\alpha}_1\ \ \boldsymbol{\alpha}_2\ \ \boldsymbol{\alpha}_3\ \ \boldsymbol{\alpha}_4]$,则 $\boldsymbol{\beta}=\boldsymbol{A}\boldsymbol{x}$,$\boldsymbol{x}=\boldsymbol{A}^{-1}\boldsymbol{\beta}$.先求出 $\boldsymbol{A}^{-1}$,然后得到

$$\boldsymbol{x}=\boldsymbol{A}^{-1}\boldsymbol{\beta}=\begin{bmatrix}0&0&\frac{1}{2}&0\\2&1&-1&0\\-1&0&\frac{1}{2}&0\\-1&-1&0&1\end{bmatrix}\begin{bmatrix}1\\-1\\4\\5\end{bmatrix}=\begin{bmatrix}2\\-3\\1\\5\end{bmatrix},$$

即 $\boldsymbol{\beta}=(1,-1,4,5)^{\mathrm{T}}=2\boldsymbol{\alpha}_1-3\boldsymbol{\alpha}_2+\boldsymbol{\alpha}_3+5\boldsymbol{\alpha}_4$.

注意到 $\boldsymbol{\beta}$ 关于基 $\boldsymbol{e}_1,\boldsymbol{e}_2,\boldsymbol{e}_3,\boldsymbol{e}_4$ 的坐标就是 $\boldsymbol{\beta}$ 本身.因此同一向量在不同基下的坐标通常不相同.

3.6.4 基变换与坐标变换

由例 3.28 最后的说明,自然会关心下面两个问题:一是同一个向量空间中两组不同基之间的关系;二是同一个向量在两组不同基下的坐标之间的关系.

定义 3.15 设 $\boldsymbol{\alpha}_1,\boldsymbol{\alpha}_2,\cdots,\boldsymbol{\alpha}_r$ 和 $\boldsymbol{\beta}_1,\boldsymbol{\beta}_2,\cdots,\boldsymbol{\beta}_r$ 是向量空间 V 的两组基.且

$$[\boldsymbol{\beta}_1 \quad \boldsymbol{\beta}_2 \quad \cdots \quad \boldsymbol{\beta}_r] = [\boldsymbol{\alpha}_1 \quad \boldsymbol{\alpha}_2 \quad \cdots \quad \boldsymbol{\alpha}_r]\begin{bmatrix} c_{11} & c_{12} & \cdots & c_{1r} \\ c_{21} & c_{22} & \cdots & c_{2r} \\ \vdots & \vdots & & \vdots \\ c_{r1} & c_{r2} & \cdots & c_{rr} \end{bmatrix} = [\boldsymbol{\alpha}_1 \quad \boldsymbol{\alpha}_2 \quad \cdots \quad \boldsymbol{\alpha}_r]\boldsymbol{C},$$

称 $\boldsymbol{C}$ 为由基 $\boldsymbol{\alpha}_1,\boldsymbol{\alpha}_2,\cdots,\boldsymbol{\alpha}_r$ 到基 $\boldsymbol{\beta}_1,\boldsymbol{\beta}_2,\cdots,\boldsymbol{\beta}_r$ 的**过渡矩阵**.

显然,$\boldsymbol{C}$ 可逆,并且 $\boldsymbol{C}$ 的第 i 列是 $\boldsymbol{\beta}_i$ 关于基 $\boldsymbol{\alpha}_1,\boldsymbol{\alpha}_2,\cdots,\boldsymbol{\alpha}_r$ 的坐标. $\boldsymbol{C}^{-1}$ 是由基 $\boldsymbol{\beta}_1,\boldsymbol{\beta}_2,\cdots,\boldsymbol{\beta}_r$ 到 $\boldsymbol{\alpha}_1,\boldsymbol{\alpha}_2,\cdots,\boldsymbol{\alpha}_r$ 的过渡矩阵.

定理 3.7　在向量空间 V 中,由基 $\boldsymbol{\alpha}_1,\boldsymbol{\alpha}_2,\cdots,\boldsymbol{\alpha}_r$ 到基 $\boldsymbol{\beta}_1,\boldsymbol{\beta}_2,\cdots,\boldsymbol{\beta}_r$ 的过渡矩阵为 $\boldsymbol{C}$. V 中向量 $\boldsymbol{u}$ 在基 $\boldsymbol{\alpha}_1,\boldsymbol{\alpha}_2,\cdots,\boldsymbol{\alpha}_r$ 和基 $\boldsymbol{\beta}_1,\boldsymbol{\beta}_2,\cdots,\boldsymbol{\beta}_r$ 下的坐标分别为 $\boldsymbol{x},\boldsymbol{y}$,那么 $\boldsymbol{x}=\boldsymbol{C}\boldsymbol{y}$,或者 $\boldsymbol{y}=\boldsymbol{C}^{-1}\boldsymbol{x}$.

证　因为

$$\boldsymbol{u} = [\boldsymbol{\alpha}_1 \quad \boldsymbol{\alpha}_2 \quad \cdots \quad \boldsymbol{\alpha}_r]\boldsymbol{x} = [\boldsymbol{\beta}_1 \quad \boldsymbol{\beta}_2 \quad \cdots \quad \boldsymbol{\beta}_r]\boldsymbol{y} = [\boldsymbol{\alpha}_1 \quad \boldsymbol{\alpha}_2 \quad \cdots \quad \boldsymbol{\alpha}_r]\boldsymbol{C}\boldsymbol{y},$$

以及向量在基下坐标的唯一性可知 $\boldsymbol{x}=\boldsymbol{C}\boldsymbol{y}$.

例 3.29　设 $\mathbb{R}^3$ 有两组基

$$\boldsymbol{\alpha}_1 = (1,0,-1)^{\mathrm{T}},\ \boldsymbol{\alpha}_2 = (2,1,1)^{\mathrm{T}},\ \boldsymbol{\alpha}_3 = (1,1,1)^{\mathrm{T}}.$$

$$\boldsymbol{\beta}_1 = (0,1,1)^{\mathrm{T}},\ \boldsymbol{\beta}_2 = (-1,1,0)^{\mathrm{T}},\ \boldsymbol{\beta}_3 = (1,2,1)^{\mathrm{T}}.$$

(1) 求基 $\boldsymbol{\alpha}_1,\boldsymbol{\alpha}_2,\boldsymbol{\alpha}_3$ 到基 $\boldsymbol{\beta}_1,\boldsymbol{\beta}_2,\boldsymbol{\beta}_3$ 的过渡矩阵 $\boldsymbol{C}$;

(2) 求 $\boldsymbol{u}=\boldsymbol{\alpha}_1+2\boldsymbol{\alpha}_2-3\boldsymbol{\alpha}_3$ 在基 $\boldsymbol{\beta}_1,\boldsymbol{\beta}_2,\boldsymbol{\beta}_3$ 下的坐标.

解　令

$$[\boldsymbol{\alpha}_1 \quad \boldsymbol{\alpha}_2 \quad \boldsymbol{\alpha}_3] = \begin{bmatrix} 1 & 2 & 1 \\ 0 & 1 & 1 \\ -1 & 1 & 1 \end{bmatrix} = \boldsymbol{A},\quad [\boldsymbol{\beta}_1 \quad \boldsymbol{\beta}_2 \quad \boldsymbol{\beta}_3] = \begin{bmatrix} 0 & -1 & 1 \\ 1 & 1 & 2 \\ 1 & 0 & 1 \end{bmatrix} = \boldsymbol{B}.$$

(1) 因为$[\boldsymbol{\beta}_1 \quad \boldsymbol{\beta}_2 \quad \boldsymbol{\beta}_3]=[\boldsymbol{\alpha}_1 \quad \boldsymbol{\alpha}_2 \quad \boldsymbol{\alpha}_3]\boldsymbol{C}$,即 $\boldsymbol{B}=\boldsymbol{A}\boldsymbol{C}$,所以 $\boldsymbol{C}=\boldsymbol{A}^{-1}\boldsymbol{B}$. 故

$$\boldsymbol{C} = \boldsymbol{A}^{-1}\boldsymbol{B} = \begin{bmatrix} 0 & 1 & -1 \\ 1 & -2 & 1 \\ -1 & 3 & -1 \end{bmatrix}\begin{bmatrix} 0 & -1 & 1 \\ 1 & 1 & 2 \\ 1 & 0 & 1 \end{bmatrix} = \begin{bmatrix} 0 & 1 & 1 \\ -1 & -3 & -2 \\ 2 & 4 & 4 \end{bmatrix}.$$

(2) $\boldsymbol{u}$ 在 $\boldsymbol{\alpha}_1,\boldsymbol{\alpha}_2,\boldsymbol{\alpha}_3$ 下的坐标是 $\boldsymbol{x}=(1,2,-3)^{\mathrm{T}}$,故 $\boldsymbol{u}$ 在 $\boldsymbol{\beta}_1,\boldsymbol{\beta}_2,\boldsymbol{\beta}_3$ 下的坐标是 $\boldsymbol{y}=\boldsymbol{C}^{-1}\boldsymbol{x}$. 因而

$$\boldsymbol{y} = \boldsymbol{C}^{-1}\boldsymbol{x} = \begin{bmatrix} -2 & 0 & 1/2 \\ 0 & -1 & -1/2 \\ 1 & 1 & 1/2 \end{bmatrix}\begin{bmatrix} 1 \\ 2 \\ -3 \end{bmatrix} = \begin{bmatrix} -7/2 \\ -1/2 \\ 3/2 \end{bmatrix}.$$

例 3.30　已知向量空间 V 有基 $\boldsymbol{\alpha}_1,\boldsymbol{\alpha}_2,\cdots,\boldsymbol{\alpha}_r$,作 V 的另一组基

$\boldsymbol{\beta}_1=\boldsymbol{\alpha}_1,\ \boldsymbol{\beta}_2=\boldsymbol{\alpha}_1+\boldsymbol{\alpha}_2,\ \boldsymbol{\beta}_3=\boldsymbol{\alpha}_1+\boldsymbol{\alpha}_2+\boldsymbol{\alpha}_3,\cdots,\ \boldsymbol{\beta}_r=\boldsymbol{\alpha}_1+\boldsymbol{\alpha}_2+\cdots+\boldsymbol{\alpha}_r$,

(1) 求基 $\boldsymbol{\alpha}_1,\boldsymbol{\alpha}_2,\cdots,\boldsymbol{\alpha}_r$ 到基 $\boldsymbol{\beta}_1,\boldsymbol{\beta}_2,\cdots,\boldsymbol{\beta}_r$ 的过渡矩阵;

(2) 求 $\boldsymbol{\alpha}=\sum_{k=1}^{r}k\boldsymbol{\alpha}_k$ 在基 $\boldsymbol{\beta}_1,\boldsymbol{\beta}_2,\cdots,\boldsymbol{\beta}_r$ 下的坐标.

解　(1) 把已知条件写成矩阵形式,即

$$[\boldsymbol{\beta}_1\ \ \boldsymbol{\beta}_2\ \ \cdots\ \ \boldsymbol{\beta}_r]=[\boldsymbol{\alpha}_1\ \ \boldsymbol{\alpha}_2\ \ \cdots\ \ \boldsymbol{\alpha}_r]\begin{bmatrix}1&1&1&\cdots&1\\0&1&1&\cdots&1\\0&0&1&\cdots&1\\\vdots&\vdots&\vdots&&\vdots\\0&0&0&\cdots&1\end{bmatrix},$$

过渡矩阵为

$$\boldsymbol{C}=\begin{bmatrix}1&1&1&\cdots&1\\0&1&1&\cdots&1\\0&0&1&\cdots&1\\\vdots&\vdots&\vdots&&\vdots\\0&0&0&\cdots&1\end{bmatrix},\qquad \boldsymbol{C}^{-1}=\begin{bmatrix}1&-1&0&\cdots&0\\0&1&-1&\cdots&0\\0&0&1&\cdots&0\\\vdots&\vdots&\vdots&&\vdots\\0&0&0&\cdots&1\end{bmatrix}.$$

(2) $\boldsymbol{\alpha}=\sum_{k=1}^{r}k\boldsymbol{\alpha}_k$ 在基 $\boldsymbol{\alpha}_1,\boldsymbol{\alpha}_2,\cdots,\boldsymbol{\alpha}_r$ 下的坐标为 $\boldsymbol{x}=(1,2,\cdots,r)^{\mathrm{T}}$,所以 $\boldsymbol{\alpha}$ 在基 $\boldsymbol{\beta}_1,\boldsymbol{\beta}_2,\cdots,\boldsymbol{\beta}_r$ 下的坐标是 $\boldsymbol{y}=\boldsymbol{C}^{-1}\boldsymbol{x}=(-1,-1,\cdots,-1,r)^{\mathrm{T}}$.

习　题　3.6

1. 下列向量集合是否构成向量空间,若是,求其一组基及维数.

(1) $V=\{(a,a,a,b)\mid a,b\in\mathbb{R}\}$;

(2) $V=\{(1,a,b,c)\mid a,b,c\in\mathbb{R}\}$;

(3) $V=\{(a,2a,3a,4a)\mid a\in\mathbb{R}\}$;

(4) $V=\{(0,a,b,c)\mid a,b,c\in\mathbb{R}\}$;

(5) $V=\{(x_1,x_2,\cdots,x_n)\mid \sum_{i=1}^{n}x_i=0,x_i\in\mathbb{R}\}$;

(6) $V=\{(x_1,x_2,\cdots,x_n)\mid \sum_{i=1}^{n}x_i=1,x_i\in\mathbb{R}\}$;

(7) $V=\{(x_1,x_2,x_3)\mid x_1=\frac{1}{2}x_2=\frac{1}{3}x_3,x_1,x_2,x_3\in\mathbb{R}\}$.

2. 设 $\boldsymbol{\alpha}_1=(1,1,0,0)^{\mathrm{T}}$, $\boldsymbol{\alpha}_2=(1,0,1,1)^{\mathrm{T}}$, $\boldsymbol{\beta}_1=(2,-1,3,3)^{\mathrm{T}}$, $\boldsymbol{\beta}_2=(0,1,-1,-1)^{\mathrm{T}}$. 记 $V_1=L(\boldsymbol{\alpha}_1,\boldsymbol{\alpha}_2)$, $V_2=L(\boldsymbol{\beta}_1,\boldsymbol{\beta}_2)$. 试证 $V_1=V_2$.

3. 已知$\mathbb{R}^3$ 的两组基为

$$\boldsymbol{\alpha}_1=(1,1,1)^{\mathrm{T}},\boldsymbol{\alpha}_2=(1,0,-1)^{\mathrm{T}},\boldsymbol{\alpha}_3=(1,0,1)^{\mathrm{T}},$$
$$\boldsymbol{\beta}_1=(1,2,1)^{\mathrm{T}},\boldsymbol{\beta}_2=(2,3,4)^{\mathrm{T}},\boldsymbol{\beta}_3=(3,4,3)^{\mathrm{T}}.$$

求由基 $\boldsymbol{\alpha}_1,\boldsymbol{\alpha}_2,\boldsymbol{\alpha}_3$ 到基 $\boldsymbol{\beta}_1,\boldsymbol{\beta}_2,\boldsymbol{\beta}_3$ 的过渡矩阵 $\boldsymbol{C}$.

4. 已知$\mathbb{R}^2$ 的两组基 $\boldsymbol{\alpha}_1,\boldsymbol{\alpha}_2$ 和 $\boldsymbol{\varepsilon}_1,\boldsymbol{\varepsilon}_2$. 求一个非零向量 $\boldsymbol{\beta}\in\mathbb{R}^2$,使 $\boldsymbol{\beta}$ 关于这两组基有相同的坐标,并求这个 $\boldsymbol{\beta}$ 关于第三组基 $\boldsymbol{\xi}_1,\boldsymbol{\xi}_2$ 的坐标,其中

$$\boldsymbol{\alpha}_1=\begin{bmatrix}2\\-1\end{bmatrix},\ \boldsymbol{\alpha}_2=\begin{bmatrix}5\\-4\end{bmatrix};\boldsymbol{\varepsilon}_1=\begin{bmatrix}1\\0\end{bmatrix},\boldsymbol{\varepsilon}_2=\begin{bmatrix}0\\1\end{bmatrix};\boldsymbol{\xi}_1=\begin{bmatrix}-1\\1\end{bmatrix},\boldsymbol{\xi}_2=\begin{bmatrix}1\\1\end{bmatrix}.$$

3.7　线性方程组解的结构

对于线性方程组来说,有三个基本问题需要解决:一是方程组有解的条件,二是有多少解以及解之间的关系,三是如何求解. 第 2 章利用矩阵的初等行变换解决了线性方程组求解的方法. 这一节将解决前两个问题.

考虑三个未知量的齐次线性方程组. 几何上,解集可以理解为求过原点的一些平面(二维向量空间)的交. 这个交可能是原点(0 维向量空间)、过原点的一条直线(一维向量空间)、过原点的平面(二维向量空间).

考虑三个未知量的非齐次线性方程组. 几何上,解集可以理解为求过原点的一些平面(这样的平面可能没有)和不过原点的一些平面(这样的平面不是向量空间)的交,这个交可能是空集(没有解)、一点(一定不是原点)、不过原点的一条直线(不是向量空间),不过原点的平面(不是向量空间).

当未知量的个数多于三个时,已经没有这种直观解释,但是还是有类似的结论.

3.7.1　线性方程组的有解判别定理

用向量组的线性相关性来解释线性方程组的解问题,可以有下面的结论.

对于齐次线性方程组 $\boldsymbol{A}_{m\times n}\boldsymbol{x}=\boldsymbol{0}$,若记 $\boldsymbol{A}_{m\times n}=[\boldsymbol{\alpha}_1\ \ \boldsymbol{\alpha}_2\ \ \cdots\ \ \boldsymbol{\alpha}_n]$,下列条件等价:

(1) $\boldsymbol{Ax}=\boldsymbol{0}$ 有非零解;

(2) 存在一组不全为 0 的数 $x_1,x_2,\cdots,x_n$,使得 $x_1\boldsymbol{\alpha}_1+x_2\boldsymbol{\alpha}_2+\cdots+x_n\boldsymbol{\alpha}_n=\boldsymbol{0}$;

(3) $\boldsymbol{\alpha}_1,\boldsymbol{\alpha}_2,\cdots,\boldsymbol{\alpha}_n$ 线性相关.

特别地,当 $n>m$(变量个数>方程个数)时,一定有 $\boldsymbol{\alpha}_1,\boldsymbol{\alpha}_2,\cdots,\boldsymbol{\alpha}_n$ 线性相关. $\boldsymbol{Ax}=\boldsymbol{0}$只有零解的充分必要条件是 $\boldsymbol{\alpha}_1,\boldsymbol{\alpha}_2,\cdots,\boldsymbol{\alpha}_n$ 线性无关,即 $\mathrm{rank}\boldsymbol{A}=n$.

对于非齐次线性方程组 $\boldsymbol{A}_{m\times n}\boldsymbol{x}=\boldsymbol{b}$,若记 $\boldsymbol{A}_{m\times n}=[\boldsymbol{\alpha}_1\ \ \boldsymbol{\alpha}_2\ \ \cdots\ \ \boldsymbol{\alpha}_n]$,下列条件等价:

(1) $\boldsymbol{Ax}=\boldsymbol{b}(\boldsymbol{b}\neq\boldsymbol{0})$有解;

(2) $\boldsymbol{b}$ 能被 $\boldsymbol{\alpha}_1,\boldsymbol{\alpha}_2,\cdots,\boldsymbol{\alpha}_n$ 线性表示;

(3) $\boldsymbol{b}\in \boldsymbol{L}(\boldsymbol{\alpha}_1,\boldsymbol{\alpha}_2,\cdots,\boldsymbol{\alpha}_n)$;

(4) $\boldsymbol{\alpha}_1,\boldsymbol{\alpha}_2,\cdots,\boldsymbol{\alpha}_n$ 的极大线性无关组也是 $\boldsymbol{\alpha}_1,\boldsymbol{\alpha}_2,\cdots,\boldsymbol{\alpha}_n,\boldsymbol{b}$ 的极大线性无关组;

(5) $\mathrm{rank}[\boldsymbol{A}\ \ \boldsymbol{b}]=\mathrm{rank}\boldsymbol{A}$.

特别地,$\boldsymbol{Ax}=\boldsymbol{b}$ 有唯一解的充要条件为 $\mathrm{rank}[\boldsymbol{A}\ \ \boldsymbol{b}]=\mathrm{rank}\boldsymbol{A}=n$;当 $\boldsymbol{A}$ 为方阵时,$\boldsymbol{Ax}=\boldsymbol{b}$ 有唯一解的充要条件为 $|\boldsymbol{A}|\neq 0$,即 $\boldsymbol{A}$ 可逆.

因此可以得到下面的非齐次线性方程组的有解判别定理.

定理 3.8 n 元线性方程组 $\boldsymbol{A}_{m\times n}\boldsymbol{x}=\boldsymbol{b}$

(1) 无解的充分必要条件是 $\mathrm{rank}\boldsymbol{A}<\mathrm{rank}[\boldsymbol{A}\ \ \boldsymbol{b}]$;

(2) 有唯一解的充分必要条件是 $\mathrm{rank}[\boldsymbol{A}\ \ \boldsymbol{b}]=\mathrm{rank}\boldsymbol{A}=n$;

(3) 有无穷多解的充分必要条件是 $\mathrm{rank}[\boldsymbol{A}\ \ \boldsymbol{b}]=\mathrm{rank}\boldsymbol{A}<n$.

3.7.2 齐次线性方程组解的结构

记齐次线性方程组 $\boldsymbol{A}_{m\times n}\boldsymbol{x}=\boldsymbol{0}$ 全体解为

$$N(\boldsymbol{A})=\{\boldsymbol{x}\in\mathbb{R}^n\mid \boldsymbol{Ax}=\boldsymbol{0}\}.$$

定理 3.9 $N(\boldsymbol{A})$是$\mathbb{R}^n$ 的向量子空间.

证 首先 $\boldsymbol{0}\in N(\boldsymbol{A})$,$N(\boldsymbol{A})$非空.设 $\boldsymbol{\alpha},\boldsymbol{\beta}\in N(\boldsymbol{A})$,$k\in\mathbb{R}$,则

$$\boldsymbol{A}(\boldsymbol{\alpha}+\boldsymbol{\beta})=\boldsymbol{A\alpha}+\boldsymbol{A\beta}=\boldsymbol{0}+\boldsymbol{0}=\boldsymbol{0},\quad \boldsymbol{A}(k\boldsymbol{\alpha})=k\boldsymbol{A\alpha}=\boldsymbol{0},$$

故 $N(\boldsymbol{A})$是$\mathbb{R}^n$ 的向量子空间.

定义 3.16 齐次线性方程组 $\boldsymbol{A}_{m\times n}\boldsymbol{x}=\boldsymbol{0}$ 的解空间 $N(\boldsymbol{A})$的基称为该方程组的**基础解系**.即若 $\boldsymbol{\alpha}_1,\boldsymbol{\alpha}_2,\cdots,\boldsymbol{\alpha}_r$ 为线性方程组 $\boldsymbol{A}_{m\times n}\boldsymbol{x}=\boldsymbol{0}$ 的一个基础解系,则它满足下列两个条件

(1) $\boldsymbol{\alpha}_1,\boldsymbol{\alpha}_2,\cdots,\boldsymbol{\alpha}_r$ 是线性无关的解向量;

(2) 该方程组的任一解 $\boldsymbol{x}$ 都可以表示为 $\boldsymbol{\alpha}_1,\boldsymbol{\alpha}_2,\cdots,\boldsymbol{\alpha}_r$ 的线性组合,即

$$\boldsymbol{x}=k_1\boldsymbol{\alpha}_1+k_2\boldsymbol{\alpha}_2+\cdots+k_r\boldsymbol{\alpha}_r.$$

我们称此式为齐次线性方程组的**通解**或**一般解**.

显然,一个方程组可以有无穷多个基础解系.

只要掌握了 $N(\boldsymbol{A})$的基,就掌握了 $\boldsymbol{A}_{m\times n}\boldsymbol{x}=\boldsymbol{0}$ 的所有解.问题是 $\dim N(\boldsymbol{A})=$?怎样比较简单地得到 $N(\boldsymbol{A})$的一组基(基础解系)?

定理 3.10 对于方程组 $\boldsymbol{A}_{m\times n}\boldsymbol{x}=\boldsymbol{0}$,设 $\mathrm{rank}\boldsymbol{A}=r$,则 $\dim N(\boldsymbol{A})=n-r$.

证 易知,$\boldsymbol{A}$ 的秩为 0 时,结论显然.为表述简便,不妨设 $\boldsymbol{A}$ 的前 r 个列向量线性无关,它们构成 $\boldsymbol{A}$ 的列向量组的极大线性无关组.对其进行初等行变换化为如下形式:

$$A\to\begin{bmatrix}E_r & \Gamma_{r\times(n-r)}\\ O_{(m-r)\times r} & O_{(m-r)\times(n-r)}\end{bmatrix}=\begin{bmatrix}1 & & & 0 & \gamma_{1,r+1} & \gamma_{1,r+2} & \cdots & \gamma_{1,n}\\ & 1 & & & \gamma_{2,r+1} & \gamma_{2,r+2} & \cdots & \gamma_{2,n}\\ & & \ddots & & \vdots & \vdots & & \vdots\\ 0 & & & 1 & \gamma_{r,r+1} & \gamma_{r,r+2} & \cdots & \gamma_{r,n}\\ 0 & \cdots & \cdots & 0 & 0 & \cdots & \cdots & 0\\ \vdots & & & \vdots & \vdots & & & \vdots\\ 0 & \cdots & \cdots & 0 & 0 & \cdots & \cdots & 0\end{bmatrix}.$$

从而 $\boldsymbol{Ax}=\mathbf{0}$ 与

$$\begin{bmatrix}1 & & & 0 & \gamma_{1,r+1} & \gamma_{1,r+2} & \cdots & \gamma_{1,n}\\ & 1 & & & \gamma_{2,r+1} & \gamma_{2,r+2} & \cdots & \gamma_{2,n}\\ & & \ddots & & \vdots & \vdots & & \vdots\\ 0 & & & 1 & \gamma_{r,r+1} & \gamma_{r,r+2} & \cdots & \gamma_{r,n}\\ 0 & \cdots & \cdots & 0 & 0 & \cdots & \cdots & 0\\ \vdots & & & \vdots & \vdots & & & \vdots\\ 0 & \cdots & \cdots & 0 & 0 & \cdots & \cdots & 0\end{bmatrix}\begin{bmatrix}x_1\\ x_2\\ \vdots\\ x_r\\ x_{r+1}\\ \vdots\\ x_n\end{bmatrix}=\mathbf{0}$$

同解. 即转化为解方程组

$$\begin{cases}x_1+\gamma_{1,r+1}x_{r+1}+\gamma_{1,r+2}x_{r+2}+\cdots+\gamma_{1,n}x_n=0,\\ x_2+\gamma_{2,r+1}x_{r+1}+\gamma_{2,r+2}x_{r+2}+\cdots+\gamma_{2,n}x_n=0,\\ \cdots\cdots\cdots\cdots\\ x_r+\gamma_{r,r+1}x_{r+1}+\gamma_{r,r+2}x_{r+2}+\cdots+\gamma_{r,n}x_n=0.\end{cases}$$

因此可以令 $x_{r+1},x_{r+2},\cdots,x_n$ 为自由变量,非自由变量 $x_1,x_2,\cdots,x_r$ 可表示为

$$\begin{cases}x_1=-\gamma_{1,r+1}x_{r+1}-\gamma_{1,r+2}x_{r+2}-\cdots-\gamma_{1,n}x_n,\\ x_2=-\gamma_{2,r+1}x_{r+1}-\gamma_{2,r+2}x_{r+2}-\cdots-\gamma_{2,n}x_n,\\ \cdots\cdots\cdots\cdots\\ x_r=-\gamma_{r,r+1}x_{r+1}-\gamma_{r,r+2}x_{r+2}-\cdots-\gamma_{r,n}x_n.\end{cases}$$

写成矩阵形式为

$$\begin{bmatrix}x_1\\ x_2\\ \vdots\\ x_r\end{bmatrix}=-\begin{bmatrix}\gamma_{1,r+1} & \gamma_{1,r+2} & \cdots & \gamma_{1,n}\\ \gamma_{2,r+1} & \gamma_{2,r+2} & \cdots & \gamma_{2,n}\\ \vdots & \vdots & & \vdots\\ \gamma_{r,r+1} & \gamma_{r,r+2} & \cdots & \gamma_{r,n}\end{bmatrix}\begin{bmatrix}x_{r+1}\\ x_{r+2}\\ \vdots\\ x_n\end{bmatrix}.$$

得 $\boldsymbol{Ax}=\mathbf{0}$ 的 $n-r$ 个解如下:

$$\boldsymbol{\xi}_1=\begin{bmatrix}-\gamma_{1,r+1}\\-\gamma_{2,r+1}\\\vdots\\-\gamma_{r,r+1}\\1\\0\\\vdots\\0\end{bmatrix},\ \boldsymbol{\xi}_2=\begin{bmatrix}-\gamma_{1,r+2}\\-\gamma_{2,r+2}\\\vdots\\-\gamma_{r,r+2}\\0\\1\\\vdots\\0\end{bmatrix},\cdots,\ \boldsymbol{\xi}_{n-r}=\begin{bmatrix}-\gamma_{1,n}\\-\gamma_{2,n}\\\vdots\\-\gamma_{r,n}\\0\\0\\\vdots\\1\end{bmatrix}.$$

注意到矩阵$[\boldsymbol{\xi}_1\ \ \boldsymbol{\xi}_2\ \ \cdots\ \ \boldsymbol{\xi}_{n-r}]$后 $n-r$ 行形成的子式等于 1,故 $\boldsymbol{\xi}_1,\boldsymbol{\xi}_2,\cdots,\boldsymbol{\xi}_{n-r}$线性无关.

任取 $\boldsymbol{x}=(x_1,x_2,\cdots,x_n)^{\mathrm{T}}\in N(\boldsymbol{A})$. 则有

$$\begin{bmatrix}x_1\\x_2\\\vdots\\x_r\end{bmatrix}=-\begin{bmatrix}\gamma_{1,r+1}&\gamma_{1,r+2}&\cdots&\gamma_{1,n}\\\gamma_{2,r+1}&\gamma_{2,r+2}&\cdots&\gamma_{2,n}\\\vdots&\vdots&&\vdots\\\gamma_{r,r+1}&\gamma_{r,r+2}&\cdots&\gamma_{r,n}\end{bmatrix}\begin{bmatrix}x_{r+1}\\x_{r+2}\\\vdots\\x_n\end{bmatrix}.$$

于是

$$\boldsymbol{x}=\begin{bmatrix}x_1\\\vdots\\x_r\\x_{r+1}\\\vdots\\x_n\end{bmatrix}=\begin{bmatrix}-\gamma_{1,r+1}&-\gamma_{1,r+2}&\cdots&-\gamma_{1,n}\\-\gamma_{2,r+1}&-\gamma_{2,r+2}&\cdots&-\gamma_{2,n}\\\vdots&\vdots&&\vdots\\-\gamma_{r,r+1}&-\gamma_{r,r+2}&\cdots&-\gamma_{r,n}\\1&0&\cdots&0\\0&1&\cdots&0\\\vdots&\vdots&&\vdots\\0&0&\cdots&1\end{bmatrix}\begin{bmatrix}x_{r+1}\\x_{r+2}\\\vdots\\x_n\end{bmatrix}$$

$$=[\boldsymbol{\xi}_1\ \ \boldsymbol{\xi}_2\ \ \cdots\ \ \boldsymbol{\xi}_{n-r}]\begin{bmatrix}x_{r+1}\\x_{r+2}\\\vdots\\x_n\end{bmatrix}=\sum_{j=1}^{n-r}x_{r+j}\boldsymbol{\xi}_j.$$

$\boldsymbol{x}$ 能被 $\boldsymbol{\xi}_1,\boldsymbol{\xi}_2,\cdots,\boldsymbol{\xi}_{n-r}$线性表示,所以 $\dim N(\boldsymbol{A})=n-r$,$\boldsymbol{\xi}_1,\boldsymbol{\xi}_2,\cdots,\boldsymbol{\xi}_{n-r}$是 $N(\boldsymbol{A})$的一个基础解系.

上述证明过程实质上给出了求基础解系的方法,$\boldsymbol{\xi}_1,\boldsymbol{\xi}_2,\cdots,\boldsymbol{\xi}_{n-r}$是通过自由变量 $x_{r+1},x_{r+2},\cdots,x_n$ 分别令其中一个为 1,其他为 0 得到的解向量.

例 3.31　求 $\begin{bmatrix}1&1&1&1\\2&2&1&3\\1&1&2&0\end{bmatrix}\begin{bmatrix}x_1\\x_2\\x_3\\x_4\end{bmatrix}=\mathbf{0}$ 的通解(一般解).

解　对系数矩阵进行初等行变换

$$\begin{bmatrix}1&1&1&1\\2&2&1&3\\1&1&2&0\end{bmatrix}\to\begin{bmatrix}1&1&1&1\\0&0&-1&1\\0&0&1&-1\end{bmatrix}\to\begin{bmatrix}1&1&0&2\\0&0&1&-1\\0&0&0&0\end{bmatrix},$$

则原方程组等价于

$$\begin{cases}x_1+x_2+2x_4=0,\\x_3-x_4=0,\end{cases}$$

即

$$\begin{cases}x_1=-x_2-2x_4,\\x_3=x_4.\end{cases}$$

分别令 $x_2=1,x_4=0;x_2=0,x_4=1$ 得到一个基础解系

$$\boldsymbol{\xi}_1=\begin{bmatrix}-1\\1\\0\\0\end{bmatrix},\quad \boldsymbol{\xi}_2=\begin{bmatrix}-2\\0\\1\\1\end{bmatrix}.$$

因此齐次线性方程组的通解为 $\boldsymbol{x}=k\boldsymbol{\xi}_1+l\boldsymbol{\xi}_2$,其中 k,l 为任意数.

例 3.32　设 $\boldsymbol{A}_{m\times n}\boldsymbol{B}_{n\times k}=\boldsymbol{O}$, 试证 $\operatorname{rank}\boldsymbol{A}+\operatorname{rank}\boldsymbol{B}\leqslant n$.

证　设 $\boldsymbol{B}=[\boldsymbol{b}_1\ \ \boldsymbol{b}_2\ \ \cdots\ \ \boldsymbol{b}_k]$,则 $\boldsymbol{A}\boldsymbol{b}_j=\mathbf{0}(j=1,\cdots,k)$,这说明 $\boldsymbol{b}_j$ 是 $\boldsymbol{A}\boldsymbol{x}=\mathbf{0}$ 的解,即 $\boldsymbol{b}_j\in N(\boldsymbol{A})(j=1,\cdots,k)$. 所以

$$\operatorname{rank}\boldsymbol{B}=\operatorname{rank}[\boldsymbol{b}_1\ \ \boldsymbol{b}_2\ \ \cdots\ \ \boldsymbol{b}_k]\leqslant\dim(N(\boldsymbol{A}))=n-\operatorname{rank}\boldsymbol{A},$$

即 $\operatorname{rank}\boldsymbol{A}+\operatorname{rank}\boldsymbol{B}\leqslant n$.

例 3.33　设有实矩阵 $\boldsymbol{A}_{m\times n}$,试证 $\operatorname{rank}(\boldsymbol{A}^{\mathrm{T}}\boldsymbol{A})=\operatorname{rank}\boldsymbol{A}$.

证　先证明两个齐次线性方程组 $\boldsymbol{A}\boldsymbol{x}=\mathbf{0},\boldsymbol{A}^{\mathrm{T}}\boldsymbol{A}\boldsymbol{x}=\mathbf{0}$ 是同解方程组.

假设 $\boldsymbol{x}_0$ 是 $\boldsymbol{A}\boldsymbol{x}=\mathbf{0}$ 的一个解,两边左乘 $\boldsymbol{A}^{\mathrm{T}}$ 可得 $\boldsymbol{A}^{\mathrm{T}}\boldsymbol{A}\boldsymbol{x}_0=\mathbf{0}$,因此 $\boldsymbol{x}_0$ 也是 $\boldsymbol{A}^{\mathrm{T}}\boldsymbol{A}\boldsymbol{x}=\mathbf{0}$的一个解.

假设 $\boldsymbol{x}_0$ 是 $\boldsymbol{A}^{\mathrm{T}}\boldsymbol{A}\boldsymbol{x}=\mathbf{0}$ 一个解,两边左乘 $\boldsymbol{x}_0^{\mathrm{T}}$ 得 $\boldsymbol{x}_0^{\mathrm{T}}\boldsymbol{A}^{\mathrm{T}}\boldsymbol{A}\boldsymbol{x}_0=\mathbf{0}$,即$(\boldsymbol{A}\boldsymbol{x}_0)^{\mathrm{T}}(\boldsymbol{A}\boldsymbol{x}_0)=0$. 记 $\boldsymbol{A}\boldsymbol{x}_0=(a_1,a_2,\cdots,a_m)^{\mathrm{T}}$,得$(\boldsymbol{A}\boldsymbol{x}_0)^{\mathrm{T}}(\boldsymbol{A}\boldsymbol{x}_0)=a_1^2+a_2^2+\cdots+a_m^2=0$. 因此 $a_1=a_2=\cdots=a_m=0$,即 $\boldsymbol{A}\boldsymbol{x}_0=\mathbf{0}$. 所以 $\boldsymbol{x}_0$ 也是 $\boldsymbol{A}\boldsymbol{x}=\mathbf{0}$ 的一个解.

综合上述两个方面得 $N(\boldsymbol{A}^{\mathrm{T}}\boldsymbol{A})=N(\boldsymbol{A})$.

所以 $\dim(N(\boldsymbol{A}^{\mathrm{T}}\boldsymbol{A}))=\dim(N(\boldsymbol{A}))$，即 $n-\operatorname{rank}(\boldsymbol{A}^{\mathrm{T}}\boldsymbol{A})=n-\operatorname{rank}\boldsymbol{A}$，最终得

$$\operatorname{rank}(\boldsymbol{A}^{\mathrm{T}}\boldsymbol{A})=\operatorname{rank}\boldsymbol{A}.$$

应当注意，对于复矩阵 $\boldsymbol{A}$，等式 $\operatorname{rank}(\boldsymbol{A}^{\mathrm{T}}\boldsymbol{A})=\operatorname{rank}\boldsymbol{A}$ 不一定成立. 例如，令 $\boldsymbol{A}=\begin{bmatrix}1 & i\\ -i & 1\end{bmatrix}$，其中 $i=\sqrt{-1}$. $\boldsymbol{A}^{\mathrm{T}}\boldsymbol{A}=0$，$\operatorname{rank}\boldsymbol{A}=1$.

* 设 $\boldsymbol{A}=[a_{ij}]\in\mathbb{R}^{n\times n}$，如果 $\boldsymbol{A}$ 的元素满足：$|a_{ii}|>\sum\limits_{\substack{j=1\\ j\neq i}}^{n}|a_{ij}|$（$i=1,2,\cdots,n$），则称 $\boldsymbol{A}$ 为**严格行对角占优矩阵**.

* **例 3.34** 如果 $\boldsymbol{A}=[a_{ij}]\in\mathbb{R}^{n\times n}$ 为严格行对角占优矩阵，则 $\boldsymbol{A}$ 可逆.

证 用反证法. 若 $\boldsymbol{A}$ 不是可逆矩阵，则存在非零列向量 $\boldsymbol{x}=(x_1,x_2,\cdots,x_n)^{\mathrm{T}}$，使得 $\boldsymbol{A}\boldsymbol{x}=\boldsymbol{0}$. 取 $|x_i|=\max\{|x_1|,|x_2|,\cdots,|x_n|\}$，则 $x_i\neq 0$，由于

$$a_{i1}x_1+a_{i2}x_2+\cdots+a_{in}x_n=0,$$

于是

$$|a_{ii}x_i|=\left|\sum_{\substack{j=1\\ j\neq i}}^{n}a_{ij}x_j\right|\leqslant\sum_{\substack{j=1\\ j\neq i}}^{n}|a_{ij}||x_j|\leqslant|x_i|\sum_{\substack{j=1\\ j\neq i}}^{n}|a_{ij}|,$$

故 $|a_{ii}|\leqslant\sum\limits_{\substack{j=1\\ j\neq i}}^{n}|a_{ij}|$，这与 $\boldsymbol{A}$ 为严格行对角占优矩阵矛盾. 故 $\boldsymbol{A}$ 是可逆矩阵.

3.7.3 非齐次线性方程组解的结构

与齐次线性方程组不同，非齐次线性方程组的解集显然不构成一个线性空间（零向量不是非齐次方程组的解）. 但它仍然具有某种结构.

定理 3.11 非齐次线性方程组的任意两解之差是对应齐次线性方程组（或称导出方程组）的解.

证 设 $\boldsymbol{x}_1,\boldsymbol{x}_2$ 是 $\boldsymbol{A}\boldsymbol{x}=\boldsymbol{b}$ 的任意两个解，即 $\boldsymbol{A}\boldsymbol{x}_1=\boldsymbol{b}$，$\boldsymbol{A}\boldsymbol{x}_2=\boldsymbol{b}$，于是

$$\boldsymbol{A}(\boldsymbol{x}_1-\boldsymbol{x}_2)=\boldsymbol{A}\boldsymbol{x}_1-\boldsymbol{A}\boldsymbol{x}_2=\boldsymbol{b}-\boldsymbol{b}=\boldsymbol{0},$$

故 $\boldsymbol{x}_1-\boldsymbol{x}_2$ 是 $\boldsymbol{A}\boldsymbol{x}=\boldsymbol{0}$ 的解.

定理 3.12（结构定理） 设非齐次线性方程组 $\boldsymbol{A}\boldsymbol{x}=\boldsymbol{b}$ 有解，则其一般解（通解）为

$$\boldsymbol{x}=\boldsymbol{\eta}+\boldsymbol{x}_c,$$

其中，$\boldsymbol{\eta}$ 为 $\boldsymbol{A}\boldsymbol{x}=\boldsymbol{b}$ 的一个特解，$\boldsymbol{x}_c$ 是对应的齐次线性方程组 $\boldsymbol{A}\boldsymbol{x}=\boldsymbol{0}$ 的一般解.

证 因为 $\boldsymbol{A}\boldsymbol{x}_c=\boldsymbol{0}$，$\boldsymbol{A}\boldsymbol{\eta}=\boldsymbol{b}$，所以 $\boldsymbol{A}(\boldsymbol{x}_c+\boldsymbol{\eta})=\boldsymbol{A}\boldsymbol{x}_c+\boldsymbol{A}\boldsymbol{\eta}=\boldsymbol{0}+\boldsymbol{b}=\boldsymbol{b}$. 即 $\boldsymbol{\eta}+\boldsymbol{x}_c$ 是 $\boldsymbol{A}\boldsymbol{x}=\boldsymbol{b}$ 的解.

另一方面，设 $\boldsymbol{x}$ 是 $\boldsymbol{A}\boldsymbol{x}=\boldsymbol{b}$ 的任一解，则 $\boldsymbol{x}-\boldsymbol{\eta}$ 是齐次线性方程组 $\boldsymbol{A}\boldsymbol{x}=\boldsymbol{0}$ 的解，

设其为 $\boldsymbol{x}_c$，于是就有 $\boldsymbol{x}=\boldsymbol{\eta}+\boldsymbol{x}_c$.

这个定理告诉我们，只要求得 $\boldsymbol{Ax}=\boldsymbol{b}$ 的某个解 $\boldsymbol{x}_0$，那么 $\boldsymbol{Ax}=\boldsymbol{b}$ 的一般解 $\boldsymbol{x}$ 就可表示为

$$\boldsymbol{x}=\boldsymbol{x}_0+\sum_{j=1}^{n-r}\lambda_j\boldsymbol{\xi}_j,$$

其中，$\boldsymbol{\xi}_1,\boldsymbol{\xi}_2,\cdots,\boldsymbol{\xi}_{n-r}$ 是 $\boldsymbol{Ax}=\boldsymbol{0}$ 的基础解系，$\lambda_1,\lambda_2,\cdots,\lambda_{n-r}$ 为任意数.

例 3.35　求非齐次线性方程组 $\begin{cases}x_1+x_2+x_3+x_4=2,\\3x_1+x_2+x_3-3x_4=0,\\2x_1+x_2+x_3+3x_4=3,\\5x_1+3x_2+3x_3-x_4=4\end{cases}$ 的通解.

解　对增广矩阵做初等行变换

$$\begin{bmatrix}1&1&1&1&2\\3&1&1&-3&0\\2&1&1&3&3\\5&3&3&-1&4\end{bmatrix}\to\begin{bmatrix}1&1&1&1&2\\0&-2&-2&-6&-6\\0&-1&-1&1&-1\\0&-2&-2&-6&-6\end{bmatrix}$$

$$\to\begin{bmatrix}1&0&0&-2&-1\\0&1&1&3&3\\0&0&0&1&1/2\\0&0&0&0&0\end{bmatrix}\to\begin{bmatrix}1&0&0&0&0\\0&1&1&0&3/2\\0&0&0&1&1/2\\0&0&0&0&0\end{bmatrix}.$$

由于 $\mathrm{rank}\boldsymbol{A}=\mathrm{rank}[\boldsymbol{A}\ \ \boldsymbol{b}]=3$，所以方程组有解. 原方程组化为

$$\begin{cases}x_1=0,\\x_2+x_3=3/2,\\x_4=1/2.\end{cases}$$

令 $x_3=0$，解得一个特解为 $\boldsymbol{\eta}=\left(0,\dfrac{3}{2},0,\dfrac{1}{2}\right)^{\mathrm{T}}$. 导出的齐次线性方程组为

$$\begin{cases}x_1=0,\\x_2=-x_3,\\x_4=0.\end{cases}$$

其基础解系为 $(0,-1,1,0)^{\mathrm{T}}$. 故非齐次线性方程组的通解为

$$\boldsymbol{x}=\begin{bmatrix}x_1\\x_2\\x_3\\x_4\end{bmatrix}=\begin{bmatrix}0\\3/2\\0\\1/2\end{bmatrix}+k\begin{bmatrix}0\\-1\\1\\0\end{bmatrix},\quad k\text{ 为任意实数}.$$

例 3.36 设 $\boldsymbol{\alpha}_1,\boldsymbol{\alpha}_2,\boldsymbol{\alpha}_4$ 线性无关. 且 $\boldsymbol{\alpha}_3=3\boldsymbol{\alpha}_1-\boldsymbol{\alpha}_2-2\boldsymbol{\alpha}_4$, $\boldsymbol{\beta}=\boldsymbol{\alpha}_1+2\boldsymbol{\alpha}_2+3\boldsymbol{\alpha}_3+4\boldsymbol{\alpha}_4$. 记 $\boldsymbol{A}_{4\times4}=[\boldsymbol{\alpha}_1\quad\boldsymbol{\alpha}_2\quad\boldsymbol{\alpha}_3\quad\boldsymbol{\alpha}_4]$,求 $\boldsymbol{Ax}=\boldsymbol{\beta}$ 的通解.

解 把 $\boldsymbol{Ax}=\boldsymbol{\beta}$ 写成向量形式得

$$x_1\boldsymbol{\alpha}_1+x_2\boldsymbol{\alpha}_2+x_3\boldsymbol{\alpha}_3+x_4\boldsymbol{\alpha}_4=\boldsymbol{\alpha}_1+2\boldsymbol{\alpha}_2+3\boldsymbol{\alpha}_3+4\boldsymbol{\alpha}_4.$$

所以 $\boldsymbol{Ax}=\boldsymbol{\beta}$ 有一个特解 $\boldsymbol{x}_0=(1,2,3,4)^{\mathrm{T}}$. 再考虑 $\boldsymbol{Ax}=\boldsymbol{0}$ 的通解

$$\begin{aligned}\boldsymbol{Ax}&=x_1\boldsymbol{\alpha}_1+x_2\boldsymbol{\alpha}_2+x_3\boldsymbol{\alpha}_3+x_4\boldsymbol{\alpha}_4\\&=x_1\boldsymbol{\alpha}_1+x_2\boldsymbol{\alpha}_2+x_3(3\boldsymbol{\alpha}_1-\boldsymbol{\alpha}_2-2\boldsymbol{\alpha}_4)+x_4\boldsymbol{\alpha}_4\\&=(x_1+3x_3)\boldsymbol{\alpha}_1+(x_2-x_3)\boldsymbol{\alpha}_2+(x_4-2x_3)\boldsymbol{\alpha}_4=\boldsymbol{0}.\end{aligned}$$

因为 $\boldsymbol{\alpha}_1,\boldsymbol{\alpha}_2,\boldsymbol{\alpha}_4$ 线性无关,所以从 $\boldsymbol{Ax}=\boldsymbol{0}$ 可推出

$$\begin{cases}x_1+3x_3=0,\\x_2-x_3=0,\\x_4-2x_3=0.\end{cases}$$

解得一个基础解系为$(-3,1,1,2)^{\mathrm{T}}$. 所以,$\boldsymbol{Ax}=\boldsymbol{\beta}$ 的通解为

$$\boldsymbol{x}=\begin{bmatrix}1\\2\\3\\4\end{bmatrix}+k\begin{bmatrix}-3\\1\\1\\2\end{bmatrix},\quad k\text{ 为任意实数}.$$

例 3.37 λ 取何值时,线性方程组

$$\begin{cases}\lambda x_1+x_2+x_3=1,\\x_1+\lambda x_2+x_3=\lambda,\\x_1+x_2+\lambda x_3=\lambda^2\end{cases}$$

(1)有唯一解;(2)无解;(3)有无穷多解,并求其通解.

解 线性方程组的系数矩阵和常数列分别是

$$\boldsymbol{A}=\begin{bmatrix}\lambda&1&1\\1&\lambda&1\\1&1&\lambda\end{bmatrix},\quad\boldsymbol{b}=\begin{bmatrix}1\\\lambda\\\lambda^2\end{bmatrix},$$

系数行列式为

$$|\boldsymbol{A}|=\lambda^3+2-3\lambda=(\lambda^3-\lambda)-2(\lambda-1)=(\lambda-1)^2(\lambda+2).$$

(1) 当$|\boldsymbol{A}|\neq0$ 时, 即当 $\lambda\neq1,-2$ 时,$\boldsymbol{Ax}=\boldsymbol{b}$ 有唯一解.

(2) 当 $\lambda=-2$ 时,

$$\begin{bmatrix}-2&1&1&1\\1&-2&1&-2\\1&1&-2&4\end{bmatrix}\longrightarrow\begin{bmatrix}0&-3&3&-3\\1&-2&1&-2\\0&0&0&3\end{bmatrix}.$$

由于 $\mathrm{rank}[\boldsymbol{A}\ \boldsymbol{b}]=3$，$\mathrm{rank}\boldsymbol{A}=2$，故方程组无解.

(3) 当 $\lambda=1$ 时，$\boldsymbol{Ax}=\boldsymbol{b}$ 化为一个方程 $x_1+x_2+x_3=1$，即 $x_1=1-x_2-x_3$，故

$$\begin{bmatrix} x_1 \\ x_2 \\ x_3 \end{bmatrix}=\begin{bmatrix} 1 \\ 0 \\ 0 \end{bmatrix}+k_1\begin{bmatrix} -1 \\ 1 \\ 0 \end{bmatrix}+k_2\begin{bmatrix} -1 \\ 0 \\ 1 \end{bmatrix},\quad k_1,\ k_2 \text{ 为任意实数.}$$

例 3.38 讨论线性方程组

$$\begin{bmatrix} 1 & 2 & 0 \\ 4 & 7 & 1 \\ 0 & 1 & -1 \\ 2 & 3 & a \end{bmatrix}\begin{bmatrix} x_1 \\ x_2 \\ x_3 \end{bmatrix}=\begin{bmatrix} 3 \\ 10 \\ b \\ 4 \end{bmatrix}$$

无解、有唯一解、有无穷多解的条件；在有无穷多解时，求出其通解.

解 对增广矩阵进行初等行变换

$$\begin{bmatrix} 1 & 2 & 0 & 3 \\ 4 & 7 & 1 & 10 \\ 0 & 1 & -1 & b \\ 2 & 3 & a & 4 \end{bmatrix}\to\begin{bmatrix} 1 & 2 & 0 & 3 \\ 0 & -1 & 1 & -2 \\ 0 & 1 & -1 & b \\ 0 & -1 & a & -2 \end{bmatrix}$$

$$\to\begin{bmatrix} 1 & 2 & 0 & 3 \\ 0 & 1 & -1 & 2 \\ 0 & 1 & -1 & b \\ 0 & -1 & a & -2 \end{bmatrix}\to\begin{bmatrix} 1 & 0 & 2 & -1 \\ 0 & 1 & -1 & 2 \\ 0 & 0 & 0 & b-2 \\ 0 & 0 & a-1 & 0 \end{bmatrix}.$$

(1) 当 $b\neq 2$ 时，方程组无解.

(2) 当 $b=2$，$a\neq 1$ 时，由于

$$\mathrm{rank}\boldsymbol{A}=\mathrm{rank}\begin{bmatrix} 1 & 0 & 2 \\ 0 & 1 & -1 \\ 0 & 0 & 0 \\ 0 & 0 & a-1 \end{bmatrix}=3,$$

从而方程组有唯一解.

(3) 当 $b=2$，$a=1$ 时，方程组等价于

$$\begin{cases} x_1+2x_3=-1, \\ x_2-x_3=2. \end{cases}$$

因此方程组无穷多解，一般解为

$$\begin{bmatrix} x_1 \\ x_2 \\ x_3 \end{bmatrix} = \begin{bmatrix} -1 \\ 2 \\ 0 \end{bmatrix} + k\begin{bmatrix} -2 \\ 1 \\ 1 \end{bmatrix}, \quad k \text{ 为任意实数}.$$

例 3.39 设 $\boldsymbol{A}$ 为 $m\times n$ 矩阵，$\boldsymbol{X}$ 为 $n\times k$ 矩阵，$\boldsymbol{B}$ 为 $m\times k$ 矩阵. 证明矩阵方程 $\boldsymbol{AX}=\boldsymbol{B}$ 有解的充要条件是 $\text{rank}\boldsymbol{A}=\text{rank}[\boldsymbol{A}\ \ \boldsymbol{B}]$.

证 将 $\boldsymbol{X}_{n\times k}$ 和 $\boldsymbol{B}_{m\times k}$ 按列分块为

$$\boldsymbol{X}=[\boldsymbol{X}_1\ \ \boldsymbol{X}_2\ \ \cdots\ \ \boldsymbol{X}_k],\quad \boldsymbol{B}=[\boldsymbol{B}_1\ \ \boldsymbol{B}_2\ \ \cdots\ \ \boldsymbol{B}_k],$$

由 $\boldsymbol{AX}=\boldsymbol{B}$ 得到 k 个线性方程组

$$\boldsymbol{AX}_i=\boldsymbol{B}_i\quad (i=1,2,\cdots,k),$$

它们有解的充要条件是

$$\text{rank}\boldsymbol{A}=\text{rank}[\boldsymbol{A}\ \ \boldsymbol{B}_i]\quad (i=1,2,\cdots,k).$$

这就是说 $\boldsymbol{B}$ 的每个列 $\boldsymbol{B}_i(i=1,2,\cdots,k)$ 都可以用 $\boldsymbol{A}$ 的列向量线性表示，所以上式相当于

$$\text{rank}\boldsymbol{A}=\text{rank}[\boldsymbol{A}\ \ \boldsymbol{B}_1\ \ \boldsymbol{B}_2\ \ \cdots\ \ \boldsymbol{B}_k],$$

即 $\text{rank}\boldsymbol{A}=\text{rank}[\boldsymbol{A}\ \ \boldsymbol{B}]$.

习 题 3.7

1. 求解下列齐次线性方程组

(1) $\begin{cases} x_1+x_2+2x_3-x_4=0, \\ 2x_1+x_2+x_3-x_4=0, \\ 2x_1+2x_2+x_3+2x_4=0; \end{cases}$

(2) $\begin{cases} x_1+2x_2+x_3-x_4=0, \\ 3x_1+6x_2-x_3-3x_4=0, \\ 5x_1+10x_2+x_3-5x_4=0; \end{cases}$

(3) $\begin{cases} 2x_1+3x_2-x_3+5x_4=0, \\ 3x_1+x_2+2x_3-7x_4=0, \\ 4x_1+x_2-3x_3+6x_4=0, \\ x_1-2x_2+4x_3-7x_4=0; \end{cases}$

(4) $\begin{cases} 3x_1+4x_2-5x_3+7x_4=0, \\ 2x_1-3x_2+3x_3-2x_4=0, \\ 4x_1+11x_2-13x_3+16x_4=0, \\ 7x_1-2x_2+x_3+3x_4=0. \end{cases}$

2. 求解下列非齐次线性方程组

(1) $\begin{cases} 4x_1+2x_2-x_3=2, \\ 3x_1-x_2+2x_3=10, \\ 11x_1+3x_2=8; \end{cases}$

(2) $\begin{cases} 2x+3y+z=4, \\ x-2y+4z=-5, \\ 3x+8y-2z=13, \\ 4x-y+9z=-6; \end{cases}$

(3) $\begin{cases} 2x+y-z+w=1, \\ 4x+2y-2z+w=2, \\ 2x+y-z-w=1; \end{cases}$

(4) $\begin{cases} 2x+y-z+w=1, \\ 3x-2y+z-3w=4, \\ x+4y-3z+5w=-2. \end{cases}$

3. 求解非齐次方程组

(1) $\begin{cases} x_1+x_2+x_3+x_4+x_5=a, \\ x_2+2x_3+2x_4+6x_5=b, \\ 3x_1+2x_2+x_3+x_4-3x_5=0, \\ 5x_1+4x_2+3x_3+3x_4-x_5=2; \end{cases}$　(2) $\begin{cases} x_1+x_2-2x_3+3x_4=0, \\ 2x_1+x_2-6x_3+4x_4=-1, \\ 3x_1+2x_2+px_3+7x_4=-1, \\ x_1-x_2-6x_3-x_4=t. \end{cases}$

4. 写出一个以

$$\boldsymbol{x}=c_1\begin{bmatrix}2\\-3\\1\\0\end{bmatrix}+c_2\begin{bmatrix}-2\\4\\0\\1\end{bmatrix}$$

为通解的齐次线性方程组,其中 c_1,c_2 为参数.

5. 设四阶方阵 $\boldsymbol{A}$ 的秩为 2,且 $\boldsymbol{A\eta}_i=\boldsymbol{b}(i=1,2,3,4)$,其中

$$\boldsymbol{\eta}_1+\boldsymbol{\eta}_2=\begin{bmatrix}1\\1\\0\\0\end{bmatrix},\quad \boldsymbol{\eta}_2+\boldsymbol{\eta}_3=\begin{bmatrix}1\\-1\\1\\0\end{bmatrix},\quad \boldsymbol{\eta}_3+\boldsymbol{\eta}_4=\begin{bmatrix}2\\2\\2\\2\end{bmatrix},$$

求非齐次方程组 $\boldsymbol{AX}=\boldsymbol{b}$ 的通解.

6. 设齐次线性方程组(I)为

$$\begin{cases} 2x_1+3x_2-x_3=0, \\ x_1+2x_2+x_3-x_4=0. \end{cases}$$

且已知另一齐次线性方程组(II)的一个基础解系为 $\boldsymbol{\alpha}_1=(2,-1,a+2,1)^{\mathrm{T}}$,$\boldsymbol{\alpha}_2=(-1,2,4,a+8)^{\mathrm{T}}$.

(1) 求线性方程组(I)的一个基础解系;

(2) 当 a 为何值时,线性方程组(I)与(II)有非零公共解?在有非零公共解时,求出全部非零公共解.

7. 设 $\boldsymbol{A}=\begin{bmatrix}1&1&2\\2&2&4\\3&3&6\end{bmatrix}$,求一秩为 2 的矩阵 $\boldsymbol{B}$,使 $\boldsymbol{AB}=\boldsymbol{O}$.

8. 已知四阶方阵 $\boldsymbol{A}=[\boldsymbol{\alpha}_1\ \boldsymbol{\alpha}_2\ \boldsymbol{\alpha}_3\ \boldsymbol{\alpha}_4]$,其中 $\boldsymbol{\alpha}_2,\boldsymbol{\alpha}_3,\boldsymbol{\alpha}_4$ 线性无关,$\boldsymbol{\alpha}_1=2\boldsymbol{\alpha}_2-\boldsymbol{\alpha}_3$,如果 $\boldsymbol{\beta}=\boldsymbol{\alpha}_1+\boldsymbol{\alpha}_2+\boldsymbol{\alpha}_3+\boldsymbol{\alpha}_4$,求线性方程组 $\boldsymbol{Ax}=\boldsymbol{\beta}$ 的通解.

9. 设 $\boldsymbol{A}=[a_{ij}]_{n\times n}$,$\boldsymbol{B}=\begin{bmatrix}\boldsymbol{A}&\boldsymbol{b}\\\boldsymbol{b}^{\mathrm{T}}&0\end{bmatrix}$,其中 $\boldsymbol{b}=(b_1,b_2,\cdots,b_n)^{\mathrm{T}}$,若 $\mathrm{rank}\boldsymbol{A}=\mathrm{rank}\boldsymbol{B}$,则 $\boldsymbol{Ax}=\boldsymbol{b}$ 有解.

10. 已知平面上三条不同的直线方程分别为

$$l_1:ax+2by+3c=0,\ l_2:bx+2cy+3a=0,\ l_3:cx+2ay+3b=0.$$

试证三直线交于一点的充分必要条件为 $a+b+c=0$.

11. 设矩阵 $\begin{bmatrix}a_1&b_1&c_1\\a_2&b_2&c_2\\a_3&b_3&c_3\end{bmatrix}$ 是满秩的,则直线 $\dfrac{x-a_3}{a_1-a_2}=\dfrac{y-b_3}{b_1-b_2}=\dfrac{z-c_3}{c_1-c_2}$ 与直线 $\dfrac{x-a_1}{a_2-a_3}=\dfrac{y-b_1}{b_2-b_3}$

$=\frac{z-c_1}{c_2-c_3}$

(A) 相交于一点. (B) 重合. (C) 平行但不重合. (D) 异面.

12. 已知 $\boldsymbol{\beta}_1,\boldsymbol{\beta}_2$ 是非齐次方程组 $\boldsymbol{Ax}=\boldsymbol{b}$ 的两个不同的解，$\boldsymbol{\alpha}_1,\boldsymbol{\alpha}_2$ 是其对应齐次方程组 $\boldsymbol{Ax}=\boldsymbol{0}$ 的基础解系，k_1,k_2 为任意常数，则 $\boldsymbol{Ax}=\boldsymbol{b}$ 的通解为

(A) $k_1\boldsymbol{\alpha}_1+k_2(\boldsymbol{\alpha}_1+\boldsymbol{\alpha}_2)+\frac{\boldsymbol{\beta}_1-\boldsymbol{\beta}_2}{2}$. (B) $k_1\boldsymbol{\alpha}_1+k_2(\boldsymbol{\alpha}_1-\boldsymbol{\alpha}_2)+\frac{\boldsymbol{\beta}_1+\boldsymbol{\beta}_2}{2}$.

(C) $k_1\boldsymbol{\alpha}_1+k_2(\boldsymbol{\beta}_1+\boldsymbol{\beta}_2)+\frac{\boldsymbol{\beta}_1-\boldsymbol{\beta}_2}{2}$. (D) $k_1\boldsymbol{\alpha}_1+k_2(\boldsymbol{\beta}_1-\boldsymbol{\beta}_2)+\frac{\boldsymbol{\beta}_1+\boldsymbol{\beta}_2}{2}$.

13. 非齐次线性方程组 $\boldsymbol{Ax}=\boldsymbol{b}$ 中未知量个数为 n，方程个数为 m，系数矩阵 $\boldsymbol{A}$ 的秩为 r，则

(A) $r=m$ 时，方程组 $\boldsymbol{Ax}=\boldsymbol{b}$ 有解. (B) $r=n$ 时，方程组 $\boldsymbol{Ax}=\boldsymbol{b}$ 有唯一解.

(C) $m=n$ 时，方程组 $\boldsymbol{Ax}=\boldsymbol{b}$ 有唯一解. (D) $r<n$ 时，方程组 $\boldsymbol{Ax}=\boldsymbol{b}$ 有无穷解.

14. 设 $\boldsymbol{A}$ 为 $m\times n$ 矩阵，$\boldsymbol{Ax}=\boldsymbol{0}$ 是 $\boldsymbol{Ax}=\boldsymbol{b}$ 对应的齐次线性方程组，则下列结论正确的是

(A) 若 $\boldsymbol{Ax}=\boldsymbol{0}$ 仅有零解，则 $\boldsymbol{Ax}=\boldsymbol{b}$ 有唯一解.

(B) 若 $\boldsymbol{Ax}=\boldsymbol{0}$ 有非零解，则 $\boldsymbol{Ax}=\boldsymbol{b}$ 有无穷多解.

(C) 若 $\boldsymbol{Ax}=\boldsymbol{b}$ 有无穷多解，则 $\boldsymbol{Ax}=\boldsymbol{0}$ 仅有零解.

(D) 若 $\boldsymbol{Ax}=\boldsymbol{b}$ 有无穷多解，则 $\boldsymbol{Ax}=\boldsymbol{0}$ 有非零解.

15. 设 $\boldsymbol{\alpha}_i=(a_{i1},a_{i2},\cdots,a_{in})^{\mathrm{T}}(i=1,2,\cdots,r,r<n)$ 是 n 维实向量，且 $\boldsymbol{\alpha}_1,\boldsymbol{\alpha}_2,\cdots,\boldsymbol{\alpha}_r$ 线性无关. 又已知 $\boldsymbol{\beta}=(b_1,b_2,\cdots,b_n)^{\mathrm{T}}$ 是齐次线性方程组

$$\begin{cases}a_{11}x_1+a_{12}x_2+\cdots+a_{1n}x_n=0,\\a_{21}x_1+a_{22}x_2+\cdots+a_{2n}x_n=0,\\\cdots\cdots\cdots\cdots\\a_{r1}x_1+a_{r2}x_2+\cdots+a_{rn}x_n=0\end{cases}$$

的非零解，试判断向量组 $\boldsymbol{\alpha}_1,\boldsymbol{\alpha}_2,\cdots,\boldsymbol{\alpha}_r,\boldsymbol{\beta}$ 的线性相关性.

16. 设 a,b 为非零常数，试讨论 a,b 为何值时，齐次线性方程组

$$\begin{cases}ax_1+bx_2+bx_3+\cdots+bx_n=0,\\bx_1+ax_2+bx_3+\cdots+bx_n=0,\\\cdots\cdots\cdots\cdots\\bx_1+bx_2+bx_3+\cdots+ax_n=0.\end{cases}$$

只有零解、有无穷多组解？在有无穷多解时，求全部解，并用基础解系表示全部解.

17. 设方程组 $\begin{bmatrix}a&1&1\\1&a&1\\1&1&a\end{bmatrix}\begin{bmatrix}x_1\\x_2\\x_3\end{bmatrix}=\begin{bmatrix}1\\1\\-2\end{bmatrix}$有无穷多个解，求 a.

18. 已知三阶矩阵 $\boldsymbol{B}\neq\boldsymbol{O}$，且其列向量都是方程组$\begin{cases}x_1+2x_2-2x_3=0,\\2x_1-x_2+\lambda x_3=0,\\3x_1+x_2-x_3=0\end{cases}$的解.

(1) 求 λ； (2) 证明 $|\boldsymbol{B}|=0$.

19. 设 $\boldsymbol{A}$ 为 n 阶方阵，$|\boldsymbol{A}|=0$，若 $\boldsymbol{A}$ 的某元素 a_{ij} 的代数余子式 $A_{ij}\neq0$，证明$(A_{i1},A_{i2},\cdots,$

$A_{in})^{\mathrm{T}}$ 是 $\boldsymbol{Ax}=\boldsymbol{0}$ 的基础解系.

20. 证明非齐次线性方程组 $\boldsymbol{A}^{\mathrm{T}}\boldsymbol{Ax}=\boldsymbol{A}^{\mathrm{T}}\boldsymbol{b}$ 有解.

21. 讨论三个平面 $\pi_1: a_1x+b_1y+c_1z=d_1$, $\pi_2: x_2x+b_2y+c_2z=d_2$, $\pi_3: a_3x+b_3y+c_3z=d_3$ 的位置关系并作图.

3.8　n 维欧氏空间

这一节把第 3.3 节中的内积、向量的长度和夹角等几何概念推广到向量空间 $\mathbb{R}^n$ 中.

定义 3.17　设向量 $\boldsymbol{x}=(x_1,x_2,\cdots,x_n)^{\mathrm{T}}$, $\boldsymbol{y}=(y_1,y_2,\cdots,y_n)^{\mathrm{T}}$. 令

$$\langle \boldsymbol{x},\boldsymbol{y}\rangle = x_1y_1+x_2y_2+\cdots+x_ny_n,$$

称 $\langle \boldsymbol{x},\boldsymbol{y}\rangle$ 为 $\boldsymbol{x},\boldsymbol{y}$ 的**内积**. 定义了内积的向量空间 $\mathbb{R}^n$ 称为**欧氏空间**(Euclidean space).

显然 $\langle \boldsymbol{x},\boldsymbol{y}\rangle=\boldsymbol{x}^{\mathrm{T}}\boldsymbol{y}=\boldsymbol{y}^{\mathrm{T}}\boldsymbol{x}$.

内积具有下面的性质(其中 $\boldsymbol{x},\boldsymbol{y},\boldsymbol{z}$ 为 n 维列向量, a,b 为实数):

(1) (正定性) $\langle \boldsymbol{x},\boldsymbol{x}\rangle\geqslant 0$, 且 $\langle \boldsymbol{x},\boldsymbol{x}\rangle=0\Leftrightarrow \boldsymbol{x}=\boldsymbol{0}$;

(2) (对称性) $\langle \boldsymbol{x},\boldsymbol{y}\rangle=\langle \boldsymbol{y},\boldsymbol{x}\rangle$;

(3) (线性性) $\langle a\boldsymbol{x}+b\boldsymbol{y},\boldsymbol{z}\rangle=a\langle \boldsymbol{x},\boldsymbol{z}\rangle+b\langle \boldsymbol{y},\boldsymbol{z}\rangle$.

定义 3.18　设向量 $\boldsymbol{x}=(x_1,x_2,\cdots,x_n)^{\mathrm{T}}$, 令

$$\|\boldsymbol{x}\| = \sqrt{\langle \boldsymbol{x},\boldsymbol{x}\rangle} = \sqrt{x_1^2+x_2^2+\cdots+x_n^2},$$

称 $\|\boldsymbol{x}\|$ 为 $\boldsymbol{x}$ 的**长度(或范数)**.

当 $\boldsymbol{x}\neq\boldsymbol{0}$ 时, 显然 $\dfrac{\boldsymbol{x}}{\|\boldsymbol{x}\|}$ 为**单位向量**, 称 $\dfrac{\boldsymbol{x}}{\|\boldsymbol{x}\|}$ 为 $\boldsymbol{x}$ 的**单位化**.

定理 3.13(Schwarz 不等式)　$|\langle \boldsymbol{x},\boldsymbol{y}\rangle|\leqslant\|\boldsymbol{x}\|\cdot\|\boldsymbol{y}\|$.

证　给定 $\boldsymbol{x},\boldsymbol{y}\in\mathbb{R}^n$, 若 $\boldsymbol{x}=\boldsymbol{0}$ 结论显然成立. 设 $\boldsymbol{x}\neq\boldsymbol{0}$, 考虑函数

$$f(t)=\|t\boldsymbol{x}+\boldsymbol{y}\|^2=\langle t\boldsymbol{x}+\boldsymbol{y},t\boldsymbol{x}+\boldsymbol{y}\rangle=\|\boldsymbol{x}\|^2t^2+2\langle \boldsymbol{x},\boldsymbol{y}\rangle t+\|\boldsymbol{y}\|^2\geqslant 0,$$

可见二次函数 $f(t)$ 至多只有一个实根, 所以 $4\langle \boldsymbol{x},\boldsymbol{y}\rangle^2-4\|\boldsymbol{x}\|^2\|\boldsymbol{y}\|^2\leqslant 0$. 因此

$$|\langle \boldsymbol{x},\boldsymbol{y}\rangle|\leqslant\|\boldsymbol{x}\|\|\boldsymbol{y}\|.$$

向量的长度具有下面的性质

(1) **非负性**　当 $\boldsymbol{x}\neq\boldsymbol{0}$ 时, $\|\boldsymbol{x}\|>0$, $\|\boldsymbol{x}\|=0$ 的充要条件是 $\boldsymbol{x}=\boldsymbol{0}$;

(2) **齐次性**　$\|k\boldsymbol{x}\|=|k|\|\boldsymbol{x}\|$.

(3) **三角不等式**　$\|\boldsymbol{x}+\boldsymbol{y}\|\leqslant\|\boldsymbol{x}\|+\|\boldsymbol{y}\|$.

(1)和(2)按照定义即可获得. 下面证明(3). 由于

$$\begin{aligned}\|\boldsymbol{x}+\boldsymbol{y}\|^2&=\langle \boldsymbol{x}+\boldsymbol{y},\boldsymbol{x}+\boldsymbol{y}\rangle=\|\boldsymbol{x}\|^2+\|\boldsymbol{y}\|^2+2\langle \boldsymbol{x},\boldsymbol{y}\rangle\\&\leqslant\|\boldsymbol{x}\|^2+\|\boldsymbol{y}\|^2+2\|\boldsymbol{x}\|\|\boldsymbol{y}\|=(\|\boldsymbol{x}\|+\|\boldsymbol{y}\|)^2,\end{aligned}$$

所以 $\|x+y\|\leqslant\|x\|+\|y\|$.

当 $x\neq 0, y\neq 0$ 时,可以定义向量 x,y 夹角 θ 的余弦为

$$\cos\theta=\frac{x_1y_1+x_2y_2+\cdots+x_ny_n}{\sqrt{x_1^2+x_2^2+\cdots+x_n^2}\cdot\sqrt{y_1^2+y_2^2+\cdots+y_n^2}}=\frac{x^{\mathrm{T}}y}{\|x\|\cdot\|y\|}.$$

当 $\langle x,y\rangle=0$ 时,称 x 与 y **正交**,记为 $x\perp y$. 显然,零向量与任何向量都正交.

例 3.40 在 $\mathbb{R}^4$ 中求一单位向量,使其与 $(1,1,-1,1)^{\mathrm{T}},(1,-1,-1,1)^{\mathrm{T}},(2,1,1,3)^{\mathrm{T}}$ 都正交.

解 设所求为 $\boldsymbol{\alpha}=(x_1,x_2,x_3,x_4)^{\mathrm{T}}$, 由题意

$$\begin{cases}x_1+x_2-x_3+x_4=0,\\ x_1-x_2-x_3+x_4=0,\\ 2x_1+x_2+x_3+3x_4=0,\\ x_1^2+x_2^2+x_1^2+x_4^2=1.\end{cases}$$

解得 $\boldsymbol{\alpha}=\left(-\frac{4}{\sqrt{26}},\ 0,-\frac{1}{\sqrt{26}},\ \frac{3}{\sqrt{26}}\right)^{\mathrm{T}}$ 或 $\boldsymbol{\alpha}=\left(\frac{4}{\sqrt{26}},0,\frac{1}{\sqrt{26}},-\frac{3}{\sqrt{26}}\right)^{\mathrm{T}}$.

下面讨论正交向量组及其性质.

定义 3.19 设 $\boldsymbol{\alpha}_1,\boldsymbol{\alpha}_2,\cdots,\boldsymbol{\alpha}_r\in\mathbb{R}^n$ 且不含零向量,如果 $\boldsymbol{\alpha}_1,\boldsymbol{\alpha}_2,\cdots,\boldsymbol{\alpha}_r$ 两两正交,即

$$\langle\boldsymbol{\alpha}_i,\boldsymbol{\alpha}_j\rangle=0\quad(1\leqslant i,j\leqslant r,i\neq j),$$

则称 $\boldsymbol{\alpha}_1,\boldsymbol{\alpha}_2,\cdots,\boldsymbol{\alpha}_r$ 为**正交向量组**. 如果进一步有

$$\|\boldsymbol{\alpha}_i\|=1\quad(i=1,2,\cdots,r),$$

则称 $\boldsymbol{\alpha}_1,\boldsymbol{\alpha}_2,\cdots,\boldsymbol{\alpha}_r$ 为**标准正交向量组**.

定理 3.14(正交向量组的性质) 设 $\boldsymbol{\alpha}_1,\boldsymbol{\alpha}_2,\cdots,\boldsymbol{\alpha}_r$ 为 $\mathbb{R}^n$ 中的正交向量组,则

(1)(勾股定理) $\|\boldsymbol{\alpha}_1+\boldsymbol{\alpha}_2+\cdots+\boldsymbol{\alpha}_r\|^2=\|\boldsymbol{\alpha}_1\|^2+\|\boldsymbol{\alpha}_2\|^2+\cdots+\|\boldsymbol{\alpha}_r\|^2$;

(2) $\boldsymbol{\alpha}_1,\boldsymbol{\alpha}_2,\cdots,\boldsymbol{\alpha}_r$ 线性无关.

证 (1)依照内积性质,有

$$\|\boldsymbol{\alpha}_1+\boldsymbol{\alpha}_2+\cdots+\boldsymbol{\alpha}_r\|^2=\langle\boldsymbol{\alpha}_1+\boldsymbol{\alpha}_2+\cdots+\boldsymbol{\alpha}_r,\boldsymbol{\alpha}_1+\boldsymbol{\alpha}_2+\cdots+\boldsymbol{\alpha}_r\rangle$$

$$=\sum_{j=1}^{r}\sum_{i=1}^{r}\langle\boldsymbol{\alpha}_i,\boldsymbol{\alpha}_j\rangle=\sum_{i=1}^{r}\langle\boldsymbol{\alpha}_i,\boldsymbol{\alpha}_i\rangle=\|\boldsymbol{\alpha}_1\|^2+\|\boldsymbol{\alpha}_2\|^2+\cdots+\|\boldsymbol{\alpha}_r\|^2.$$

(2) 如果有 $\lambda_1,\lambda_2,\cdots,\lambda_r$ 使得 $\sum\limits_{k=1}^{r}\lambda_k\boldsymbol{\alpha}_k=\mathbf{0}$,则任取 $1\leqslant i\leqslant r$,两边与 $\boldsymbol{\alpha}_i$ 作内积得

$$0=\langle\boldsymbol{\alpha}_i,\sum_{k=1}^{r}\lambda_k\boldsymbol{\alpha}_k\rangle=\lambda_i\|\boldsymbol{\alpha}_i\|^2.$$

由于 $\boldsymbol{\alpha}_i \neq \mathbf{0}$，所以 $\lambda_i = 0(i=1,2,\cdots,r)$. 这说明 $\boldsymbol{\alpha}_1,\boldsymbol{\alpha}_2,\cdots,\boldsymbol{\alpha}_r$ 线性无关.

定义 3.20　在$\mathbb{R}^n$ 中，若有 $\boldsymbol{\varepsilon}_1,\boldsymbol{\varepsilon}_2,\cdots,\boldsymbol{\varepsilon}_n$ 使得

$$\langle \boldsymbol{\varepsilon}_i,\boldsymbol{\varepsilon}_j \rangle = \begin{cases} 1, & i = j, \\ 0, & i \neq j, \end{cases}$$

则称 $\boldsymbol{\varepsilon}_1,\boldsymbol{\varepsilon}_2,\cdots,\boldsymbol{\varepsilon}_n$ 为$\mathbb{R}^n$ 的**标准正交基**.

例如，在$\mathbb{R}^3$ 中 $\boldsymbol{i}=(1,0,0)^{\mathrm{T}},\boldsymbol{j}=(0,1,0)^{\mathrm{T}},\boldsymbol{k}=(0,0,1)^{\mathrm{T}}$ 是标准正交基.

若实方阵 $\boldsymbol{A}$ 满足 $\boldsymbol{A}^{\mathrm{T}}\boldsymbol{A}=\boldsymbol{A}\boldsymbol{A}^{\mathrm{T}}=\boldsymbol{E}$，称 $\boldsymbol{A}$ 为**正交矩阵**.

定理 3.15　设 $\boldsymbol{\varepsilon}_1,\boldsymbol{\varepsilon}_2,\cdots,\boldsymbol{\varepsilon}_n$ 为$\mathbb{R}^n$ 的标准正交基，若记 $\boldsymbol{A}_{n\times n}=[\boldsymbol{\varepsilon}_1\ \ \boldsymbol{\varepsilon}_2\ \ \cdots\ \ \boldsymbol{\varepsilon}_n]$，则 $\boldsymbol{A}$ 是正交矩阵.

证

$$\boldsymbol{A}^{\mathrm{T}}\boldsymbol{A} = \begin{bmatrix} \boldsymbol{\varepsilon}_1^{\mathrm{T}} \\ \boldsymbol{\varepsilon}_2^{\mathrm{T}} \\ \vdots \\ \boldsymbol{\varepsilon}_n^{\mathrm{T}} \end{bmatrix} [\boldsymbol{\varepsilon}_1\ \ \boldsymbol{\varepsilon}_2\ \ \cdots\ \ \boldsymbol{\varepsilon}_n] = \begin{bmatrix} \boldsymbol{\varepsilon}_1^{\mathrm{T}}\boldsymbol{\varepsilon}_1 & \boldsymbol{\varepsilon}_1^{\mathrm{T}}\boldsymbol{\varepsilon}_2 & \cdots & \boldsymbol{\varepsilon}_1^{\mathrm{T}}\boldsymbol{\varepsilon}_n \\ \boldsymbol{\varepsilon}_2^{\mathrm{T}}\boldsymbol{\varepsilon}_1 & \boldsymbol{\varepsilon}_2^{\mathrm{T}}\boldsymbol{\varepsilon}_2 & \cdots & \boldsymbol{\varepsilon}_2^{\mathrm{T}}\boldsymbol{\varepsilon}_n \\ \vdots & \vdots & & \vdots \\ \boldsymbol{\varepsilon}_n^{\mathrm{T}}\boldsymbol{\varepsilon}_1 & \boldsymbol{\varepsilon}_n^{\mathrm{T}}\boldsymbol{\varepsilon}_2 & \cdots & \boldsymbol{\varepsilon}_n^{\mathrm{T}}\boldsymbol{\varepsilon}_n \end{bmatrix}$$

$$= \begin{bmatrix} 1 & 0 & \cdots & 0 \\ 0 & 1 & \cdots & 0 \\ \vdots & \vdots & & \vdots \\ 0 & 0 & \cdots & 1 \end{bmatrix} = \boldsymbol{E}.$$

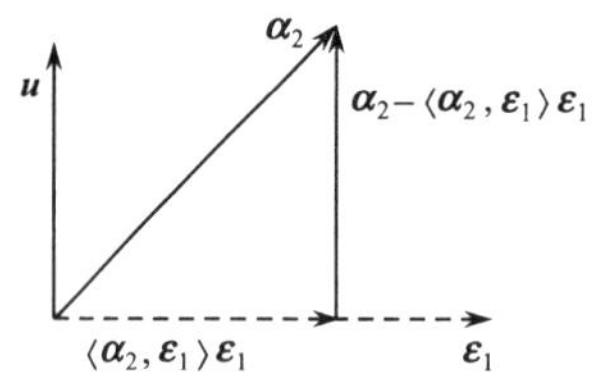

图 3-25

由上面定理的证明过程可以得到：方阵 $\boldsymbol{A}$ 为正交矩阵的充要条件是 $\boldsymbol{A}$ 的列（行）向量组为标准正交向量组.

下面介绍把一个线性无关向量组化为标准正交向量组的方法.

例 3.41　设 $\boldsymbol{\alpha}_1,\boldsymbol{\alpha}_2,\boldsymbol{\alpha}_3 \in \mathbb{R}^n$ 线性无关，从 $\boldsymbol{\alpha}_1,\boldsymbol{\alpha}_2,\boldsymbol{\alpha}_3$ 出发求三个单位正交向量，如图 3-25 所示.

解　作如下计算.

先求第一个单位向量，$\boldsymbol{\varepsilon}_1=\boldsymbol{\alpha}_1/\|\boldsymbol{\alpha}_1\|$.

再求第二个单位向量，$\boldsymbol{u}=\boldsymbol{\alpha}_2-\langle \boldsymbol{\alpha}_2,\boldsymbol{\varepsilon}_1\rangle\boldsymbol{\varepsilon}_1$，$\boldsymbol{\varepsilon}_2=\boldsymbol{u}/\|\boldsymbol{u}\|$.

最后求第三个单位向量，试取 $\boldsymbol{v}=\boldsymbol{\alpha}_3-(\lambda\boldsymbol{\varepsilon}_1+\mu\boldsymbol{\varepsilon}_2)$，希望 $\boldsymbol{v}\perp\boldsymbol{\varepsilon}_1$，$\boldsymbol{v}\perp\boldsymbol{\varepsilon}_2$，即

$$\begin{cases} \langle \boldsymbol{v},\boldsymbol{\varepsilon}_1 \rangle = 0, \\ \langle \boldsymbol{v},\boldsymbol{\varepsilon}_2 \rangle = 0. \end{cases}$$

因此

$$\begin{cases} \langle \boldsymbol{\alpha}_3 - \lambda\boldsymbol{\varepsilon}_1 - \mu\boldsymbol{\varepsilon}_2,\boldsymbol{\varepsilon}_1 \rangle = 0, \\ \langle \boldsymbol{\alpha}_3 - \lambda\boldsymbol{\varepsilon}_1 - \mu\boldsymbol{\varepsilon}_2,\boldsymbol{\varepsilon}_2 \rangle = 0. \end{cases}$$

所以取

$$\begin{cases}\lambda = \langle \boldsymbol{\alpha}_3, \boldsymbol{\varepsilon}_1 \rangle, \\ \mu = \langle \boldsymbol{\alpha}_3, \boldsymbol{\varepsilon}_2 \rangle,\end{cases}$$

即

$$\boldsymbol{v} = \boldsymbol{\alpha}_3 - (\langle \boldsymbol{\alpha}_3, \boldsymbol{\varepsilon}_1 \rangle \boldsymbol{\varepsilon}_1 + \langle \boldsymbol{\alpha}_3, \boldsymbol{\varepsilon}_2 \rangle \boldsymbol{\varepsilon}_2), \quad \boldsymbol{\varepsilon}_3 = \boldsymbol{v} / \| \boldsymbol{v} \|.$$

一般地有下面的**施密特正交化方法**(Gram-Schmidt 正交化方法).

定理 3.16(施密特正交化方法) 设 $\boldsymbol{\alpha}_1, \boldsymbol{\alpha}_2, \cdots, \boldsymbol{\alpha}_r (r \leqslant n)$ 是欧氏空间 $\mathbb{R}^n$ 中的线性无关向量组,则由如下方法:

$$\boldsymbol{\varepsilon}_1 = \boldsymbol{\alpha}_1 / \| \boldsymbol{\alpha}_1 \|,$$

$$\boldsymbol{u}_k = \boldsymbol{\alpha}_k - \sum_{i=1}^{k-1} \langle \boldsymbol{\alpha}_k, \boldsymbol{\varepsilon}_i \rangle \boldsymbol{\varepsilon}_i, \boldsymbol{\varepsilon}_k = \boldsymbol{u}_k / \| \boldsymbol{u}_k \| \quad (k = 2, \cdots, r).$$

所得的向量组 $\boldsymbol{\varepsilon}_1, \boldsymbol{\varepsilon}_2, \cdots, \boldsymbol{\varepsilon}_r$ 是标准正交向量组.

在这里应当注意如下两点

(1) 如果 $r=n$,则得到欧氏空间 $\mathbb{R}^n$ 的一组标准正交基;

(2) 如果在上述定理中,对所得向量不进行单位化,就得到一组正交向量组.

例 3.42 设 $\boldsymbol{\alpha}_1 = (1,1,1)^{\mathrm{T}}, \boldsymbol{\alpha}_2 = (1,2,1)^{\mathrm{T}}, \boldsymbol{\alpha}_3 = (0,-1,1)^{\mathrm{T}}$ 是 $\mathbb{R}^3$ 的基,用 Schmidt 正交化方法求 $\mathbb{R}^3$ 的一组标准正交基.

解

$$\boldsymbol{\varepsilon}_1 = \left(\frac{1}{\sqrt{3}}, \frac{1}{\sqrt{3}}, \frac{1}{\sqrt{3}}\right)^{\mathrm{T}},$$

$$\boldsymbol{u}_2 = \boldsymbol{\alpha}_2 - \langle \boldsymbol{\alpha}_2, \boldsymbol{\varepsilon}_1 \rangle \boldsymbol{\varepsilon}_1 = (1,2,1)^{\mathrm{T}} - \frac{4}{\sqrt{3}}\left(\frac{1}{\sqrt{3}}, \frac{1}{\sqrt{3}}, \frac{1}{\sqrt{3}}\right)^{\mathrm{T}} = \left(-\frac{1}{3}, \frac{2}{3}, -\frac{1}{3}\right)^{\mathrm{T}},$$

$$\boldsymbol{\varepsilon}_2 = \boldsymbol{u} / \| \boldsymbol{u} \| = \left(-\frac{1}{\sqrt{6}}, \frac{2}{\sqrt{6}}, -\frac{1}{\sqrt{6}}\right)^{\mathrm{T}},$$

$$\boldsymbol{u}_3 = \boldsymbol{\alpha}_3 - \langle \boldsymbol{\alpha}_3, \boldsymbol{\varepsilon}_1 \rangle \boldsymbol{\varepsilon}_1 - \langle \boldsymbol{\alpha}_3, \boldsymbol{\varepsilon}_2 \rangle \boldsymbol{\varepsilon}_2 = \left(-\frac{1}{2}, 0, \frac{1}{2}\right)^{\mathrm{T}},$$

$$\boldsymbol{\varepsilon}_3 = \boldsymbol{u} / \| \boldsymbol{u} \| = \left(-\frac{1}{\sqrt{2}}, 0, \frac{1}{\sqrt{2}}\right)^{\mathrm{T}}.$$

最后,得到 $\mathbb{R}^3$ 的标准正交基为

$$\boldsymbol{\varepsilon}_1 = \left(\frac{1}{\sqrt{3}}, \frac{1}{\sqrt{3}}, \frac{1}{\sqrt{3}}\right)^{\mathrm{T}}, \quad \boldsymbol{\varepsilon}_2 = \left(-\frac{1}{\sqrt{6}}, \frac{2}{\sqrt{6}}, -\frac{1}{\sqrt{6}}\right)^{\mathrm{T}}, \quad \boldsymbol{\varepsilon}_3 = \left(-\frac{1}{\sqrt{2}}, 0, \frac{1}{\sqrt{2}}\right)^{\mathrm{T}}.$$

* **例 3.43** 在 Mathematica 中输入

```
<<LinearAlgebra`Orthogonalization`
{w1,w2,w3} = GramSchmidt[{{3,4,2},{2,5,2},{1,2,6}}]
```

结果为

$$\left\{\left\{\frac{3}{\sqrt{29}},\frac{4}{\sqrt{29}},\frac{2}{\sqrt{29}}\right\},\left\{-\frac{32}{\sqrt{1653}},\frac{25}{\sqrt{1653}},-\frac{2}{\sqrt{1653}}\right\},\left\{-\frac{2}{\sqrt{57}},-\frac{2}{\sqrt{57}},\frac{7}{\sqrt{57}}\right\}\right\}$$

例 3.44　设 $\boldsymbol{\alpha}_1,\boldsymbol{\alpha}_2,\boldsymbol{\alpha}_3$ 为向量空间 V 的一组标准正交基,则

$$\boldsymbol{\beta}_1=\frac{1}{3}(\boldsymbol{\alpha}_1-2\boldsymbol{\alpha}_2-2\boldsymbol{\alpha}_3),\quad \boldsymbol{\beta}_2=\frac{1}{3}(2\boldsymbol{\alpha}_1-\boldsymbol{\alpha}_2+2\boldsymbol{\alpha}_3),$$

$$\boldsymbol{\beta}_3=\frac{1}{3}(2\boldsymbol{\alpha}_1+2\boldsymbol{\alpha}_2-\boldsymbol{\alpha}_3)$$

也是 V 的一组标准正交基.

证　由题意有 $\langle\boldsymbol{\alpha}_i,\boldsymbol{\alpha}_j\rangle=\begin{cases}0, & 当\ i\neq j\ 时,\\ 1, & 当\ i=j\ 时.\end{cases}$ 于是

$$\begin{aligned}\langle\boldsymbol{\beta}_1,\boldsymbol{\beta}_2\rangle&=\left\langle\frac{1}{3}(\boldsymbol{\alpha}_1-2\boldsymbol{\alpha}_2-2\boldsymbol{\alpha}_3),\frac{1}{3}(2\boldsymbol{\alpha}_1-\boldsymbol{\alpha}_2+2\boldsymbol{\alpha}_3)\right\rangle\\&=\frac{1}{9}[\langle\boldsymbol{\alpha}_1,2\boldsymbol{\alpha}_1\rangle-\langle\boldsymbol{\alpha}_1,\boldsymbol{\alpha}_2\rangle+\langle\boldsymbol{\alpha}_1,2\boldsymbol{\alpha}_3\rangle-\langle2\boldsymbol{\alpha}_2,2\boldsymbol{\alpha}_1\rangle+\langle2\boldsymbol{\alpha}_2,\boldsymbol{\alpha}_2\rangle\\&\quad-\langle2\boldsymbol{\alpha}_2,2\boldsymbol{\alpha}_3\rangle-\langle2\boldsymbol{\alpha}_3,2\boldsymbol{\alpha}_1\rangle+\langle2\boldsymbol{\alpha}_3,\boldsymbol{\alpha}_2\rangle-\langle2\boldsymbol{\alpha}_3,2\boldsymbol{\alpha}_3\rangle]\\&=\frac{1}{9}(2-0+0-0+2-0-0+0-4)=0.\end{aligned}$$

同理

$$\langle\boldsymbol{\beta}_1,\boldsymbol{\beta}_3\rangle=\langle\boldsymbol{\beta}_2,\boldsymbol{\beta}_3\rangle=0,$$

$$\langle\boldsymbol{\beta}_1,\boldsymbol{\beta}_1\rangle=\langle\boldsymbol{\beta}_2,\boldsymbol{\beta}_2\rangle=\langle\boldsymbol{\beta}_3,\boldsymbol{\beta}_3\rangle=1.$$

所以 $\boldsymbol{\beta}_1,\boldsymbol{\beta}_2,\boldsymbol{\beta}_3$ 也是 V 的一组标准正交基.

习　题　3.8

1. 设 $\boldsymbol{A},\boldsymbol{B}$ 为正交矩阵,则矩阵 $\boldsymbol{AB},\boldsymbol{A}^{-1}\boldsymbol{B}^{\mathrm{T}},\begin{bmatrix}\boldsymbol{A}&\\&\boldsymbol{B}\end{bmatrix},\frac{\sqrt{2}}{2}\begin{bmatrix}\boldsymbol{A}&\boldsymbol{A}\\-\boldsymbol{A}&\boldsymbol{A}\end{bmatrix}$ 都是正交矩阵.

2. 试用施密特法把下列向量组正交化,并用 Mathematica 软件验证

(1) $[\boldsymbol{\alpha}_1\ \ \boldsymbol{\alpha}_2\ \ \boldsymbol{\alpha}_3]=\begin{bmatrix}1&1&1\\1&2&4\\1&3&9\end{bmatrix}$;　　(2) $[\boldsymbol{\alpha}_1\ \ \boldsymbol{\alpha}_2\ \ \boldsymbol{\alpha}_3]=\begin{bmatrix}1&1&-1\\0&-1&1\\-1&0&1\\1&1&0\end{bmatrix}$.

3. 判断下列矩阵是不是正交矩阵

(1) $\begin{bmatrix}1&-\frac{1}{2}&\frac{1}{3}\\-\frac{1}{2}&1&\frac{1}{2}\\\frac{1}{3}&\frac{1}{2}&-1\end{bmatrix}$;　　(2) $\begin{bmatrix}\frac{1}{9}&-\frac{8}{9}&-\frac{4}{9}\\-\frac{8}{9}&\frac{1}{9}&-\frac{4}{9}\\-\frac{4}{9}&-\frac{4}{9}&\frac{7}{9}\end{bmatrix}$.

4. 设 $\boldsymbol{x}$ 为 n 维列向量，$\boldsymbol{x}^{\mathrm{T}}\boldsymbol{x}=1$，令 $\boldsymbol{H}=\boldsymbol{E}-2\boldsymbol{x}\boldsymbol{x}^{\mathrm{T}}$，证明 $\boldsymbol{H}$ 是对称的正交矩阵.

5. 证明，n 维列向量组 $\boldsymbol{\alpha}_1,\boldsymbol{\alpha}_2,\cdots,\boldsymbol{\alpha}_n$ 线性无关的充要条件为

$$D=\begin{vmatrix}\boldsymbol{\alpha}_1^{\mathrm{T}}\boldsymbol{\alpha}_1 & \boldsymbol{\alpha}_1^{\mathrm{T}}\boldsymbol{\alpha}_2 & \cdots & \boldsymbol{\alpha}_1^{\mathrm{T}}\boldsymbol{\alpha}_n\\ \boldsymbol{\alpha}_2^{\mathrm{T}}\boldsymbol{\alpha}_1 & \boldsymbol{\alpha}_2^{\mathrm{T}}\boldsymbol{\alpha}_2 & \cdots & \boldsymbol{\alpha}_2^{\mathrm{T}}\boldsymbol{\alpha}_n\\ \vdots & \vdots & & \vdots\\ \boldsymbol{\alpha}_n^{\mathrm{T}}\boldsymbol{\alpha}_1 & \boldsymbol{\alpha}_n^{\mathrm{T}}\boldsymbol{\alpha}_2 & \cdots & \boldsymbol{\alpha}_n^{\mathrm{T}}\boldsymbol{\alpha}_n\end{vmatrix}\neq 0.$$

6. 设 $\boldsymbol{A}=\boldsymbol{E}-\boldsymbol{\alpha}\boldsymbol{\alpha}^{\mathrm{T}}$，其中 $\boldsymbol{E}$ 是 n 阶单位矩阵，$\boldsymbol{\alpha}$ 为 n 维非零列向量，证明

(1) $\boldsymbol{A}^2=\boldsymbol{A}$ 当且仅当 $\boldsymbol{\alpha}^{\mathrm{T}}\boldsymbol{\alpha}=1$； (2) 当 $\boldsymbol{\alpha}^{\mathrm{T}}\boldsymbol{\alpha}=1$ 时，$\boldsymbol{A}$ 不是可逆矩阵.

7. 设 $\boldsymbol{\alpha}_1,\boldsymbol{\alpha}_2,\cdots,\boldsymbol{\alpha}_n$ 为向量空间 V 的一组标准正交基，而

$$[\boldsymbol{\beta}_1\quad \boldsymbol{\beta}_2\quad \cdots\quad \boldsymbol{\beta}_n]=[\boldsymbol{\alpha}_1\quad \boldsymbol{\alpha}_2\quad \cdots\quad \boldsymbol{\alpha}_n]\boldsymbol{A}_{n\times n},$$

则 $\boldsymbol{\beta}_1,\boldsymbol{\beta}_2,\cdots,\boldsymbol{\beta}_n$ 也是 V 的一组标准正交基的充分必要条件是 $\boldsymbol{A}$ 为正交矩阵.

3.9 线性空间和线性变换

线性空间是线性代数中一个最基本的概念. 这一节将向量空间的概念推广到线性空间. 同时将介绍线性变换和线性变换所对应的矩阵问题.

3.9.1 线性空间

定义 3.21 设 X 为一非空集合，$\mathbb{R}$ 为实数域. 对于 X 中任意两个元素定义了加法“+”，对于$\mathbb{R}$中的元素与 X 中的元素定义数乘“·”(算式中的“·”号可以略去)，如果满足：对于任意 $\boldsymbol{x},\boldsymbol{y},\boldsymbol{z}\in X,k,l\in\mathbb{R}$，有

(1) 交换律 $\boldsymbol{x}+\boldsymbol{y}=\boldsymbol{y}+\boldsymbol{x}$；

(2) 结合律 $(\boldsymbol{x}+\boldsymbol{y})+\boldsymbol{z}=\boldsymbol{x}+(\boldsymbol{y}+\boldsymbol{z})$；

(3) 存在零元 $\boldsymbol{0}\in X$，使对一切 $\boldsymbol{x}\in X,\boldsymbol{x}+\boldsymbol{0}=\boldsymbol{x}$；

(4) 存在负元，即对任意 $\boldsymbol{x}\in X$，存在 $\boldsymbol{y}\in X$，使得 $\boldsymbol{x}+\boldsymbol{y}=\boldsymbol{0}$；

(5) $1\boldsymbol{x}=\boldsymbol{x}$；

(6) $k(l\boldsymbol{x})=(kl)\boldsymbol{x}$；

(7) $(k+l)\boldsymbol{x}=k\boldsymbol{x}+l\boldsymbol{x}$；

(8) $k(\boldsymbol{x}+\boldsymbol{y})=k\boldsymbol{x}+k\boldsymbol{y}$.

称$(X,\mathbb{R},+,\cdot)$(在不引起混淆时简记为 X)为**线性空间**. 上述两种运算统称为**线性运算**，线性空间中的元素称为**向量**.

在线性空间中零元和负元是唯一的.

若 $\boldsymbol{\theta}$ 也是零元，则 $\boldsymbol{\theta}=\boldsymbol{\theta}+\boldsymbol{0}=\boldsymbol{0}+\boldsymbol{\theta}=\boldsymbol{0}$.

若 $\boldsymbol{y},\boldsymbol{z}\in X$ 为 $\boldsymbol{x}$ 的负元，则 $\boldsymbol{y}+\boldsymbol{x}=\boldsymbol{x}+\boldsymbol{y}=\boldsymbol{0},\boldsymbol{z}+\boldsymbol{x}=\boldsymbol{x}+\boldsymbol{z}=\boldsymbol{0}$，于是

$$\boldsymbol{y}=\boldsymbol{y}+\boldsymbol{0}=\boldsymbol{y}+(\boldsymbol{x}+\boldsymbol{z})=(\boldsymbol{y}+\boldsymbol{x})+\boldsymbol{z}=\boldsymbol{0}+\boldsymbol{z}=\boldsymbol{z}.$$

从而零元和负元是唯一的.

在线性空间中还有$(-1)\boldsymbol{x}=-\boldsymbol{x}$,因为

$$[\boldsymbol{x}+(-1)\boldsymbol{x}]+\boldsymbol{x}=[1\boldsymbol{x}+(-1)\boldsymbol{x}]+1\boldsymbol{x}=[1+(-1)+1]\boldsymbol{x}=1\boldsymbol{x}=\boldsymbol{x},$$

因而$\boldsymbol{x}+(-1)\boldsymbol{x}=\boldsymbol{0}$,亦即$(-1)\boldsymbol{x}$是$\boldsymbol{x}$的负元.

线性空间的例子很多. $\mathbb{R}^n$ 中全体向量按照向量的加法和数乘构成线性空间;$\mathbb{R}^{m\times n}$按照矩阵的加法和数乘成为线性空间.

例 3.45　用$C[a,b]$表示闭区间$[a,b]$上所有实值连续函数的集合,对任意f,$g\in C[a,b]$,$\lambda\in\mathbb{R}$,函数的加法及数与函数的乘法定义为

$$(f+g)(x)=f(x)+g(x),\qquad \forall\, x\in[a,b];$$

$$(\lambda f)(x)=\lambda f(x),\qquad \forall\, x\in[a,b].$$

则由连续函数的运算性质可知,$C[a,b]$是数域$\mathbb{R}$上的线性空间.

闭区间$[a,b]$上全体多项式的集合$P[a,b]$,以及$[a,b]$上所有次数不超过n的多项式以及0构成的集合$P_n[a,b]$,按照$C[a,b]$上的线性运算都分别成为数域$\mathbb{R}$上的线性空间. 但是次数为n的多项式集合按照$C[a,b]$上的线性运算并不构成线性空间.

3.9.2　线性子空间

从上面看到$P_n[a,b]\subset P[a,b]\subset C[a,b]$,它们都是线性空间,并且运算都是$C[a,b]$中的运算. 称$P_n[a,b]$,$P[a,b]$是$C[a,b]$的线性子空间. 一般地给出下面定义.

定义 3.22　设X是数域$\mathbb{R}$上的线性空间,Y是X的一个非空子集,如果对任意$\boldsymbol{x},\boldsymbol{y}\in Y$,$\lambda\in\mathbb{R}$,都有$\boldsymbol{x}+\boldsymbol{y}\in Y$,$\lambda\boldsymbol{x}\in Y$,则称$Y$是$X$的**线性子空间**,简称**子空间**.

易知,在线性空间X的线性运算下,X的子空间Y本身也是线性空间.

对于线性空间X,仅含零元素的集合$\{\boldsymbol{0}\}$以及X本身都是X的子空间.

例 3.46　令$U=\{\boldsymbol{A}_{n\times n}\in\mathbb{R}^{n\times n}\mid \boldsymbol{A}^{\mathrm{T}}=\boldsymbol{A}\}$,则$U$是$\mathbb{R}^{n\times n}$的子空间.

这是因为$(\boldsymbol{A}+\boldsymbol{B})^{\mathrm{T}}=\boldsymbol{A}^{\mathrm{T}}+\boldsymbol{B}^{\mathrm{T}}=\boldsymbol{A}+\boldsymbol{B}$,$(k\boldsymbol{A})^{\mathrm{T}}=k\boldsymbol{A}^{\mathrm{T}}=k\boldsymbol{A}$.

例 3.47　设V是线性空间,$\boldsymbol{\alpha}_j\in V(j=1,2,\cdots,k)$. 令$U=\left\{\sum\limits_{j=1}^{k}\lambda_j\boldsymbol{\alpha}_j\mid\lambda_j\in\mathbb{R}\right\}$,则$U$是$V$的子空间,称为$\boldsymbol{\alpha}_1,\boldsymbol{\alpha}_2,\cdots,\boldsymbol{\alpha}_k$的生成子空间,记为$U=L(\boldsymbol{\alpha}_1,\boldsymbol{\alpha}_2,\cdots,\boldsymbol{\alpha}_k)$.

这是因为

$$\sum_{j=1}^{k}\lambda_{j1}\boldsymbol{\alpha}_j+\sum_{j=1}^{k}\lambda_{j2}\boldsymbol{\alpha}_j=\sum_{j=1}^{k}(\lambda_{j1}+\lambda_{j2})\boldsymbol{\alpha}_j\in L(\boldsymbol{\alpha}_1,\boldsymbol{\alpha}_2,\cdots,\boldsymbol{\alpha}_k),$$

$$\lambda\Big(\sum_{j=1}^{k}\lambda_j\boldsymbol{\alpha}_j\Big)=\sum_{j=1}^{k}(\lambda\lambda_j)\boldsymbol{\alpha}_j\in L(\boldsymbol{\alpha}_1,\boldsymbol{\alpha}_2,\cdots,\boldsymbol{\alpha}_k).$$

例 3.48 设 V 是线性空间，U_1, U_2 是 V 的两个子空间. 令 $U=U_1\cap U_2$，则 U 是 V 的子空间.

这是因为，假设 $\boldsymbol{x},\boldsymbol{y}\in U$，$\lambda\in\mathbb{R}$，则 $\boldsymbol{x},\boldsymbol{y}\in U_1$，$\boldsymbol{x},\boldsymbol{y}\in U_2$，$\lambda\boldsymbol{x}\in U_1$，$\lambda\boldsymbol{x}\in U_2$，由于 U_1,U_2 是 V 子空间，所以 $\boldsymbol{x}+\boldsymbol{y}\in U_1$，$\boldsymbol{x}+\boldsymbol{y}\in U_2$，$\lambda\boldsymbol{x}\in U_1$，$\lambda\boldsymbol{x}\in U_2$，因此 $\boldsymbol{x}+\boldsymbol{y}\in U$，$\lambda\boldsymbol{x}\in U$.

例 3.49 设 V 是线性空间，U_1,U_2 是 V 的两个子空间. 令

$$U=U_1+U_2=\{\boldsymbol{x}_1+\boldsymbol{x}_2 \mid \boldsymbol{x}_1\in U_1,\boldsymbol{x}_2\in U_2\},$$

则 U 是 V 的子空间.

这是因为假设 $\boldsymbol{x}_1+\boldsymbol{x}_2\in U(\boldsymbol{x}_1\in U_1,\boldsymbol{x}_2\in U_2)$，$\boldsymbol{y}_1+\boldsymbol{y}_2\in U(\boldsymbol{y}_1\in U_1,\boldsymbol{y}_2\in U_2)$，则由于 U_1,U_2 都是 V 的子空间，有

$$\begin{aligned}(\boldsymbol{x}_1+\boldsymbol{x}_2)+(\boldsymbol{y}_1+\boldsymbol{y}_2)&=(\boldsymbol{x}_1+\boldsymbol{y}_1)+(\boldsymbol{x}_2+\boldsymbol{y}_2)\\&\in U\ (\boldsymbol{x}_1+\boldsymbol{y}_1\in U_1,\boldsymbol{x}_2+\boldsymbol{y}_2\in U_2).\end{aligned}$$

同理可以证明数乘是封闭的.

一般地两个子空间的并不是子空间，例如，平面上两坐标轴的并就不是子空间.

3.9.3 线性空间的基、维数和坐标

定义 3.23 设 V 为线性空间，如果存在 $\boldsymbol{u}_1,\boldsymbol{u}_2,\cdots,\boldsymbol{u}_n\in V$，满足

(1) $\boldsymbol{u}_1,\boldsymbol{u}_2,\cdots,\boldsymbol{u}_n$ 线性无关；

(2) V 中任意元素都可以表示为 $\boldsymbol{u}_1,\boldsymbol{u}_2,\cdots,\boldsymbol{u}_n$ 的线性组合.

那么，称 $\boldsymbol{u}_1,\boldsymbol{u}_2,\cdots,\boldsymbol{u}_n$ 是 V 的**基**，称 V 的**维数**是 n(或者称 V 是 n 维线性空间)，记作 $\dim V=n$.

定义 3.24 设 V 为 n 维线性空间，$\boldsymbol{u}_1,\boldsymbol{u}_2,\cdots,\boldsymbol{u}_n$ 是 V 的一组基，那么对任意的 $\boldsymbol{x}\in V$，存在唯一的一组实数 $a_1,a_2,\cdots,a_n$ 使得

$$\boldsymbol{x}=\sum_{j=1}^{n}a_j\boldsymbol{u}_j,$$

称 $\boldsymbol{\alpha}=(a_1,a_2,\cdots,a_n)^{\mathrm{T}}$ 为 $\boldsymbol{x}$ 在基 $\boldsymbol{u}_1,\boldsymbol{u}_2,\cdots,\boldsymbol{u}_n$ 下的**坐标**.

例 3.50 $\mathbb{R}^{m\times n}$是 mn 维线性空间. 用 $\boldsymbol{E}_{ij}$ 表示第 i 行第 j 列元素为 1 其余元素全为 0 的 $m\times n$ 矩阵，则 $\boldsymbol{E}_{ij}(i=1,2,\cdots,m;j=1,2,\cdots,n)$是$\mathbb{R}^{m\times n}$的基. $\dim\mathbb{R}^{m\times n}=mn$.

例 3.51 线性空间 $P_n[a,b]$，它有基

$$\boldsymbol{u}_1=1,\ \boldsymbol{u}_2=x,\cdots,\boldsymbol{u}_n=x^{n-1},\ \boldsymbol{u}_{n+1}=x^n$$

$\dim P_n[x]=n+1$. 对任意 $f=\sum\limits_{k=0}^{n}a_kx^k$，$f$ 关于这组基的坐标是$(a_0,a_1,\cdots,a_n)^{\mathrm{T}}$.

例 3.52 线性空间 $P[a,b]$，有无限基

$$\boldsymbol{u}_1=1,\ \boldsymbol{u}_2=x,\cdots,\boldsymbol{u}_n=x^{n-1},\cdots.$$

例 3.53　例 3.46 中实对称方阵空间的一组基为

$$\boldsymbol{E}_{ij}+\boldsymbol{E}_{ji}(1\leqslant i<j\leqslant n),\ \boldsymbol{E}_{ii}(i=1,2,\cdots,n),$$

其维数为 $n+(n-1)+\cdots+2+1=\dfrac{n(n+1)}{2}$.

3.9.4　基变换和坐标变换

由于线性空间有不同的基,因此必须讨论同一个向量在不同基下的坐标之间的关系.

设 n 维线性空间 V 有两组基 $\boldsymbol{u}_1,\boldsymbol{u}_2,\cdots,\boldsymbol{u}_n$ 与 $\boldsymbol{v}_1,\boldsymbol{v}_2,\cdots,\boldsymbol{v}_n$,并且

$$[\boldsymbol{v}_1\quad \boldsymbol{v}_2\quad \cdots\quad \boldsymbol{v}_n]=[\boldsymbol{u}_1\quad \boldsymbol{u}_2\quad \cdots\quad \boldsymbol{u}_n]\begin{bmatrix} c_{11} & c_{12} & \cdots & c_{1n}\\ c_{21} & c_{22} & \cdots & c_{2n}\\ \vdots & \vdots & & \vdots\\ c_{n1} & c_{n2} & \cdots & c_{nn}\end{bmatrix}=[\boldsymbol{u}_1\quad \boldsymbol{u}_2\quad \cdots\quad \boldsymbol{u}_n]\boldsymbol{C},$$

称 $\boldsymbol{C}$ 为由基 $\boldsymbol{u}_1,\boldsymbol{u}_2,\cdots,\boldsymbol{u}_n$ 到基 $\boldsymbol{v}_1,\boldsymbol{v}_2,\cdots,\boldsymbol{v}_n$ 的**过渡矩阵**. 由于两个向量组都线性无关,所以 $\boldsymbol{C}$ 可逆.

对任意 $\boldsymbol{x}\in V$,设 $\boldsymbol{x}=\sum\limits_{k=1}^{n}a_k\boldsymbol{u}_k$,$\boldsymbol{x}=\sum\limits_{k=1}^{n}b_k\boldsymbol{v}_k$ 那么

$$\boldsymbol{x}=[\boldsymbol{v}_1\quad \boldsymbol{v}_2\quad \cdots\quad \boldsymbol{v}_n]\begin{bmatrix} b_1\\ b_2\\ \vdots\\ b_n\end{bmatrix}=[\boldsymbol{u}_1\quad \boldsymbol{u}_2\quad \cdots\quad \boldsymbol{u}_n]\boldsymbol{C}\begin{bmatrix} b_1\\ b_2\\ \vdots\\ b_n\end{bmatrix}=[\boldsymbol{u}_1\quad \boldsymbol{u}_2\quad \cdots\quad \boldsymbol{u}_n]\begin{bmatrix} a_1\\ a_2\\ \vdots\\ a_n\end{bmatrix}.$$

所以 $\begin{bmatrix} a_1\\ a_2\\ \vdots\\ a_n\end{bmatrix}=\boldsymbol{C}\begin{bmatrix} b_1\\ b_2\\ \vdots\\ b_n\end{bmatrix}$,此即为坐标变换公式.

3.9.5　线性变换

定义 3.25　设 V 是线性空间,T 是 V 到 V 的一个映射(变换),即对任意 $\boldsymbol{v}\in V$,存在唯一的 $T(\boldsymbol{v})\in V$ 与之对应. 称 $T(\boldsymbol{v})$为 $\boldsymbol{v}$ 的像,而称 $\boldsymbol{v}$ 为 $T(\boldsymbol{v})$的原像. 如果对任意 $\boldsymbol{u},\boldsymbol{v}\in V$ 和 $a,b\in\mathbb{R}$,有

$$T(a\boldsymbol{u}+b\boldsymbol{v})=aT(\boldsymbol{u})+bT(\boldsymbol{v}),$$

则称 T 是 V 上的一个**线性映射(变换)**.

例 3.54 给定方阵 $\boldsymbol{A}\in\mathbb{R}^{n\times n}$，对任意 $\boldsymbol{x}\in\mathbb{R}^n$，定义 $T_A(\boldsymbol{x})=\boldsymbol{Ax}$. T_A 是$\mathbb{R}^n$ 上的线性变换，称为由方阵 $\boldsymbol{A}$ 所确定的线性变换.

例 3.55 取 $T=\dfrac{\mathrm{d}}{\mathrm{d}x}$，它是 $P_n[x]$上的线性变换.

定理 3.17 设 V 是线性空间，T 是 V 上的线性变换，则有

(1) $T(\boldsymbol{0})=\boldsymbol{0}$；

(2) $T(a_1\boldsymbol{v}_1+a_2\boldsymbol{v}_2+\cdots+a_k\boldsymbol{v}_k)=a_1T(\boldsymbol{v}_1)+a_2T(\boldsymbol{v}_2)+\cdots+a_kT(\boldsymbol{v}_k)$；

(3) 若 $\boldsymbol{v}_1,\boldsymbol{v}_2,\cdots,\boldsymbol{v}_k$ 是 V 中的线性相关向量组，则 $T(\boldsymbol{v}_1),T(\boldsymbol{v}_2),\cdots,T(\boldsymbol{v}_k)$ 也是 V 中的线性相关向量组.

证 (1) $T(\boldsymbol{0})=T(0\boldsymbol{u})=0T(\boldsymbol{u})=\boldsymbol{0}$.

(2) 显然.

(3) 假设存在不全为零的数 $a_1,a_2,\cdots,a_k\in\mathbb{R}$，使得

$$a_1\boldsymbol{v}_1+a_2\boldsymbol{v}_2+\cdots+a_k\boldsymbol{v}_k=\boldsymbol{0},$$

则由(1)有

$$T(a_1\boldsymbol{v}_1+a_2\boldsymbol{v}_2+\cdots+a_k\boldsymbol{v}_k)=\boldsymbol{0},$$

即

$$a_1T(\boldsymbol{v}_1)+a_2T(\boldsymbol{v}_2)+\cdots+a_kT(\boldsymbol{v}_k)=\boldsymbol{0},$$

因而 $T(\boldsymbol{v}_1),T(\boldsymbol{v}_2),\cdots,T(\boldsymbol{v}_k)$线性相关.

3.9.6 线性变换的矩阵表示

设 V 是线性空间，$\dim V=n$，$\boldsymbol{v}_1,\boldsymbol{v}_2,\cdots,\boldsymbol{v}_n$ 是 V 的一组基，又设 T 是 V 上的线性变换，且已知

$$T(\boldsymbol{v}_j)=a_{1j}\boldsymbol{v}_1+a_{2j}\boldsymbol{v}_2+\cdots+a_{nj}\boldsymbol{v}_n\quad(j=1,2,\cdots,n),$$

即

$$\begin{aligned}(T(\boldsymbol{v}_1),T(\boldsymbol{v}_2),\cdots,T(\boldsymbol{v}_n))&=(\boldsymbol{v}_1,\boldsymbol{v}_2,\cdots,\boldsymbol{v}_n)\begin{bmatrix}a_{11}&a_{12}&\cdots&a_{1n}\\a_{21}&a_{22}&\cdots&a_{2n}\\\vdots&\vdots&&\vdots\\a_{n1}&a_{n2}&\cdots&a_{nn}\end{bmatrix},\\&=(\boldsymbol{v}_1,\boldsymbol{v}_2,\cdots,\boldsymbol{v}_n)\boldsymbol{A}.\end{aligned}$$

上式称为线性变换 T 在基 $\boldsymbol{v}_1,\boldsymbol{v}_2,\cdots,\boldsymbol{v}_n$ 下的**矩阵表示**，$\boldsymbol{A}$ 称为线性变换 T 在基 $\boldsymbol{v}_1,\boldsymbol{v}_2,\cdots,\boldsymbol{v}_n$ 下的矩阵.

$\boldsymbol{A}$ 的第 i 列就是 $T(\boldsymbol{v}_i)$在基 $\boldsymbol{v}_1,\boldsymbol{v}_2,\cdots,\boldsymbol{v}_n$ 下的坐标. 有了这个表示，只要知道 $\boldsymbol{x}$ 在基 $\boldsymbol{v}_1,\boldsymbol{v}_2,\cdots,\boldsymbol{v}_n$ 下的坐标，就很容易得到 $T(\boldsymbol{x})$的坐标.

设

$$\boldsymbol{x}=\sigma_1\boldsymbol{v}_1+\sigma_2\boldsymbol{v}_2+\cdots+\sigma_n\boldsymbol{v}_n,$$

那么

$$\begin{aligned}T(\boldsymbol{x})&=\sigma_1T(\boldsymbol{v}_1)+\sigma_2T(\boldsymbol{v}_2)+\cdots+\sigma_nT(\boldsymbol{v}_n)\\&=(T(\boldsymbol{v}_1),T(\boldsymbol{v}_2),\cdots,T(\boldsymbol{v}_n))\begin{bmatrix}\sigma_1\\\sigma_2\\\vdots\\\sigma_n\end{bmatrix}\\&=(\boldsymbol{v}_1,\boldsymbol{v}_2,\cdots,\boldsymbol{v}_n)\boldsymbol{A}\begin{bmatrix}\sigma_1\\\sigma_2\\\vdots\\\sigma_n\end{bmatrix}.\end{aligned}$$

可见,像的坐标就是矩阵 **A** 乘原像坐标. 换句话说,只要掌握了基的像(形成一个矩阵)就掌握了整个空间的像.

例 3.56 线性空间 $P_{n-1}[x]$有基 $1,x,x^2,\cdots,x^{n-1}$. 定义 $P_{n-1}[x]$上的线性变换 T 如下

$$\text{对任意 } f\in P_{n-1}[x],\quad T(f)=\frac{\mathrm{d}}{\mathrm{d}x}f-f.$$

求 T 在基 $1,x,x^2,\cdots,x^{n-1}$下的矩阵表示.

解 按照定义有

$$\begin{aligned}&(T(1),T(x),T(x^2),\cdots,T(x^{n-1}))=(-1,1-x,2x-x^2,\cdots,(n-1)x^{n-2}-x^{n-1})\\&=(1,x,x^2,\cdots,x^{n-2},x^{n-1})\begin{bmatrix}-1&1&&&\\&-1&2&&\\&&-1&\ddots&\\&&&\ddots&n-1\\&&&&-1\end{bmatrix},\end{aligned}$$

所以,T 的矩阵为

$$\boldsymbol{A}=\begin{bmatrix}-1&1&&&\\&-1&2&&\\&&-1&\ddots&\\&&&\ddots&n-1\\&&&&-1\end{bmatrix}.$$

例 3.57 定义$\mathbb{R}^3$ 上的线性变换 T 如下

$$T\begin{bmatrix} x \\ y \\ z \end{bmatrix}=\begin{bmatrix} x+y \\ y-z \\ z-x \end{bmatrix}.$$

考察$\mathbb{R}^3$ 的两组基

$$\boldsymbol{e}_1=(1,0,0)^{\mathrm{T}},\boldsymbol{e}_2=(0,1,0)^{\mathrm{T}},\boldsymbol{e}_3=(0,0,1)^{\mathrm{T}};$$

$$\boldsymbol{v}_1=(1,-1,1)^{\mathrm{T}},\boldsymbol{v}_2=(2,1,1)^{\mathrm{T}},\boldsymbol{v}_3=(-1,3,1)^{\mathrm{T}}.$$

分别求 T 在基 $\boldsymbol{e}_1,\boldsymbol{e}_2,\boldsymbol{e}_3$ 和基 $\boldsymbol{v}_1,\boldsymbol{v}_2,\boldsymbol{v}_3$ 下的矩阵表示.

解 设 T 在基 $\boldsymbol{e}_1,\boldsymbol{e}_2,\boldsymbol{e}_3$ 下的矩阵为 $\boldsymbol{A}$,有

$$(T(\boldsymbol{e}_1),T(\boldsymbol{e}_2),T(\boldsymbol{e}_3))=(\boldsymbol{e}_1,\boldsymbol{e}_2,\boldsymbol{e}_3)\boldsymbol{A},$$

即

$$\boldsymbol{A}=\begin{bmatrix} 1 & 1 & 0 \\ 0 & 1 & -1 \\ -1 & 0 & 1 \end{bmatrix}.$$

设 T 在基 $\boldsymbol{v}_1,\boldsymbol{v}_2,\boldsymbol{v}_3$ 下的矩阵表示为 $\boldsymbol{B}$,则

$$(T(\boldsymbol{v}_1),T(\boldsymbol{v}_2),T(\boldsymbol{v}_3))=(\boldsymbol{v}_1,\boldsymbol{v}_2,\boldsymbol{v}_3)\boldsymbol{B},$$

即

$$\begin{bmatrix} 0 & 3 & 2 \\ -2 & 0 & 2 \\ 0 & -1 & 2 \end{bmatrix}=\begin{bmatrix} 1 & 2 & -1 \\ -1 & 1 & 3 \\ 1 & 1 & 1 \end{bmatrix}\boldsymbol{B}.$$

所以

$$\boldsymbol{B}=\begin{bmatrix} 1 & 2 & -1 \\ -1 & 1 & 3 \\ 1 & 1 & 1 \end{bmatrix}^{-1}\begin{bmatrix} 0 & 3 & 2 \\ -2 & 0 & 2 \\ 0 & -1 & 2 \end{bmatrix}$$

$$=\frac{1}{8}\begin{bmatrix} -2 & -3 & 7 \\ 4 & 2 & -2 \\ -2 & 1 & 3 \end{bmatrix}\begin{bmatrix} 0 & 3 & 2 \\ -2 & 0 & 2 \\ 0 & -1 & 2 \end{bmatrix}=\frac{1}{8}\begin{bmatrix} 6 & -13 & 4 \\ -4 & 14 & 8 \\ -2 & -9 & 4 \end{bmatrix}.$$

由于线性变换和矩阵的对应关系是在给定基的前提下,在上面的例题中看到同一个线性变换在不同基下有不同的矩阵形式.下面给出一般结论.

设 n 维线性空间 V 的两组基 $\boldsymbol{u}_1,\boldsymbol{u}_2,\cdots,\boldsymbol{u}_n$ 与 $\boldsymbol{v}_1,\boldsymbol{v}_2,\cdots,\boldsymbol{v}_n$ 具有关系

$$(\boldsymbol{v}_1,\boldsymbol{v}_2,\cdots,\boldsymbol{v}_n)=(\boldsymbol{u}_1,\boldsymbol{u}_2,\cdots,\boldsymbol{u}_n)\boldsymbol{C}.$$

又设 $\boldsymbol{T}$ 是 V 上的线性变换，在两组基下的矩阵分别为 $\boldsymbol{A}$ 和 $\boldsymbol{B}$，即

$$T(\boldsymbol{u}_1,\boldsymbol{u}_2,\cdots,\boldsymbol{u}_n)=(T\boldsymbol{u}_1,T\boldsymbol{u}_2,\cdots,T\boldsymbol{u}_n)=(\boldsymbol{u}_1,\boldsymbol{u}_2,\cdots,\boldsymbol{u}_n)\boldsymbol{A},$$

$$T(\boldsymbol{v}_1,\boldsymbol{v}_2,\cdots,\boldsymbol{v}_n)=(T\boldsymbol{v}_1,T\boldsymbol{v}_2,\cdots,T\boldsymbol{v}_n)=(\boldsymbol{v}_1,\boldsymbol{v}_2,\cdots,\boldsymbol{v}_n)\boldsymbol{B}.$$

那么

$$\begin{aligned}T(\boldsymbol{v}_1,\boldsymbol{v}_2,\cdots,\boldsymbol{v}_n)&=T((\boldsymbol{u}_1,\boldsymbol{u}_2,\cdots,\boldsymbol{u}_n)\boldsymbol{C})=T((\boldsymbol{u}_1,\boldsymbol{u}_2,\cdots,\boldsymbol{u}_n))\boldsymbol{C}\\&=(\boldsymbol{u}_1,\boldsymbol{u}_2,\cdots,\boldsymbol{u}_n)\boldsymbol{AC}=(\boldsymbol{v}_1,\boldsymbol{v}_2,\cdots,\boldsymbol{v}_n)\boldsymbol{C}^{-1}\boldsymbol{AC}.\end{aligned}$$

所以 $\boldsymbol{B}=\boldsymbol{C}^{-1}\boldsymbol{AC}$，从第 4 章知道这种关系表明 $\boldsymbol{B}$ 与 $\boldsymbol{A}$ 相似.

习　题　3.9

1. 验证下列所给矩阵集合对于矩阵的加法和乘数运算构成线性空间，并写出各个空间的一组基.

(1) n 阶反对称矩阵的全体；

(2) n 阶上三角矩阵的全体.

2. 说明 xOy 平面上变换 $T\begin{bmatrix}x\\y\end{bmatrix}=\boldsymbol{A}\begin{bmatrix}x\\y\end{bmatrix}$的几何意义，其中

(1) $\boldsymbol{A}=\begin{bmatrix}-1&0\\0&1\end{bmatrix}$；　(2) $\boldsymbol{A}=\begin{bmatrix}0&0\\0&1\end{bmatrix}$；　(3) $\boldsymbol{A}=\begin{bmatrix}0&1\\1&0\end{bmatrix}$；　(4) $\boldsymbol{A}=\begin{bmatrix}0&1\\-1&0\end{bmatrix}$.

3. 函数集合 $V=\{\omega=(a_2x^2+a_1x+a_0)\mathrm{e}^x\,|\,a_2,a_1,a_0\in\mathbb{R}\}$，对于函数的线性运算构成三维线性空间，在 V 中取一组基 $x^2\mathrm{e}^x,x\mathrm{e}^x,\mathrm{e}^x$. 求微分运算 D 在这组基下的矩阵.

4. 二阶对称矩阵的全体

$$V=\{\boldsymbol{A}=\begin{bmatrix}x_1&x_2\\x_2&x_3\end{bmatrix}\mid x_1,x_2,x_3\in\mathbb{R}\}.$$

对于矩阵的线性运算构成三维线性空间. 在 V 中取一组基

$$\boldsymbol{A}_1=\begin{bmatrix}1&0\\0&0\end{bmatrix},\ \boldsymbol{A}_2=\begin{bmatrix}0&1\\1&0\end{bmatrix},\quad \boldsymbol{A}_3=\begin{bmatrix}0&0\\0&1\end{bmatrix}.$$

在 V 中定义变换

$$T(\boldsymbol{A})=\begin{bmatrix}1&0\\1&1\end{bmatrix}\boldsymbol{A}\begin{bmatrix}1&1\\0&1\end{bmatrix},$$

求 T 在基 $\boldsymbol{A}_1,\boldsymbol{A}_2,\boldsymbol{A}_3$ 下的矩阵.

5. 设 $\boldsymbol{\varepsilon}_1,\boldsymbol{\varepsilon}_2,\cdots,\boldsymbol{\varepsilon}_n$ 是 n 维线性空间 V 的一组基，

(1) 证明：$\boldsymbol{\varepsilon}_1,\boldsymbol{\varepsilon}_1+\boldsymbol{\varepsilon}_2,\boldsymbol{\varepsilon}_1+\boldsymbol{\varepsilon}_2+\boldsymbol{\varepsilon}_3,\cdots,\boldsymbol{\varepsilon}_1+\boldsymbol{\varepsilon}_2+\cdots+\boldsymbol{\varepsilon}_n$ 也是 V 的一组基；

(2) 求基变换与坐标变换.

6. 在四维线性空间$\mathbb{R}^{2\times2}$中，证明

$$\begin{bmatrix}1&1\\1&1\end{bmatrix},\begin{bmatrix}1&1\\-1&-1\end{bmatrix},\begin{bmatrix}1&-1\\1&-1\end{bmatrix},\begin{bmatrix}-1&1\\1&-1\end{bmatrix}$$

是$\mathbb{R}^{2\times 2}$的一组基，并求矩阵$\boldsymbol{\alpha}=\begin{bmatrix}1 & 2\\ 3 & 4\end{bmatrix}$在这组基下的坐标.

7. 已知$\mathbb{R}^3$中线性变换T在基$\boldsymbol{\alpha}_1,\boldsymbol{\alpha}_2,\boldsymbol{\alpha}_3$的矩阵为$\begin{bmatrix}1 & 2 & -1\\ -1 & 1 & 3\\ 1 & 1 & 1\end{bmatrix}$,求$T$在基$\boldsymbol{\alpha}_3,\boldsymbol{\alpha}_2,\boldsymbol{\alpha}_1$的矩阵.

第 4 章　相似矩阵

假设 T 是 n 维线性空间 V 上的线性变换，它在第一组基下的矩阵为 $\boldsymbol{A}$，在第二组基下的矩阵为 $\boldsymbol{B}$，而从第一组基到第二组基的过渡矩阵为 $\boldsymbol{C}$，那么 $\boldsymbol{B}=\boldsymbol{C}^{-1}\boldsymbol{A}\boldsymbol{C}$. 一个自然的问题是在什么基下线性变换 T 有最简单的矩阵表示. 这就是本章要讨论的矩阵相似问题. 矩阵的相似问题在实际和理论上有着广泛的应用.

4.1　方阵的特征值与特征向量

工程技术中的一些问题，如振动问题和稳定性问题，常可归结为求一个方阵的特征值和特征向量的问题. 数学中诸如方阵的对角化及解微分方程组的问题，一般都要用到特征值的理论.

给定方阵 $\boldsymbol{A}\in\mathbb{R}^{n\times n}$，它可以看作$\mathbb{R}^n$上的一个线性变换. 一般说来，对于 $\boldsymbol{x}\in\mathbb{R}^n$，$\boldsymbol{x}$ 在线性变换下的像 $\boldsymbol{A}\boldsymbol{x}$ 不在 $\boldsymbol{x}$ 的方向上. 但是有可能有这样的向量 $\boldsymbol{\xi}$，使得 $\boldsymbol{A}\boldsymbol{\xi}$ 在 $\boldsymbol{\xi}$ 的方向上(如图 4-1 表示了二维情形).

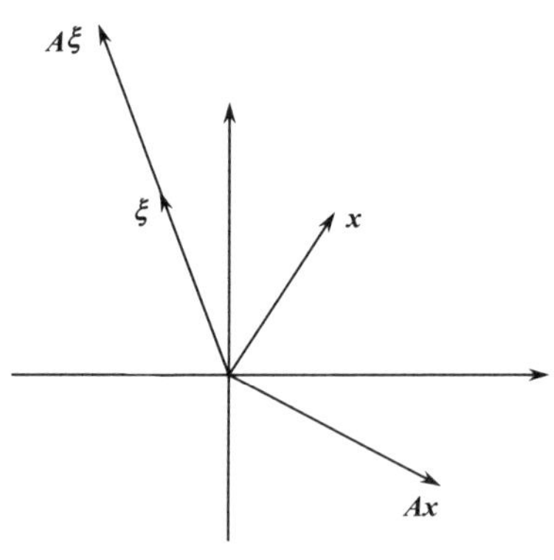

图 4-1

定义 4.1　设方阵 $\boldsymbol{A}=[a_{ij}]_{n\times n}\in\mathbb{C}^{n\times n}$，如果存在数 λ 和非零的 n 维列向量 $\boldsymbol{\xi}$，使得

$$\boldsymbol{A}\boldsymbol{\xi}=\lambda\boldsymbol{\xi},$$

则称 λ 为 $\boldsymbol{A}$ 的**特征值**，向量 $\boldsymbol{\xi}$ 为 $\boldsymbol{A}$ 的对应于 λ 的**特征向量**.

由定义易知：若 $\boldsymbol{A}$ 可逆，则 0 不是 $\boldsymbol{A}$ 的特征值.

例 4.1 设$\boldsymbol{A}=\begin{bmatrix}1&3\\2&2\end{bmatrix}$,由于

$$\begin{bmatrix}1&3\\2&2\end{bmatrix}\begin{bmatrix}1\\1\end{bmatrix}=\begin{bmatrix}4\\4\end{bmatrix}=4\begin{bmatrix}1\\1\end{bmatrix},\begin{bmatrix}1&3\\2&2\end{bmatrix}\begin{bmatrix}1\\-\frac{2}{3}\end{bmatrix}=\begin{bmatrix}-1\\\frac{2}{3}\end{bmatrix}=(-1)\begin{bmatrix}1\\-\frac{2}{3}\end{bmatrix},$$

故 4 是 $\boldsymbol{A}$ 的特征值,$(1,1)^{\mathrm{T}}$ 是其对应的一个特征向量.同样 -1 也是 $\boldsymbol{A}$ 的特征值,$(1,-2/3)^{\mathrm{T}}$ 是其对应的一个特征向量.

例 4.2 设方阵 $\boldsymbol{A}$ 满足 $\boldsymbol{A}^2=\boldsymbol{A}$,证明:如果 $\boldsymbol{A}$ 有特征值,则 $\boldsymbol{A}$ 的特征值为 0 或 1.

证 设 λ 为 $\boldsymbol{A}$ 的特征值,且 $\boldsymbol{A\xi}=\lambda\boldsymbol{\xi}$,则 $\boldsymbol{A\xi}=\boldsymbol{A}^2\boldsymbol{\xi}=\boldsymbol{A}(\boldsymbol{A\xi})=\boldsymbol{A}(\lambda\boldsymbol{\xi})=\lambda\boldsymbol{A\xi}=\lambda^2\boldsymbol{\xi}$.

因此$(\lambda^2-\lambda)\boldsymbol{\xi}=\boldsymbol{0}$.由于 $\boldsymbol{\xi}\neq\boldsymbol{0}$,故 $\lambda^2-\lambda=0$,这说明 $\lambda=0$ 或 1.

如果设 $\boldsymbol{A}_1=\begin{bmatrix}0&0\\0&0\end{bmatrix}$,$\boldsymbol{A}_2=\begin{bmatrix}1&0\\0&1\end{bmatrix}$,$\boldsymbol{A}_3=\begin{bmatrix}1&0\\0&0\end{bmatrix}$,这三个矩阵都满足 $\boldsymbol{A}^2=\boldsymbol{A}$.显然 $\boldsymbol{A}_1$ 的特征值只能是 0,$\boldsymbol{A}_2$ 的特征值只能是 1.而对于 $\boldsymbol{A}_3$ 来说,由于

$$\begin{bmatrix}1&0\\0&0\end{bmatrix}\begin{bmatrix}1\\0\end{bmatrix}=1\cdot\begin{bmatrix}1\\0\end{bmatrix};\quad\begin{bmatrix}1&0\\0&0\end{bmatrix}\begin{bmatrix}0\\1\end{bmatrix}=0\cdot\begin{bmatrix}0\\1\end{bmatrix}.$$

故 0 与 1 都是 $\boldsymbol{A}_3$ 的特征值.

例 4.3 证明

(1) 设 $\boldsymbol{A}$ 有特征值 λ,$f(t)=\sum\limits_{k=0}^{p}a_kt^k$,则 $f(\boldsymbol{A})$ 有特征值 $f(\lambda)$;

(2) 设 $\boldsymbol{A}$ 可逆且有特征值 λ,则 $\boldsymbol{A}^{-1}$有特征值$\dfrac{1}{\lambda}$;

(3) 设 $\boldsymbol{A}$ 可逆且有特征值 λ,则 $\boldsymbol{A}^*$ 有特征值$\dfrac{|\boldsymbol{A}|}{\lambda}$.

证 (1) 设 $\boldsymbol{\xi}\neq\boldsymbol{0}$ 是 $\boldsymbol{A}$ 对应于特征值 λ 的特征向量,即 $\boldsymbol{A\xi}=\lambda\boldsymbol{\xi}$.

首先证明 $\boldsymbol{A}^k$(k 为非负整数)有特征值 λ^k.因为

$$\boldsymbol{A}^0\boldsymbol{\xi}=\boldsymbol{\xi}=\lambda^0\boldsymbol{\xi},\boldsymbol{A}^1\boldsymbol{\xi}=\lambda^1\boldsymbol{\xi},\boldsymbol{A}^2\boldsymbol{\xi}=\boldsymbol{A}(\boldsymbol{A\xi})=\boldsymbol{A}(\lambda\boldsymbol{\xi})=\lambda\boldsymbol{A\xi}=\lambda^2\boldsymbol{\xi},$$

一般地若 $\boldsymbol{A}^{k-1}\boldsymbol{\xi}=\lambda^{k-1}\boldsymbol{\xi}$ 成立,则 $\boldsymbol{A}^k\boldsymbol{\xi}=\boldsymbol{A}(\boldsymbol{A}^{k-1}\boldsymbol{\xi})=\boldsymbol{A}(\lambda^{k-1}\boldsymbol{\xi})=\lambda^{k-1}\boldsymbol{A\xi}=\lambda^k\boldsymbol{\xi}$.

下面再证明一般的结论.因为

$$f(\boldsymbol{A})\boldsymbol{\xi}=\left(\sum_{k=0}^{p}a_k\boldsymbol{A}^k\right)\boldsymbol{\xi}=\sum_{k=0}^{p}a_k\boldsymbol{A}^k\boldsymbol{\xi}=\sum_{k=0}^{p}a_k\lambda^k\boldsymbol{\xi}=\left(\sum_{k=0}^{p}a_k\lambda^k\right)\boldsymbol{\xi}=f(\lambda)\boldsymbol{\xi},$$

所以 $f(\boldsymbol{A})$有特征值 $f(\lambda)$.

(2) 设 $\boldsymbol{\xi}\neq\boldsymbol{0}$ 是 $\boldsymbol{A}$ 对应于特征值 λ 的特征向量,即 $\boldsymbol{A\xi}=\lambda\boldsymbol{\xi}$.因为 $\boldsymbol{A}$ 可逆,故 $\lambda\neq0$.所以 $\boldsymbol{\xi}=\lambda\boldsymbol{A}^{-1}\boldsymbol{\xi}$,$\boldsymbol{A}^{-1}\boldsymbol{\xi}=\lambda^{-1}\boldsymbol{\xi}$.

(3) 由于 $A^*=|A|A^{-1}$，由(2)知 A^{-1} 有特征值 λ^{-1}，再由(1)得 A^* 有特征值 $\frac{|A|}{\lambda}$.

例 4.4　设 λ_0 是 A 的特征值，令 $V_{\lambda_0}=\{\xi\in\mathbb{C}^n \mid A\xi=\lambda_0\xi\}$($A$ 的对应于 λ_0 的所有特征向量与零向量构成的集合). 证明 V_{λ_0} 是 $\mathbb{C}^n$ 的线性子空间.

证　V_{λ_0} 是齐次线性方程组 $(\lambda_0 E-A)x=0$ 的解空间，因此 V_{λ_0} 是 $\mathbb{C}^n$ 的线性子空间.

称 V_{λ_0} 为 A 的对应于 λ_0 的**特征子空间**，$\dim V_{\lambda_0}$ 称为 λ_0 的**几何重数**. 由齐次线性方程组的理论有 $\dim V_{\lambda_0}=n-\operatorname{rank}(\lambda_0 E-A)$.

下面来讨论怎么求方阵的特征值和特征向量.

由 $A\xi=\lambda\xi$ 知，$(\lambda E-A)\xi=0$，这是含 n 个方程与 n 个未知量的齐次线性方程组，它有非零解的充分必要条件是其系数行列式为零，即 $|\lambda E-A|=0$. 反过来，若 λ_0 是关于 λ 的方程 $|\lambda E-A|=0$ 的根，则齐次线性方程组 $(\lambda_0 E-A)\xi=0$ 必有非零解 ξ_0，即 $A\xi_0=\lambda_0\xi_0$.

因为 $\dim V_{\lambda_0}\geqslant 1$，所以 A 的对应于特征值 λ_0 的特征向量有无穷多个.

定义 4.2　设方阵 $A=[a_{ij}]_{n\times n}$，称

$$f(\lambda)=|\lambda E-A|=\begin{vmatrix}\lambda-a_{11} & -a_{12} & \cdots & -a_{1n}\\ -a_{21} & \lambda-a_{22} & \cdots & -a_{2n}\\ \vdots & \vdots & & \vdots\\ -a_{n1} & -a_{n2} & \cdots & \lambda-a_{nn}\end{vmatrix}=\lambda^n+b_1\lambda^{n-1}+\cdots+b_{n-1}\lambda+b_n$$

为 A 的**特征多项式**. 称 $|\lambda E-A|=0$ 为 A 的**特征方程**.

特征多项式 $f(\lambda)$ 是一个 n 次多项式. 在复数范围内，特征方程 $f(\lambda)=0$ 必有 n 个根，它们就是方阵 A 的全部特征值，即 n 阶方阵 A 在复数范围内有 n 个特征值.

定理 4.1　设方阵 $A=[a_{ij}]_{n\times n}$ 的 n 个特征值为 $\lambda_1,\lambda_2,\cdots,\lambda_n$，则

(1) $\prod_{k=1}^{n}\lambda_k=|A|$；

(2) $\sum_{k=1}^{n}\lambda_k=\sum_{k=1}^{n}a_{kk}=\operatorname{tr}A$.

证　(1)当方阵 A 的 n 个特征值为 $\lambda_1,\lambda_2,\cdots,\lambda_n$ 时，A 的特征多项式可以表示为

$$|\lambda E-A|=(\lambda-\lambda_1)(\lambda-\lambda_2)\cdots(\lambda-\lambda_n)=\lambda^n-(\lambda_1+\lambda_2+\cdots+\lambda_n)\lambda^{n-1}+\cdots+(-1)^n\prod_{k=1}^{n}\lambda_k.$$

两边令 $\lambda=0$ 得 $|-\boldsymbol{A}|=(-1)^n\prod_{k=1}^{n}\lambda_k$，即 $\prod_{k=1}^{n}\lambda_k=|\boldsymbol{A}|$.

(2)因为

$$|\lambda\boldsymbol{E}-\boldsymbol{A}|=\begin{vmatrix}\lambda-a_{11} & -a_{12} & \cdots & -a_{1n}\\ -a_{21} & \lambda-a_{22} & \cdots & -a_{2n}\\ \vdots & \vdots & & \vdots\\ -a_{n1} & -a_{n2} & \cdots & \lambda-a_{nn}\end{vmatrix}.$$

在行列式的展开式中有一项 $(\lambda-a_{11})(\lambda-a_{22})\cdots(\lambda-a_{nn})$. 而 $|\lambda\boldsymbol{E}-\boldsymbol{A}|$ 的 λ^n,λ^{n-1} 只能由这一项产生(因为一旦选定了对角线上的 $n-1$ 项，则第 n 项也只能选在对角线上，换句话说，在行列式的展开式中，除这一项外，其他项都包含两个以上的非对角线元素，此时 λ 的最高次数都不超过 $n-2$). 故

$$\begin{aligned}|\lambda\boldsymbol{E}-\boldsymbol{A}|&=(\lambda-\lambda_1)(\lambda-\lambda_2)\cdots(\lambda-\lambda_n)\\&=\lambda^n-(\lambda_1+\lambda_2+\cdots+\lambda_n)\lambda^{n-1}+\cdots+(-1)^n\prod_{k=1}^{n}\lambda_k\\&=\lambda^n-(a_{11}+a_{22}+\cdots+a_{nn})\lambda^{n-1}+\cdots+(-1)^n|\boldsymbol{A}|,\end{aligned}$$

所以

$$\sum_{k=1}^{n}\lambda_k=\sum_{k=1}^{n}a_{kk}.$$

方阵 $\boldsymbol{A}=[a_{ij}]_{n\times n}$ 在复数范围内有 n 个特征值，它们可能有相同的，因此通常把特征多项式写成一次因式方幂的形式，即设特征多项式

$$f(\lambda)=(\lambda-\lambda_1)^{r_1}(\lambda-\lambda_2)^{r_2}\cdots(\lambda-\lambda_s)^{r_s},$$

其中，当 $i\neq j$ 时，有 $\lambda_i\neq\lambda_j$，且 $r_1+r_2+\cdots+r_s=n$. 称 r_i 为 λ_i 的**代数重数**.

例 4.5 设三阶方阵 $\boldsymbol{A}$ 的特征值为 $1,-1,2$，令 $\boldsymbol{B}=\boldsymbol{A}^3-5\boldsymbol{A}^2$，求 $|\boldsymbol{B}|$.

解 $\boldsymbol{B}$ 的三个特征值为 $1^3-5\cdot1^2=-4,(-1)^3-5\cdot(-1)^2=-6,2^3-5\cdot2^2=-12$，因此

$$|\boldsymbol{B}|=(-4)(-6)(-12)=-288.$$

求方阵 $\boldsymbol{A}$ 的特征值和特征向量的步骤为

(1) 由 $|\lambda\boldsymbol{E}-\boldsymbol{A}|=0$ 求出 λ，即为特征值；

(2) 把得到的特征值 λ 代入齐次线性方程组 $(\lambda\boldsymbol{E}-\boldsymbol{A})\boldsymbol{x}=\boldsymbol{0}$，求出非零解 $\boldsymbol{x}$，即为所求特征向量.

对于每一个特征值 λ_0，求出 $(\lambda_0\boldsymbol{E}-\boldsymbol{A})\boldsymbol{x}=\boldsymbol{0}$ 的一个基础解系 $\boldsymbol{\eta}_1,\boldsymbol{\eta}_2,\cdots,\boldsymbol{\eta}_{n-r}$，其中 r 为矩阵 $\lambda_0\boldsymbol{E}-\boldsymbol{A}$ 的秩，这个基础解系就是特征子空间 V_{λ_0} 的一组基，$\boldsymbol{A}$ 的属于 λ_0 的全部特征向量为 $k_1\boldsymbol{\eta}_1+\cdots+k_{n-r}\boldsymbol{\eta}_{n-r}$，其中 $k_1,k_2,\cdots,k_{n-r}$ 是不全为零的任意

常数.

例 4.6　求矩阵 $\boldsymbol{A}=\begin{bmatrix}-2 & 1 & 1\\ 0 & 2 & 0\\ -4 & 1 & 3\end{bmatrix}$的特征值和特征向量.

解　$|\lambda\boldsymbol{E}-\boldsymbol{A}|=\begin{vmatrix}\lambda+2 & -1 & -1\\ 0 & \lambda-2 & 0\\ 4 & -1 & \lambda-3\end{vmatrix}=(\lambda+1)(\lambda-2)^2.$

所以 $\boldsymbol{A}$ 的特征值为 $\lambda_1=-1,\lambda_2=\lambda_3=2$.

当 $\lambda_1=-1$ 时,解方程$(-\boldsymbol{E}-\boldsymbol{A})\boldsymbol{x}=\boldsymbol{0}$. 对系数矩阵作初等行变换

$$-\boldsymbol{E}-\boldsymbol{A}=\begin{bmatrix}1 & -1 & -1\\ 0 & -3 & 0\\ 4 & -1 & -4\end{bmatrix}\to\begin{bmatrix}1 & -1 & -1\\ 0 & 1 & 0\\ 0 & 3 & 0\end{bmatrix}\to\begin{bmatrix}1 & 0 & -1\\ 0 & 1 & 0\\ 0 & 0 & 0\end{bmatrix},$$

解得基础解系为 $\boldsymbol{p}_1=(1,0,1)^{\mathrm{T}}$. 因此 $\lambda_1=-1$ 的全部特征向量是 $k\boldsymbol{p}_1(k\neq 0)$,特征子空间 $V_{-1}=\{k\boldsymbol{p}_1|k\in\mathbb{C}\}$. 于是特征值 $\lambda_1=-1$ 的代数重数和几何重数都是 1.

当 $\lambda_2=\lambda_3=2$ 时, 解方程$(2\boldsymbol{E}-\boldsymbol{A})\boldsymbol{x}=\boldsymbol{0}$. 由于

$$2\boldsymbol{E}-\boldsymbol{A}=\begin{bmatrix}4 & -1 & -1\\ 0 & 0 & 0\\ 4 & -1 & -1\end{bmatrix}\to\begin{bmatrix}4 & -1 & -1\\ 0 & 0 & 0\\ 0 & 0 & 0\end{bmatrix},$$

解得基础解系为 $\boldsymbol{p}_2=(1,4,0)^{\mathrm{T}},\boldsymbol{p}_3=(1,0,4)^{\mathrm{T}}$. 因此 $\lambda_2=\lambda_3=2$ 的全部特征向量是 $k_1\boldsymbol{p}_2+k_2\boldsymbol{p}_3(k_1,k_2$ 不同时为零), 特征子空间 $V_2=\{k_1\boldsymbol{p}_2+k_2\boldsymbol{p}_3\,|\,k_1,k_2\in\mathbb{C}\}$. $\lambda_2=2$的代数重数和几何重数都是 2.

在例 4.6 中,由于行列式 $\det[p_1\ p_2\ p_3]=12$,这就求出了 $\boldsymbol{A}$ 的三个线性无关的特征向量.

例 4.7　求$\boldsymbol{A}=\begin{bmatrix}2 & -1 & 2\\ 1 & 0 & 1\\ 0 & 0 & 2\end{bmatrix}$的特征值和特征向量.

解　$|\lambda\boldsymbol{E}-\boldsymbol{A}|=\begin{vmatrix}\lambda-2 & 1 & -2\\ -1 & \lambda & -1\\ 0 & 0 & \lambda-2\end{vmatrix}=(\lambda-2)(\lambda-1)^2,$

所以 $\boldsymbol{A}$ 的特征值为 $\lambda_1=2,\lambda_2=\lambda_3=1$.

当 $\lambda_1=2$ 时,解方程$(2\boldsymbol{E}-\boldsymbol{A})\boldsymbol{x}=\boldsymbol{0}$. 由于

$$2\boldsymbol{E}-\boldsymbol{A}=\begin{bmatrix}0 & 1 & -2\\ -1 & 2 & -1\\ 0 & 0 & 0\end{bmatrix}\to\begin{bmatrix}0 & 1 & -2\\ -1 & 0 & 3\\ 0 & 0 & 0\end{bmatrix},$$

解得基础解系为 $\boldsymbol{\xi}_1=(3,2,1)^{\mathrm{T}}$. 故对应于 $\lambda_1=2$ 的全部特征向量是 $k\boldsymbol{\xi}_1(k\neq 0)$，特征子空间 $V_2=\{k\boldsymbol{\xi}_1 \mid k\in\mathbb{C}\}$，这时特征值 $\lambda_1=2$ 的代数重数和几何重数都是 1.

当 $\lambda_2=\lambda_3=1$ 时，解方程 $(\boldsymbol{E}-\boldsymbol{A})\boldsymbol{x}=\boldsymbol{0}$. 由于

$$\boldsymbol{E}-\boldsymbol{A}=\begin{bmatrix}-1 & 1 & -2\\ -1 & 1 & -1\\ 0 & 0 & -1\end{bmatrix}\to\begin{bmatrix}1 & -1 & 2\\ 0 & 0 & 1\\ 0 & 0 & -1\end{bmatrix}\to\begin{bmatrix}1 & -1 & 2\\ 0 & 0 & 1\\ 0 & 0 & 0\end{bmatrix},$$

解得基础解系 $\boldsymbol{\xi}_2=(1,1,0)^{\mathrm{T}}$. 故对应于 $\lambda_2=\lambda_3=1$ 的特征向量是 $k\boldsymbol{\xi}_2(k\neq 0)$，特征子空间 $V_1=\{k\boldsymbol{\xi}_2 \mid k\in\mathbb{C}\}$，这时特征值 $\lambda_2=\lambda_3=1$ 的代数重数是 2，而几何重数是 1.

在例 4.7 中，对所给三阶方阵 $\boldsymbol{A}$ 只求到了两个线性无关的特征向量.

*例 4.8　在 Mathematica 中输入

```
Eigenvalues[{{-2,1,1},{0,2,0},{-4,1,3}}]
Eigenvectors[{{-2,1,1},{0,2,0},{-4,1,3}}]
```

计算结果为

```
{2,2,-1}
{{1,0,4},{1,4,0},{1,0,1}}
```

在 Mathematica 中输入

```
Eigenvalues[{{2,-1,2},{1,0,1},{0,0,2}}]
Eigenvectors[{{2,-1,2},{1,0,1},{0,0,2}}]
```

计算结果为

```
{2,1,1}
{{3,2,1},{1,1,0},{0,0,0}}
```

在例 4.6 和例 4.7 中看到两种不同情况. 一般地假设 $\boldsymbol{A}$ 的相异特征值为 λ_1，$\lambda_2,\cdots,\lambda_s$，那么 $\boldsymbol{A}$ 究竟能有多少个线性无关的特征向量？这个回答可以分为两部分，一是从局部看：代数重数和几何重数的关系？二是从整体看：所有相异特征值对应的线性无关特征向量组拼在一起能否线性无关？

定理 4.2　设 n 阶方阵 $\boldsymbol{A}$ 的全部相异特征值为 $\lambda_1,\lambda_2,\cdots,\lambda_s$，相应的代数重数为 $t_1,t_2,\cdots,t_s\left(\sum\limits_{k=1}^{s}t_k=n\right)$，即 $|\lambda\boldsymbol{E}-\boldsymbol{A}|=(\lambda-\lambda_1)^{t_1}(\lambda-\lambda_2)^{t_2}\cdots(\lambda-\lambda_s)^{t_s}$. 那么 $\dim V_{\lambda_k}\leqslant t_k$（几何重数不大于代数重数）.

*证　就 λ_1 来证明，设 $\dim V_{\lambda_1}=m$，并且 $\boldsymbol{\xi}_1,\boldsymbol{\xi}_2,\cdots,\boldsymbol{\xi}_m$ 是特征子空间 V_{λ_1} 的一组基，把它扩充为整个 n 维向量空间的一组基 $\boldsymbol{\xi}_1,\boldsymbol{\xi}_2,\cdots,\boldsymbol{\xi}_m,\boldsymbol{\eta}_{m+1},\boldsymbol{\eta}_{m+2},\cdots,\boldsymbol{\eta}_n$，并且设

$$\boldsymbol{A}\boldsymbol{\xi}_i=\lambda_1\boldsymbol{\xi}_i(1\leqslant i\leqslant m),\quad \boldsymbol{A}\boldsymbol{\eta}_j=\sum_{i=1}^{m}b_{ij}\boldsymbol{\xi}_i+\sum_{k=m+1}^{n}b_{kj}\boldsymbol{\eta}_k(m+1\leqslant j\leqslant n),$$

把上面的式子写成分块矩阵的乘积形式得

$$\boldsymbol{A}[\boldsymbol{\xi}_1\ \boldsymbol{\xi}_2\ \cdots\ \boldsymbol{\xi}_m\ \boldsymbol{\eta}_{m+1}\ \boldsymbol{\eta}_{m+2}\ \cdots\ \boldsymbol{\eta}_n]$$

$$=[\boldsymbol{\xi}_1\ \boldsymbol{\xi}_2\ \cdots\ \boldsymbol{\xi}_m\ \boldsymbol{\eta}_{m+1}\ \boldsymbol{\eta}_{m+2}\ \cdots\ \boldsymbol{\eta}_n]\begin{bmatrix} \lambda_1 & & & & b_{1,m+1} & \cdots & b_{1n} \\ & \lambda_1 & & & b_{2,m+1} & \cdots & b_{2n} \\ & & \ddots & & \vdots & & \vdots \\ & & & \lambda_1 & b_{m,m+1} & \cdots & b_{mn} \\ & & & & b_{m+1,m+1} & \cdots & b_{m+1,n} \\ & & & & \vdots & & \vdots \\ & & & & b_{n,m+1} & \cdots & b_{nn} \end{bmatrix}.$$

令

$$\boldsymbol{P}=[\boldsymbol{\xi}_1\ \boldsymbol{\xi}_2\ \cdots\ \boldsymbol{\xi}_m\ \boldsymbol{\eta}_{m+1}\ \boldsymbol{\eta}_{m+2}\ \cdots\ \boldsymbol{\eta}_n],$$

$$\boldsymbol{B}=\begin{bmatrix} \lambda_1 & & & & b_{1,m+1} & \cdots & b_{1n} \\ & \lambda_1 & & & b_{2,m+1} & \cdots & b_{2n} \\ & & \ddots & & \vdots & & \vdots \\ & & & \lambda_1 & b_{m,m+1} & \cdots & b_{mn} \\ & & & & b_{m+1,m+1} & \cdots & b_{m+1,n} \\ & & & & \vdots & & \vdots \\ & & & & b_{n,m+1} & \cdots & b_{nn} \end{bmatrix}=\begin{bmatrix} \lambda_1\boldsymbol{E} & \boldsymbol{B}_1 \\ \boldsymbol{O} & \boldsymbol{B}_2 \end{bmatrix}.$$

则 $\boldsymbol{AP}=\boldsymbol{PB}$，$\boldsymbol{A}=\boldsymbol{PBP}^{-1}$，$|\lambda\boldsymbol{E}-\boldsymbol{A}|=|\lambda\boldsymbol{E}-\boldsymbol{PBP}^{-1}|=|\boldsymbol{P}|\,|\lambda\boldsymbol{E}-\boldsymbol{B}|\,|\boldsymbol{P}^{-1}|=|\lambda\boldsymbol{E}-\boldsymbol{B}|$. 而

$$|\lambda\boldsymbol{E}-\boldsymbol{B}|=\begin{vmatrix} (\lambda-\lambda_1)\boldsymbol{E} & -\boldsymbol{B}_1 \\ \boldsymbol{O} & \lambda\boldsymbol{E}-\boldsymbol{B}_2 \end{vmatrix}$$
$$=(\lambda-\lambda_1)^m\,|\lambda\boldsymbol{E}-\boldsymbol{B}_2|.$$

可见$(\lambda-\lambda_1)^m$是特征多项式$f(\lambda)$的因子，因此几何重数不大于代数重数.

定理 4.3　设 $\lambda_1,\lambda_2,\cdots,\lambda_s$ 是方阵 $\boldsymbol{A}$ 的相异特征值，$\boldsymbol{\xi}_i(i=1,2,\cdots,s)$是对应于 λ_i 的特征向量，那么 $\boldsymbol{\xi}_1,\boldsymbol{\xi}_2,\cdots,\boldsymbol{\xi}_s$ 线性无关.

证一　对 s 用归纳法.

当 $s=2$ 时，证明 $\boldsymbol{\xi}_1,\boldsymbol{\xi}_2$ 线性无关.

假设

$$a\boldsymbol{\xi}_1+b\boldsymbol{\xi}_2=\boldsymbol{0},\tag{4.1}$$

则用 $\boldsymbol{A}$ 左乘两边，得

$$A(a\xi_1 + b\xi_2) = 0,$$

即

$$a\lambda_1\xi_1 + b\lambda_2\xi_2 = 0. \tag{4.2}$$

式(4.1)乘 λ_1 再与式(4.2)相减，得 $b(\lambda_1-\lambda_2)\xi_2=0$.

因为 $\xi_2\neq 0,\lambda_1\neq\lambda_2$，所以 $b=0$. 同理可证，$a=0$. 从而 ξ_1,ξ_2 线性无关.

假设命题对 $s-1$ 成立，下证命题对 s 成立. 设

$$a_1\xi_1 + a_2\xi_2 + \cdots + a_s\xi_s = 0, \tag{4.3}$$

则用 A 左乘两边，得

$$A(a_1\xi_1 + a_2\xi_2 + \cdots + a_s\xi_s) = 0.$$

即

$$a_1\lambda_1\xi_1 + a_2\lambda_2\xi_2 + \cdots + a_s\lambda_s\xi_s = 0. \tag{4.4}$$

式(4.3)乘 λ_1 再与式(4.4)相减，得

$$a_2(\lambda_1-\lambda_2)\xi_2 + a_3(\lambda_1-\lambda_3)\xi_3 + \cdots + a_s(\lambda_1-\lambda_s)\xi_s = 0.$$

由归纳法假设知

$$a_2(\lambda_1-\lambda_2) = 0, a_3(\lambda_1-\lambda_3) = 0, \cdots, a_s(\lambda_1-\lambda_s) = 0.$$

因为 $\lambda_1\neq\lambda_i(i=2,\cdots,s)$，所以 $a_2=0,a_3=0,\cdots,a_s=0$.

把 $a_2=0,a_3=0,\cdots,a_s=0$ 代入式(4.3)，得 $a_1=0$.

证二 设有常数 $x_1,x_2,\cdots,x_s$ 使 $x_1\xi_1+x_2\xi_2+\cdots+x_s\xi_s=0$. 则

$$A(x_1\xi_1 + x_2\xi_2 + \cdots + x_s\xi_s) = \lambda_1x_1\xi_1 + \lambda_2x_2\xi_2 + \cdots + \lambda_sx_s\xi_s = 0,$$

类推之，有

$$\lambda_1^k x_1\xi_1 + \lambda_2^k x_2\xi_2 + \cdots + \lambda_s^k x_s\xi_s = 0 \quad (k = 1,2,\cdots,s-1).$$

把上列各式合写成矩阵形式，得

$$[x_1\xi_1 \ x_2\xi_2 \ \cdots \ x_s\xi_s]\begin{bmatrix} 1 & \lambda_1 & \cdots & \lambda_1^{s-1} \\ 1 & \lambda_2 & \cdots & \lambda_2^{s-1} \\ \vdots & \vdots & & \vdots \\ 1 & \lambda_s & \cdots & \lambda_s^{s-1} \end{bmatrix} = [0 \ 0 \ \cdots \ 0].$$

当 λ_i 互不相等时，上式等号左端第二个矩阵的行列式不为零，从而该矩阵可逆. 于是有 $[x_1\xi_1 \ x_2\xi_2 \cdots \ x_s\xi_s]=[0 \ 0 \ \cdots \ 0]$，即 $x_i\xi_i=0(i=1,2,\cdots,s)$. 但 $\xi_i\neq 0$，故 $x_i=0$. 所以向量组 $\xi_1,\xi_2,\cdots,\xi_s$ 线性无关.

定理 4.4 设 $\lambda_1,\lambda_2,\cdots,\lambda_s$ 是方阵 A 的相异特征值，λ_k 对应的线性无关特征向量组为

$$\Phi_k = \{\xi_1^{(k)},\xi_2^{(k)},\cdots,\xi_{r_k}^{(k)}\} \quad (k = 1,2,\cdots,s),$$

则 $\Phi_1 \cup \Phi_2 \cup \cdots \cup \Phi_s$ 线性无关.

*证　假设有

$$\sum_{t=1}^{r_1} a_t^{(1)} \boldsymbol{\xi}_t^{(1)} + \sum_{t=1}^{r_2} a_t^{(2)} \boldsymbol{\xi}_t^{(2)} + \cdots + \sum_{t=1}^{r_s} a_t^{(s)} \boldsymbol{\xi}_t^{(s)} = \mathbf{0}.$$

记

$$\boldsymbol{X}_k = \sum_{t=1}^{r_k} a_t^{(k)} \boldsymbol{\xi}_t^{(k)} \quad (k = 1,2,\cdots,s),$$

则

$$\boldsymbol{X}_1 + \boldsymbol{X}_2 + \cdots + \boldsymbol{X}_s = \mathbf{0}.$$

下证 $\boldsymbol{X}_k = \mathbf{0}(k=1,2,\cdots,s)$. 假设 $\boldsymbol{X}_1, \boldsymbol{X}_2, \cdots, \boldsymbol{X}_s$ 中不为 $\mathbf{0}$ 的为 $\boldsymbol{X}_{p_1}, \boldsymbol{X}_{p_2}, \cdots, \boldsymbol{X}_{p_i}$. 注意到 $\boldsymbol{A}\boldsymbol{X}_k = \lambda_k \boldsymbol{X}_k$，则 $\boldsymbol{X}_{p_1}, \boldsymbol{X}_{p_2}, \cdots, \boldsymbol{X}_{p_i}$ 是对应于 $\lambda_{p_1}, \lambda_{p_2}, \cdots, \lambda_{p_i}$ 的特征向量. 那么由定理 4.3 有 $\boldsymbol{X}_{p_1}, \boldsymbol{X}_{p_2}, \cdots, \boldsymbol{X}_{p_i}$ 线性无关，这与 $\boldsymbol{X}_{p_1} + \boldsymbol{X}_{p_2} + \cdots + \boldsymbol{X}_{p_i} = \mathbf{0}$ 矛盾. 所以只能有

$$\boldsymbol{X}_k = \sum_{t=1}^{r_k} a_t^{(k)} \boldsymbol{\xi}_t^{(k)} = \mathbf{0} \quad (k = 1,2,\cdots,s),$$

再因为 $\boldsymbol{\xi}_1^{(k)}, \boldsymbol{\xi}_2^{(k)}, \cdots, \boldsymbol{\xi}_{r_k}^{(k)}$ 线性无关，所以

$$a_1^{(k)} = a_2^{(k)} = \cdots = a_{r_k}^{(k)} = 0 \quad (k = 1,2,\cdots,s).$$

这就证明了 $\Phi_1 \cup \Phi_2 \cup \cdots \cup \Phi_s$ 线性无关.

习　题　4.1

1. 求下列矩阵的特征值和特征向量，并用 Mathematica 验证.

(1) $\begin{bmatrix} 3 & -1 \\ -1 & 3 \end{bmatrix}$；　(2) $\begin{bmatrix} 2 & -1 & 2 \\ 5 & -3 & 3 \\ -1 & 0 & -2 \end{bmatrix}$；　(3) $\begin{bmatrix} 1 & 2 & 3 \\ 2 & 1 & 3 \\ 3 & 3 & 6 \end{bmatrix}$.

2. 设 $\boldsymbol{A}$ 为 n 阶方阵，证明 $\boldsymbol{A}^{\mathrm{T}}$ 与 $\boldsymbol{A}$ 的特征值相同.

3. 设 n 阶方阵满足 $\boldsymbol{A}^2 - 3\boldsymbol{A} + 2\boldsymbol{E} = \boldsymbol{O}$，证明 $\boldsymbol{A}$ 的特征值只能是 1 或 2.

4. 已知三阶方阵 $\boldsymbol{A}$ 的特征值为 $1,2,-3$，求 $|\boldsymbol{A}^* + 3\boldsymbol{A} + 2\boldsymbol{E}|$.

5. 设四阶复方阵 $\boldsymbol{A}$ 满足 $|\boldsymbol{A} + 3\boldsymbol{E}| = 0$，$\boldsymbol{A}\boldsymbol{A}^{\mathrm{T}} = 2\boldsymbol{E}$，$|\boldsymbol{A}| > 0$，求 $\boldsymbol{A}^*$ 的一个特征值.

6. 已知 $\boldsymbol{A} = \begin{bmatrix} 2 & 1 & 1 \\ 1 & 2 & 1 \\ 1 & 1 & 2 \end{bmatrix}$，$\boldsymbol{\alpha} = (1,k,1)^{\mathrm{T}}$ 是 $\boldsymbol{A}^{-1}$ 的特征向量，求 k.

7. 设 λ_1, λ_2 是 n 阶方阵 $\boldsymbol{A}$ 的特征值，$\lambda_1 \neq \lambda_2$，x_1, x_2 分别为 $\boldsymbol{A}$ 的属于 λ_1, λ_2 的特征向量，证明 $x_1 + x_2$ 不是 $\boldsymbol{A}$ 的特征向量.

8. 设矩阵 $\boldsymbol{A} = \begin{bmatrix} a & -1 & c \\ 5 & b & 3 \\ 1-c & 0 & -a \end{bmatrix}$，其行列式 $\det\boldsymbol{A} = -1$，又 $\boldsymbol{A}$ 的伴随矩阵 $\boldsymbol{A}^*$ 有一个特征值

λ_0,属于 λ_0 的一个特征向量为 $\boldsymbol{\alpha}=(-1,-1,1)^{\mathrm{T}}$,求 a,b,c 和 λ_0.

9. 设可逆矩阵 $\boldsymbol{A}$ 的每行元素之和为常数 a,证明

(1) $a\neq 0$; (2)$\boldsymbol{A}^{-1}$ 的每行元素之和为 $1/a$;

(3) a 是 $\boldsymbol{A}$ 的一个特征值,并求其相应的一个特征向量.

10. 设 $\boldsymbol{A}$ 为 n 阶方阵,试证对所有绝对值充分小的数 $\varepsilon(\varepsilon\neq 0)$ 恒有 $|\boldsymbol{A}+\varepsilon\boldsymbol{E}|\neq 0$(提示:$\varepsilon$ 充分小时,$-\varepsilon$ 不是 $\boldsymbol{A}$ 的特征值).

4.2 方阵相似对角化

定义 4.3 设方阵 $\boldsymbol{A},\boldsymbol{B}\in\mathbb{C}^{n\times n}$,若有可逆矩阵 $\boldsymbol{P}\in\mathbb{C}^{n\times n}$,使得 $\boldsymbol{P}^{-1}\boldsymbol{A}\boldsymbol{P}=\boldsymbol{B}$,则称 $\boldsymbol{A}$ 与 $\boldsymbol{B}$ **相似**,或 $\boldsymbol{A}$ **相似于** $\boldsymbol{B}$,记为 $\boldsymbol{A}\sim\boldsymbol{B}$. 可逆矩阵 $\boldsymbol{P}$ 称为**相似变换矩阵**.

相似关系是一种**等价关系**,即它具有下面三个性质:

(1) 自反性:对任意的 $\boldsymbol{A}\in\mathbb{C}^{n\times n}$,$\boldsymbol{A}\sim\boldsymbol{A}$;

(2) 对称性:若 $\boldsymbol{A}\sim\boldsymbol{B}$,则 $\boldsymbol{B}\sim\boldsymbol{A}$;

(3) 传递性:若 $\boldsymbol{A}\sim\boldsymbol{B}$,$\boldsymbol{B}\sim\boldsymbol{C}$,则 $\boldsymbol{A}\sim\boldsymbol{C}$.

定理 4.5 若 $\boldsymbol{A}\sim\boldsymbol{B}$,则

(1) $\mathrm{rank}\boldsymbol{A}=\mathrm{rank}\boldsymbol{B}$;

(2) $\det\boldsymbol{A}=\det\boldsymbol{B}$;

(3) $\boldsymbol{A}$ 与 $\boldsymbol{B}$ 的特征多项式相同,因此 $\boldsymbol{A}$ 与 $\boldsymbol{B}$ 有相同的特征值;

(4) $\boldsymbol{A}$ 与 $\boldsymbol{B}$ 的迹相等.

证 只证(3). 因为有 $\boldsymbol{P}$ 使得 $\boldsymbol{P}^{-1}\boldsymbol{A}\boldsymbol{P}=\boldsymbol{B}$,所以

$$|\lambda\boldsymbol{E}-\boldsymbol{A}|=|\boldsymbol{P}||\lambda\boldsymbol{E}-\boldsymbol{A}||\boldsymbol{P}^{-1}|=|\lambda\boldsymbol{E}-\boldsymbol{P}^{-1}\boldsymbol{A}\boldsymbol{P}|=|\lambda\boldsymbol{E}-\boldsymbol{B}|.$$

要注意的是特征多项式相同,并不能说明两矩阵相似. 如

$$\boldsymbol{A}=\begin{bmatrix}0&0\\0&0\end{bmatrix},\quad \boldsymbol{B}=\begin{bmatrix}0&1\\0&0\end{bmatrix},$$

它们的特征多项式都是 λ^2. 若有可逆矩阵 $\boldsymbol{P}$,使得 $\boldsymbol{P}^{-1}\boldsymbol{A}\boldsymbol{P}=\boldsymbol{B}$,则 $\boldsymbol{A}=\boldsymbol{B}=\boldsymbol{O}$. 矛盾.

矩阵相似的主要问题是找可逆矩阵 $\boldsymbol{P}$,使 $\boldsymbol{P}^{-1}\boldsymbol{A}\boldsymbol{P}$ 尽量简单. 所谓矩阵 $\boldsymbol{A}$ 能相似于对角矩阵,是指存在可逆矩阵 $\boldsymbol{P}$,使得 $\boldsymbol{P}^{-1}\boldsymbol{A}\boldsymbol{P}=\mathrm{diag}(\lambda_1,\lambda_2,\cdots,\lambda_n)$.

由 $\boldsymbol{P}^{-1}\boldsymbol{A}\boldsymbol{P}=\mathrm{diag}(\lambda_1,\lambda_2,\cdots,\lambda_n)$,有 $\boldsymbol{A}\boldsymbol{P}=\boldsymbol{P}\mathrm{diag}(\lambda_1,\lambda_2,\cdots,\lambda_n)$. 把 $\boldsymbol{P}$ 写成列分块,$\boldsymbol{P}=[\boldsymbol{\xi}_1\ \boldsymbol{\xi}_2\cdots\ \boldsymbol{\xi}_n]$,则上式可化为

$$[\boldsymbol{A}\boldsymbol{\xi}_1\ \boldsymbol{A}\boldsymbol{\xi}_2\ \cdots\ \boldsymbol{A}\boldsymbol{\xi}_n]=[\lambda_1\boldsymbol{\xi}_1\ \lambda_2\boldsymbol{\xi}_2\ \cdots\ \lambda_n\boldsymbol{\xi}_n],$$

即

$$\boldsymbol{A}\boldsymbol{\xi}_k=\lambda_k\boldsymbol{\xi}_k\quad(k=1,2,\cdots,n).$$

由于 $\boldsymbol{P}$ 可逆,从而 $\boldsymbol{A}$ 有 n 个线性无关特征向量 $\boldsymbol{\xi}_1,\boldsymbol{\xi}_2,\cdots,\boldsymbol{\xi}_n$.

反之，若 $\boldsymbol{A}$ 有 n 个线性无关特征向量 $\boldsymbol{\xi}_1,\boldsymbol{\xi}_2,\cdots,\boldsymbol{\xi}_n$，记 $\boldsymbol{P}=[\boldsymbol{\xi}_1\ \boldsymbol{\xi}_2\cdots\ \boldsymbol{\xi}_n]$，则 $\boldsymbol{P}$ 可逆. 将 n 个式子 $\boldsymbol{A}\boldsymbol{\xi}_k=\lambda_k\boldsymbol{\xi}_k(k=1,2,\cdots,n)$ 写成矩阵形式为

$$\boldsymbol{AP}=\boldsymbol{P}\begin{bmatrix}\lambda_1 & & & \\ & \lambda_2 & & \\ & & \ddots & \\ & & & \lambda_n\end{bmatrix}.$$

因此 $\boldsymbol{P}^{-1}\boldsymbol{AP}=\mathrm{diag}(\lambda_1,\lambda_2,\cdots,\lambda_n)$，故 $\boldsymbol{A}$ 能相似于对角矩阵.

定理 4.6 $\boldsymbol{A}$ 相似于对角矩阵当且仅当 $\boldsymbol{A}$ 有 n 个线性无关的特征向量(相似变换矩阵的 n 个列就是特征向量，对角矩阵的对角线上元素就是特征值).

推论 1 $\boldsymbol{A}$ 相似于对角矩阵当且仅当 $\boldsymbol{A}$ 的每个特征值的代数重数与几何重数相等.

推论 2 如果 $\boldsymbol{A}$ 有 n 个相异的特征值，则 $\boldsymbol{A}$ 相似于对角矩阵.

例 4.6 中讨论的 $\boldsymbol{A}$ 可以对角化. 相似变换矩阵为

$$\boldsymbol{P}=\begin{bmatrix}1 & 1 & 1\\ 0 & 4 & 0\\ 1 & 0 & 4\end{bmatrix},$$

且

$$\boldsymbol{P}^{-1}\boldsymbol{AP}=\mathrm{diag}(-1,2,2).$$

值得注意的是相似变换矩阵是不唯一的，这是因为基础解系不唯一.

例 4.7 中讨论的 $\boldsymbol{A}$ 不可对角化.

例 4.9 (1) 设矩阵 $\boldsymbol{A}=\begin{bmatrix}1 & -2 & -4\\ -2 & x & -2\\ -4 & -2 & 1\end{bmatrix}$ 与 $\boldsymbol{B}=\begin{bmatrix}5 & & \\ & -4 & \\ & & y\end{bmatrix}$ 相似，求 x,y.

(2) 已知 $\boldsymbol{A}=\begin{bmatrix}-2 & 0 & 0\\ 2 & x & 2\\ 3 & 1 & 1\end{bmatrix}$ 与 $\boldsymbol{B}=\begin{bmatrix}-1 & & \\ & 2 & \\ & & y\end{bmatrix}$ 相似，求 x,y 及满足 $\boldsymbol{P}^{-1}\boldsymbol{AP}=\boldsymbol{B}$ 的可逆矩阵 $\boldsymbol{P}$.

解 (1) 由 $\boldsymbol{A}$ 与 $\boldsymbol{B}$ 相似得：$\mathrm{tr}(\boldsymbol{A})=\mathrm{tr}(\boldsymbol{B})$，$|\boldsymbol{A}|=|\boldsymbol{B}|$. 即

$$\begin{cases}x+2=y+1,\\ -40-15x=-20y.\end{cases}$$

解得

$$x=4,y=5.$$

(2) $\boldsymbol{A}$ 与 $\boldsymbol{B}$ 相似，则 $|\lambda\boldsymbol{E}-\boldsymbol{A}|=|\lambda\boldsymbol{E}-\boldsymbol{B}|$，即

$$(\lambda+2)[\lambda^2-(x+1)\lambda+(x-2)]=(\lambda+1)(\lambda-2)(\lambda-y).$$

令 $\lambda=0$ 得 $2(x-2)=2y$，即 $y=x-2$. 令 $\lambda=1$ 得 $y=-2$，从而 $x=0$. 因此 $\boldsymbol{A}$ 的特征值为 $-1,2,-2$. 相应的特征向量分别为 $\boldsymbol{\xi}_1=(0,2,-1)^{\mathrm{T}}$，$\boldsymbol{\xi}_2=(0,1,1)^{\mathrm{T}}$，$\boldsymbol{\xi}_3=(1,0,-1)^{\mathrm{T}}$. 令

$$\boldsymbol{P}=[\boldsymbol{\xi}_1\ \boldsymbol{\xi}_2\ \boldsymbol{\xi}_3],\quad 则\ \boldsymbol{P}^{-1}\boldsymbol{A}\boldsymbol{P}=\boldsymbol{B}.$$

例 4.10 设三阶方阵 $\boldsymbol{A}$ 的三个特征值为 $\lambda_1=1,\lambda_2=3,\lambda_3=4$，对应的特征向量分别是

$$\boldsymbol{\xi}_1=(1,1,0)^{\mathrm{T}},\boldsymbol{\xi}_2=(-1,0,1)^{\mathrm{T}},\boldsymbol{\xi}_3=(1,1,2)^{\mathrm{T}},$$

求 $\boldsymbol{A},\boldsymbol{A}^{-1}$.

解 作矩阵 $\boldsymbol{P}=[\boldsymbol{\xi}_1\ \boldsymbol{\xi}_2\ \boldsymbol{\xi}_3]=\begin{bmatrix}1&-1&1\\1&0&1\\0&1&2\end{bmatrix}$，$\boldsymbol{P}$ 是非奇异的. 因此

$$\boldsymbol{P}^{-1}\boldsymbol{A}\boldsymbol{P}=\begin{bmatrix}1&&\\&3&\\&&4\end{bmatrix},\quad \boldsymbol{A}=\boldsymbol{P}\begin{bmatrix}1&&\\&3&\\&&4\end{bmatrix}\boldsymbol{P}^{-1},\quad \boldsymbol{A}^{-1}=\boldsymbol{P}\begin{bmatrix}1&&\\&1/3&\\&&1/4\end{bmatrix}\boldsymbol{P}^{-1}.$$

求得 $\boldsymbol{P}^{-1}$ 为

$$\boldsymbol{P}^{-1}=\begin{bmatrix}-1/2&3/2&-1/2\\-1&1&0\\1/2&-1/2&1/2\end{bmatrix}.$$

最后可算出

$$\boldsymbol{A}=\frac{1}{2}\begin{bmatrix}9&-7&3\\3&-1&3\\2&-2&8\end{bmatrix},\quad \boldsymbol{A}^{-1}=\frac{1}{24}\begin{bmatrix}-1&25&-9\\-9&33&-9\\-2&2&6\end{bmatrix}.$$

尽管相似变换矩阵是不唯一的，但是反过来求的 $\boldsymbol{A}$ 是唯一的(为什么?).

例 4.11 某试验性生产线每年一月份进行熟练工与非熟练工的人数统计，然后将 1/6 熟练工支援其他生产部门，其缺额由招收新的非熟练工补齐，新、老非熟练工经过培训及实践至年终考核有 2/5 成为熟练工，设第 n 年一月份统计的熟练工和非熟练工所占百分比分别为 x_n 和 y_n，记成向量 $\begin{bmatrix}x_n\\y_n\end{bmatrix}$.

(1) 求 $\begin{bmatrix}x_{n+1}\\y_{n+1}\end{bmatrix}$ 与 $\begin{bmatrix}x_n\\y_n\end{bmatrix}$ 的关系式并写成矩阵形式：$\begin{bmatrix}x_{n+1}\\y_{n+1}\end{bmatrix}=\boldsymbol{A}\begin{bmatrix}x_n\\y_n\end{bmatrix}$；

(2) 验证 $\boldsymbol{\eta}_1=\begin{bmatrix}4\\1\end{bmatrix}$ 和 $\boldsymbol{\eta}_2=\begin{bmatrix}-1\\1\end{bmatrix}$ 是 $\boldsymbol{A}$ 的两个线性无关特征向量，并求出相应

特征值；

(3) 当$\begin{bmatrix} x_1 \\ y_1 \end{bmatrix}=\begin{bmatrix} \frac{1}{2} \\ \frac{1}{2} \end{bmatrix}$时，求$\begin{bmatrix} x_{n+1} \\ y_{n+1} \end{bmatrix}$.

解 (1) $\begin{cases} x_{n+1}=\frac{5}{6}x_n+\frac{2}{5}\left(\frac{1}{6}x_n+y_n\right), \\ y_{n+1}=\frac{3}{5}\left(\frac{1}{6}x_n+y_n\right), \end{cases}$化简得

$$\begin{cases} x_{n+1}=\frac{9}{10}x_n+\frac{2}{5}y_n, \\ y_{n+1}=\frac{1}{10}x_n+\frac{3}{5}y_n. \end{cases}$$

即

$$\begin{bmatrix} x_{n+1} \\ y_{n+1} \end{bmatrix}=\begin{bmatrix} \frac{9}{10} & \frac{2}{5} \\ \frac{1}{10} & \frac{3}{5} \end{bmatrix}\begin{bmatrix} x_n \\ y_n \end{bmatrix}.$$

于是

$$\boldsymbol{A}=\begin{bmatrix} \frac{9}{10} & \frac{2}{5} \\ \frac{1}{10} & \frac{3}{5} \end{bmatrix}.$$

(2) 令 $\boldsymbol{P}=[\boldsymbol{\eta}_1\ \boldsymbol{\eta}_2]=\begin{bmatrix} 4 & -1 \\ 1 & 1 \end{bmatrix}$，则由于 $\det\boldsymbol{P}=5$，$\boldsymbol{\eta}_1$，$\boldsymbol{\eta}_2$ 线性无关.

因为 $\boldsymbol{A}\boldsymbol{\eta}_1=\boldsymbol{\eta}_1$，故 $\boldsymbol{\eta}_1$ 为 $\boldsymbol{A}$ 的特征向量，且相应特征值是 $\lambda_1=1$.

因为 $\boldsymbol{A}\boldsymbol{\eta}_2=\frac{1}{2}\boldsymbol{\eta}_2$，故 $\boldsymbol{\eta}_2$ 为 $\boldsymbol{A}$ 的特征向量，且相应特征值是 $\lambda_2=\frac{1}{2}$.

(3) $\begin{bmatrix} x_{n+1} \\ y_{n+1} \end{bmatrix}=\boldsymbol{A}\begin{bmatrix} x_n \\ y_n \end{bmatrix}=\boldsymbol{A}^2\begin{bmatrix} x_{n-1} \\ y_{n-1} \end{bmatrix}=\cdots=\boldsymbol{A}^n\begin{bmatrix} x_1 \\ y_1 \end{bmatrix}=\boldsymbol{A}^n\begin{bmatrix} \frac{1}{2} \\ \frac{1}{2} \end{bmatrix}$，由 $\boldsymbol{P}^{-1}\boldsymbol{A}\boldsymbol{P}=\begin{bmatrix} \lambda_1 & \\ & \lambda_2 \end{bmatrix}$，得 $\boldsymbol{A}=\boldsymbol{P}\begin{bmatrix} \lambda_1 & \\ & \lambda_2 \end{bmatrix}\boldsymbol{P}^{-1}$. 于是

$$\boldsymbol{A}^n=\boldsymbol{P}\begin{bmatrix} \lambda_1 & \\ & \lambda_2 \end{bmatrix}^n\boldsymbol{P}^{-1}=\boldsymbol{P}\begin{bmatrix} \lambda_1^n & \\ & \lambda_2^n \end{bmatrix}\boldsymbol{P}^{-1}.$$

又 $\boldsymbol{P}^{-1}=\frac{1}{5}\begin{bmatrix}1 & 1\\ -1 & 4\end{bmatrix}$,故

$$\boldsymbol{A}^n=\frac{1}{5}\begin{bmatrix}4 & -1\\ 1 & 1\end{bmatrix}\begin{bmatrix}1 & \\ & \frac{1}{2^n}\end{bmatrix}\begin{bmatrix}1 & 1\\ -1 & 4\end{bmatrix}=\frac{1}{5}\begin{bmatrix}4+\frac{1}{2^n} & 4-\frac{1}{2^{n-2}}\\ 1-\frac{1}{2^n} & 1+\frac{1}{2^{n-2}}\end{bmatrix}.$$

因此$\begin{bmatrix}x_{n+1}\\ y_{n+1}\end{bmatrix}=\frac{1}{10}\begin{bmatrix}8-\frac{3}{2^n}\\ 2+\frac{3}{2^n}\end{bmatrix}$.

在这个例题中,当 $n\to\infty$ 时,$\begin{bmatrix}x_n\\ y_n\end{bmatrix}\to\begin{bmatrix}\frac{4}{5}\\ \frac{1}{5}\end{bmatrix}$,这也是一种极限稳定状态.

如果一个方阵可以对角化,这个例题给出了求其方幂的典型方法.

* **例 4.12** 解微分方程组$\begin{cases}\dot{x}_1=4x_1+x_3,\\ \dot{x}_2=2x_1+3x_2+2x_3,\\ \dot{x}_3=x_1+4x_3,\end{cases}$其中 $x_i=x_i(t)$,$\dot{x}_i=\frac{\mathrm{d}x_i(t)}{\mathrm{d}t}$.

解 该常系数线性微分方程组可用矩阵运算表示为

$$\begin{bmatrix}\dot{x}_1\\ \dot{x}_2\\ \dot{x}_3\end{bmatrix}=\begin{bmatrix}4 & 0 & 1\\ 2 & 3 & 2\\ 1 & 0 & 4\end{bmatrix}\begin{bmatrix}x_1\\ x_2\\ x_3\end{bmatrix}.$$

方阵 $\boldsymbol{A}=\begin{bmatrix}4 & 0 & 1\\ 2 & 3 & 2\\ 1 & 0 & 4\end{bmatrix}$的特征值为 5,3,3,对应的特征向量分别为

$$(1,2,1)^{\mathrm{T}},(1,0,-1)^{\mathrm{T}},(0,1,0)^{\mathrm{T}}.$$

故

$$\begin{bmatrix}4 & 0 & 1\\ 2 & 3 & 2\\ 1 & 0 & 4\end{bmatrix}=\begin{bmatrix}1 & 1 & 0\\ 2 & 0 & 1\\ 1 & -1 & 0\end{bmatrix}\begin{bmatrix}5 & & \\ & 3 & \\ & & 3\end{bmatrix}\begin{bmatrix}1 & 1 & 0\\ 2 & 0 & 1\\ 1 & -1 & 0\end{bmatrix}^{-1}.$$

原方程组化为

$$\begin{bmatrix}1 & 1 & 0\\ 2 & 0 & 1\\ 1 & -1 & 0\end{bmatrix}^{-1}\begin{bmatrix}\dot{x}_1\\ \dot{x}_2\\ \dot{x}_3\end{bmatrix}=\begin{bmatrix}5 & & \\ & 3 & \\ & & 3\end{bmatrix}\begin{bmatrix}1 & 1 & 0\\ 2 & 0 & 1\\ 1 & -1 & 0\end{bmatrix}^{-1}\begin{bmatrix}x_1\\ x_2\\ x_3\end{bmatrix}.$$

令

$$\begin{bmatrix} z_1 \\ z_2 \\ z_3 \end{bmatrix} = \begin{bmatrix} 1 & 1 & 0 \\ 2 & 0 & 1 \\ 1 & -1 & 0 \end{bmatrix}^{-1} \begin{bmatrix} x_1 \\ x_2 \\ x_3 \end{bmatrix}.$$

原方程组再化为

$$\begin{bmatrix} \dot{z}_1 \\ \dot{z}_2 \\ \dot{z}_3 \end{bmatrix} = \begin{bmatrix} 5 & & \\ & 3 & \\ & & 3 \end{bmatrix} \begin{bmatrix} z_1 \\ z_2 \\ z_3 \end{bmatrix},$$

即 $\dot{z}_1 = 5z_1, \dot{z}_2 = 3z_2, \dot{z}_3 = 3z_3$. 求得 $z_1 = c_1 e^{5t}, z_2 = c_2 e^{3t}, z_3 = c_3 e^{3t}$.

用矩阵表示为

$$\begin{bmatrix} z_1 \\ z_2 \\ z_3 \end{bmatrix} = \begin{bmatrix} e^{5t} & & \\ & e^{3t} & \\ & & e^{3t} \end{bmatrix} \begin{bmatrix} c_1 \\ c_2 \\ c_3 \end{bmatrix}.$$

因此

$$\begin{bmatrix} x_1 \\ x_2 \\ x_3 \end{bmatrix} = \begin{bmatrix} 1 & 1 & 0 \\ 2 & 0 & 1 \\ 1 & -1 & 0 \end{bmatrix} \begin{bmatrix} z_1 \\ z_2 \\ z_3 \end{bmatrix} = \begin{bmatrix} 1 & 1 & 0 \\ 2 & 0 & 1 \\ 1 & -1 & 0 \end{bmatrix} \begin{bmatrix} e^{5t} & & \\ & e^{3t} & \\ & & e^{3t} \end{bmatrix} \begin{bmatrix} c_1 \\ c_2 \\ c_3 \end{bmatrix} = \begin{bmatrix} c_1 e^{5t} + c_2 e^{3t} \\ 2c_1 e^{5t} + c_3 e^{3t} \\ c_1 e^{5t} - c_2 e^{3t} \end{bmatrix}.$$

***例 4.13**　令 F_i 是在时刻 i 某地区狐狸的数目，C_i 是同一地区鸡的数目. 假设在没有狐狸骚扰的情况下，鸡的出生率高于死亡率，使得 $C_{i+1} = 1.2C_i$. 而在没有鸡供狐狸食用的情况下，狐狸的死亡率超过出生率，使得 $F_{i+1} = 0.6F_i$. 实际情况狐狸总是要抓鸡的. 因而，鸡的数目对狐狸群体是有影响的. 假定对 $i = 1, 2, \cdots$，有 $F_i = 0.6F_{i-1} + 0.5C_{i-1}$. 另一方面，由于狐狸的侵袭，鸡的群体必有损耗，假定狐狸对鸡的捕杀率为 k，于是 $C_i = 1.2C_{i-1} - kF_{i-1}$.

令 $\boldsymbol{x}_i = \begin{bmatrix} F_i \\ C_i \end{bmatrix}, \boldsymbol{A} = \begin{bmatrix} 0.6 & 0.5 \\ -k & 1.2 \end{bmatrix}$，从而 $\boldsymbol{x}_i = \boldsymbol{A}\boldsymbol{x}_{i-1} = \boldsymbol{A}^i \boldsymbol{x}_0 \ (i = 1, 2, \cdots)$. 设 $\boldsymbol{x}_0 = \begin{bmatrix} F_0 \\ C_0 \end{bmatrix}$为开始观察时狐狸和鸡的数目. 假定 $F_0 = 100, C_0 = 1000$. 考察 $k = 0.1$ 的情形.

$\boldsymbol{A} = \begin{bmatrix} 0.6 & 0.5 \\ -0.1 & 1.2 \end{bmatrix}, \lambda_1 = 1.1, \lambda_2 = 0.7$，$\boldsymbol{A}$ 可以对角化，令 $\boldsymbol{P} = \begin{bmatrix} 1 & 5 \\ 1 & 1 \end{bmatrix}$，有

$$P^{-1}AP=\begin{bmatrix}1.1 & 0\\ 0 & 0.7\end{bmatrix}.$$

故 $x_i=\begin{bmatrix}F_i\\ C_i\end{bmatrix}=A^ix_0=P\begin{bmatrix}1.1 & 0\\ 0 & 0.7\end{bmatrix}^iP^{-1}x_0=P\begin{bmatrix}1.1^i & 0\\ 0 & 0.7^i\end{bmatrix}P^{-1}x_0$. 有$x_i\approx$ $\begin{bmatrix}1 & 5\\ 1 & 1\end{bmatrix}\begin{bmatrix}1.1^i & 0\\ 0 & 0\end{bmatrix}\begin{bmatrix}1 & 5\\ 1 & 1\end{bmatrix}^{-1}\begin{bmatrix}100\\ 1000\end{bmatrix}$($i$ 比较大),$x_i\approx\dfrac{1.1^i}{4}\begin{bmatrix}4900\\ 4900\end{bmatrix}$.

可以发现当 $k=0.1$ 时,到一定时候狐狸和鸡的数目是均衡的.这可以用软件验证.在 Mathematica 中输入

```
n = 95;
A = {{3/5,1/2},{ - 1/10,6/5}};
a = Transpose[{{100,1000}}];
For[i = 1,i<n + 1,Print[IntegerPart[MatrixPower[A,i].a]];i + + ];
```

Mathematica 最后六行输出的结果是:

```
{{9064},{9065}} {{9971},{9971}} {{10968},{10968}} {{12065},{12065}}
{{13272},{13272}} {{14599},{14599}}
```

考察 $k=0.18$ 的情形.此时矩阵 A 不可对角化.下面用软件进行试验.
在 Mathematica 中输入

```
n = 104;
A = {{3/5,1/2},{ - 9/50,6/5}};
a = Transpose[{{100,1000}}];
For[i = 1,i<n + 1,Print[IntegerPart[MatrixPower[A,i].a]];i + + ];
```

Mathematica 最后七行将输出

```
{{1},{1}} {{1},{0}} {{1},{0}} {{1},{0}} {{1},{0}} {{1},{0}} {{0},{0}}
```

从上面两个输出结果可以看出,若狐狸对鸡的捕杀率足够低($k=0.1$),鸡的群体将无限发展,这使得狐狸的群体也无限发展;而捕杀率较大($k=0.18$),鸡将被消灭,那么狐狸也将自行消灭.

并不是所有的方阵都可以对角化,但是实对称矩阵一定可以对角化.下面考虑用正交变换将实对称矩阵对角化的问题.

定理 4.7 设 $\boldsymbol{A}$ 为实对称矩阵,则有

(1) $\boldsymbol{A}$ 的特征值为实数;

(2) $\boldsymbol{A}$ 的对应于不同特征值的特征向量是正交的.

证 (1)设 λ 是 $\boldsymbol{A}$ 的一个特征值,$\boldsymbol{\xi}\neq\boldsymbol{0}$ 是其对应的特征向量,即 $\boldsymbol{A\xi}=\lambda\boldsymbol{\xi}$.
两边取共轭(对一个向量取共轭就是对每个分量取共轭)转置

$$\overline{\boldsymbol{\xi}}^{\mathrm{T}}\,\overline{\boldsymbol{A}}^{\mathrm{T}}=\overline{\lambda}\,\overline{\boldsymbol{\xi}}^{\mathrm{T}}.$$

再两边右乘 ξ 得$\bar{\xi}^{\mathrm{T}}A\xi=\bar{\lambda}\bar{\xi}^{\mathrm{T}}\xi$,即 $\lambda\bar{\xi}^{\mathrm{T}}\xi=\bar{\lambda}\bar{\xi}^{\mathrm{T}}\xi$,$(\lambda-\bar{\lambda})\bar{\xi}^{\mathrm{T}}\xi=\mathbf{0}$.

设 $\xi=(a_1,a_2,\cdots,a_n)^{\mathrm{T}}\neq\mathbf{0}$,则$\bar{\xi}^{\mathrm{T}}\xi=|a_1|^2+|a_2|^2+\cdots+|a_n|^2\neq 0$,所以 $\lambda=\bar{\lambda}$.

(2) 设 $A\xi_1=\lambda_1\xi_1$,$A\xi_2=\lambda_2\xi_2$,且 $\lambda_1\neq\lambda_2$.由此可得

$$\xi_2^{\mathrm{T}}A\xi_1=\lambda_1\xi_2^{\mathrm{T}}\xi_1,\quad \xi_1^{\mathrm{T}}A\xi_2=\lambda_2\xi_1^{\mathrm{T}}\xi_2.$$

注意到 $\xi_2^{\mathrm{T}}A\xi_1$ 以及 A 对称,可得

$$\xi_2^{\mathrm{T}}A\xi_1=(\xi_2^{\mathrm{T}}A\xi_1)^{\mathrm{T}}=\xi_1^{\mathrm{T}}A^{\mathrm{T}}(\xi_2^{\mathrm{T}})^{\mathrm{T}}=\xi_1^{\mathrm{T}}A\xi_2.$$

再注意到 $\xi_2^{\mathrm{T}}\xi_1$ 是一个数,可得

$$\xi_2^{\mathrm{T}}\xi_1=(\xi_2^{\mathrm{T}}\xi_1)^{\mathrm{T}}=\xi_1^{\mathrm{T}}(\xi_2^{\mathrm{T}})^{\mathrm{T}}=\xi_1^{\mathrm{T}}\xi_2.$$

结合上面三个式子有 $\lambda_1\xi_2^{\mathrm{T}}\xi_1=\lambda_2\xi_1^{\mathrm{T}}\xi_2$.又因为 $\lambda_1\neq\lambda_2$,所以 $\xi_2^{\mathrm{T}}\xi_1=0$.

定理 4.8　设 A 为 n 阶实对称矩阵,则存在正交矩阵 P 使得

$$P^{\mathrm{T}}AP=\mathrm{diag}(\lambda_1,\lambda_2,\cdots,\lambda_n).$$

证　对 n 用归纳法.$n=1$ 时显然成立.假设定理在 $n-1$ 时成立,下证 n 时成立.

取 A 的一个特征值λ_1 和相应的一个单位特征向量 ξ_1.将 ξ_1 扩充为$\mathbb{R}^n$的一组标准正交基$\xi_1,x_2,\cdots,x_n$,令 $\Phi=[\xi_1\ x_2\cdots\ x_n]$,它是正交矩阵.则有

$$\Phi^{-1}A\Phi=\Phi^{\mathrm{T}}A\Phi=\begin{bmatrix}\xi_1^{\mathrm{T}}\\ x_2^{\mathrm{T}}\\ \vdots\\ x_n^{\mathrm{T}}\end{bmatrix}A[\xi_1\ x_2\ \cdots\ x_n]=\begin{bmatrix}\xi_1^{\mathrm{T}}A\xi_1 & \xi_1^{\mathrm{T}}Ax_2 & \cdots & \xi_1^{\mathrm{T}}Ax_n\\ x_2^{\mathrm{T}}A\xi_1 & x_2^{\mathrm{T}}Ax_2 & \cdots & x_2^{\mathrm{T}}Ax_n\\ \vdots & \vdots & & \vdots\\ x_n^{\mathrm{T}}A\xi_1 & x_n^{\mathrm{T}}Ax_2 & \cdots & x_n^{\mathrm{T}}Ax_n\end{bmatrix}.$$

因为

$$\xi_1^{\mathrm{T}}A\xi_1=\lambda\xi_1^{\mathrm{T}}\xi_1=\lambda_1,\quad x_i^{\mathrm{T}}A\xi_1=\lambda_1x_i^{\mathrm{T}}\xi_1=0\quad(i=2,\cdots,n);$$
$$\xi_1^{\mathrm{T}}Ax_j=\xi_1^{\mathrm{T}}A^{\mathrm{T}}x_j=(A\xi_1)^{\mathrm{T}}x_j=\lambda_1\xi_1^{\mathrm{T}}x_j=0\quad(j=2,\cdots,n).$$

所以

$$\Phi^{\mathrm{T}}A\Phi=\begin{bmatrix}\lambda_1 & 0 & \cdots & 0\\ 0 & x_2^{\mathrm{T}}Ax_2 & \cdots & x_2^{\mathrm{T}}Ax_n\\ \vdots & \vdots & & \vdots\\ 0 & x_n^{\mathrm{T}}Ax_2 & \cdots & x_n^{\mathrm{T}}Ax_n\end{bmatrix}=\begin{bmatrix}\lambda_1 & \mathbf{0}\\ \mathbf{0} & B\end{bmatrix}.$$

注意到上式左边是对称矩阵,因此 B 是 $n-1$ 阶实对称矩阵.且由于 $A\sim\begin{bmatrix}\lambda_1 & \mathbf{0}\\ \mathbf{0} & B\end{bmatrix}$,故 B 的特征值是 A 剩下的 $n-1$ 个特征值 $\lambda_2,\cdots,\lambda_n$.由归纳法假设,存在 $n-1$ 阶

正交矩阵 $\boldsymbol{Q}$ 使得

$$\boldsymbol{Q}^{\mathrm{T}}\boldsymbol{B}\boldsymbol{Q}=\begin{bmatrix}\lambda_2 & & 0\\ & \ddots & \\ 0 & & \lambda_n\end{bmatrix}.$$

现在作正交矩阵 $\boldsymbol{\Psi}=\begin{bmatrix}1 & \boldsymbol{0}\\ \boldsymbol{0} & \boldsymbol{Q}\end{bmatrix}$，$\boldsymbol{P}=\boldsymbol{\Phi}\boldsymbol{\Psi}$ 为正交矩阵，且有

$$\boldsymbol{P}^{\mathrm{T}}\boldsymbol{A}\boldsymbol{P}=\boldsymbol{\Psi}^{\mathrm{T}}\boldsymbol{\Phi}^{\mathrm{T}}\boldsymbol{A}\boldsymbol{\Phi}\boldsymbol{\Psi}=\begin{bmatrix}1 & \boldsymbol{0}\\ \boldsymbol{0} & \boldsymbol{Q}^{\mathrm{T}}\end{bmatrix}\begin{bmatrix}\lambda_1 & \boldsymbol{0}\\ \boldsymbol{0} & \boldsymbol{B}\end{bmatrix}\begin{bmatrix}1 & \boldsymbol{0}\\ \boldsymbol{0} & \boldsymbol{Q}\end{bmatrix}=\mathrm{diag}(\lambda_1,\lambda_2,\cdots,\lambda_n).$$

例 4.14 求正交矩阵，将 $\boldsymbol{A}=\begin{bmatrix}1 & 2 & 2\\ 2 & 1 & 2\\ 2 & 2 & 1\end{bmatrix}$ 对角化.

解 由

$$|\lambda\boldsymbol{E}-\boldsymbol{A}|=\begin{vmatrix}\lambda-1 & -2 & -2\\ -2 & \lambda-1 & -2\\ -2 & -2 & \lambda-1\end{vmatrix}=\begin{vmatrix}\lambda-5 & -2 & -2\\ \lambda-5 & \lambda-1 & -2\\ \lambda-5 & -2 & \lambda-1\end{vmatrix}=(\lambda+1)^2(\lambda-5).$$

求得 $\boldsymbol{A}$ 的特征值为 $\lambda_1=\lambda_2=-1$，$\lambda_3=5$.

考虑二重特征值 $\lambda_1=\lambda_2=-1$，由于

$$-\boldsymbol{E}-\boldsymbol{A}=\begin{bmatrix}-2 & -2 & -2\\ -2 & -2 & -2\\ -2 & -2 & -2\end{bmatrix}.$$

$(-\boldsymbol{E}-\boldsymbol{A})\boldsymbol{x}=\boldsymbol{0}$ 的一般解为

$$\begin{bmatrix}x_1\\ x_2\\ x_3\end{bmatrix}=k_1\begin{bmatrix}-1\\ 1\\ 0\end{bmatrix}+k_2\begin{bmatrix}-1\\ 0\\ 1\end{bmatrix}.$$

故当 $\lambda_1=\lambda_2=-1$ 时，取线性无关的特征向量 $\boldsymbol{\xi}_1=(-1,1,0)^{\mathrm{T}}$，$\boldsymbol{\xi}_2=(-1,0,1)^{\mathrm{T}}$.

$\lambda_3=5$ 时

$$5\boldsymbol{E}-\boldsymbol{A}=\begin{bmatrix}4 & -2 & -2\\ -2 & 4 & -2\\ -2 & -2 & 4\end{bmatrix}\to\begin{bmatrix}0 & -6 & 6\\ 0 & 6 & -6\\ -2 & -2 & 4\end{bmatrix}\to\begin{bmatrix}0 & 0 & 0\\ 0 & 1 & -1\\ 1 & 0 & -1\end{bmatrix}.$$

$(5\boldsymbol{E}-\boldsymbol{A})\boldsymbol{x}=\boldsymbol{0}$ 的一般解为 $l(1,1,1)^{\mathrm{T}}$. 当 $\lambda_3=5$ 时，可取特征向量 $\boldsymbol{\xi}_3=(1,1,1)^{\mathrm{T}}$.

由于 $\boldsymbol{\xi}_3$ 与 $\boldsymbol{\xi}_1$，$\boldsymbol{\xi}_2$ 是正交的，也就是说 $\boldsymbol{\xi}_3$ 与特征子空间 V_{-1} 的每个向量都正

交，这是因为$\langle \boldsymbol{\xi}_3, k_1\boldsymbol{\xi}_1 + k_2\boldsymbol{\xi}_2 \rangle = k_1\langle \boldsymbol{\xi}_3, \boldsymbol{\xi}_1 \rangle + k_2\langle \boldsymbol{\xi}_3, \boldsymbol{\xi}_2 \rangle = 0+0=0$，因此将$\boldsymbol{A}$对角化的正交矩阵为$\boldsymbol{P}=[\boldsymbol{\varepsilon}_1\ \boldsymbol{\varepsilon}_2\ \boldsymbol{\varepsilon}_3]$，其中$\boldsymbol{\varepsilon}_1, \boldsymbol{\varepsilon}_2$为$V_{-1}$的一组标准正交基，$\boldsymbol{\varepsilon}_3 = \dfrac{\boldsymbol{\xi}_3}{\|\boldsymbol{\xi}_3\|}$. 要求$V_{-1}$的一组标准正交基，通常采用从$\boldsymbol{\xi}_1, \boldsymbol{\xi}_2$出发的标准正交化方法. 令

$$\boldsymbol{\varepsilon}_1 = \frac{\boldsymbol{\xi}_1}{\|\boldsymbol{\xi}_1\|} = \left(-\frac{1}{\sqrt{2}}, \frac{1}{\sqrt{2}}, 0\right)^{\mathrm{T}};$$

$$\boldsymbol{\alpha}_2 = \boldsymbol{\xi}_2 - \langle \boldsymbol{\xi}_2, \boldsymbol{\varepsilon}_1 \rangle \boldsymbol{\varepsilon}_1 = (-1,0,1)^{\mathrm{T}} - \frac{1}{\sqrt{2}}\left(-\frac{1}{\sqrt{2}}, \frac{1}{\sqrt{2}}, 0\right)^{\mathrm{T}}$$

$$= \left(-\frac{1}{2}, -\frac{1}{2}, 1\right)^{\mathrm{T}},$$

$$\boldsymbol{\varepsilon}_2 = \frac{\boldsymbol{\alpha}_2}{\|\boldsymbol{\alpha}_2\|} = \left(-\frac{1}{\sqrt{6}}, -\frac{1}{\sqrt{6}}, \frac{2}{\sqrt{6}}\right)^{\mathrm{T}};$$

$$\boldsymbol{\varepsilon}_3 = \frac{\boldsymbol{\xi}_3}{\|\boldsymbol{\xi}_3\|} = \left(\frac{1}{\sqrt{3}}, \frac{1}{\sqrt{3}}, \frac{1}{\sqrt{3}}\right)^{\mathrm{T}}.$$

因此 $\boldsymbol{P}=\begin{bmatrix} \dfrac{-1}{\sqrt{2}} & \dfrac{-1}{\sqrt{6}} & \dfrac{1}{\sqrt{3}} \\ \dfrac{1}{\sqrt{2}} & \dfrac{-1}{\sqrt{6}} & \dfrac{1}{\sqrt{3}} \\ 0 & \dfrac{2}{\sqrt{6}} & \dfrac{1}{\sqrt{3}} \end{bmatrix}$，使得 $\boldsymbol{P}^{-1}\boldsymbol{A}\boldsymbol{P}=\boldsymbol{P}^{\mathrm{T}}\boldsymbol{A}\boldsymbol{P}=\begin{bmatrix} -1 & & \\ & -1 & \\ & & 5 \end{bmatrix}$.

从上面例题的解答可知，对于实对称矩阵$\boldsymbol{A}$，可一般地给出求满足$\boldsymbol{Q}^{\mathrm{T}}\boldsymbol{A}\boldsymbol{Q}=\boldsymbol{\Lambda}$的正交矩阵$\boldsymbol{Q}$与对角矩阵$\boldsymbol{\Lambda}$的求法如下：

(1) 求出$\boldsymbol{A}$的所有不同特征值$\lambda_1, \lambda_2, \cdots, \lambda_s$，即特征方程$|\lambda\boldsymbol{E}-\boldsymbol{A}|=0$的全部不同根；

(2) 对每个$\lambda_i(i=1, 2, \cdots, s)$，求出齐次线性方程组

$$(\lambda_i\boldsymbol{E}-\boldsymbol{A})\boldsymbol{x}=\boldsymbol{0}$$

的一个基础解系$\boldsymbol{\xi}_{i1}, \cdots, \boldsymbol{\xi}_{ir_i}$；

(3) 用 Schmidt 正交化方法，由$\boldsymbol{\xi}_{i1}, \cdots, \boldsymbol{\xi}_{ir_i}$得到标准正交向量组$\boldsymbol{\eta}_{i1}, \cdots, \boldsymbol{\eta}_{ir_i}$；

(4) 上面求出的列向量恰有n个，用它们构造矩阵$\boldsymbol{Q}$，即令

$$\boldsymbol{Q}=[\boldsymbol{\eta}_{11}\cdots\boldsymbol{\eta}_{1r_1}\ \boldsymbol{\eta}_{21}\cdots\boldsymbol{\eta}_{2r_2}\cdots\ \boldsymbol{\eta}_{s1}\cdots\boldsymbol{\eta}_{sr_s}],$$

则$\boldsymbol{Q}$是正交矩阵，且使得

$$Q^{\mathrm{T}}AQ=\begin{bmatrix}\lambda_1 & & & & & & & & \\ & \ddots & & & & & & & \\ & & \lambda_1 & & & & & & \\ & & & \lambda_2 & & & & & \\ & & & & \ddots & & & & \\ & & & & & \lambda_2 & & & \\ & & & & & & \ddots & & \\ & & & & & & & \lambda_s & \\ & & & & & & & & \ddots & \\ & & & & & & & & & \lambda_s\end{bmatrix}.$$

应该注意到，对于实对称矩阵来说，使其对角化的正交矩阵也是不唯一的.

实对称矩阵及其在正交变换下的对角化有着典型的应用，这将在第5章专门讨论.

习 题 4.2

1. 设 $\boldsymbol{A},\boldsymbol{B}$ 都是 n 阶方阵，且 $\boldsymbol{A}$ 可逆，证明 $\boldsymbol{AB}$ 与 $\boldsymbol{BA}$ 相似.

2. 若四阶方阵 $\boldsymbol{A}$ 与 $\boldsymbol{B}$ 相似，矩阵 $\boldsymbol{A}$ 的特征值为 $\frac{1}{2},\frac{1}{3},\frac{1}{4},\frac{1}{5}$，计算 $|\boldsymbol{B}^{-1}-\boldsymbol{E}|$ 的值.

3. 设 $\boldsymbol{A}=\begin{bmatrix}1 & 4 & 2\\ 0 & -3 & 4\\ 0 & 4 & 3\end{bmatrix}$，求 $\boldsymbol{A}^{100}$.

4. 在某国，每年有比例为 p 的农村居民移居城镇，有比例为 q 的城镇居民移居农村，假设该国总人口数不变，且上述人口迁移的规律也不变. 把 n 年后农村人口和城镇人口占总人口的比例依次记为 x_n 和 y_n $(x_n+y_n=1)$.

(1) 求关系式 $\begin{bmatrix}x_{n+1}\\ y_{n+1}\end{bmatrix}=\boldsymbol{A}\begin{bmatrix}x_n\\ y_n\end{bmatrix}$ 中的矩阵 $\boldsymbol{A}$；

(2) 设目前农村人口与城镇人口相等，即 $\begin{bmatrix}x_0\\ y_0\end{bmatrix}=\begin{bmatrix}0.5\\ 0.5\end{bmatrix}$，求 $\begin{bmatrix}x_n\\ y_n\end{bmatrix}$.

5. 试求一个正交的相似变换矩阵，将下列对称阵化为对角阵

(1) $\begin{bmatrix}2 & -2 & 0\\ -2 & 1 & -2\\ 0 & -2 & 0\end{bmatrix}$；　(2) $\begin{bmatrix}2 & 2 & -2\\ 2 & 5 & -4\\ -2 & -4 & 5\end{bmatrix}$.

6. 已知 $\boldsymbol{p}=(1,1,-1)^{\mathrm{T}}$ 是矩阵 $\boldsymbol{A}=\begin{bmatrix}2 & -1 & 2\\ 5 & a & 3\\ -1 & b & -2\end{bmatrix}$ 的一个特征向量

(1) 求参数 a,b 及特征向量 $\boldsymbol{p}$ 所对应的特征值；

(2)问 $\boldsymbol{A}$ 能不能相似对角化？并说明理由.

7. 设矩阵 $\boldsymbol{A}=\begin{bmatrix}1 & -1 & 1\\ x & 4 & y\\ -3 & -3 & 5\end{bmatrix}$，已知 $\boldsymbol{A}$ 有三个线性无关的特征向量，$\lambda=2$ 是 $\boldsymbol{A}$ 的二重特征值，试求 x,y 的值及可逆矩阵 $\boldsymbol{P}$，使 $\boldsymbol{P}^{-1}\boldsymbol{AP}$ 为对角矩阵.

8. 矩阵 $\boldsymbol{B}$ 是 $\boldsymbol{A}$ 交换第 i 行和第 j 行，再交换第 i 列和第 j 列得到的矩阵，证明 $\boldsymbol{A}$ 与 $\boldsymbol{B}$ 相似，并求可逆阵 $\boldsymbol{P}$，使 $\boldsymbol{P}^{-1}\boldsymbol{AP}=\boldsymbol{B}$.

9. 设三阶方阵 $\boldsymbol{A}$ 的特征值为 $\lambda_1=2,\lambda_2=-2,\lambda_3=1$，对应的特征向量依次为

$$\boldsymbol{p}_1=(0,1,1)^{\mathrm{T}},\quad \boldsymbol{p}_2=(1,1,1)^{\mathrm{T}},\quad \boldsymbol{p}_3=(1,1,0)^{\mathrm{T}},$$

求 $\boldsymbol{A}$.

10. 设三阶实对称矩阵 $\boldsymbol{A}$ 的特征值为 $\lambda_1=1,\lambda_2=-1,\lambda_3=0$，对应于 λ_1,λ_2 的特征向量依次为 $\boldsymbol{p}_1=(1,2,2)^{\mathrm{T}},\boldsymbol{p}_2=(2,1,-2)^{\mathrm{T}}$，求 $\boldsymbol{A}$ 与 $\boldsymbol{A}^n$.

11. 设三阶实对称矩阵 $\boldsymbol{A}$ 的特征值为 $\lambda_1=6,\lambda_2=3,\lambda_3=3$，与特征值 $\lambda_1=6$ 对应的特征向量为 $\boldsymbol{p}_1=(1,1,1)^{\mathrm{T}}$，求 $\boldsymbol{A}$ 与 $\boldsymbol{A}^n$.

12. 设三阶行列式

$$D=\begin{vmatrix}a & -5 & 8\\ 0 & a+1 & 8\\ 0 & 3a+3 & 25\end{vmatrix}=0,$$

而三阶方阵 $\boldsymbol{A}$ 有三个特征值 $1,-1,0$，对应的特征向量分别为 $\boldsymbol{\beta}_1=(1,2a,-1)^{\mathrm{T}},\boldsymbol{\beta}_2=(a,a+3,a+2)^{\mathrm{T}},\boldsymbol{\beta}_3=(a-2,-1,a+1)^{\mathrm{T}}$. 试确定参数 a，并求 $\boldsymbol{A}$.

13. 设三阶实对称矩阵 $\boldsymbol{A}$ 的各行元素之和均为 3，向量

$$\boldsymbol{\alpha}_1=(-1,2,-1)^{\mathrm{T}},\quad \boldsymbol{\alpha}_2=(0,-1,1)^{\mathrm{T}}$$

是线性方程组 $\boldsymbol{Ax}=\boldsymbol{0}$ 的两个解.

(1) 求 $\boldsymbol{A}$ 的特征值与特征向量；

(2) 求正交矩阵 $\boldsymbol{Q}$ 和对角矩阵 $\boldsymbol{\Lambda}$，使得 $\boldsymbol{Q}^{\mathrm{T}}\boldsymbol{AQ}=\boldsymbol{\Lambda}$；

(3)求 $\boldsymbol{A}$ 及 $\left(\boldsymbol{A}-\dfrac{3}{2}\boldsymbol{E}\right)^6$，其中 $\boldsymbol{E}$ 为三阶单位矩阵.

14. 证明正交矩阵的特征值的模为 1(提示：仿照定理 4.7).

15. 设 $\boldsymbol{A}$、$\boldsymbol{B}$ 均为正交矩阵，并且 $|\boldsymbol{A}|+|\boldsymbol{B}|=0$，证明 $\boldsymbol{A}+\boldsymbol{B}$ 不可逆.

(提示：正交矩阵的行列式为 1 或 -1，按已知有 $|\boldsymbol{A}||\boldsymbol{B}|=-1$，再考虑 $|\boldsymbol{A}^{\mathrm{T}}(\boldsymbol{A}+\boldsymbol{B})\boldsymbol{B}^{\mathrm{T}}|=|\boldsymbol{A}^{\mathrm{T}}+\boldsymbol{B}^{\mathrm{T}}|=|\boldsymbol{A}+\boldsymbol{B}|$).

16. 设 $\boldsymbol{A}$ 为 n 阶上三角矩阵

(1) 若 $a_{ii}\neq a_{jj}\ (i\neq j,i,j=1,2,\cdots,n)$，则 $\boldsymbol{A}$ 可相似对角化.

(2) 若 $a_{11}=a_{22}=\cdots=a_{nn}$ 且至少有一个 $a_{i_0j_0}\neq 0\ (i_0\neq j_0)$，则 $\boldsymbol{A}$ 不可相似对角化.

第 5 章　二次曲面与二次型

二次曲面与二次型都是二次函数表示的数学对象，前者是几何对象，后者是代数表达式，二次型的研究可以转化为实对称矩阵的研究. 本章首先介绍常见二次曲面的方程与图形，然后讨论二次型在非退化线性变换下的标准形，最后研究正定矩阵、正定二次型及其判定方法.

5.1　二 次 曲 面

三维空间中的一个曲面 S，可以用一个方程表示

$$F(x,y,z)=0, \tag{5.1}$$

即 S 是由所有满足此方程的空间点 (x,y,z) 组成. 这个方程称为曲面 S 的**方程**，S 称为该方程的**曲面**.

三维空间中的曲线，通常看作两个空间曲面的交线，因此空间曲线的一般方程是

$$\begin{cases} F(x,y,z)=0, \\ G(x,y,z)=0. \end{cases} \tag{5.2}$$

最简单的空间曲面是平面，其方程为一个一次方程. 最简单的空间曲线是直线，可以看作两个平面的交线，其方程是由两个一次方程形成的方程组.

空间二次曲面的方程，其一般形式是

$$\begin{aligned} &ax^2+by^2+cz^2+2fxy+2gxz+2hyz \\ &\quad +2ux+2vy+2wz+d=0. \end{aligned} \tag{5.3}$$

我们首先用非退化线性变换将二次部分化为平方和的形式（方法见第 5.3 节），再通过平移消去一次项部分，从而实现对空间二次曲面的分类.

下面分别讨论椭球面、柱面、锥面、旋转面、曲线和标准形式的二次曲面.

5.1.1　椭球面与球面

椭球面的标准方程为

$$\frac{x^2}{a^2}+\frac{y^2}{b^2}+\frac{z^2}{c^2}=1, \tag{5.4}$$

其中，a,b,c 为正数，该曲面是有界图形且关于每个坐标平面是对称的.

在式(5.4)中,若 $a=b=c$,它就变成**球面**的方程

$$x^2+y^2+z^2=a^2. \tag{5.5}$$

这是一个中心在原点,半径为 a 的球面. 中心在 (x_0,y_0,z_0),半径为 a 的球面,其方程为

$$(x-x_0)^2+(y-y_0)^2+(z-z_0)^2=a^2,$$

通过坐标平移变换,这个方程可化为式(5.5)的形式,上式称为**球面的标准方程**. **球面的一般方程**是

$$x^2+y^2+z^2+ux+vy+wz+d=0,$$

其中,u,v,w,d 为数. 球面的一般方程通过配方法可以化为标准方程.

例 5.1　求过点 $A(a,0,0)$,$B(0,b,0)$ 和 $C(0,0,c)$ 的圆的方程($a\ b\ c\neq0$).

解　所求圆可以看作过 A,B,C 的平面与过 A,B,C 的一个球面的交线.

用截距式方程给出过此三点的平面方程为

$$\frac{x}{a}+\frac{y}{b}+\frac{z}{c}=1.$$

设过此三点的一个球面方程为

$$x^2+y^2+z^2+ux+vy+wz+d=0,$$

则有

$$\begin{cases}a^2+ua+d=0,\\ b^2+vb+d=0,\\ c^2+wc+d=0.\end{cases}$$

d 任取一个值,可由上式求出 u,v,w,从而决定一个过 A,B,C 的球面. 特别取 $d=0$,可得

$$u=-a,\quad v=-b,\quad w=-c.$$

相应的球面方程为

$$x^2+y^2+z^2-ax-by-cz=0.$$

这是一个过不共面的四点 A,B,C 和原点 O 的球面. 最后得到圆的方程为

$$\begin{cases}\dfrac{x}{a}+\dfrac{y}{b}+\dfrac{z}{c}=1,\\ x^2+y^2+z^2=ax+by+cz.\end{cases}$$

5.1.2　柱面

由一族平行直线形成的曲面称为**柱面**,这些平行的直线称为**柱面的母线**,柱面上与每条母线相交的一条曲线称为柱面的一条**准线**. 用一个与所有母线相交的平

面去截柱面,交线即是柱面的一条准线,因而柱面的准线是不唯一的.

柱面也可以看作由平行于某一方向的直线,沿空间一条曲线移动所产生的曲面.

显然平面可以认为是柱面.

最简单的柱面是母线平行于某个坐标轴的柱面.例如,母线平行于 z 轴的柱面方程可写成

$$F(x,y)=0. \tag{5.6}$$

因为母线平行于 z 轴,z 可以任意取值,坐标平面 xOy 与这个柱面的交线为

$$\begin{cases}F(x,y)=0,\\ z=0,\end{cases} \tag{5.7}$$

它就是柱面(5.6)的一条准线.

例 5.2　下列二次方程

(1)$x^2+y^2=1$;　　(2)$y=x^2$;

(3) $\dfrac{y^2}{b^2}+\dfrac{z^2}{c^2}=1$;　　(4) $-\dfrac{x^2}{a^2}+\dfrac{y^2}{b^2}=1$

分别表示空间中的柱面.其中:(1)是圆柱面,在 xOy 平面上的单位圆是一条准线,母线平行于 z 轴(图 5-1);(2)是抛物柱面,在 xOy 平面上的准线是抛物线,母线平行于 z 轴(图 5-2);(3)是椭圆柱面,在 yOz 平面上的准线是椭圆,母线平行于 x 轴(图 5-3);(4)是双曲柱面,在 xOy 平面上的准线是双曲线,母线平行于 z 轴(图 5-4).

母线平行于某坐标轴的柱面方程不包含相应的坐标变量,因为该变量可以任意取值;若母线与任何坐标轴都不平行,则柱面方程应包含 x,y 和 z,这种柱面方程可通过坐标系旋转变换为前面的情形.

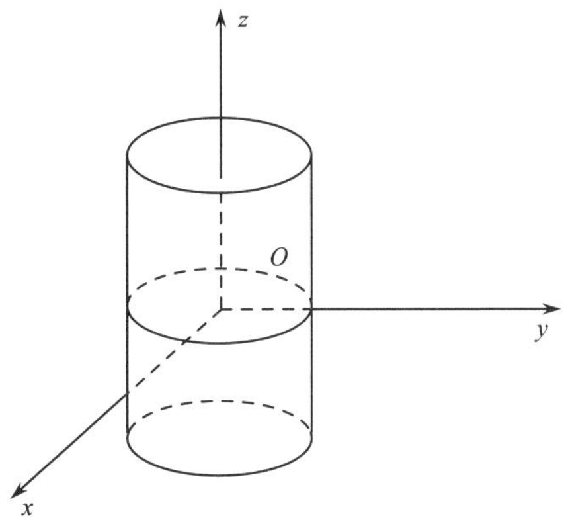

图 5-1

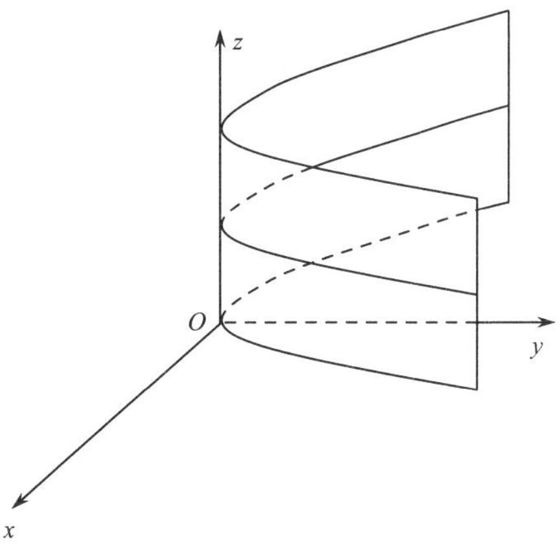

图 5-2

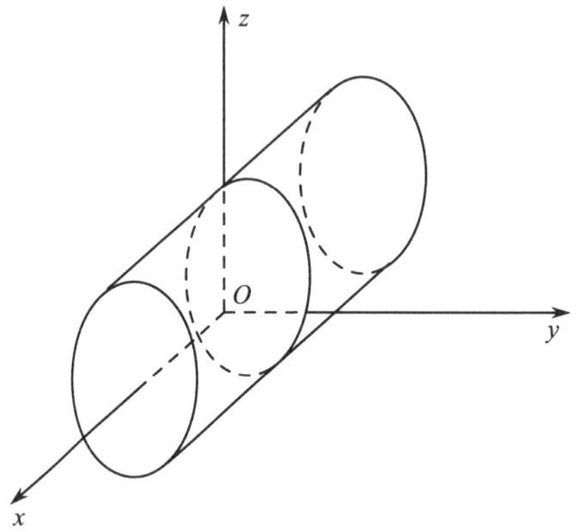

图 5-3

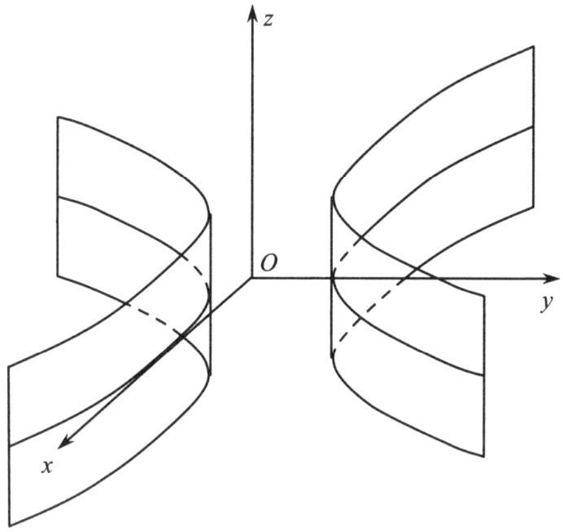

图 5-4

例 5.3　空间曲线

$$l:\begin{cases}x^2+y^2+z^2-25=0,\\ x^2+y^2=9\end{cases}$$

是两个空间二次曲面的交线，前者是一个以原点为中心，半径为 5 的球面，后者是一个中心轴为 z 轴，半径为 3 的圆柱面.

把第二个等式代入第一个等式，可求得 $z=\pm 4$. 因此 l 实际上是圆 $\begin{cases}x^2+y^2=9,\\ z=4\end{cases}$ 和 $\begin{cases}x^2+y^2=9,\\ z=-4.\end{cases}$

5.1.3　锥面

过一个定点的直线族形成的曲面称为**锥面**，定点称为**锥面的顶点**，形成锥面的那些直线称为**锥面的母线**，锥面上与每条母线都相交，且不过顶点的一条曲线称为**锥面的准线**.

若给定锥面顶点和一条准线，则顶点与准线上每个点的连线都是锥面的母线，所有这样的母线就构成了锥面. 如果置锥面的顶点为坐标原点，设锥面上任一非顶点的点为 $P(x,y,z)$（x,y,z 不全为零），则直线 OP 上的点都在锥面上，这些点的坐标为 (kx,ky,kz)，此处 k 为任意实数.

因此，顶点在原点的锥面方程具有如下特征：若 (x,y,z) 满足方程，则对任意实数 k，(kx,ky,kz) 也满足此方程.

例 5.4　求顶点在原点，准线为椭圆的锥面方程. 该准线为

$$\begin{cases}\dfrac{x^2}{a^2}+\dfrac{y^2}{b^2}=1,\\ z=c\ (c\neq 0).\end{cases}$$

解 在锥面(图 5-5)上任取一点 $P(x,y,z)$,母线 OP 上的点 $Q(x',y',c)$满足

$$x=kx',\ y=ky',\ z=kc\quad (k\text{ 为任意实数}).$$

第三式求出 $k=z/c$,代入前两式,得

$$x'z=xc,\quad y'z=yc,$$

它满足椭圆方程,从而有

$$\frac{(x'z)^2}{a^2}+\frac{(y'z)^2}{b^2}=z^2,\quad \frac{(xc)^2}{a^2}+\frac{(yc)^2}{b^2}=z^2,$$

最后得到

$$\frac{x^2}{a^2}+\frac{y^2}{b^2}-\frac{z^2}{c^2}=0,$$

此即所求锥面的方程.

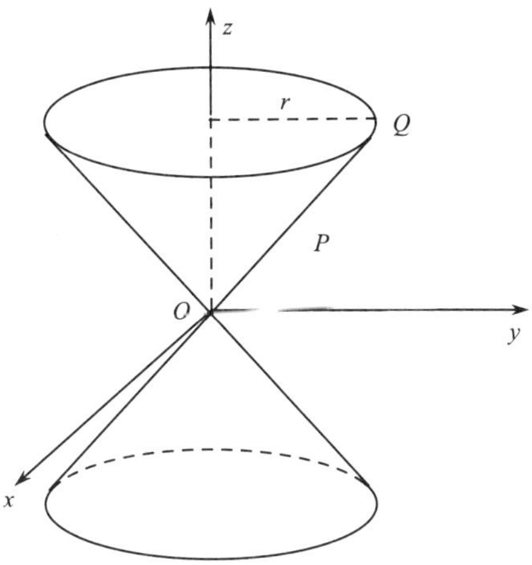

图 5-5

5.1.4 旋转面

旋转面是由空间一条曲线绕空间一直线旋转而形成的曲面,该直线称为**旋转面的轴**,该曲线称为**旋转面的准线**. 圆柱面和圆锥面都可以看作旋转曲面. 请读者思考:把圆柱面和圆锥面看作旋转曲面时,其旋转轴和准线各是什么?

为简单起见,通常把旋转轴作为坐标轴之一.

如图 5-6，给定 xOy 平面上的曲线 l：$\begin{cases} f(x,y)=0, \\ z=0. \end{cases}$ 旋转曲面 S 是由 l 绕 y 轴旋转而得(即 l 是旋转面 S 的准线). 下面求 S 的方程.

在 S 上取任意点 $P(x,y,z)$，P 点到 y 轴的距离为

$$\| O'P \| = \sqrt{x^2+z^2}.$$

P 点绕 y 轴旋转得到一个圆，设该圆与准线 l 的交点 M，则点 M 的坐标是 $M(\pm\sqrt{x^2+z^2},y,0)$. 代入 l 的方程可得

$$f(\pm\sqrt{x^2+z^2},y) = 0, \tag{5.8}$$

显然，这就是旋转曲面 S 的方程(图 5-6).

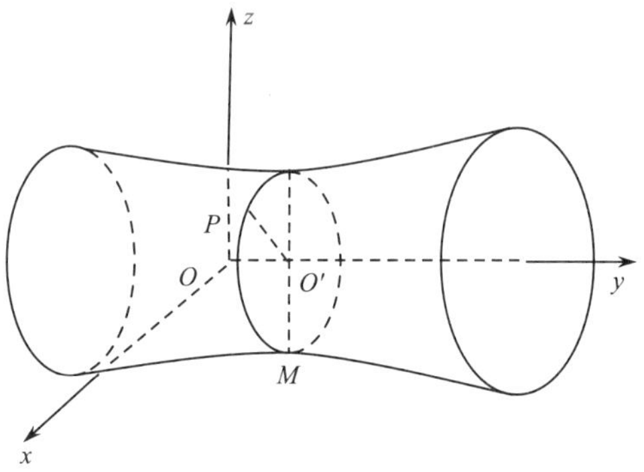

图 5-6

同理可知，曲线 l 绕 x 轴旋转所得的旋转曲面方程为

$$f(x,\pm\sqrt{y^2+z^2}) = 0.$$

常见的二次旋转曲面为

$$x^2+y^2+z^2 = a^2, \qquad \text{(球面)}$$

$$\frac{x^2+y^2}{a^2}+\frac{z^2}{b^2} = 1, \qquad \text{(旋转椭球面)}$$

$$\frac{x^2+y^2}{a^2}-\frac{z^2}{b^2} = 1, \qquad \text{(旋转单叶双曲面)}$$

$$\frac{x^2+y^2}{a^2}-\frac{z^2}{b^2} = -1, \qquad \text{(旋转双叶双曲面)}$$

$$x^2+y^2 = 2az, \qquad \text{(旋转抛物面)}$$

$$x^2+y^2 = a^2, \qquad \text{(直圆柱面)}$$

$$x^2+y^2 = z^2\tan^2\theta. \qquad \text{(直圆锥面)}$$

例 5.5 已知点 $A(1,0,1)$，$B(1,2,5)$，求过点 A,B 的直线绕 z 轴旋转所得旋转曲面的方程.

解 设过点 A,B 的直线为 l，可求得其参数方程为 $x=1,y=2t,z=4t+1$.

在旋转曲面上任意取一点 $P(x,y,z)$，过 P 作平面垂直于 z 轴，交 z 轴于 $Q(0,0,z)$，交直线 l 于 $R(1,2t,4t+1)$. 那么 $z=4t+1$，$\|PQ\|^2=\|QR\|^2$，即 $x^2+y^2=1+(2t)^2$，且 $z=4t+1$.

消去 t，最后得 $4x^2+4y^2-(z-1)^2=4$.

5.1.5 曲面与曲线的参数方程

空间曲线的方程，也可以用参数方程表示

$$\begin{cases} x=f(t), \\ y=g(t), \quad (a\leqslant t\leqslant b), \\ z=h(t) \end{cases} \tag{5.9}$$

这样的参数化曲线实际上就是空间中的点集

$$\{(f(t),g(t),h(t)) \mid a\leqslant t\leqslant b\}.$$

空间曲面的参数方程，通常具有如下形式：

$$\begin{cases} x=f(u,v), \\ y=g(u,v), \quad (a\leqslant u\leqslant b,c\leqslant v\leqslant d). \\ z=h(u,v) \end{cases} \tag{5.10}$$

例 5.6 球面 $x^2+y^2+z^2=1$ 可用参数方程表示为(图 5-7)

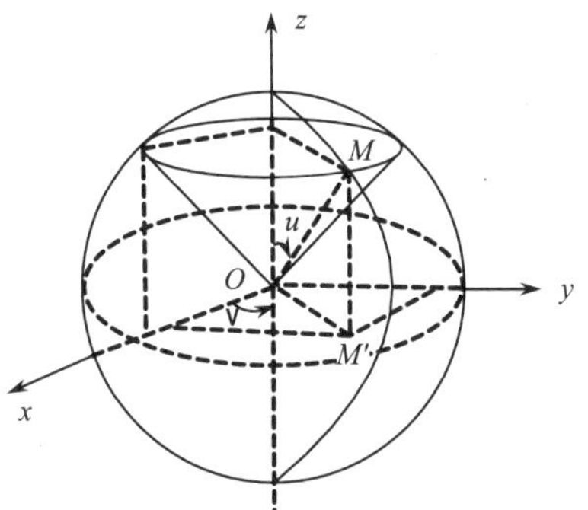

图 5-7

$$\begin{cases} x = \sin u \cos v, \\ y = \sin u \sin v, \quad (0 \leqslant u < \pi, 0 \leqslant v < 2\pi). \\ z = \cos u \end{cases}$$

同样,椭球面$\dfrac{x^2}{a^2}+\dfrac{y^2}{b^2}+\dfrac{z^2}{c^2}=1$可用参数方程表示为

$$\begin{cases} x = a\sin u \cos v, \\ y = b\sin u \sin v, \quad (0 \leqslant u < \pi, 0 \leqslant v < 2\pi). \\ z = c\cos u \end{cases}$$

例 5.7　如图 5-8,点 P 在圆柱面上以匀角速度 θ 绕 z 轴转动,同时以匀速度 h 平行于 z 轴运行. 设圆柱面半径为 a,点 P 的运动轨迹可用参数方程表示为

$$\begin{cases} x = a\cos\theta t, \\ y = a\sin\theta t, \quad (t \geqslant 0). \\ z = ht \end{cases}$$

这条空间曲线称为**圆柱螺线**(或**螺旋线**). 消去参数 t,可得螺旋线的一般方程

$$\begin{cases} x^2 + y^2 = a^2, \\ y = a\sin\left(\dfrac{z}{h}\theta\right). \end{cases}$$

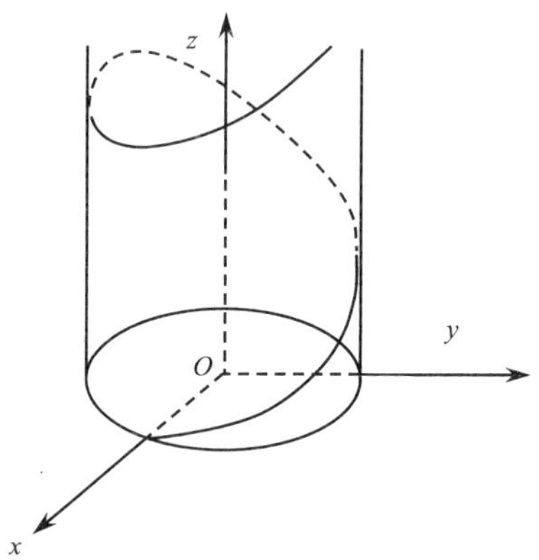

图 5-8

例 5.8　空间曲线

$$\begin{cases} x^2 + y^2 + z^2 = a^2, \\ x^2 + y^2 = ax \end{cases}$$

可以写成如下的参数方程形式

$$\begin{cases} x = \dfrac{a}{2}(1+\cos t), \\ y = \dfrac{a}{2}\sin t, \\ z = a\sin\dfrac{t}{2}. \end{cases}$$

设 l 是一条空间曲线，π 是一个坐标平面，过 l 上任意点 P，作 π 的垂线，所有这样的垂线形成一个柱面，称为 l 到 π 的投影柱面. 此柱面与 π 的交线是该柱面的一条母线，它由所有的垂足构成，这条曲线称为曲线 l 在坐标平面 π 上的投影.

例 5.9 求空间曲线

$$l:\begin{cases} x^2+y^2+z^2=4, \\ x=2y \end{cases}$$

在坐标平面 xOy，yOz 上的投影.

解 第二个等式 $x=2y$ 是个平面，因为不含 z，它是一个母线平行于 z 轴的柱面，故 l 在 xOy 平面上的投影为直线

$$\begin{cases} x=2y, \\ z=0. \end{cases}$$

第二个等式代入第一个等式，得到 $5y^2+z^2=4$. 这是一个母线平行于 x 轴的椭圆柱面，它在 yOz 平面上的投影即 l 在 yOz 上的投影

$$\begin{cases} 5y^2+z^2=4, \\ x=0. \end{cases}$$

5.1.6 标准形式的二次曲面

通过对空间二次曲面的一般方程(5.3)进行适当的旋转和平移，可以把它化为标准形式. 下面针对标准形的不同，对空间二次曲面进行一个简单的分类.

1) 椭球面

椭球面的标准方程是(图 5-9)

$$\frac{x^2}{a^2}+\frac{y^2}{b^2}+\frac{z^2}{c^2}=1.$$

此为之前出现的式(5.4)，经过坐标缩放，椭球面可以化为球面，而球面实际上就是一种特殊的椭球面.

研究空间曲面的直观形状最有效的方法是用平行于坐标平面的平面去截割这个曲面，用一族截线来描述曲面. 例如，用平行于 xOy 的平面 $z=k$ 与椭球面(5.4)

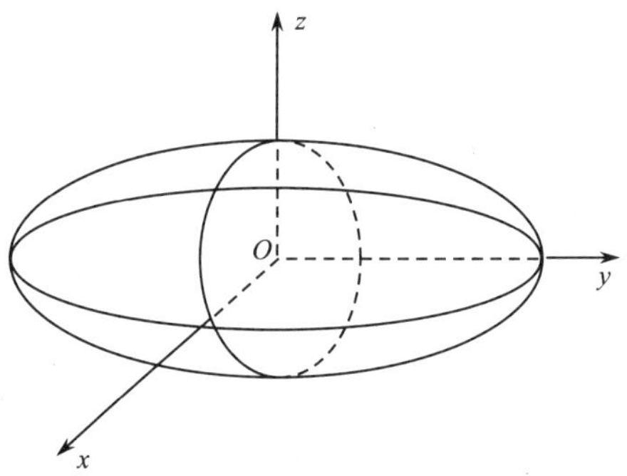

图 5-9

相截，截线方程为

$$\begin{cases} \dfrac{x^2}{a^2}+\dfrac{y^2}{b^2}=1-\dfrac{k^2}{c^2}, \\ z=k. \end{cases}$$

因此，当 $|k|<c$ 时，截线是一个半轴长分别为 $a\sqrt{1-\left(\dfrac{k}{c}\right)^2}$ 和 $b\sqrt{1-\left(\dfrac{k}{c}\right)^2}$ 的椭圆；当 $k=\pm c$ 时，截线只有一个点，分别是 $(0,0,c)$ 和 $(0,0,-c)$；而当 $|k|>c$ 时，此 $z=k$ 不切割椭球面. 类似可讨论 $y=k$ 和 $x=k$ 与椭球面的截线.

从椭球面的方程可以看出它的一些几何性质

(1) 椭球面是一个有界区域. 对椭球面上任意点 (x,y,z)，必有

$$|x|\leqslant a,\ |y|\leqslant b,\ |z|\leqslant c.$$

(2) 椭球面关于每个坐标平面、每条坐标轴和原点都是对称的. 因此，把坐标原点、坐标轴和坐标平面分别称为椭球面式(5.4)的**中心**、**主轴**和**主平面**.

椭球面与三个对称轴分别有一对交点，都称为它的**顶点**，若 $a\geqslant b\geqslant c$，则 a,b,c 分别称为椭球面的**半长轴**、**半中轴**和**半短轴**.

若 a,b,c 中有两个相等，椭球面又可看作旋转椭圆面. 例如 $b=c$ 时，它就是 xOy 平面上椭圆

$$\begin{cases} \dfrac{x^2}{a^2}+\dfrac{y^2}{b^2}=1, \\ z=0 \end{cases}$$

绕 x 轴旋转所形成的**旋转椭圆面**.

2) 单叶双曲面

单叶双曲面的标准方程是(图 5-10)

$$\frac{x^2}{a^2}+\frac{y^2}{b^2}-\frac{z^2}{c^2}=1. \tag{5.11}$$

与椭球面一样,它关于每个坐标平面、每条坐标轴和原点都是对称的. 若 $a=b$,则它就是**单叶旋转双曲面**.

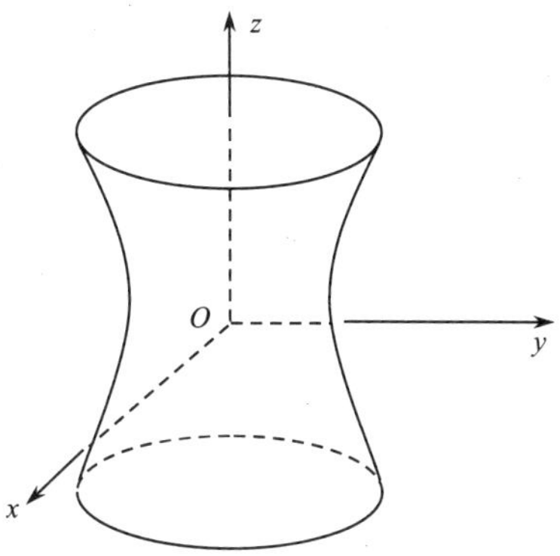

图 5-10

用平行于 xOz 坐标平面的平面 $y=k$ 去截割它,所得截线是

$$\begin{cases}\dfrac{x^2}{a^2}-\dfrac{z^2}{c^2}=1-\dfrac{k^2}{b^2},\\ y=k.\end{cases}$$

因此,$k=\pm b$ 时,第一式可以分解因式. 可知截线是两条直线

$$\begin{cases}cx-az=0,\\ y=k\end{cases} \text{和} \begin{cases}cx+az=0,\\ y=k.\end{cases}$$

当 $|k|<b$ 时,截线是虚轴平行于 z 轴的双曲线;当 $|k|>b$ 时,截线是虚轴平行于 x 轴的双曲线.

与此类似可讨论用平行于坐标平面 yOz 的平面 $x=k$ 去截所得截线的方程.

3) 双叶双曲面

双叶双曲面的标准方程是(图 5-11)

$$\frac{x^2}{a^2}-\frac{y^2}{b^2}-\frac{z^2}{c^2}=1. \tag{5.12}$$

与椭球面、单叶双曲面一样,它的图形关于每个坐标平面、每条坐标轴和原点都是对称的.若 $b=c$,它就是**双叶旋转双曲面**.

用平行于坐标平面 yOz 平面 $x=k$ 去截割它,截线方程为

$$\begin{cases}\dfrac{y^2}{b^2}+\dfrac{z^2}{c^2}=\dfrac{k^2}{a^2}-1,\\ x=k.\end{cases}$$

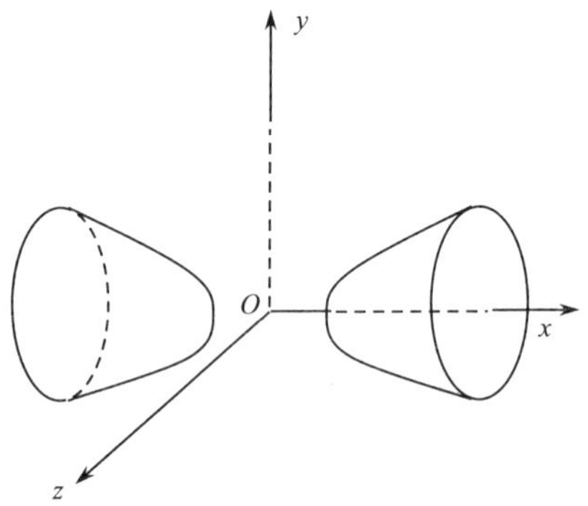

图 5-11

$|x|=a$ 时截线分别为两个点$(a,0,0)$和$(-a,0,0)$;$|x|>a$ 时截线为椭圆;$|x|<a$ 时截线为虚椭圆(即不相交).

用平行于坐标平面 xOy 的平面 $z=k$ 去截割它,截线是一个实轴平行于 x 轴的双曲线

$$\begin{cases}\dfrac{x^2}{a^2}-\dfrac{y^2}{b^2}=1+\dfrac{k^2}{c^2},\\ z=k.\end{cases}$$

用平面 $y=k$ 去截割,所得截线也是双曲线(请读者自己写出其方程).

上面三种二次曲面都关于每个轴和每个坐标平面对称,坐标原点是其唯一的对称中心.这三种曲面都叫做**有心二次曲面**.

4) 椭圆抛物面

椭圆抛物面的标准方程是(图 5-12)

$$z=\frac{x^2}{a^2}+\frac{y^2}{b^2},\tag{5.13}$$

它关于坐标平面 xOz 和 yOz 是对称的,关于 z 轴也是对称的,但它没有对称中心.它与 z 轴的交点称为图形的**顶点**,由于恒有 $z\geqslant 0$,图形位于 xOy 平面的上方.

当 $a=b$ 时,式(5.13)表示的就是旋转抛物面.

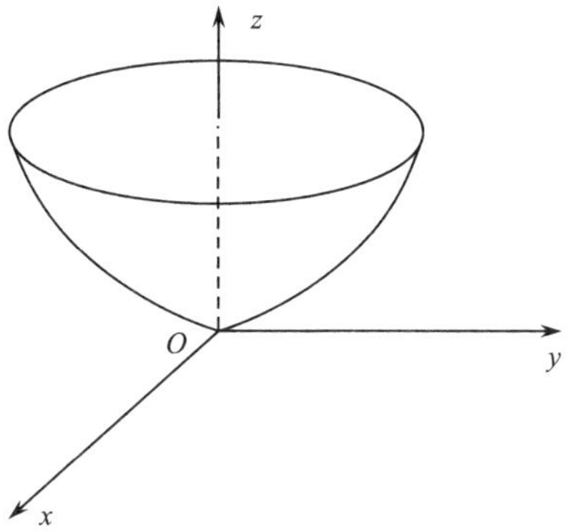

图 5-12

用平行于坐标平面 xOy 的平面 $z=k$ 去截割它，截线方程是

$$\begin{cases}\dfrac{x^2}{a^2}+\dfrac{y^2}{b^2}=k,\\ z=k.\end{cases}$$

因此 $k>0$ 时截线是椭圆；$k=0$ 时退化为一个点（顶点）；$k<0$ 时是虚椭圆（即不相交）.

用平行于对称平面 xOz 的平面 $y=k$ 去截割它，截线方程为

$$\begin{cases}\dfrac{x^2}{a^2}=z-\dfrac{k^2}{b^2},\\ y=k.\end{cases}$$

它是一条顶点在$\left(0,k,\dfrac{k^2}{b^2}\right)$并且开口向上的抛物线. 用平面 $x=k$ 去截割，截线是抛物线.

5）双曲抛物面（马鞍面）

双曲抛物面的标准方程是（图 5-13）

$$\frac{x^2}{a^2}-\frac{y^2}{b^2}=2pz\ (p\neq 0),\tag{5.14}$$

它关于坐标平面 xOz 和 yOz 是对称的，关于 z 轴也是对称的，但它没有对称中心. 在下面的讨论中假定 $p>0$.

用平行于坐标平面 xOy 的平面 $z=k$ 去截割它，截线方程为

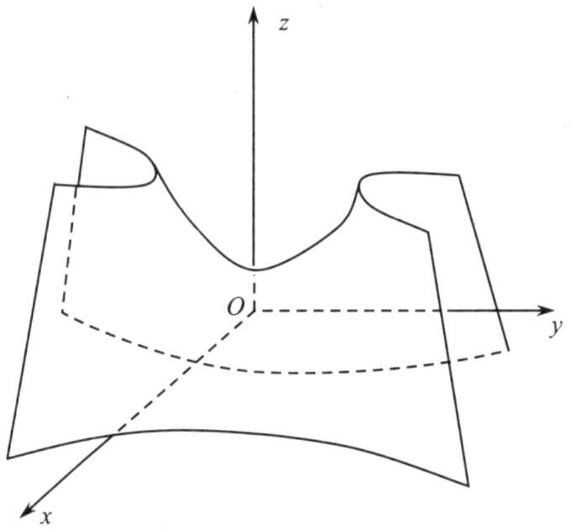

图 5-13

$$\begin{cases}\dfrac{x^2}{a^2}-\dfrac{y^2}{b^2}=2pk,\\ z=k.\end{cases}$$

当 $k=0$ 时,它是 xOy 平面上的两条直线 $y=\pm\dfrac{b}{a}x$;当 $k>0$ 时,它是实轴平行于 x 轴的双曲线;当 $k<0$ 时,它是实轴平行于 y 轴的双曲线.

用平行于坐标平面 yOz 的平面 $x=k$ 去截割它,截线方程为

$$\begin{cases}y^2=-2pb^2z+\dfrac{b^2k^2}{a^2},\\ x=k\end{cases}\quad(p>0).$$

它是一个顶点在$\left(k,0,\dfrac{k^2}{2pa^2}\right)$,对称轴平行于 z 轴且开口朝下的抛物线.用平面 $y=k$ 去截割它,截线也是抛物线.

双曲抛物面因其形状似马鞍,也称为**马鞍面**.

椭圆抛物面和双曲抛物面都没有对称中心,因而都是**无心二次曲面**.

***例 5.10**　设双曲抛物面方程为 $z=-\dfrac{x^2}{36}+\dfrac{y^2}{25}$,下面的命令画出其图形(图 5-14)

```
Plot3D[-x^2/36+y^2/25,{x,-36,36},{y,-25,25},PlotPoints→30,
  BoxRatios→{1,1,1},ViewPoint→{1.3,-2.4,2},Mesh→False];
```

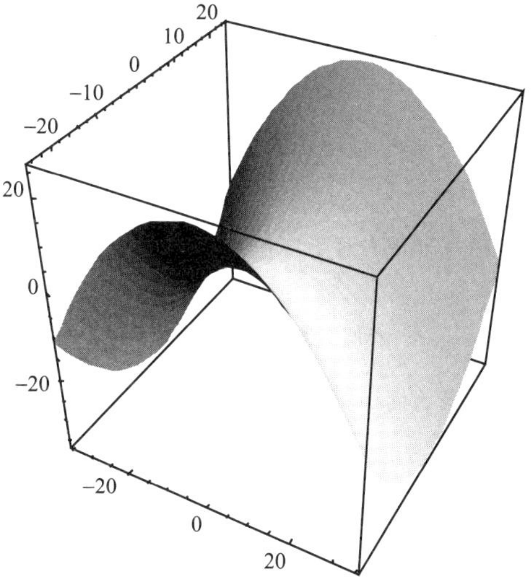

图 5-14

习 题 5.1

1. 求下列球面的中心与半径

(1) $x^2+y^2+z^2+2x-4y-4z-16=0$;

(2) $2x^2+2y^2+2z^2-y+3z=0$.

2. 求过四点 $A(4,0,0)$,$B(1,0,2)$,$C(1,\quad 3,5)$,$D(2,-1,4)$的球面方程,并求出球心和半径.

3. 求过点(1,2,5)且与三个坐标平面相切的球面方程.

4. 点 P 到点 $A(1,0,0)$的距离是到点 $B(-3,0,0)$的距离的一半.求 P 点轨迹的方程.

5. 点 P 到点 $A(-a,0,0)$与到点 $B(a,0,0)$的距离的平方和等于 $4a^2$.求 P 点的轨迹方程.

6. 下列方程在空间中各表示什么曲面?并给出具体图示.

(1) $x^2+y^2+2x=0$; (2) $x^2=2y$; (3) $x^2+4z^2=1$;

(4) $z^2=4$; (5) $x^2+y^2+z^2-2x+1=0$; (6) $x^2-y^2=1$.

7. 求半径为 4,对称轴为直线

$$l:\frac{x}{1}=\frac{y-1}{2}=\frac{z-1}{3}$$

的圆柱面方程.

8. 求顶点在原点,准线按如下方式给出的锥面方程

(1) 准线为 $\begin{cases}\dfrac{x^2}{a^2}+\dfrac{y^2}{b^2}=1,\\ z=k;\end{cases}$

(2) 准线为$\begin{cases} x^2+y^2+z^2-16=0, \\ x^2+z^2=9. \end{cases}$

9. 求下列曲线绕指定轴旋转而成的旋转面的方程

(1) $\begin{cases} x^2+4z^2=1, \\ y=0, \end{cases}$分别绕 x 轴，z 轴旋转；

(2) $\begin{cases} z=\sqrt{y}, \\ x=0, \end{cases}$分别绕 y 轴，z 轴旋转.

10. 求曲线 l：$\begin{cases} f(x,y)=0, \\ z=0 \end{cases}$绕 x 轴旋转而成的旋转曲面方程.

11. 讨论下列方程各表示什么曲面

(1) $4z^2-6x^2+2y^2=3$；　　(2) $z=(y-1)^2+x^2$；

(3) $4x^2+y^2-3z^2=0$；　　(4) $x=(y+1)^2+\frac{z^2}{4}$；

(5) $z=\sqrt{x^2+y^2}$；　　(6) $9x^2-25y^2=0$；

(7) $z-x^2=0$；　　(8) $z=xy$.

12. 讨论下列方程各表示什么空间曲线

(1) $\begin{cases} x^2+\frac{y^2}{4}=1, \\ z=1; \end{cases}$　　(2) $\begin{cases} x^2+y^2+z^2-16=0, \\ x^2+y^2=9; \end{cases}$

(3) $\begin{cases} (x-1)^2+(y+2)^2+(z-1)^2=25, \\ x^2+y^2+z^2=36; \end{cases}$

(4) $\begin{cases} x=\cos\varphi, \\ y=\sin\varphi, \varphi \text{为参数}. \\ z=-1, \end{cases}$

13. 画出下列各组曲面所围成空间体的简图

(1) $2x+3y+6z=6, x=0, y=0, z=0$；

(2) $z=\sqrt{1-x^2-y^2}, z=0$；

(3) $x^2+y^2-z+1=0, z=3$；

(4) $y=x^2, y=2, z=0, z=2$.

14. 求下述图形的参数方程

(1)以直线

$$\begin{cases} x=\lambda t, \\ y=mt, (t\in\mathbb{R}) \\ z=nt \end{cases}$$

为轴，以 r 为半径的圆柱面；

(2)以原点为顶点，以

$$\begin{cases}\dfrac{(x-x_0)^2}{a^2}+\dfrac{(y-y_0)^2}{b^2}=1,\\ z=-z_0(z_0>0),\end{cases}$$

为准线的锥面；

(3)直线

$$\begin{cases}x=a,\\ y=t,\ (t\in\mathbb{R})\\ z=bt\end{cases}$$

绕 z 轴旋转所形成的旋转面.

15. 求下列用平面截割二次曲面所得的截线的方程.

(1) 用平面 $y=k$ 截割 $\dfrac{x^2}{a^2}-\dfrac{y^2}{b^2}-\dfrac{z^2}{c^2}=1$；

(2) 用平面 $x=k$ 截割 $z=\dfrac{x^2}{a^2}+\dfrac{y^2}{b^2}$.

16. 求直线 $l_1:x=1+t,y=2t,z=2t$ 绕直线 $l_2:x=y=z$ 旋转一周所成曲面的方程.

17. 求直线 $l:\dfrac{x}{a}=\dfrac{y-b}{0}=\dfrac{z}{1}$ 绕 z 轴旋转一周所成曲面的方程，并指出其为什么曲面，其中 a,b 为常数.

18. 一平面过直线 $L:\begin{cases}x+28y-2z+17=0,\\ 5x+8y-z+1=0\end{cases}$ 且与球面 $x^2+y^2+z^2=1$ 相切，求其方程.

19. 求下列曲线在指定平面上的投影.

(1) $\begin{cases}x^2+y^2+z^2=4,\\ y=x\end{cases}$ 在各坐标平面上的投影；

(2) $\begin{cases}x^2+(y-1)^2+z^2=1,\\ y+z=2\end{cases}$ 在平面 $z=2$ 上的投影.

20. 求直线 $L:\begin{cases}x+y-z-1=0,\\ x-y+z+1=0\end{cases}$ 在平面 $\pi:x+2y-z=0$ 上的投影直线的方程，并求投影直线绕 z 轴旋转所得旋转曲面的方程.

21. 求直线 $l:x=1+t,y=-2+2t,z=1+t$ 分别在 xOy 平面上和在平面 $x-y+z=2$ 上的投影方程.

22. 有一束平行于直线 $l:x=y=-z$ 的平行光束照射不透明球面

$$S:x^2+y^2+z^2=2z,$$

求球面在 xOy 平面上留下的阴影部分的边界曲线方程.

23. 设直线 l 在 yOz 平面上的投影为 $\begin{cases}2y-3z=1,\\ x=0,\end{cases}$ 在 xOz 平面上的投影为 $\begin{cases}x+z=2,\\ y=0.\end{cases}$ 求直线 l 在 xOy 平面上的投影方程.

24. 求球面 $x^2+y^2+z^2=9$ 与平面 $x+z=1$ 的交线在 xOy 平面上的投影方程.

25. 一个立体由 $z=\sqrt{4-x^2-y^2}$ 和 $z=\sqrt{3(x^2+y^2)}$ 所围成，求此立体在 xOy 平面上的投影方程.

26. 求由曲线 $\begin{cases} y^2=2z, \\ x=0 \end{cases}$ 绕 z 轴旋转一周而成的曲面被两平面 $z=2$ 与 $z=8$ 所截得的曲面主部分 S 在 xOy 面上的投影区域 D，并绘出图形.

5.2　二　次　型

二次型是一个代数表达式，它与二次曲面和矩阵理论都有密切的联系.

5.2.1　二次型及其矩阵表示

关于变量 $x_1,x_2,\cdots,x_n$ 的 n **元实二次型**(本书中简称 n 元二次型)是一个如下形式的实系数的二次多元多项式

$$\begin{aligned} f(x_1,x_2,\cdots,x_n) &= \sum_{i=1}^{n} a_{ii}x_i^2 + \sum_{1\leqslant i<j\leqslant n} 2a_{ij}x_ix_j \\ &= a_{11}x_1^2 + 2a_{12}x_1x_2 + 2a_{13}x_1x_3 + \cdots + 2a_{1n}x_1x_n \\ &\quad + a_{22}x_2^2 + 2a_{23}x_2x_3 + \cdots + 2a_{2n}x_2x_n \\ &\quad + \cdots + a_{nn}x_n^2. \end{aligned} \tag{5.15}$$

在这里，我们把交叉项 $x_ix_j(1\leqslant i<j\leqslant n)$ 的系数写成 $2a_{ij}$. 若令 $a_{ji}=a_{ij}$，则式(5.15)又可以写成对称形式

$$\begin{aligned} f(x_1,x_2,\cdots,x_n) &= a_{11}x_1^2 + a_{12}x_1x_2 + \cdots + a_{1n}x_1x_n \\ &\quad + a_{21}x_2x_1 + a_{22}x_2^2 + \cdots + a_{2n}x_2x_n \\ &\quad + \cdots + a_{n1}x_nx_1 + a_{n2}x_nx_2 + \cdots + a_{nn}x_n^2 \\ &= \sum_{i=1}^{n}\sum_{j=1}^{n} a_{ij}x_ix_j. \end{aligned} \tag{5.16}$$

式(5.16)中的系数刚好组成一个矩阵 $\boldsymbol{A}=[a_{ij}]_{n\times n}$，$\boldsymbol{A}$ 显然满足等式

$$\boldsymbol{A}^{\mathrm{T}} = \boldsymbol{A},$$

即 $\boldsymbol{A}$ 为**实对称矩阵**.

如果记 $\boldsymbol{x}=(x_1,x_2,\cdots,x_n)^{\mathrm{T}}$，则式(5.16)又可写成如下的矩阵形式

$$f(x_1,x_2,\cdots,x_n) = \sum_{i=1}^{n}\sum_{j=1}^{n} a_{ij}x_ix_j = \boldsymbol{x}^{\mathrm{T}}\boldsymbol{A}\boldsymbol{x}. \tag{5.17}$$

这里的 $\boldsymbol{A}$ 是由二次型 $f(x_1,x_2,\cdots,x_n)$ 唯一确定的一个对称矩阵，称为 $f(x_1,x_2,\cdots,x_n)$ 的矩阵，式(5.17)也称为**二次型的矩阵表示**.

反过来，如果已知一个对称矩阵 $\boldsymbol{A}$，由 $\boldsymbol{x}^{\mathrm{T}}\boldsymbol{A}\boldsymbol{x}$ 可以唯一地构造一个 n 元二次型 $f(x_1,x_2,\cdots,x_n)$.

因此,我们建立了 n 元实二次型与 n 阶实对称矩阵之间的一一对应关系.

对 n 元二次型最重要的操作就是线性变换(线性替换),即如下形式的一组关系式

$$\begin{cases} x_1 = c_{11}y_1 + c_{12}y_2 + \cdots + c_{1n}y_n, \\ x_2 = c_{21}y_1 + c_{22}y_2 + \cdots + c_{2n}y_n, \\ \cdots\cdots\cdots\cdots \\ x_n = c_{n1}y_1 + c_{n2}y_2 + \cdots + c_{nn}y_n \end{cases} \tag{5.18}$$

称为由 $x_1,x_2,\cdots,x_n$ 到 $y_1,y_2,\cdots,y_n$ 的一个**线性变换**.

如果令 $\boldsymbol{C}=[c_{ij}]_{n\times n}$, $\boldsymbol{x}=(x_1,x_2,\cdots,x_n)^{\mathrm{T}}$, $\boldsymbol{y}=(y_1,y_2,\cdots,y_n)^{\mathrm{T}}$,则线性变换式(5.18)又可以写成矩阵形式

$$\boldsymbol{x} = \boldsymbol{C}\boldsymbol{y}. \tag{5.19}$$

当系数矩阵 $\boldsymbol{C}$ 可逆,即 $\det\boldsymbol{C}\neq 0$ 时,称这个线性变换是**非退化的**.

在对二次型进行变形处理时,我们只使用非退化线性变换.

对二次型式(5.16)实施非退化线性变换式(5.18),得到关于 $y_1,y_2,\cdots,y_n$ 的 n 元二次型,即

$$\begin{aligned} f(x_1,x_2,\cdots,x_n) &= \boldsymbol{x}^{\mathrm{T}}\boldsymbol{A}\boldsymbol{x} \\ &= g(y_1,y_2,\cdots,y_n) = \boldsymbol{y}^{\mathrm{T}}\boldsymbol{B}\boldsymbol{y}, \end{aligned} \tag{5.20}$$

这里 $\boldsymbol{x}=\boldsymbol{C}\boldsymbol{y}$ 或 $\boldsymbol{y}=\boldsymbol{C}^{-1}\boldsymbol{x}$, $\boldsymbol{B}$ 是新二次型的矩阵.

由于

$$\boldsymbol{x}^{\mathrm{T}}\boldsymbol{A}\boldsymbol{x} = (\boldsymbol{C}\boldsymbol{y})^{\mathrm{T}}\boldsymbol{A}(\boldsymbol{C}\boldsymbol{y}) = \boldsymbol{y}^{\mathrm{T}}(\boldsymbol{C}^{\mathrm{T}}\boldsymbol{A}\boldsymbol{C})\boldsymbol{y} = \boldsymbol{y}^{\mathrm{T}}\boldsymbol{B}\boldsymbol{y},$$

$\boldsymbol{C}^{\mathrm{T}}\boldsymbol{A}\boldsymbol{C}$ 也是对称矩阵,从而 $\boldsymbol{B}$ 和 $\boldsymbol{C}^{\mathrm{T}}\boldsymbol{A}\boldsymbol{C}$ 都是二次型 $g(y_1,y_2,\cdots,y_n)$ 的矩阵,故有

$$\boldsymbol{B} = \boldsymbol{C}^{\mathrm{T}}\boldsymbol{A}\boldsymbol{C}.$$

这就是新二次型的矩阵与原二次型的矩阵之间的关系.

定义 5.1 设 $\boldsymbol{A},\boldsymbol{B}$ 为 n 阶矩阵,如果有 n 阶可逆矩阵 $\boldsymbol{C}$,使得

$$\boldsymbol{B} = \boldsymbol{C}^{\mathrm{T}}\boldsymbol{A}\boldsymbol{C},$$

则称 $\boldsymbol{A},\boldsymbol{B}$ 是**合同的**,记作 $\boldsymbol{A}\simeq\boldsymbol{B}$.

用合同的语言复述上面的结论,即经过非退化线性变换,新二次型的矩阵与原二次型的矩阵是合同的.

容易验证,矩阵之间的合同关系满足下列性质:

(1) 自反性:$\boldsymbol{A}\simeq\boldsymbol{A}$;

(2) 对称性:若 $\boldsymbol{A}\simeq\boldsymbol{B}$,则 $\boldsymbol{B}\simeq\boldsymbol{A}$;

(3) 传递性:若 $\boldsymbol{A}\simeq\boldsymbol{B}$, $\boldsymbol{B}\simeq\boldsymbol{C}$,则 $\boldsymbol{A}\simeq\boldsymbol{C}$.

5.2.2　二次型的标准形

二次型的中心问题是如何用非退化线性变换把二次型化为**标准形**，即平方和

$$d_1x_1^{\ 2}+d_2x_2^{\ 2}+\cdots+d_nx_n^{\ 2} \tag{5.21}$$

的形式.

二次型化为标准形的方法主要有三种：配方法、合同变换法和正交变换法.

定理 5.1　任意一个二次型都可以经过非退化线性变换化为平方和式(5.21)的形式.

****证**　下面用“配方法”并对变量个数 n 用数学归纳法.

对 $n=1$，结论显然成立. 假设结论对 $n-1$ 元二次型成立. 令

$$f(x_1,x_2,\cdots,x_n)=\sum_{i=1}^{n}\sum_{j=1}^{n}a_{ij}x_ix_j\,(a_{ij}=a_{ji},\forall\ i,j).$$

下面分三种情形来讨论.

(1) $a_{11},a_{22},\cdots,a_{nn}$ 中至少有一个非零，不妨设 $a_{11}\neq 0$. 此时

$$\begin{aligned}f(x_1,x_2,\cdots,x_n)&=a_{11}x_1^{\ 2}+2\sum_{j=2}^{n}a_{1j}x_1x_j+\sum_{i=2}^{n}\sum_{j=2}^{n}a_{ij}x_ix_j\\&=a_{11}\left(x_1+\sum_{j=2}^{n}a_{11}^{-1}a_{1j}x_j\right)^2+\sum_{i=2}^{n}\sum_{j=2}^{n}b_{ij}x_ix_j,\end{aligned}$$

其中

$$\sum_{i=2}^{n}\sum_{j=2}^{n}b_{ij}x_ix_j=\sum_{i=2}^{n}\sum_{j=2}^{n}a_{ij}x_ix_j-a_{11}^{-1}\left(\sum_{j=2}^{n}a_{1j}x_j\right)^2$$

是一个关于 $x_2,\cdots,x_n$ 的二次型. 令

$$\begin{cases}y_1=x_1+\sum\limits_{j=2}^{n}a_{11}^{-1}a_{1j}x_j,\\y_2=x_2,\\\cdots\cdots\cdots\cdots\\y_n=x_n,\end{cases}\quad\text{或}\begin{cases}x_1=y_1-\sum\limits_{j=2}^{n}a_{11}^{-1}a_{1j}y_j,\\x_2=y_2,\\\cdots\cdots\cdots\cdots\\x_n=y_n,\end{cases}$$

则它是一个非退化线性变换，化二次型为

$$f(x_1,x_2,\cdots,x_n)=a_{11}y_1^2+\sum_{i=2}^{n}\sum_{j=2}^{n}b_{ij}y_iy_j. \tag{5.22}$$

由归纳假设，后面关于 $y_2,\cdots,y_n$ 的 $n-1$ 元二次型可经非退化线性变换

$$\begin{cases} y_2 = c_{22}z_2 + c_{23}z_3 + \cdots + c_{2n}z_n, \\ y_3 = c_{32}z_2 + c_{33}z_3 + \cdots + c_{3n}z_n, \\ \cdots\cdots\cdots\cdots \\ y_n = c_{n2}z_2 + c_{n3}z_3 + \cdots + c_{nn}z_n \end{cases}$$

化为平方和 $d_2z_2^2+\cdots+d_nz_n^2$. 对式(5.22)再作一次非退化线性变换

$$\begin{cases} y_1 = z_1, \\ y_2 = c_{22}z_2 + \cdots + c_{2n}z_n, \\ \cdots\cdots\cdots\cdots \\ y_n = c_{n2}z_2 + \cdots + c_{nn}z_n. \end{cases}$$

便可把 $f(x_1,x_2,\cdots,x_n)$化为平方和的形式

$$f(x_1,x_2,\cdots,x_n) = a_{11}z_1^2 + d_2z_2^2 + \cdots + d_nz_n^2.$$

由数学归纳法知,在这种情况下定理成立.

(2) 设所有 $a_{ii}=0(i=1,2,\cdots,n)$,但存在 $j>1,a_{1j}\neq 0$. 不妨设 $a_{12}\neq 0$,令

$$\begin{cases} x_1 = z_1 + z_2, \\ x_2 = z_1 - z_2, \\ x_3 = z_3, \\ \cdots\cdots\cdots\cdots \\ x_n = z_n, \end{cases}$$

则它是非退化线性变换,且使

$$f(x_1,x_2,\cdots,x_n) = 2a_{12}z_1^2 - 2a_{12}z_2^2 + \cdots$$

化为了关于 $z_1,z_2,\cdots,z_n$ 的二次型,且 z_1^2 的系数非零,这就化为(1)的情形.

(3) 若 $a_{11}=a_{12}=\cdots=a_{1n}=0$,则 x_1 不出现,$f(x_1,x_2,\cdots,x_n)$实际上是一个 $n-1$ 元二次型. 由归纳假设,它可用非退化线性变换化为平方和的形式.

综上,n 元二次型总可以经非退化线性变换化为标准形.

二次型如果是平方和的形式,则它的矩阵就是对角矩阵. 因此,定理 5.1 可以用矩阵语言叙述为

定理 5.2 对任何一个 n 阶对称矩阵 $\boldsymbol{A}$,一定存在可逆矩阵 $\boldsymbol{C}$,使 $\boldsymbol{C}^{\mathrm{T}}\boldsymbol{A}\boldsymbol{C}$ 为对角矩阵.

例 5.11 用配方法化

$$f(x_1,x_2,x_3) = 2x_1x_2 - 2x_1x_3 + 4x_2x_3$$

为标准形.

解 令

$$\begin{cases} x_1 = y_1 + y_2, \\ x_2 = y_1 - y_2, \\ x_3 = y_3, \end{cases}$$

得

$$\begin{aligned} f(x_1, x_2, x_3) &= 2y_1^2 - 2y_2^2 + 2y_1y_3 - 6y_2y_3 \\ &= 2(y_1 + \frac{1}{2}y_3)^2 - 2y_2^2 - \frac{1}{2}y_3^2 - 6y_2y_3 \\ &= 2(y_1 + \frac{1}{2}y_3)^2 - 2(y_2 + \frac{3}{2}y_3)^2 + 4y_3^2. \end{aligned}$$

再令

$$\begin{cases} z_1 = y_1 + \frac{1}{2}y_3, \\ z_2 = y_2 + \frac{3}{2}y_3, \\ z_3 = y_3, \end{cases} \text{或} \begin{cases} y_1 = z_1 - \frac{1}{2}z_3, \\ y_2 = z_2 - \frac{3}{2}z_3, \\ y_3 = z_3. \end{cases}$$

最后得

$$f(x_1, x_2, x_3) = 2z_1^2 - 2z_2^2 + 4z_3^2.$$

上面两次非退化线性变换用矩阵表示就是

$$\begin{bmatrix} x_1 \\ x_2 \\ x_3 \end{bmatrix} = \begin{bmatrix} 1 & 1 & 0 \\ 1 & -1 & 0 \\ 0 & 0 & 1 \end{bmatrix} \begin{bmatrix} y_1 \\ y_2 \\ y_3 \end{bmatrix} = \begin{bmatrix} 1 & 1 & 0 \\ 1 & -1 & 0 \\ 0 & 0 & 1 \end{bmatrix} \begin{bmatrix} 1 & 0 & -\frac{1}{2} \\ 0 & 1 & -\frac{3}{2} \\ 0 & 0 & 1 \end{bmatrix} \begin{bmatrix} z_1 \\ z_2 \\ z_3 \end{bmatrix}$$

$$= \begin{bmatrix} 1 & 1 & -2 \\ 1 & -1 & 1 \\ 0 & 0 & 1 \end{bmatrix} \begin{bmatrix} z_1 \\ z_2 \\ z_3 \end{bmatrix}.$$

假设可逆矩阵 $\boldsymbol{C}$ 化对称矩阵 $\boldsymbol{A}$ 为对角矩阵，把 $\boldsymbol{C}$ 写为初等矩阵的乘积

$$\boldsymbol{C} = \boldsymbol{P}_1\boldsymbol{P}_2\cdots\boldsymbol{P}_s,$$

那么

$$\boldsymbol{C}^{\mathrm{T}}\boldsymbol{A}\boldsymbol{C} = \boldsymbol{P}_s^{\mathrm{T}}\cdots\boldsymbol{P}_2^{\mathrm{T}}\boldsymbol{P}_1^{\mathrm{T}}\boldsymbol{A}\boldsymbol{P}_1\boldsymbol{P}_2\cdots\boldsymbol{P}_s = \boldsymbol{P}_s^{\mathrm{T}}\cdots(\boldsymbol{P}_2^{\mathrm{T}}(\boldsymbol{P}_1^{\mathrm{T}}\boldsymbol{A}\boldsymbol{P}_1)\boldsymbol{P}_2)\cdots\boldsymbol{P}_s.$$

$\boldsymbol{P}_1^{\mathrm{T}}\boldsymbol{A}\boldsymbol{P}_1$ 表示对 $\boldsymbol{A}$ 进行一次初等列变换的同时进行一次相应的初等行变换，称这样的变换为对称矩阵的**合同变换**. 因此对 $\boldsymbol{A}$ 进行一系列合同变换就可以把 $\boldsymbol{A}$ 化为对角矩阵.

例 5.12　用合同变换化

$$A=\begin{bmatrix}0&1&-1\\1&0&2\\-1&2&0\end{bmatrix}$$

为对角矩阵.

解 把合同变换过程写出来就是

$$A\xrightarrow[c_1+c_2]{r_1+r_2}\begin{bmatrix}2&1&1\\1&0&2\\1&2&0\end{bmatrix}\xrightarrow[\substack{c_2-\frac{1}{2}c_1\\c_3-\frac{1}{2}c_1}]{\substack{r_2-\frac{1}{2}r_1\\r_3-\frac{1}{2}r_1}}\begin{bmatrix}2&0&0\\0&-\frac{1}{2}&\frac{3}{2}\\0&\frac{3}{2}&-\frac{1}{2}\end{bmatrix}\xrightarrow[c_3+3c_2]{r_3+3r_2}\begin{bmatrix}2&0&0\\0&-\frac{1}{2}&0\\0&0&4\end{bmatrix},$$

所以,A 与 $\operatorname{diag}\left(2,-\frac{1}{2},4\right)$合同.

把上面初等列变换对应的初等矩阵乘到一起,得到

$$C=\begin{bmatrix}1&0&0\\1&1&0\\0&0&1\end{bmatrix}\begin{bmatrix}1&-\frac{1}{2}&-\frac{1}{2}\\0&1&0\\0&0&1\end{bmatrix}\begin{bmatrix}1&0&0\\0&1&3\\0&0&1\end{bmatrix}=\begin{bmatrix}1&-\frac{1}{2}&-2\\1&\frac{1}{2}&1\\0&0&1\end{bmatrix}.$$

这个 C 就是非退化线性变换对应的矩阵,因此有

$$C^{\mathrm{T}}AC=\operatorname{diag}\left(2,-\frac{1}{2},4\right).$$

非退化线性变换对应的矩阵 C 的求法也可以采用下面的方法.

$$\begin{bmatrix}A\\E\end{bmatrix}=\begin{bmatrix}0&1&-1\\1&0&2\\-1&2&0\\1&0&0\\0&1&0\\0&0&1\end{bmatrix}\xrightarrow[c_1+c_2]{r_1+r_2}\begin{bmatrix}2&1&1\\1&0&2\\1&2&0\\1&0&0\\1&1&0\\0&0&1\end{bmatrix}$$

$$\xrightarrow[\substack{c_2-\frac{1}{2}c_1\\ c_3-\frac{1}{2}c_1}]{\substack{r_2-\frac{1}{2}r_1\\ r_3-\frac{1}{2}r_1}}\begin{bmatrix}2 & 0 & 0\\ 0 & -\frac{1}{2} & \frac{3}{2}\\ 0 & -\frac{3}{2} & -\frac{1}{2}\\ 1 & -\frac{1}{2} & -\frac{1}{2}\\ 1 & \frac{1}{2} & -\frac{1}{2}\\ 0 & 0 & 1\end{bmatrix}\xrightarrow[c_3+3c_2]{r_3+3r_2}\begin{bmatrix}2 & 0 & 0\\ 0 & -\frac{1}{2} & 0\\ 0 & 0 & 4\\ 1 & -\frac{1}{2} & -2\\ 1 & \frac{1}{2} & 1\\ 0 & 0 & 1\end{bmatrix}.$$

得

$$\boldsymbol{C}=\begin{bmatrix}1 & -\frac{1}{2} & -2\\ 1 & \frac{1}{2} & 1\\ 0 & 0 & 1\end{bmatrix}.$$

例 5.12 中的矩阵实际上是例 5.11 中二次型的矩阵.因此,作非退化线性变换

$$\begin{cases}x_1=\omega_1-\frac{1}{2}\omega_2-2\omega_3,\\ x_2=\omega_1+\frac{1}{2}\omega_2+\omega_3,\\ x_3=\omega_3,\end{cases}$$

可把例 5.11 中的二次型化为

$$f(x_1,x_2,x_3)=2\omega_1^2-\frac{1}{2}\omega_2^2+4\omega_3^2.$$

比较例 5.11 的结果知,二次型的标准形是不唯一的.

5.2.3　规范形与唯一性

用非退化线性变换化实二次型 $f(x_1,x_2,\cdots,x_n)$ 为标准形,适当改变变量的顺序,可以设标准形为

$$d_1y_1^2+\cdots+d_py_p^2-d_{p+1}y_{p+1}^2-\cdots-d_ry_r^2,\tag{5.23}$$

其中,$d_i>0(i=1,2,\cdots,r)$.显然,r 是二次型的矩阵 $\boldsymbol{A}$ 的秩.

再作非退化线性变换

$$\begin{cases} y_1 = \dfrac{1}{\sqrt{d_1}} z_1, \\ \cdots\cdots\cdots\cdots \\ y_r = \dfrac{1}{\sqrt{d_r}} z_r, \\ y_{r+1} = z_{r+1}, \\ \cdots\cdots\cdots\cdots \\ y_n = z_n, \end{cases} \tag{5.24}$$

把标准形式(5.23)化为如下形式

$$z_1^2 + \cdots + z_p^2 - z_{p+1}^2 - \cdots - z_r^2, \tag{5.25}$$

上式中各平方项的系数为±1. 称式(5.25)为实二次型 $f(x_1, x_2, \cdots, x_n)$ 的**规范形**.

定理 5.3(惯性定理) 任何一个实二次型可经非退化线性变换化为规范形，且规范形是唯一的.

***证** 存在性由上面的推导过程即知. 下面证明唯一性.

设实二次型 $f(x_1, x_2, \cdots, x_n)$ 经过非退化线性变换 $\boldsymbol{x} = \boldsymbol{B}\boldsymbol{y}$ 化为规范形.

$$f(x_1, x_2, \cdots, x_n) = y_1^2 + \cdots + y_p^2 - y_{p+1}^2 - \cdots - y_r^2,$$

经非退化线性变换 $\boldsymbol{x} = \boldsymbol{C}\boldsymbol{z}$ 化为另一个规范形

$$f(x_1, x_2, \cdots, x_n) = z_1^2 + \cdots + z_q^2 - z_{q+1}^2 - \cdots - z_r^2.$$

下面用反证法证明 $p = q$.

设 $p < q$. 由以上过程，当 $\boldsymbol{y} = \boldsymbol{B}^{-1}\boldsymbol{C}\boldsymbol{z}$ 时，恒有

$$y_1^2 + \cdots + y_p^2 - y_{p+1}^2 - \cdots - y_r^2 = z_1^2 + \cdots + z_q^2 - z_{q+1}^2 - \cdots - z_r^2, \tag{5.26}$$

记

$$\boldsymbol{D} = \boldsymbol{B}^{-1}\boldsymbol{C} = \begin{bmatrix} d_{11} & d_{12} & \cdots & d_{1n} \\ d_{21} & d_{22} & \cdots & d_{2n} \\ \vdots & \vdots & & \vdots \\ d_{n1} & d_{n2} & \cdots & d_{nn} \end{bmatrix},$$

构造齐次线性方程组

$$\begin{cases} y_1 = d_{11}z_1 + d_{12}z_2 + \cdots + d_{1n}z_n = 0, \\ \quad\cdots\cdots\cdots\cdots \\ y_p = d_{p1}z_1 + d_{p2}z_2 + \cdots + d_{pn}z_n = 0, \\ z_{q+1} = 0, \\ \quad\cdots\cdots\cdots\cdots \\ z_n = 0, \end{cases} \tag{5.27}$$

它是关于 $z_1,z_2,\cdots,z_n$ 的齐次线性方程组，方程个数为 $p+(n-q)<n$，即方程个数小于变量个数. 因此式(5.27)有非零解，设非零解为

$$\boldsymbol{z}_0=\begin{bmatrix} z_1\\ \vdots\\ z_q\\ z_{q+1}\\ \vdots\\ z_n \end{bmatrix}=\begin{bmatrix} c_1\\ \vdots\\ c_q\\ 0\\ \vdots\\ 0 \end{bmatrix},$$

则 $z_1,z_2,\cdots,z_q$ 不全为零. 用 $\boldsymbol{z}_0$ 代入式(5.26)右边，其值为 $c_1{}^2+\cdots+c_q{}^2>0$；用 $\boldsymbol{y}_0=\boldsymbol{D}\boldsymbol{z}_0$ 代入式(5.26)左边，由于 $\boldsymbol{y}_0$ 的前 p 个分量为零，故其值不大于零. 因而等式(5.26)不成立.

上述矛盾说明 $p\geqslant q$.

类似可证 $p\leqslant q$，从而 $p=q$. 唯一性成立.

***定义 5.2**　在实二次型 $f(x_1,x_2,\cdots,x_n)$ 的规范形中，正平方项的个数 p 称为它的**正惯性指数**；负平方项的个数 $r-p$ 称为它的**负惯性指数**，它们的差 $p-(r-p)=2p-r$ 称为二次型的**符号差**.

二次型的**秩**定义为其对应的对称矩阵的秩. 因此，二次型的秩、正惯性指数、负惯性指数和符号差都是非退化线性变换下的不变量.

5.2.4　用正交变换化二次型为标准形

由定理 4.8 可知对于实对称矩阵而言，存在正交矩阵将其对角化. 因此有下面定理.

定理 5.4(主轴问题)　对任何一个实二次型 $f(x_1,x_2,\cdots,x_n)$，一定有正交变换 $\boldsymbol{x}=\boldsymbol{Q}\boldsymbol{y}$，使得

$$f(x_1,x_2,\cdots,x_n)=\lambda_1 y_1{}^2+\lambda_2 y_2{}^2+\cdots+\lambda_n y_n{}^2.$$

如果不考虑变量顺序，实二次型在正交变换下的标准形是唯一的，各平方项的系数恰为其矩阵 $\boldsymbol{A}$ 的全部特征值. 结合前面的知识可知，$\boldsymbol{A}$ 的非零特征值的个数等于 $\boldsymbol{A}$ 的秩；$\boldsymbol{A}$ 的正特征值的个数等于 $\boldsymbol{A}$ 的正惯性指数；$\boldsymbol{A}$ 的负特征值的个数等于 $\boldsymbol{A}$ 的负惯性指数.

例 5.13　求实二次型

$$f(x_1,x_2,x_3)=2x_1x_2-2x_1x_3+4x_2x_3$$

在正交变换下的标准形.

解　二次型的矩阵为

$$A=\begin{bmatrix}0&1&-1\\1&0&2\\-1&2&0\end{bmatrix}.$$

先求出 A 的特征多项式

$$|\lambda E-A|=(\lambda-2)(\lambda+\sqrt{3}+1)(\lambda-\sqrt{3}+1).$$

因此 A 的特征值为 $2,-1\pm\sqrt{3}$. 二次型在正交变换下的标准形为

$$2y_1^2+(-1+\sqrt{3})y_2^2+(-1-\sqrt{3})y_3^3.$$

例 5.14 已知实二次型

$$f(x_1,x_2,x_3)=x_1^2+x_2^2+x_3^2+4x_1x_2+4x_1x_3+4x_2x_3,$$

求使二次型化为标准形的正交变换及相应的标准形.

解 二次型对应的矩阵为

$$A=\begin{bmatrix}1&2&2\\2&1&2\\2&2&1\end{bmatrix}.$$

由例 4.14 可知存在正交矩阵

$$P=\begin{bmatrix}\frac{-1}{\sqrt{2}}&\frac{-1}{\sqrt{6}}&\frac{1}{\sqrt{3}}\\\frac{1}{\sqrt{2}}&\frac{-1}{\sqrt{6}}&\frac{1}{\sqrt{3}}\\0&\frac{2}{\sqrt{6}}&\frac{1}{\sqrt{3}}\end{bmatrix},$$

使得 $P^{-1}AP=P^{\mathrm{T}}AP=\begin{bmatrix}-1&&\\&-1&\\&&5\end{bmatrix}$. 因此可设 $x=Py$, 使得

$$f(x_1,x_2,x_3)=-y_1^2-y_2^2+5y_3^2.$$

例 5.15 已知二次曲面方程 $x^2+ay^2+z^2+2bxy+2xz+2yz=4$ 经过正交变换 $\begin{bmatrix}x\\y\\z\end{bmatrix}=P\begin{bmatrix}\xi\\\eta\\\zeta\end{bmatrix}$ 可以化为椭圆柱面方程 $\eta^2+4\zeta^2=4$, 求 a,b.

解 二次型对应的矩阵为 $A=\begin{bmatrix}1&b&1\\b&a&1\\1&1&1\end{bmatrix}$.

存在正交矩阵 $\boldsymbol{P}$ 使得，$\boldsymbol{P}^{-1}\boldsymbol{A}\boldsymbol{P}=\boldsymbol{P}^{\mathrm{T}}\boldsymbol{A}\boldsymbol{P}=\begin{bmatrix}0 & & \\ & 1 & \\ & & 4\end{bmatrix}$. 由于迹和行列式是相似不变量，因此有

$$\begin{cases}a+2=5,\\ |\boldsymbol{A}|=0,\end{cases}$$

解得 $a=3,b=1$.

习　题　5.2

1. 设 $f(x,y)=(x,y)\begin{bmatrix}1 & 3\\ 5 & 2\end{bmatrix}\begin{bmatrix}x\\ y\end{bmatrix}$，写出二次型 $f(x,y)$ 对应的实对称矩阵.

2. 写出两个同阶方阵等价、相似和合同的联系与区别.

3. 证明矩阵的合同关系满足对称性.

4. 求下列二次型的矩阵

(1) $f(x_1,x_2,x_3)=2x_1^2-2x_2^2+2x_1x_2$；

(2) $f(x_1,x_2)=2x_1^2-2x_2^2+2x_1x_2$；

(3) $f(x_1,x_2,\cdots,x_n)=\sum\limits_{i=1}^{n-1}x_ix_{i+1}$；

(4) $f(x_1,x_2,\cdots,x_n)=\sum\limits_{i=1}^{n-1}x_i^2+\sum\limits_{1\leqslant i<j\leqslant n}x_ix_j$.

5. 用配方法化下列二次型为标准形，并求出非退化线性变换

(1) $4x_1x_2-2x_1x_3+4x_2x_3$；

(2) $2x_1^2+x_2^2+4x_3^2+2x_1x_2+2x_2x_3$.

6. 用合同变换把上题的二次型化为标准形，并给出非退化线性变换.

7. 求下列实二次型的规范形

(1) $f(x_1,x_2,x_3)=2x_1x_2-4x_1x_3+2x_2x_3$；

(2) $x_1^2+x_2^2+x_3^2+x_4^2+2x_1x_2+2x_2x_3+2x_3x_4$；

(3) $2x_1^2+x_2^2+x_3^2+2x_1x_2+4x_1x_4+4x_2x_3$.

8. 用正交变换 $\boldsymbol{x}=\boldsymbol{Q}\boldsymbol{y}$ 化下列二次型为标准形，并求出正交矩阵 $\boldsymbol{Q}$

(1) $2x_1^2+3x_2^2+3x_3^2+4x_2x_3$；

(2) $x_1^2+x_2^2+x_3^2+x_4^2+2x_1x_2+2x_1x_4-2x_2x_3-2x_3x_4$；

(3) $2x_1x_4+2x_2x_3$.

9. 求出二次型 $f=(-2x_1+x_2+x_3)^2+(x_1-2x_2+x_3)^2+(x_1+x_2-2x_3)^2$ 的标准形及相应的非退化线性变换.

10. 设二次型 $f(x_1,x_2,x_3)=\boldsymbol{x}^{\mathrm{T}}\boldsymbol{A}\boldsymbol{x}=ax_1^2+2x_2^2-2x_3^2+2bx_1x_3\,(b>0)$，其中 $\boldsymbol{A}$ 的特征值之和为 1，特征值之积为 -12.

(1) 求 a,b 的值；

(2)利用正交变换将二次型 f 化为标准形,并写出所用的正交变换和对应的正交矩阵.

11. 已知二次型 $f(x_1,x_2,x_3)=(1-a)x_1^2+(1-a)x_2^2+2x_3^2+2(1+a)x_1x_2$ 的秩为 2

(1)求 a 的值;

(2)求正交变换 $x=\boldsymbol{Q}y$,把 $f(x_1,x_2,x_3)$化成标准形;

(3)求方程 $f(x_1,x_2,x_3)=0$ 的解.

12. 已知二次型 $f(x_1,x_2,x_3)=5x_1^2+5x_2^2+cx_3^2-2x_1x_2+6x_1x_3-6x_2x_3$ 的秩为 2

(1)求参数 c 及 f 对应矩阵的特征值;

(2)指出方程 $f=1$ 表示何种二次曲面.

13. 设 $\boldsymbol{A}$ 为三阶矩阵,将 $\boldsymbol{A}$ 的第二行加到第一行得 $\boldsymbol{B}$,再将 $\boldsymbol{B}$ 的第一列的 -1 倍加到第二列得 $\boldsymbol{C}$,记 $\boldsymbol{P}=\begin{bmatrix}1&1&0\\0&1&0\\0&0&1\end{bmatrix}$,则下列中正确的是

(A)$\boldsymbol{C}=\boldsymbol{P}^{-1}\boldsymbol{AP}$.　　(B)$\boldsymbol{C}=\boldsymbol{PAP}^{-1}$.

(C)$\boldsymbol{C}=\boldsymbol{P}^{\mathrm{T}}\boldsymbol{AP}$.　　(D)$\boldsymbol{C}=\boldsymbol{PAP}^{\mathrm{T}}$.

14. 证明二次型 $f(x_1,x_2,\cdots,x_n)=\sum\limits_{i=1}^{s}(a_{i1}x_1+a_{i2}x_2+\cdots+a_{in}x_n)^2$ 的矩阵为 $\mathbf{A}^{\mathrm{T}}\mathbf{A}$,其中

$$\mathbf{A}=\begin{bmatrix}a_{11}&a_{12}&\cdots&a_{1n}\\a_{21}&a_{22}&\cdots&a_{2n}\\\vdots&\vdots&&\vdots\\a_{s1}&a_{s2}&\cdots&a_{sn}\end{bmatrix}_{s\times n}.$$

(提示:令 $y_i=a_{i1}x_1+a_{i2}x_2+\cdots+a_{in}x_n$,则

$$\begin{bmatrix}y_1\\y_2\\\vdots\\y_s\end{bmatrix}=\mathbf{A}\begin{bmatrix}x_1\\x_2\\\vdots\\x_n\end{bmatrix},f(x_1,x_2,\cdots,x_n)=(y_1,y_2,\cdots,y_s)\begin{bmatrix}y_1\\y_2\\\vdots\\y_s\end{bmatrix}).$$

5.3 正定二次型

5.3.1 正定二次型的判断

本节给出正定二次型的定义及几个判定条件.

定义 5.3 设 $f(x_1,x_2,\cdots,x_n)$是 n 元实二次型,如果对任意一组不全为零的实数 $c_1,c_2,\cdots,c_n$ 都有 $f(c_1,c_2,\cdots,c_n)>0$,则称实二次型 $f(x_1,x_2,\cdots,x_n)$是**正定的**.

容易证明,n 元实二次型的规范形

$$y_1^2+\cdots+y_p^2-y_{p+1}^2-\cdots-y_r^2$$

正定的充分必要条件是 $p=n$(习题).

还可证明，非退化线性变换不改变二次型的正定性，即若非退化线性变换 $\boldsymbol{x}=\boldsymbol{C}\boldsymbol{y}$ 化实二次型 $f(x_1,x_2,\cdots,x_n)$ 为 $g(y_1,y_2,\cdots,y_n)$，则

$$f(x_1,x_2,\cdots,x_n)\ \text{正定} \Leftrightarrow g(y_1,y_2,\cdots,y_n)\ \text{正定(习题)}.$$

根据这两个结论，我们有如下定理.

定理 5.5　n 元实二次型 $f(x_1,x_2,\cdots,x_n)$ 正定的充分必要条件是其正惯性指数等于 n.

证　由上面的讨论，$f(x_1,x_2,\cdots,x_n)$ 正定的充分必要条件是它的规范形为

$$y_1^2+y_2^2+\cdots+y_n^2,$$

即 $f(x_1,x_2,\cdots,x_n)$ 的正惯性指数为 n.

如果二次型 $\boldsymbol{x}^{\mathrm{T}}\boldsymbol{A}\boldsymbol{x}$ 是正定的，称实对称矩阵 $\boldsymbol{A}$ 是**正定的**. 因此，实对称矩阵是正定的，当且仅当它与单位矩阵合同. 由此可得如下推论

推论 1　正定矩阵的行列式大于零.

证　设 $\boldsymbol{A}$ 为正定矩阵，则 $\boldsymbol{A}$ 与 $\boldsymbol{E}$ 合同，即有可逆矩阵 $\boldsymbol{C}$，使得

$$\boldsymbol{A}=\boldsymbol{C}^{\mathrm{T}}\boldsymbol{E}\boldsymbol{C}=\boldsymbol{C}^{\mathrm{T}}\boldsymbol{C},$$

从而

$$|\boldsymbol{A}|=|\boldsymbol{C}^{\mathrm{T}}||\boldsymbol{C}|=|\boldsymbol{C}|^2>0.$$

因为实对称矩阵的正惯性指数等于其正特征值的个数，由定理 5.5 可得如下定理

定理 5.6　实对称矩阵 $\boldsymbol{A}$ 正定的充分必要条件是它的特征值全为正数.

下面将给出判定二次型正定性的一个很有效的方法.

定理 5.7　实二次型

$$f(x_1,x_2,\cdots,x_n)=\sum_{i=1}^{n}\sum_{j=1}^{n}a_{ij}x_ix_j=\boldsymbol{x}^{\mathrm{T}}\boldsymbol{A}\boldsymbol{x}$$

是正定二次型的充分必要条件是 $\boldsymbol{A}$ 的所有顺序主子式全为正数.

证　必要性. 设 $f(x_1,x_2,\cdots,x_n)$ 正定，对每个 $k(1\leqslant k\leqslant n)$，令

$$f_k(x_1,x_2,\cdots,x_k)=f(x_1,x_2,\cdots,x_k,0,\cdots,0)=\sum_{i=1}^{k}\sum_{j=1}^{k}a_{ij}x_ix_j.$$

把 $f_k(x_1,x_2,\cdots,x_k)$ 看作关于 $x_1,x_2,\cdots,x_k$ 的 k 元二次型，由 $f(x_1,x_2,\cdots,x_n)$ 正定可知 $f_k(x_1,x_2,\cdots,x_k)$ 正定，再由上面的推论 1 可知其矩阵的行列式大于零，即

$$|\boldsymbol{A}_k|>0.$$

* 充分性. 对变量个数即矩阵阶数 n 用数学归纳法.

$n=1$ 时结论显然成立. 设结论对 $n-1$ 阶方阵成立，$\boldsymbol{A}$ 为 n 阶实对称矩阵.

记 $\boldsymbol{A}$ 为分块矩阵形式

$$\boldsymbol{A}=\begin{bmatrix}\boldsymbol{A}_{n-1} & \boldsymbol{\alpha}\\ \boldsymbol{\alpha}^{\mathrm{T}} & a_{nn}\end{bmatrix},\boldsymbol{\alpha}=(a_{1n},\ a_{2n},\ \cdots,\ a_{n-1,n})^{\mathrm{T}},$$

则 $\boldsymbol{A}_{n-1}$ 是 $n-1$ 阶对称矩阵，且 $\boldsymbol{A}_{n-1}$ 的顺序主子式全为正数. 由归纳假设，$\boldsymbol{A}_{n-1}$ 是正定矩阵，从而有 $n-1$ 阶可逆矩阵 $\boldsymbol{P}$ 使 $\boldsymbol{P}^{\mathrm{T}}\boldsymbol{A}_{n-1}\boldsymbol{P}=\boldsymbol{E}_{n-1}$. 令

$$\boldsymbol{C}_1=\begin{bmatrix}\boldsymbol{P} & \boldsymbol{0}\\ \boldsymbol{0} & 1\end{bmatrix},$$

则 $\boldsymbol{C}_1$ 可逆，且

$$\boldsymbol{C}_1^{\mathrm{T}}\boldsymbol{A}\boldsymbol{C}_1=\begin{bmatrix}\boldsymbol{P}^{\mathrm{T}} & \boldsymbol{0}\\ \boldsymbol{0} & 1\end{bmatrix}\begin{bmatrix}\boldsymbol{A}_{n-1} & \boldsymbol{\alpha}\\ \boldsymbol{\alpha}^{\mathrm{T}} & a_{nn}\end{bmatrix}\begin{bmatrix}\boldsymbol{P} & \boldsymbol{0}\\ \boldsymbol{0} & 1\end{bmatrix}=\begin{bmatrix}\boldsymbol{E}_{n-1} & \boldsymbol{P}^{\mathrm{T}}\boldsymbol{\alpha}\\ \boldsymbol{\alpha}^{\mathrm{T}}\boldsymbol{P} & a_{nn}\end{bmatrix}.$$

再令

$$\boldsymbol{C}_2=\begin{bmatrix}\boldsymbol{E}_{n-1} & -\boldsymbol{P}^{\mathrm{T}}\boldsymbol{\alpha}\\ \boldsymbol{0} & 1\end{bmatrix},$$

则有

$$\begin{aligned}&\boldsymbol{C}_2^{\mathrm{T}}(\boldsymbol{C}_1^{\mathrm{T}}\boldsymbol{A}\boldsymbol{C}_1)\boldsymbol{C}_2\\ =&\begin{bmatrix}\boldsymbol{E}_{n-1} & \boldsymbol{0}\\ -\boldsymbol{\alpha}^{\mathrm{T}}\boldsymbol{P} & 1\end{bmatrix}\begin{bmatrix}\boldsymbol{E}_{n-1} & \boldsymbol{P}^{\mathrm{T}}\boldsymbol{\alpha}\\ \boldsymbol{\alpha}^{\mathrm{T}}\boldsymbol{P} & a_{nn}\end{bmatrix}\begin{bmatrix}\boldsymbol{E}_{n-1} & -\boldsymbol{P}^{\mathrm{T}}\boldsymbol{\alpha}\\ \boldsymbol{0} & 1\end{bmatrix}=\begin{bmatrix}\boldsymbol{E}_{n-1} & \boldsymbol{0}\\ \boldsymbol{0} & a_{nn}-\boldsymbol{\alpha}^{\mathrm{T}}\boldsymbol{P}\boldsymbol{P}^{\mathrm{T}}\boldsymbol{\alpha}\end{bmatrix}.\end{aligned}$$

若令 $\boldsymbol{C}=\boldsymbol{C}_1\boldsymbol{C}_2$，$a=a_{nn}-\boldsymbol{\alpha}^{\mathrm{T}}\boldsymbol{P}\boldsymbol{P}^{\mathrm{T}}\boldsymbol{\alpha}$，则 $\boldsymbol{C}$ 可逆，且使得

$$\boldsymbol{C}^{\mathrm{T}}\boldsymbol{A}\boldsymbol{C}=\begin{bmatrix}1 & & & \\ & \ddots & & \\ & & 1 & \\ & & & a\end{bmatrix}.$$

上式两边取行列式，得

$$|\boldsymbol{C}|^2|\boldsymbol{A}|=a,$$

而 $|\boldsymbol{A}|>0$，故 $a>0$. $\boldsymbol{C}^{\mathrm{T}}\boldsymbol{A}\boldsymbol{C}$ 是正定矩阵，因此 $\boldsymbol{A}$ 是正定矩阵.

我们将上面所得到的一系列判断方法总结为下面的定理.

定理 5.8 对于实二次型 $f(x_1,x_2,\cdots,x_n)=\boldsymbol{x}^{\mathrm{T}}\boldsymbol{A}\boldsymbol{x}$，下列命题等价

(1) $f(x_1,x_2,\cdots,x_n)$ 是正定的；

(2) f 的正惯性指数为 n，即 $f(x_1,x_2,\cdots,x_n)$ 的规范形为

$$y_1^2+y_2^2+\cdots+y_n^2;$$

(3) $\boldsymbol{A}$ 的所有特征值为正数；

(4) 有 n 阶可逆矩阵 $\boldsymbol{C}$，使得

$$\boldsymbol{C}^{\mathrm{T}}\boldsymbol{A}\boldsymbol{C}=\boldsymbol{E};$$

(5) 有 n 阶可逆矩阵 $\boldsymbol{C}$，使得

$$\boldsymbol{A}=\boldsymbol{C}^{\mathrm{T}}\boldsymbol{C};$$

(6)$\boldsymbol{A}$ 的所有顺序主子式大于零.

例 5.16　判断下面二次型是否正定：

$$f(x_1,x_2,x_3)=2x_1^2+3x_2^2+4x_3^2+4x_1x_2-4x_1x_3-4x_2x_3.$$

解　$f(x_1,x_2,x_3)$的矩阵为

$$\boldsymbol{A}=\begin{bmatrix}2&2&-2\\2&3&-2\\-2&-2&4\end{bmatrix},$$

其顺序主子式为

$$2>0,\quad \begin{vmatrix}2&2\\2&3\end{vmatrix}=2>0,\quad \begin{vmatrix}2&2&-2\\2&3&-2\\-2&-2&4\end{vmatrix}=4>0,$$

因此，$f(x_1,x_2,x_3)$是正定的.

例 5.17　当参数 t 为何值时，实二次型

$$f(x_1,x_2,x_3)=4x_1^2+4x_2^2+tx_3^2-2x_1x_2+2x_1x_3-2x_2x_3$$

是正定的？当 $t=4$ 时，求二次型在正交变换下的标准形.

解　$f(x_1,x_2,x_3)$的矩阵为

$$\boldsymbol{A}=\begin{bmatrix}4&-1&1\\-1&4&-1\\1&-1&t\end{bmatrix}.$$

二次型正定当且仅当它的所有顺序主子式全为正数，即

$$|4|=4>0,\quad \begin{vmatrix}4&-1\\-1&4\end{vmatrix}=15>0,\quad \begin{vmatrix}4&-1&1\\-1&4&-1\\1&-1&t\end{vmatrix}=15t-6>0.$$

因此，当且仅当 $t>\dfrac{2}{5}$时，二次型是正定的.

$t=4$ 时，$\boldsymbol{A}$ 的三个特征值是 3，3，6. 故 $f(x_1,x_2,x_3)$在正交变换下的标准形是

$$3y_1^2+3y_2^2+6y_3^2.$$

例 5.18　设 $\boldsymbol{A}$ 是实对称矩阵，证明 $\boldsymbol{A}^2-4\boldsymbol{A}+5\boldsymbol{E}$ 是正定矩阵.

证　由于$(\boldsymbol{A}^2-4\boldsymbol{A}+5\boldsymbol{E})^{\mathrm{T}}=\boldsymbol{A}^2-4\boldsymbol{A}+5\boldsymbol{E}$，因此 $\boldsymbol{A}^2-4\boldsymbol{A}+5\boldsymbol{E}$ 是实对称矩阵. 如果 λ 是 $\boldsymbol{A}$ 的一个特征值，那么 $\lambda^2-4\lambda+5$ 是 $\boldsymbol{A}^2-4\boldsymbol{A}+5\boldsymbol{E}$ 的一个特征值. $\boldsymbol{A}^2-4\boldsymbol{A}+5\boldsymbol{E}$ 的特征值都可以这样得到. 由于 $\lambda^2-4\lambda+5=(\lambda-2)^2+1>0$，所以 $\boldsymbol{A}^2-4\boldsymbol{A}+5\boldsymbol{E}$ 的特征值都是正数，该矩阵正定.

例 5.19　设 $\boldsymbol{A}$ 为 m 阶实对称矩阵且正定，$\boldsymbol{B}$ 为 $m\times n$ 实矩阵，$\boldsymbol{B}^{\mathrm{T}}$ 为 $\boldsymbol{B}$ 的转置

矩阵,试证:$\boldsymbol{B}^{\mathrm{T}}\boldsymbol{AB}$ 为正定矩阵当且仅当 $\mathrm{rank}\boldsymbol{B}=n$.

证 由于$(\boldsymbol{B}^{\mathrm{T}}\boldsymbol{AB})^{\mathrm{T}}=\boldsymbol{B}^{\mathrm{T}}\boldsymbol{AB}$,故 $\boldsymbol{B}^{\mathrm{T}}\boldsymbol{AB}$ 是实对称矩阵.假设 $\boldsymbol{X}_0\neq\boldsymbol{0}$,考虑

$$\boldsymbol{X}_0^{\mathrm{T}}(\boldsymbol{B}^{\mathrm{T}}\boldsymbol{AB})\boldsymbol{X}_0=(\boldsymbol{BX}_0)^{\mathrm{T}}\boldsymbol{A}(\boldsymbol{BX}_0).$$

因为 $\boldsymbol{A}$ 是正定矩阵,因此$(\boldsymbol{BX}_0)^{\mathrm{T}}\boldsymbol{A}(\boldsymbol{BX}_0)>0$ 的充要条件是 $\boldsymbol{BX}_0\neq\boldsymbol{0}$.也就是说 $\boldsymbol{X}_0\neq\boldsymbol{0}$ 的充要条件是 $\boldsymbol{BX}_0\neq\boldsymbol{0}$.这等价于说 $\boldsymbol{BX}_0=\boldsymbol{0}$ 的充要条件是 $\boldsymbol{X}_0=\boldsymbol{0}$,也就是说齐次线性方程组 $\boldsymbol{BX}=\boldsymbol{0}$ 只有零解.所以 $\boldsymbol{B}^{\mathrm{T}}\boldsymbol{AB}$ 为正定矩阵当且仅当 $\mathrm{rank}\boldsymbol{B}=n$.

除了正定二次型,还有一些其他类型的二次型.

定义 5.4 设 $f(x_1,x_2,\cdots,x_n)$为实二次型,若对任何不全为零的实数 c_1,c_2,$\cdots$,c_n,都有 $f(c_1,c_2,\cdots,c_n)\geqslant 0$,则称二次型 $f(x_1,x_2,\cdots,x_n)$是**半正定的**;如果都有 $f(c_1,c_2,\cdots,c_n)<0$,则称 $f(x_1,x_2,\cdots,x_n)$是**负定的**;如果都有 $f(c_1,c_2,\cdots,c_n)\leqslant 0$,则称 $f(x_1,x_2,\cdots,x_n)$为**半负定的**;若 $f(x_1,x_2,\cdots,x_n)$既非半正定亦非半负定,则称二次型 $f(x_1,x_2,\cdots,x_n)$是**不定的**.

对于二次型 $f(x_1,x_2,\cdots,x_n)=\boldsymbol{x}^{\mathrm{T}}\boldsymbol{Ax}$,易知

$$\boldsymbol{x}^{\mathrm{T}}\boldsymbol{Ax}\ \text{负定}\Leftrightarrow-\boldsymbol{x}^{\mathrm{T}}\boldsymbol{Ax}\ \text{正定},$$

$$\boldsymbol{x}^{\mathrm{T}}\boldsymbol{Ax}\ \text{半负定}\Leftrightarrow-\boldsymbol{x}^{\mathrm{T}}\boldsymbol{Ax}\ \text{半正定}.$$

下面给出关于半正定二次型(矩阵)的几个结论.

定理 5.9 对于实二次型 $f(x_1,x_2,\cdots,x_n)=\boldsymbol{x}^{\mathrm{T}}\boldsymbol{Ax}$,下列条件等价:

(1)$f(x_1,x_2,\cdots,x_n)$是半正定的;

(2)f 的正惯性指数与秩相等,即 $f(x_1,x_2,\cdots,x_n)$的规范形为

$$y_1^2+y_2^2+\cdots+y_r^2;$$

(3)$\boldsymbol{A}$ 的所有特征值非负;

(4)有 n 阶可逆矩阵 $\boldsymbol{C}$,使得

$$\boldsymbol{C}^{\mathrm{T}}\boldsymbol{AC}=\begin{bmatrix}\boldsymbol{E}_r & \boldsymbol{O}\\ \boldsymbol{O} & \boldsymbol{O}\end{bmatrix},\quad \mathrm{rank}\boldsymbol{A}=\boldsymbol{r};$$

(5)有 n 阶方阵 $\boldsymbol{C}$,使得

$$\boldsymbol{A}=\boldsymbol{C}^{\mathrm{T}}\boldsymbol{C};$$

(6)$\boldsymbol{A}$ 的所有主子式皆为非负数.

在(6)中,所有顺序主子式非负不能保证半正定性,例如,$f(x_1,x_2)=-2x_2^2$ 就是半负定的.

同样我们可以写出 $\boldsymbol{x}^{\mathrm{T}}\boldsymbol{Ax}$ 负定的相关结论.

定理 5.10 对于实二次型 $f(x_1,x_2,\cdots,x_n)=\boldsymbol{x}^{\mathrm{T}}\boldsymbol{Ax}$,下列条件等价:

(1) $f(x_1,x_2,\cdots,x_n)$是负定的;

(2) f 的负惯性指数为 n,即 $f(x_1,x_2,\cdots,x_n)$的规范形为

$$-y_1^2-y_2^2-\cdots-y_n^2;$$

(3) $\boldsymbol{A}$ 的所有特征值为负数;

(4) 有 n 阶可逆矩阵 $\boldsymbol{C}$,使得

$$\boldsymbol{C}^{\mathrm{T}}\boldsymbol{A}\boldsymbol{C}=-\boldsymbol{E};$$

(5) 有 n 阶可逆方阵 $\boldsymbol{C}$,使得

$$\boldsymbol{A}=-\boldsymbol{C}^{\mathrm{T}}\boldsymbol{C};$$

(6) $\boldsymbol{A}$ 的奇数阶顺序主子式小于 0,偶数阶顺序主子式大于 0.

用正交变换化二次型为标准形与二次曲面的标准化有密切的联系,而正定、半正定二次型又与函数的极值问题相关.

*__例 5.20__　设 n 元实函数 $f(x_1,x_2,\cdots,x_n)$ 在点 $P_0(a_1,a_2,\cdots,a_n)$ 邻域内有连续的二阶偏导数,且设 P_0 是驻点,下面给出判断点 P_0 是极值点的充分条件.

设 $\Delta x_j=x_j-a_j(j=1,2,\cdots,n)$,由 Taylor 公式,有

$$f(x_1,x_2,\cdots,x_n)-f(a_1,a_2,\cdots,a_n)=\sum_{j=1}^{n}\left.\frac{\partial f(x_1,x_2,\cdots,x_n)}{\partial x_j}\right|_{P_0}\Delta x_j$$

$$+\frac{1}{2!}\sum_{i=1}^{n}\sum_{j=1}^{n}\left.\frac{\partial f(x_1,x_2,\cdots,x_n)}{\partial x_i\partial x_j}\right|_{P_0}\Delta x_i\Delta x_j+o(\rho^2)$$

其中,$\rho=\sqrt{(\Delta x_1)^2+(\Delta x_2)^2+\cdots+(\Delta x_n)^2}$,设 $a_{ij}=\left.\dfrac{\partial f(x_1,x_2,\cdots,x_n)}{\partial x_i\partial x_j}\right|_{P_0}$.

令

$$\Delta\boldsymbol{x}=\begin{bmatrix}\Delta x_1\\ \Delta x_2\\ \vdots\\ \Delta x_n\end{bmatrix},\boldsymbol{A}=\begin{bmatrix}a_{11}&a_{12}&\cdots&a_{1n}\\ a_{21}&a_{22}&\cdots&a_{2n}\\ \vdots&\vdots&&\vdots\\ a_{n1}&a_{n2}&\cdots&a_{nn}\end{bmatrix}.$$

由于 f 有连续的二阶偏导数,故 $a_{ij}=a_{ji}$,即 $\boldsymbol{A}$ 是实对称矩阵. P_0 是驻点,一阶偏导数为 0. 故 $f(x_1,x_2,\cdots,x_n)-f(a_1,a_2,\cdots,a_n)=\dfrac{1}{2}(\Delta\boldsymbol{x})^{\mathrm{T}}\boldsymbol{A}(\Delta\boldsymbol{x})+o(\rho^2)$,这个差的符号由第一项确定.

如果 $\boldsymbol{A}$ 正定,P_0 是极小值点;如果 $\boldsymbol{A}$ 负定,P_0 是极大值点;如果 $\boldsymbol{A}$ 不定,P_0 不是极值点;如果 $\boldsymbol{A}$ 半正定或半负定,P_0 可能是极值点,也可能不是极值点,必须由高阶导数的性质而确定.

考虑二元实函数 $f(x,y)$ 情形. 令

$$a=\left.\frac{\partial^2 f(x,y)}{\partial x^2}\right|_{P_0},\quad b=\left.\frac{\partial^2 f(x,y)}{\partial x\partial y}\right|_{P_0},$$

$$c=\left.\frac{\partial^2 f(x,y)}{\partial y^2}\right|_{P_0},\quad \boldsymbol{A}=\begin{bmatrix} a & b \\ b & c\end{bmatrix}.$$

判断规则：

(1)如果 $a>0, ac-b^2>0$,则 $\boldsymbol{A}$ 正定,故 P_0 是极小值点；

(2)如果 $a<0, ac-b^2>0$,则 $\boldsymbol{A}$ 负定,故 P_0 是极大值点；

(3)如果 $ac-b^2<0$,则 $\boldsymbol{A}$ 不定,故 P_0 不是极值点.

*5.3.2 化二次曲面的一般方程为标准方程

设空间二次曲面的方程是

$$\begin{aligned} f(x_1,x_2,x_3) &= a_{11}x_1^2+a_{22}x_2^2+a_{33}x_3^2+2a_{12}x_1x_2+2a_{13}x_1x_3 \\ &\quad +2a_{23}x_2x_3+b_1x_1+b_2x_2+b_3x_3+c=0, \end{aligned} \tag{5.28}$$

令 $\boldsymbol{x}=\begin{bmatrix} x_1 \\ x_2 \\ x_3\end{bmatrix}, \boldsymbol{b}=\begin{bmatrix} b_1 \\ b_2 \\ b_3\end{bmatrix}, \boldsymbol{A}=\begin{bmatrix} a_{11} & a_{12} & a_{13} \\ a_{12} & a_{22} & a_{23} \\ a_{13} & a_{23} & a_{33}\end{bmatrix}$. 则

$$f=\boldsymbol{x}^{\mathrm{T}}\boldsymbol{A}\boldsymbol{x}+\boldsymbol{b}^{\mathrm{T}}\boldsymbol{x}+c=0. \tag{5.29}$$

作正交变换 $\boldsymbol{x}=\boldsymbol{Q}\boldsymbol{y}$($\det\boldsymbol{Q}=1$)满足

$$\boldsymbol{Q}^{\mathrm{T}}\boldsymbol{A}\boldsymbol{Q}=\begin{bmatrix} \lambda_1 & & \\ & \lambda_2 & \\ & & \lambda_3\end{bmatrix}.$$

记 $\boldsymbol{b}^{\mathrm{T}}\boldsymbol{Q}=(b'_1,b'_2,b'_3)$,则二次曲面方程化为

$$\lambda_1 y_1^2+\lambda_2 y_2^2+\lambda_3 y_3^2+b'_1 y_1+b'_2 y_2+b'_3 y_3+c=0. \tag{5.30}$$

上面所做的是坐标系旋转,就是将原来坐标轴转到与二次曲面的“主轴”平行的方向. 再作平移变换把方程化为标准方程(配方法). 下面讨论它可能出现的各种情况.

(1)当 $\lambda_1\lambda_2\lambda_3\neq 0$ 时,用配方法将式(5.30)化为

$$\lambda_1 z_1^2+\lambda_2 z_2^2+\lambda_3 z_3^2=d. \tag{5.31}$$

$\lambda_1,\lambda_2,\lambda_3,d$ 同号,椭球面；

$\lambda_1,\lambda_2,\lambda_3$ 同号,与 d 异号,虚椭球面；

$\lambda_1,\lambda_2,\lambda_3$ 同号,$d=0$,一个点(坐标原点)；

$\lambda_1,\lambda_2,\lambda_3$ 中两正一负,$d>0$,单叶双曲面；

$\lambda_1,\lambda_2,\lambda_3$ 中一正两负,$d<0$,单叶双曲面；

$\lambda_1,\lambda_2,\lambda_3$ 中两正一负,$d<0$,双叶双曲面；

$\lambda_1,\lambda_2,\lambda_3$ 中一正两负,$d>0$,双叶双曲面.

(2)当 $\lambda_1,\lambda_2,\lambda_3$ 中有一个为零(不妨设 $\lambda_3=0$)时，则方程可以化为

$$\lambda_1 z_1^2+\lambda_2 z_2^2=az_3 \quad (a\neq 0). \tag{5.32}$$

或

$$\lambda_1 z_1^2+\lambda_2 z_2^2=d. \tag{5.33}$$

式(5.32)中，当 λ_1,λ_2 同号时，椭圆抛物面；

式(5.32)中，当 λ_1,λ_2 异号时，双曲抛物面；

式(5.33)中，当 λ_1,λ_2,d 同号时，椭圆柱面；

式(5.33)中，当 λ_1,λ_2 同号，与 d 异号时，虚椭圆柱面；

式(5.33)中，当 λ_1,λ_2 同号，$d=0$ 时，新坐标系 $Oz_1z_2z_3$ 中的 z_3 轴；

式(5.33)中，当 λ_1,λ_2 异号，$d\neq 0$ 时，双曲柱面；

式(5.33)中，当 λ_1,λ_2 异号，$d=0$ 时，相交于 z_3 轴的两个平面.

(3)当 $\lambda_1,\lambda_2,\lambda_3$ 中有两个为零(不妨设 $\lambda_2=\lambda_3=0$)时，方程化为下列几种情况：

(i)$\lambda_1 z_1^2+pz_2=0,p\neq 0$，抛物柱面；

(ii)$\lambda_1 z_1^2+qz_2=0,q\neq 0$，抛物柱面；

(iii)$\lambda_1 z_1^2+d=0$，

$$\begin{cases}\lambda_1 \text{ 与 } d \text{ 异号，两个平行平面；}\\ \lambda_1 \text{ 与 } d \text{ 同号，两个虚平行平面；}\\ d=0\text{，两个重合平面；}\end{cases}$$

(iv)$\lambda_1 z_1^2+pz_2+qz_3=0,p\neq 0,q\neq 0$，把新坐标轴再绕 z_1 轴作旋转变换

$$u_1=z_1,\quad u_2=\frac{pz_2+qz_3}{\sqrt{p^2+q^2}},\quad u_2=\frac{-qz_2+pz_3}{\sqrt{p^2+q^2}}$$

方程化为

$$\lambda_1 u_1^2+\sqrt{p^2+q^2}\,u_2=0,$$

其图形为抛物柱面.

习　题　5.3

1. 设 $\boldsymbol{A},\boldsymbol{B}$ 为 n 阶方阵，$\boldsymbol{P}$ 为 n 阶可逆矩阵，$\boldsymbol{B}=\boldsymbol{P}^{\mathrm{T}}\boldsymbol{AP}$. 证明

(1)$\boldsymbol{B}$ 为对称矩阵当且仅当 $\boldsymbol{A}$ 为对称矩阵；

(2)$\boldsymbol{B}$ 为正定矩阵当且仅当 $\boldsymbol{A}$ 为正定矩阵；

(3)$\boldsymbol{B}$ 为半正定矩阵当且仅为 $\boldsymbol{A}$ 为半正定矩阵.

2. 设 $\boldsymbol{A}$ 为 n 阶实方阵，证明

(1)$\boldsymbol{A}^{\mathrm{T}}\boldsymbol{A}$ 是半正定矩阵；

(2)若 $\boldsymbol{A}$ 是可逆矩阵，$\boldsymbol{A}^{\mathrm{T}}\boldsymbol{A}$ 是正定矩阵.

3. 证明：n 元实二次型的规范形

$$y_1^2+\cdots+y_p^2-y_{p+1}^2-\cdots-y_r^2$$

是正定的当且仅当 $p=n$.

4. 如果 $\boldsymbol{A}$ 是正定矩阵,证明 $\boldsymbol{A}^{-1}$ 也是正定矩阵.

5. 设 $\boldsymbol{A},\boldsymbol{B}$ 均为 n 阶正定矩阵,k,l 为正实数. 证明:$k\boldsymbol{A}+l\boldsymbol{B}$ 也是正定矩阵.

6. 证明:正定矩阵对角线上元素一定都是正数.

7. 当 t 取什么值时,下列二次型是正定的

(1) ${x_1}^2+4{x_2}^2+{x_3}^2+2tx_1x_2+10x_1x_3+6x_2x_3$;

(2) $2{x_1}^2+{x_2}^2+{x_3}^2+2tx_1x_2+2x_1x_3$.

8. t 为何值时,二次型

$$f(x_1,x_2,x_3,x_4)=t({x_1}^2+{x_2}^2+{x_3}^2)+{x_4}^2+2x_1x_2-2x_2x_3+2x_1x_3$$

是正定的? 并求出 $t=3$ 时二次型在正交变换下的标准形.

9. 设有 n 元实二次型

$$\boldsymbol{x}^{\mathrm{T}}\boldsymbol{A}\boldsymbol{x}=\sum_{i=1}^{n}x_i^2+\sum_{1\leqslant i<j\leqslant n}x_ix_j.$$

(1) 用非退化线性变换化二次型为标准形,并求出线性变换矩阵;

(2) 求二次型在正交变换下的标准形,并判断它是否为正定的.

10. 对于半负定矩阵,写出类似于定理 5.9 的结论.

11. 证明定理 5.8 中的(1)与(5)是等价的.

12. 证明 n 元二次型 $n\sum\limits_{i=1}^{n}x_i^2-\left(\sum\limits_{i=1}^{n}x_i\right)^2$ 是半正定的,且当且仅当 $x_1=x_2=\cdots=x_n$ 时,其值才为零(提示:$n\sum\limits_{i=1}^{n}x_i^2-\left(\sum\limits_{i=1}^{n}x_i\right)^2=\sum\limits_{1\leqslant i<j\leqslant n}(x_i-x_j)^2$).

13. 设 $\boldsymbol{A}$ 是一个实对称矩阵,且 $|\boldsymbol{A}|<0$,证明:必有 n 维实向量 $\boldsymbol{x}$,使得 $\boldsymbol{x}^{\mathrm{T}}\boldsymbol{A}\boldsymbol{x}<0$.

14. 设 n 元实二次型 $\boldsymbol{x}^{\mathrm{T}}\boldsymbol{A}\boldsymbol{x}$ 是不定的,即有 n 维实向量 $\boldsymbol{X}_1,\boldsymbol{X}_2$,使得

$$\boldsymbol{X}_1{}^{\mathrm{T}}\boldsymbol{A}\boldsymbol{X}_1>0,\quad \boldsymbol{X}_2{}^{\mathrm{T}}\boldsymbol{A}\boldsymbol{X}_2<0.$$

证明:存在 n 维实向量 $\boldsymbol{X}_0\neq\boldsymbol{0}$,使得 $\boldsymbol{X}_0{}^{\mathrm{T}}\boldsymbol{A}\boldsymbol{X}_0=0$.

15. 设 n 阶实对称矩阵 $\boldsymbol{A}=[a_{ij}]$ 是正定的. $b_1,b_2,\cdots,b_n$ 是任意的 n 个非零实数. 证明:矩阵 $\boldsymbol{B}=[b_i\,b_j\,a_{ij}]$ 也是正定的.

16. 设有 n 元实二次型

$$f(x_1,x_2,\cdots,x_n)=(x_1+a_1x_2)^2+(x_2+a_2x_3)^2+\cdots+(x_{n-1}+a_{n-1}x_n)^2+(x_n+a_nx_1)^2.$$

其中 $a_i(i=1,2,\cdots,n)$ 皆为实数,试问:当 $a_1,a_2,\cdots,a_n$ 满足何种条件时,二次型 $f(x_1,x_2,\cdots,x_n)$ 为正定二次型(提示:令 $y_1=x_1+a_1x_2,y_2=x_2+a_2x_3,\cdots,y_{n-1}=x_{n-1}+a_{n-1}x_n,y_n=x_n+a_nx_1$).

17. 证明 n 元实二次型 $f(x_1,x_2,\cdots,x_n)=\boldsymbol{x}^{\mathrm{T}}\boldsymbol{A}\boldsymbol{x}(\boldsymbol{A}^{\mathrm{T}}=\boldsymbol{A})$ 在 $\|\boldsymbol{x}\|=1$ 条件下的最大(小)值等于 $\boldsymbol{A}$ 的最大(小)特征值(提示:把 $\boldsymbol{A}$ 用正交变换化为对角阵,再利用正交变换不改变长度).

18. 设 $\boldsymbol{A}$、$\boldsymbol{B}$ 均为 n 阶正定矩阵,证明 $|x\boldsymbol{A}-\boldsymbol{B}|=0$ 的根全大于 0(提示:$\boldsymbol{A}=\boldsymbol{C}^{\mathrm{T}}\boldsymbol{C}$).